Bürger im Staat

Kohlhammer Taschenbücher

Band 1098

Herausgegeben von der
Landeszentrale für politische Bildung
Baden-Württemberg

Die Gemeinschaft Unabhängiger Staaten (GUS)

Entstehung – Entwicklung – Probleme

Mit Beiträgen von

Horst Förster
Dietrich Geyer
Karl Schlögel
Rolf-Dieter Kluge
Gerhard Simon
Ernst Lüdemann
Rainer Freitag-Wirminghaus
Klaus von Beyme
Klaus-Dieter Schmidt
Sermin Kirelli
Karl-Eugen Wädekin
Klaus Segbers
Karl-Heinz Meier-Braun
Roland Götz und Uwe Halbach

Redaktion: Hans-Georg Wehling

Hans-Ulrich [illegible]
September 1993

Verlag W. Kohlhammer
Stuttgart Berlin Köln

Johannes Karl Richter
gewidmet

Die Deutsche Bibliothek – CIP-Einheitsaufnahme

Die Gemeinschaft Unabhängiger Staaten (GUS): Entstehung – Entwicklung – Probleme / [hrsg. von der Landeszentrale für Politische Bildung Baden-Württemberg]. Mit Beitr. von Horst Förster . . . Red.: Hans-Georg Wehling. – Stuttgart; Berlin; Köln: Kohlhammer, 1992
(Kohlhammer-Taschenbücher; Bd. 1098: Bürger im Staat)
ISBN 3-17-012003-4
NE: Förster, Horst; Wehling, Hans-Georg [Red]; Landeszentrale für Politische Bildung <Stuttgart>; GT

Stuttgart Berlin Köln
Verlagsort: Stuttgart
Umschlagfoto: Boris Jelzin und Alexi II., Patriarch von Moskau/dpa
Gesamtherstellung:
W. Kohlhammer Druckerei GmbH + Co. Stuttgart
Printed in Germany

Inhaltsverzeichnis

Vorwort

Das Undenkbare ist geschehen: Die Sowjetunion hat aufgehört zu existieren, vierundsiebzig Jahre nach der Oktoberrevolution und nachdem sie über Jahrzehnte hinweg die Weltpolitik als eine der beiden Supermächte entscheidend mitbestimmt hatte. An ihre Stelle ist, unter Führung Rußlands, eine lockere Staatenverbindung getreten, die „Gemeinschaft Unabhängiger Staaten (GUS)“. Ob sie mehr sein kann als ein Nachlaßverwalter, ist fast keine Frage mehr. Die einzelnen Republiken der alten Sowjetunion waren politisch und wirtschaftlich in einem Maße miteinander verzahnt, daß eine getrennte Existenz unmöglich sein sollte. Eine Verklammerung durch das eiserne Band der Roten Armee kam hinzu. Trotzdem haben sich die drei baltischen Republiken endgültig aus der ehemaligen Sowjetunion verabschiedet, ebenso ist Georgien der Gemeinschaft Unabhängiger Staaten nicht beigetreten. Aber auch hier ist der Ablösungsprozeß schwierig und konfliktreich.

Der Zerfallsprozeß der „Union der Sozialistischen Sowjetrepubliken (UdSSR)“ hat sich atemberaubend schnell vor unser aller Augen vollzogen – wie auch der Zerfall des von Stalin geschaffenen Ostblocks und der sozialistischen Systeme in diesen Satellitenstaaten. Um so wichtiger erscheint es, innezuhalten, Bilanz zu ziehen, zu reflektieren, was da geschehen ist, wie das alles zu erklären ist; vor allem aber, welche Herausforderungen sich daraus auch für die westlichen Industriestaaten ergeben – nur als lachender Sieger beiseite zu stehen, wäre mit Sicherheit eine verhängnisvolle Haltung. Unsere Hilfe ist gefragt, nicht nur wirtschaftlich. Die Konfliktpotentiale, die der Zerfallsprozeß der Sowjetunion freisetzt, werden noch lange die Welt beschäftigen. Daß hier nicht neue Bedrohungen des Weltfriedens entstehen, ist unser aller vitales Interesse.

Die nähere Beschäftigung mit dem, was die Sowjetunion einmal war, setzt voraus, daß man sich den Raum mit seiner Ausdehnung – das berühmte „Sechstel der Erde“ –, seiner naturräumlichen Ausstattung und seinen Problemen, auch im Umweltbereich, vergegenwärtigt; daß man danach fragt, was die Menschen daraus gemacht haben, positiv wie negativ (Beitrag Förster). – Der Raum ist Objekt und Bühne menschlichen Handels, von Geschichte. Geschichte aber ist Kontinuität, über alle Brüche hinweg. Auch die kommunistische Epoche kann man nicht ohne Rückgriff auf die russische Geschichte verstehen, es gibt zudem – bei aller Einmaligkeit – durchaus Parallelen zwischen 1917 und 1991 (Beitrag Geyer). – Die Sowjetepoche zu verstehen, fällt uns Westeuropäern schwer, schien es doch, als habe sich die Sowjetunion in einer Art Regression aus der europäischen Geschichte verabschiedet. Gehörte die Sowjetunion eigentlich noch zu Europa? Oder ist vielleicht doch die sowjetische Periode die spezifisch russische Antwort auf die Moderne (Beitag Schlögel)? – Zum besseren Verständnis Rußlands und der Sowjetunion dient die literarische Produktion, nicht erst für die Sowjetperiode. Sie konnte Öffentlichkeit herstellen, diente in Zeiten der Zensur und der Gleichschaltung der Presse der Verständigung des Landes mit sich selbst. Wenn sich gegenwärtig ein Funktionsverlust der Literatur abzeichnet, ist das eher ein gutes Zeichen, nämlich dafür, daß der gesellschaftliche Diskurs unverblümt stattfinden kann (Beitrag Kluge).

Die Sowjetunion stellte keine Einheit dar, genausowenig wie das Zarenreich vorher. Es war ein durch Zwang zusammengehaltenes Imperium, das um so heftiger auseinanderbricht, wenn der Zwang sich lockert, mit der Gefahr eines Kampfes aller gegen alle. Zumal wenn die Rückbesinnung auf die Nation das einzige ist, was Halt geben, Identität stiften und Kräfte zur Bewältigung der Zukunftsaufgaben mobilisieren kann (Beitrag Simon). Die baltischen Staaten haben diesen nationalen Appell genutzt, um sich endgültig abzusondern (sie werden deshalb in diesem Buch weitgehend ausgeklammert). Der Ukraine und Weißrußland (Belarus) diente die Rückbesinnung auf ihre nationale Identität dazu, sich gegenüber ihrem mächtigen Nachbarn Rußland behaupten zu können (Beitrag Lüdemann). – Zur Rückbesinnung auf nationale Zugehörigkeiten ist das Wiedererwachen der Religion gekommen, trotz – oder gerade wegen – einer militanten atheistischen Ideologie als Grundlage des Sowjetsystems. Schon gewinnt die territoriale Auseinandersetzung zwischen Armenien und Aserbaidschan um die Enklave Berg-Karabach Züge eines Religionskrieges zwischen Christentum und Islam. Die Opposition gegen die alten neuen Herren in den zentralasiatischen Republiken artikuliert sich islamistisch. Neue Orientierungen zeichnen sich ab – auch neue Rivalitäten, Auseinandersetzung um Macht und Einfluß – in Richtung Türkei und Iran, wobei das türkische Modell das attraktivere zu sein scheint (Beiträge Freitag-Wirminghaus und Segbers).

Wandel und Zerfall des Sowjetsystems sind weder von außen noch von unten herbeigeführt oder gar erzwungen worden. Natürlich war man irgendwie am Ende, doch hätte wohl alles noch eine ganze Zeitlang weiter laufen können wie gewohnt. So bleibt die Revolution von oben untrennbar mit dem Namen Gorbatschow verknüpft. Was zunächst als Reform gedacht war, geriet unversehens zur Revolution. In den Strudel hineingezogen wurden auch die Institutionen, das Regierungssystem im engeren Sinne, Staat, Partei und Massenorganisationen. Neben den radikalen Zerfall trat der ständige Umbau, das Flicken, das Improvisieren, mit dem Effekt, daß nichts funktioniert, nicht einmal ein Putsch wie der vom August 1991 (Beitrag von Beyme).

Das politische System ist nicht zuletzt dazu da, den Menschen das Leben, auch das wirtschaftliche Überleben zu sichern. Doch gerade hier ist die Lage katastrophal. Eine große Hilfsbereitschaft im Westen, besonders auch in Deutschland, führte zu konkreten Hilfsmaß-

nahmen, doch kommt es selbstverständlich darauf an, dauerhaft eine Wende zum Besseren herbeizuführen. Wie sieht es gegenwärtig in den Nachfolgestaaten der Sowjetunion wirtschaftlich aus, welche Entwicklungschancen bestehen, welche Unterschiede auch gibt es zwischen den einzelnen Staaten (Beitrag Schmidt)? Und nicht zuletzt: Wie steht es um die Ernährungswirtschaft, die den Menschen unmittelbar das Leben sichern soll (Beitrag Wädekin)? – Die Bewältigung der Erblast, die Überwindung der gegenwärtigen katastrophalen Lage hängt entscheidend davon ab, inwieweit es gelingt, die gewohnte Kommandowirtschaft in eine funktionierende Marktwirtschaft umzuwandeln. Eine solche Transformation kann nicht halbherzig gelingen, sie muß konsequent, in sich stimmig und umfassend durchgeführt werden. Das aber verlangt ein Konzept, einen entschlossenen politischen Willen wie auch die Bereitschaft der Menschen, Durststrecken durchzustehen (Beitrag Kirelli).
Für das internationale System und die internationale Politik hat der Zusammenbruch der Sowjetunion tiefgreifende Folgen. Man kann sich manchmal des Eindrucks nicht erwehren, daß auch von den politischen Akteuren noch nicht vollständig realisiert wird: Die Sowjetunion hat aufgehört zu existieren. Im Gefolge davon haben sich die nationalen Interessen vervielfältigt, dreißig bis vierzig neue „Räume“ haben sich etabliert, mit ihren eigenen Interessen, ihrer eigenen Außenpolitik, neuen Außenbeziehungen, auch neuen Vernetzungen über die eigenen Grenzen hinweg, gerade auch im asiatischen Bereich (Beitrag Segbers). – Der Zerfall der Sowjetunion und die damit verknüpfte Rückbesinnung auf nationale Zugehörigkeiten hat enorme Wanderungsbewegungen ausgelöst: innerhalb des Territoriums wie auch nach außen; möglicherweise ist das erst der Anfang. Betroffen davon sind nicht zuletzt auch wir in der Bundesrepublik Deutschland (Beitrag Meier-Braun). – Abgerundet wird der Band durch einen Anhang, der Grundinformationen über jeden einzelnen der Nachfolgestaaten der ehemaligen Sowjetunion bereitstellt (Beitrag Halbach-Gohl).

Der vorliegende Band ist Dr. Johannes Karl Richter gewidmet, der von 1963 bis 1992 die Landeszentrale für politische Bildung in Berlin geleitet hat, an jener Schnittstelle zwischen Ost und West, an der die ehemalige Sowjetunion bis nach Deutschland reichte. Wie wenige sonst hat Johannes Karl Richter die Publikationsarbeit der Landeszentralen mitgeprägt. Dafür sei ihm herzlich mit diesem Buch gedankt!

Stuttgart, den 28. August 1992

Hans-Georg Wehling
Ernst Lüdemann

Horst Förster

Das Sechstel der Erde, das einst Sowjetunion hieß

Der Raum, seine Chancen, seine Probleme

Die Fragen des ökonomischen und ökologischen Überlebens

Im Zuge der gegenwärtigen, sehr vielschichtigen Diskussion um Entwicklungschancen und -wege der „Nachfolgestaaten" der zerfallenen Sowjetunion stehen neben Fragen der *nationalen Identität* und *Souveränität* sowie der *politischen Stabilität* jener Länder insbesondere Probleme des *ökonomischen Überlebens* im Mittelpunkt.
Ein *geographischer* Beitrag zu dieser Diskussion, der die Grundzüge des Raumes des einst größten Landes der Erde, sein natürliches Potential und die Probleme seiner Inwertsetzung behandeln soll, muß nicht nur aus Platzgründen in thesenhafter, vereinfachter Form erfolgen. Folgende *Aspekte* seien daher herausgestellt:

- Den Ansatzpunkt der Betrachtung bildet einer der zahlreichen Versuche, das *wirtschaftliche Potential* und die *Entwicklungschancen* der ehemaligen Sowjetrepubliken einzuschätzen.
- Daran anknüpfen läßt sich die Frage nach den wesentlichen Merkmalen der *naturräumlichen Ausstattung* dieser Regionen, insbesondere nach jenen Faktoren und Bestimmungsgrößen, die die *Inwertsetzung* dieses Potentials *einschränken.*
- *Ausgewählte Beispiele flächenextensiver Raumentwicklungsprozesse* – so z. B. vom GOELRO-Plan bis hin zum BAM-Projekt – sollen danach einige wichtige *Wirkungszusammenhänge* zwischen Wirtschafts- und Strukturpolitik, Raumbewertung und Raumentwicklung verdeutlichen.
- Als ein Ergebnis jener Entwicklungen zeigt schließlich die katastrophale *ökologische Situation* in weiten Teilen der ehemaligen Sowjetunion nicht nur die Notwendigkeit eines grundlegenden wirtschaftlichen Umbaus, sondern ebenso einer vorher dringend anzugehenden ökologischen Sanierung.

Die wirtschaftlich starken und schwachen Regionen

Auf der Grundlage differenzierter regionalwirtschaftlicher Daten und Einschätzungen von Standort- und Entwicklungsfaktoren hat die

Abbildung 1: Das wirtschaftliche „Ranking" der ehemaligen Sowjetrepubliken

Unionsrepubliken	**wirtschaftlich stark**				wirtschaftlich mäßig stark					**wirtschaftlich schwach**			
	Ukraine	**Lettland, Estland, Litauen**	**Russische Föderation**	**Georgien**	Weißrußland	Kasachstan	Moldawien	Armenien	Aserbaidshan	**Usbekistan**	**Turkmenistan**	**Kirgisien**	**Tadshikistan**
Industrialisierungsgrad	9	10	8	6	8	5	2	3	3	3	2	2	2
Potenz der Industrie als Devisenbringer	6	5	6	3	4	4	2	1	2	2	1	1	1
Landwirtschaftliche Produktion	10	8	6	7	5	5	9	3	3	3	3	2	1
Potenz der agrarischen Erzeugnisse als Devisenbringer	6	3	3	6	3	4	7	1	2	3	3	3	1
Selbstversorgungsgrad mit Industriegütern	7	6	8	3	5	3	2	1	2	1	1	1	1
Mineralische Rohstoffvorkommen	8	0	10	4	1	9	0	4	7	6	5	4	3

Potenz der Rohstoffe als Devisenbringer	8	0	10	4	0	9	0	4	8	6	5	4	3
Marktwirtschaftliche Mentalität	3	10	2	9	3	1	5	8	2	2	1	1	1
Europanähe	6	10	4	6	7	5	7	6	4	1	1	1	1
Ausbildungsstand der Bevölkerung	6	9	5	5	7	3	5	4	4	2	2	2	2
Homogenität der Bevölkerung	6	6	5	2	6	2	2	6	6	1	1	1	1
Infrastruktur	8	10	5	6	6	5	8	6	4	2	2	1	1
Gesamtpunktzahl	**83**	**77**	**72**	**61**	55	55	49	47	47	**32**	**27**	**24**	**18**

10 Punkte – gutes Potential 5 Punkte – mittleres Potential 0 Punkte – kein Potential

Quelle: Deutsche Bank (Hsg): Die Sowjetunion im Umbruch. Frankfurt/M. 1990, S. 9

Volkswirtschaftsabteilung der *Deutschen Bank* – ähnlich wie zuvor andere westliche Wirtschaftsorganisationen – eine ökonomische Einschätzung der ehemaligen Sowjetrepubliken in Form eines *Ranking* in drei Entwicklungsstufen vorgenommen (vgl. Abb. 1). *Bewertungskriterien* (0 bis 10 Punkte) waren Daten zur *industriellen Entwicklung* (u. a. Industrialisierungsgrad, Exportfähigkeit), zur *landwirtschaftlichen Produktion,* zur *Ressourcensituation,* zu den *Marktbeziehungen,* zur *Infrastruktur,* zur nationalen *ethnischen Struktur* und zum *Ausbildungsstand* der Bevölkerung der jeweiligen Republik.

Das Ergebnis: Zu den wirtschaftlich *starken* und potenten Regionen zählten die Ukraine, die Baltischen Republiken, die Russische Föderation und Georgien.

Als wirtschaftlich *mäßig stark* eingestuft wurden Weißrußland, Kasachstan, Moldawien, Armenien und Aserbaidshan.

Usbekistan, Turkmenistan, insbesondere aber Kirgisien und Tadshikistan dagegen stehen als problembeladene, wirtschaftlich schwach eingestufte Regionen am Ende dieser Skala.

Ohne Einsicht in die natürlichen Grundstrukturen ist ein Verständnis der Entwicklungschancen nicht möglich

So sehr man über die *Methode* dieser Bewertung streiten kann, zumal sie allein unter marktwirtschaftlichen und zudem *investiven Aspekten* erfolgte, so gut ist sie als Ansatzpunkt einer Diskussion geeignet, denn sie läßt sofort einige Grundelemente und Zusammenhänge der Raumstrukturen der ehemaligen Sowjetunion hervortreten: sehr deutlich werden die vielfältigen Differenzierungen des Landes, insbesondere die regionalen Disparitäten zwischen „Zentrum und Peripherie“, vor allem zwischen den westlichen Regionen und den sibirischen und mittelasiatischen Gebieten.

Um nun Verständnis und Erklärungen für die angedeuteten Strukturen zu gewinnen, muß keinesfalls im Sinne eines strikten Naturdeterminismus bei den natürlichen Bedingungen des Raumes angesetzt werden; zumal die Landesnatur als Grundlage für Siedlung und Wirtschaft lediglich als ein *Potential* erscheint, das einer sich ständig verändernden Bewertung *(Raumbewertung)* durch Staat und Gesellschaft unterliegt. Dies wird insbesondere in der gegenwärtig ablaufenden Phase der Transformation von planwirtschaftlich in marktwirtschaftlich gesteuerten Raumentwicklung erkennbar. Umgekehrt aber ist ohne Einsicht in die natürlichen Grundstrukturen des Raumes ein Verständnis jener raumwirtschaftlichen respektive kulturlandschaftlichen Strukturen ebenso unmöglich.

So verfügte z. B. die *Sowjetunion* über *alle natürlichen Ressourcen,* die ihre Wirtschaft in einer mittelfristig überschaubaren Zukunft benötigte: die klassischen *Rohstoffe* wie Kohle und Eisenerz, moderne

Tabelle 1: Ausgewählte Daten zu den Unionsrepubliken

Die Sowjet-Republik (SSR) – Reihenfolge nach der Fläche –	**Fläche** 1000 km²	Unionsanteil in %	**Bevölkerung** (1989) Mio	Unionsanteil in %	Bevölkerungsdichte (1989) Einwohner/km²	**Bevölkerungswachstum** (1987/89) % p. a.	**BIP je Einwohner** (Grobe Schätzungen) **Sowjetunion = 100**	Registrierte Joint Ventures (1. 4. 90) Anzahl
Rußland (RS-FSR)	17075	76,7	147	51,4	9	1,5	115	1072
Kasachstan	2717	12,0	17	5,8	6	1,0	75	10
Ukraine	604	2,7	52	18,0	86	0,5	90	99
Turkmenien	488	2,2	4	1,3	7	2,7	70	1
Usbekistan	447	2,0	20	6,9	45	2,3	55	11
Weißrußland	208	0,9	10	3,6	49	0,6	115	27
Kirgisien	199	0,9	4	1,5	22	1,8	60	2
Tadshikistan	143	0,6	5	1,8	36	3,1	50	1
Aserbaidshan	87	0,4	7	2,5	81	1,6	80	10
Georgien	70	0,3	5	1,9	78	1,7	95	41
Litauen	65	0,3	4	1,3	57	0,7	115	18
Lettland	65	0,3	3	0,9	42	0,9	130	39
Estland	45	0,2	2	0,5	35	0,5	120	104
Moldawien	34	0,2	4	1,5	129	1,8	80	14
Armenien	30	0,1	3	1,1	110		90	10
Sowjetunion	22277	100	287	100	13	1,3	100	1542*
zum Vergleich:								
BRD (3.10.1990)	357		78		218	0,0	340	

* Enthält regional nicht aufteilbare Joint Ventures. – Quelle: Deutsche Bank (Hsg): Die Sowjetunion im Umbruch. Frankfurt/M. 1990, S. 45

Energieträger wie Erdöl und Erdgas, alle Arten von *Bunt- und Edelmetallen* oder *Rohstoffe für die chemische Industrie*[1]). Bei Anwendung auch nur annähernd zeitgemäßer Agrartechniken und -methoden hätten die *Bodenreserven* und *Klimaverhältnisse* des Landes für eine ausreichende Ernährung gereicht.
Betrachten wir aber das Bild dieser gewaltigen Ressourcen im Rahmen der gesamten Landesnatur als *inwertsetzbares Potential* für die Volkswirtschaft, so ergeben sich gravierende Relativierungen und Einschränkungen.

Die Größe des Raumes bringt große Schwierigkeiten bei der Überwindung der Distanzen mit sich

Bereits die raum-zeitliche Dimension relativiert die mit 22,4 Mill. km^2 beeindruckende Größe des einst vielzitierten „Sechstels der Erde" (Abb. 2). Eine *West-Ost-Erstreckung* von über 10 000 km und eine *Nord-Süd-Ausdehnung* von 4000 km lassen die Probleme bei der Überwindung von Raumdistanzen und Zeitzonen erahnen und die damit verbundenen hohen volkswirtschaftlichen Aufwendungen für jegliche Form von *Infrastruktur* und *Kommunikation* ermessen. Die großräumigen geographischen Lagebeziehungen im kontinentalen Ausmaß bedeuten dabei auch die *Zugehörigkeit zu natürlichen Landschaftszonen,* die von der Arktis bis zu den Subtropen reichen. Bei aller Größe und Differenzierung der Landesnatur sind ihre Grundstrukturen gut zu überschauen. Das gilt insbesondere für die zwei Drittel des Landes, die von Ebenen und Tiefländern eingenommen werden, wie das *Osteuropäische Tiefland,* das *Westsibirische Tiefland* oder die *niedrigen, flachen Bergländer* im *mittleren Sibirien.*

Geologisch-tektonische Entwicklung und Klimazonen als wesentliche Faktoren für die natürliche Raumgliederung

Einen gut nachvollziehbaren Zugang zur generellen Raumstruktur bietet bereits die Beschränkung auf die beiden wesentlichen, sich überlagernden Prinzipien bzw. Faktorenbündel naturräumlicher Gestaltung: zum einen auf die Wirkungen der geologisch-tektonischen Entwicklungen und zum anderen auf die Auswirkungen des Klimas. So bestimmte die *erdgeschichtliche Entwicklung* das Grundgerüst der *Oberflächengestaltung* wie damit auch das *Gewässernetz.* Von ihr abhängig sind ebenso Art und Verteilung der *Bodenschätze* und mit ihren Lagerungsverhältnissen auch die Möglichkeiten (und Kosten) der *Gewinnbarkeit.* Eingebunden in diese Wirkungszusammenhänge sind auch die oberflächenbildenden Gesteine und mit ihnen das Substrat der *Bodenbildung*[2]).
Den für die natürliche Raumgliederung entscheidenden zweiten Faktor bildet das *Klima.* So führt einerseits die angesprochene Nord-Süd-Ausdehnung zur Ausbildung von *arktischen bis subtropischen Klimatypen,* und andererseits bewirkt die West-Ost-Erstreckung in die Tiefe des eurasischen Kontinents ein Ausmaß an *Kontinentalität* (Länge, Trockenheit, besonders Kälte des Winters), wie es sonst auf der Erde nicht vorkommt: Januarmittel in Jakutsk -43°C, Temperaturen unter -50°C nicht selten, frostfreie Jahreszeit nur 3 Monate. Dabei ermöglicht der überwiegende *Flachlandcharakter* des Landes eine fast ungestörte *breitenparallele Ausbildung der Klimazonen.*
Anzumerken ist hier, daß der Faktor Klima nicht nur gliedernd und differenzierend auf die Landesnatur wirkt. Als *Agroklima* schränkt er die Möglichkeiten der Landwirtschaft, insbesondere des Ackerbaus, ein: durch Kälte und Kürze der Vegetationsperiode im Norden, durch Trockenheit und Dürre der heißen Sommer im Süden und durch eine Verbindung von kurzer Vegetationsperiode und Trockenheit in den Bergländern des Ostens. Damit erweist sich das *Klima* auch *als* höchst wirksamer *Steuerungsmechanismus der ländlichen, d. h. flächenhaften Besiedlung.* Die ursprünglich aus der russischen bodengeographischen Forschung hervorgegangene Gliederung der Landesnatur in Vegetations- und Landschaftszonen ist inzwischen ein *klassisches Raummodell* geworden. Im modernen Sinne könnte man fast von einer ökologischen Gliederung sprechen, da hier das *Wirkungsgefüge von Klima, Boden und Vegetation* besonders zum Tragen kommt. Allerdings ist durch die *Inwertsetzung,* d. h. durch

Abbildung 2: Naturräumliche Gliederung

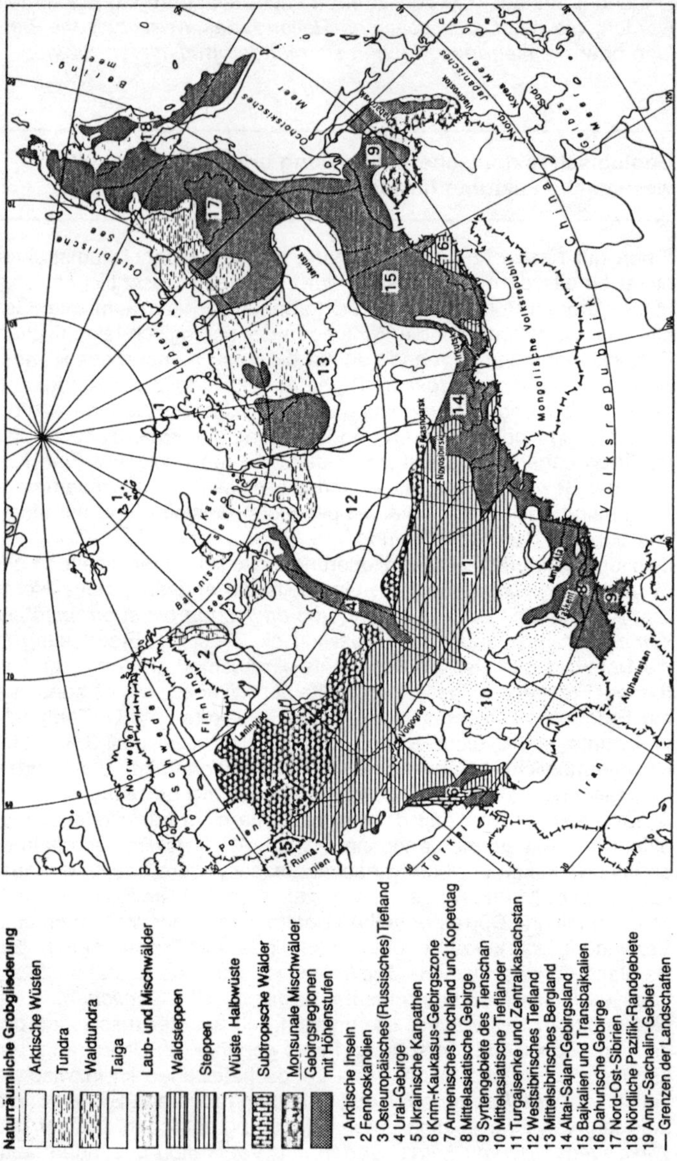

Quelle: Karger, A. (1981), S. 11

Siedlungs- und Wirtschaftstätigkeit, die ursprünglich *natürliche Vegetation nur noch rudimentär* vorhanden.

Die klassischen Vegetations- und Landschaftszonen

Stichwortartig lassen sich diese Zonen unter dem Aspekt ihrer Nutzungsmöglichkeiten wie folgt auflisten (vgl. Abb. 2):
– Die *Tundrenzonen,* am Nordsaum des Landes, im vergleichsweise ozeanisch-warmen europäischen Landesteil nur schmal, im kontinentalen, winterkalten Osten breit ausgebildet, gelten als *lebensfeindliches* Land: *Ungunstraum* für Siedlung und Wirtschaft. Die wenigen, aber großen Städte erhielten ihre Wirtschaftsbedeutung als Endpunkte der *Eisenbahn* oder als *Bergbauorte.*
– Die *Waldzonen* (*Taiga* und *Mischwald*) nehmen ein Drittel des Territoriums ein: von Natur aus ein *Nadelwald,* mit immer noch kurzer Vegetationsperiode, feucht und kühl, mit oft sumpfigen Böden (z. B. Podsol). Im südlichen Drittel finden wir den Übergang zum *Mischwald.* Hier befinden sich auf 12% der Landesfläche über 20% der Ackerfläche. An seinen südwestlichen und nordwestlichen Randgebieten liegen die *Kernräume* der Siedlungs- und Wirtschaftsentwicklung des alten und modernen Rußlands (Kiew, Moskau, St. Petersburg).
– Die *Waldsteppenzone* nimmt nur 7% des Territoriums ein, schließt aber ein *Drittel des gesamten Ackerlandes* ein. Wiederum als ein Übergangsraum des nördlichen Waldlandes zur südlichen Steppe gilt er – insbesondere im westlichen, im wesentlichen ukrainischen Teil – als nahezu *ideales Agrarland.*
– In der *Steppenzone,* die lediglich 10% der Gesamtfläche umfaßt, befinden sich – nicht zuletzt als Ergebnis *agrarpolitischer* Maßnahmen der 50er Jahre – *fast 45% der Ackerflächen* der ehemaligen Sowjetunion. Zwar erstrecken sich auch im Westen und Norden noch Schwarzerden, sie werden aber nach Süden und Osten von kastanienfarbenen Böden abgelöst.
– Schließlich nehmen die Gebiete der *Halbwüsten und Wüsten* immerhin 10% des Territoriums ein. In diesen Trockengebieten, überwiegend in Kasachstan und in den mittelasiatischen Regionen, finden wir entweder ein hochproduktives *Bewässerungsland* oder einen wenig ertragreichen *Regenfeldbau.*
Faßt man diese wenigen Stichworte zur allseitig bekannten Differenzierung der Landesnatur in *Landschaftszonen* zusammen, so sollte man sich nochmals vergegenwärtigen, daß fast die *Hälfte des Landes von Gebirgen* eingenommen wird, daß fast *drei Viertel* des Raumes *weniger als 120 frostfreie Tage* aufweist, *80% aller Gebiete ein Trockenklima* besitzen und letztlich *drei Viertel* der Gesamtfläche auf *Wälder und Ödland* entfallen.
Somit können im Sinne einer Bewertung des Raumpotentials für die

Raumentwicklung 60% des Landes als *Peripherie* aufgefaßt werden, nämlich jene 30% Anteile an nördlicher und nordöstlicher Tundra und Taiga und jene 30% Gebirgsregionen im Süden und Osten.
Damit ist zugleich der Kern des hier vorzustellenden Thema angesprochen: die Frage nach den Zielen, Methoden und Ergebnissen der Raumentwicklungen in der ehemaligen Sowjetunion.

Zwischen Zentrum und Peripherie: die Raumentwicklung in der ehemaligen Sowjetunion

Zur Verdeutlichung dieses Aspektes und der räumlichen Zusammenhänge sei wieder ein deduktiver Ansatz und ein sehr vereinfachendes, zusammenfassendes Modell gewählt (vgl. Abb. 3).
Die von *Stadelbauer* nach verschiedenen russischen und französischen Quellen zusammengestellte Skizze zeigt die wesentlichen Raumstrukturen der ehemaligen Sowjetunion. Erkennbar wird der vollerschlossene Kernraum mit dem *Zentrum,* dem Donbass und den Baltischen Regionen. Deutlich wird auch der an Verkehrsleitlinien und Entwicklungsachsen ausgerichtete, rohstofforientierte *Ergänzungsraum.* Angedeutet sind auch die hierarchisch angeordneten städtischen und industriellen Zentren. Erkennbar werden schließlich auch jene *Pionierräume* junger Wirtschafts- und Siedlungserschließung.
Wesentlich ist also jene bereits erwähnte Grundstruktur der räumlichen Disparitäten zwischen Zentren und Peripherie; konkret zwischen dem entwickelten Westen und der weniger erschlossenen Ost- und Südregion der ehemaligen Sowjetunion.
Und wenn wir auf die eingangs zitierte *Ranking*-Studie zurückkommen, so bilden die als *wirtschaftlich stark* eingeschätzten Republiken respektive Staaten Teile des vollerschlossenen Zentralraumes.
Die *Ursachen* liegen – wie ebenfalls schon angesprochen – zum einen in den wesentlichen naturräumlichen Gegebenheiten *(Geofaktoren)* und zum anderen in den unterschiedlichen politischen Zielen der *historisch-gesellschaftlichen Entwicklung* und den damit verbundenen Raumbewertungen.
Seit Gründung der Sowjetunion galt innerhalb der Wirtschaftspolitik die *Industrialisierung als Motor der Raumentwicklung,* wobei die räumliche Planung (*Territorialplanung* oder *Raumplanung* im westlichen Sinne) stets nur als ein *Teil der Volkswirtschaftsplanung* betrachtet wurde.
Eine Analyse aller wichtigen Raumentwicklungskonzepte und Modelle der ehemaligen Sowjetunion würde – sehr stark vereinfacht – zeigen, daß es immer darum ging, *Wirtschaftsräume* im extensiven Sinne zu erweitern, neue Ressourcen zu erschließen.
Konnte die junge Sowjetunion in der Raumentwicklung des *Zentrums* noch die Standort- und Verflechtungsvorteile von Ressourcen (z. B.

Abbildung 3: Zentrum und Peripherien

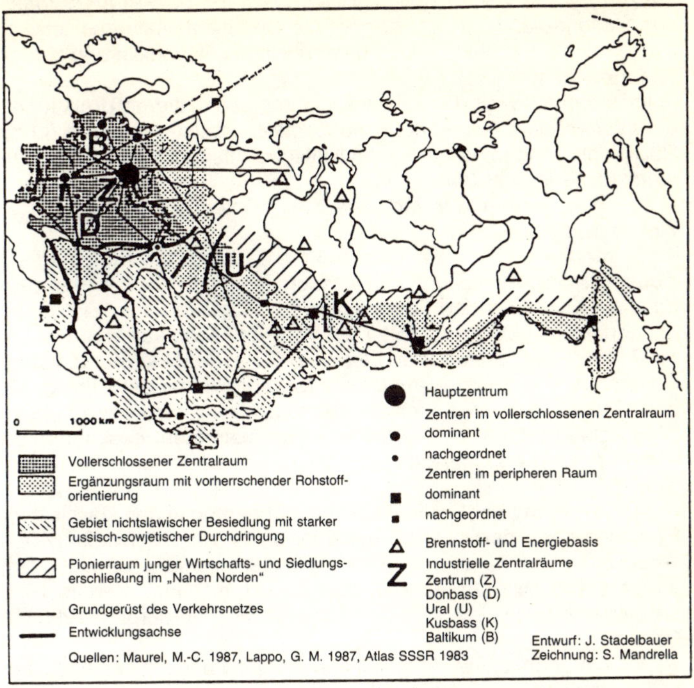

Quelle: Stadelbauer, J. (1990), S. 7

Kohle/Erz) und Verarbeitungszentren ausnützen, mußte sie in den vierziger und fünfziger Jahren neue Konzeptionen entwickeln. Aufgrund der Verteilung von Verarbeitungszentren und Ressourcen, vor allem vor dem Hintergrund der reichen Lagerstätten in Sibirien, stand die sowjetische Planung vor der Frage, entweder die *Ressourcen zu den Industriezentren oder die Industriezentren zu den Ressourcenregionen* zu bringen.

Konzeptionen der Raumentwicklung, die das Land bis heute geprägt haben

Zu den wichtisten, noch gegenwärtig die Raumstruktur der ehemaligen Sowjetunion prägenden Raumentwicklungskonzeptionen zählen:

– das bereits 1919 ausgearbeitete, dann ab 1921 umgesetzte erste gesamtplanerische Konzept des *Staatsplans zur Elektrifizierung des ganzen Landes* (GOELRO). Auf GOELRO und GOSPLAN *(Staatliche Gesamtplankommission)* geht die Grundkonzeption der sowjetischen Großraumplanung und das Prinzip der Rayonisierung zurück (vgl. Energiesysteme).

– In Verbindung mit der Industrialisierung des mittleren Urals führte die *flächenhafte Ausdehnung horizontaler Industriesysteme* (ohne Rücksicht auf kurzfristige Rentabilitätsgesichtspunkte) zu den *Kombinatsmodellen* der 30er Jahre.

– Die *Verlagerung der Industrie nach Osten* als kriegsbedingte Zielvorgabe nach 1941.

– Die moderne Phase der *Erschließung Sibiriens,* die nicht nur eine industrielle Inwertsetzung von Ressourcen, sondern auch eine dauerhafte Besiedlung und Entwicklung der Regionen zum Ziel hatte, begann nach 1955 mit dem Bau des Wasserkraftwerkes in Bratsk (ab 1967 4500 MW installierter Leistung, 22,4 Mrd. kWh) und dem weiteren Ausbau zu *Industrieknoten* (zusammen mit Ust'-Ilimsk). Mit dem Modell der sogenannten *Territorialen Produktionskomplexe* (TPK) glaubte man, ein raumordnendes Instrument geschaffen zu haben, das eine „komplexe" Entwicklung von Regionen ermöglichen würde.

– Der Rückgang der Erdöl- und Erdgasförderung in den klassischen Regionen hatte bereits Mitte der 60er Jahre zur *Erschließung des Westsibirischen Tieflandes* geführt. (Oblast' Tjumen: 1,2 Mill. km^2; mehrere 100 Mill. t Öl-Vorräte, über 40 Bill. m^3 Gas). Bereits 1980 erbrachte Westsibirien 50% der sowjetischen Ölförderung, 1990 ca. 69%.

– Das umfangreichste, finanziell aufwendigste und mit den höchsten politischen wie ökonomischen Erwartungen versehene Regionalprojekt stellte die 1974 gestartete *BAM-Kampagne* dar: Längs einer 3145 km langen Eisenbahnverbindung (*Baikal-Amur-Magistrale:* BAM) sollte eine *Entwicklungszone* mit zahlreichen TPKs und Siedlungszentren der Wegbereiter für die Erschließung Sibiriens sein.

Diese wenigen hier angeführten Beispiele von Raumentwicklungen mußten dabei gegen eine Vielzahl von *Hindernissen* und *Hemmnissen* durchgesetzt werden: einerseits *natürliche Schranken* wie geologische Strukturen und Relief, *klimabedingte Schranken* wie Permafrostboden oder Überschwemmungsgefahren. Andererseits kam dazu eine Fülle von *Schwächen und Lücken* im Bereich der *Technik, Logistik,* der *Arbeitskräfte,* der *Kompetenzen* und nicht zuletzt der *finanziellen Möglichkeiten.*

Wesentlich war aber, daß fast alle Entwicklungsprozesse *extensiv* waren und fast ausschließlich *ohne Rücksicht auf ökologische Belange* durchgeführt wurden.

Ein düsteres Bild der ökologischen Lage

Bislang standen bei unserer Betrachtung lediglich *industriepolitisch* begründete Raumentwicklungen im Mittelpunkt.
Diese wären nun zu ergänzen durch jene vielfältigen Raumwirkungen, die durch die verschiedenen Ziele und Maßnahmen der Agrarpolitik ausgelöst worden sind, vornehmlich jene, bei denen die Ausnützung der Anbauflächen im Norden oder Südwesten des Landes im Vordergrund standen.
Beispielhaft sei nur auf das schon seit den 20er Jahren immer wieder diskutierte SIBARAL-Projekt verwiesen, bei dem die „Umleitung" sibirischer Ströme zur Diskussion stand. Die Ableitung von Wasser aus den Überschußgebieten des Nordens in die Mangelgebiete des Südens – für die Bewässerung der Neulandgebiete oder die Anhebung des Wasserspiegels des Aralsees (seit 1960 um 13 m gefallen) – hätte zu gravierenden ökologischen Auswirkungen geführt (z. B. Versalzung, Veränderungen des Mikroklimas etc.)[3]).
1988 hatte das *Staatskomitee für Umweltschutz* der UdSSR erstmals einen umfassenden Bericht zur Umweltsituation und zur Umweltpolitik vorgelegt[4]). Was in den Jahren vor Tschernobyl bzw. vor der *Perestrojka* durch Geheimberichte und Einzelstudien, durch verschiedene in- und ausländische Medien bruchstückhaft angedeutet werden konnte, erfuhr nun in einer weit größeren Dimension Bestätigung und ergab ein düsteres Bild der ökologischen Lage:
Luftbelastungswerte wurden in vielen Städten um das Fünfzehnfache überschritten, 70% der nach dem Gesetz zu reinigenden *Gewässer* werden *ungeklärt* abgeleitet. Böden sind geschädigt, oftmals erheblich mit *Pestiziden* oder *Schwermetallen* belastet. *Regional* betroffen sind davon nicht nur die Ballungsgebiete und Wirtschaftszentren, sondern ebenso die Räume extensiver Entwicklungen. Die *Baikal-See-Problematik* stand in den letzten zwanzig Jahren symbolhaft für diese Auseinandersetzung zwischen Politökonomie und Ökologie.

Ökologische Krisengebiete und Katastrophenregionen

In einer umfangreichen Analyse durch geographische Mitarbeiter der ehemaligen *Akademie der Wissenschaften* wurden 1992 allein 300 Regionen der zerfallenen Sowjetunion ausgewiesen, in denen die Umweltbelastungen *akute Gefahren* für das Leben der Bewohner bedeuten. Diese Gebiete umfassen zusammen eine Fläche von über 3,7 Millionen km^2. Außerdem wurden 17 ökologische Katastrophenregionen ausgegrenzt (vgl. Abb. 4).
Bereits diese wenigen Andeutungen zeigen, daß eine ökonomische

Abbildung 4: Ökologische Krisenregionen

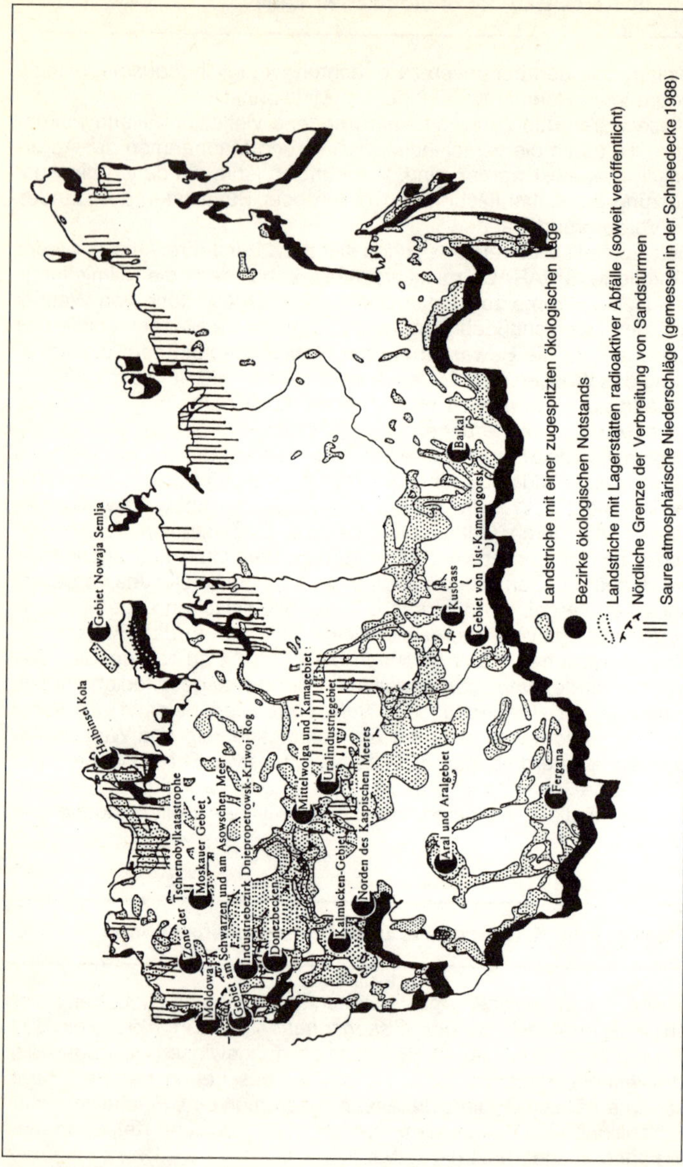

Quelle: Moskau News; Nr. 12; Dez. 1991; S. 12f.

Abbildung 5: Bestandteile der allgemeinen ökologischen Situation

Ökologisch belastete Zonen	Halbinsel Kola	Moldawien	Tschernobyl-Zone	Donezkohlenbecken – (Donbass)	Bezirk Dnjepr – Kriwoi Rog	Moskauer Region	Küstenzonen des Schwarzen und des Asowschen Meeres	Mittleres Wolga- und Kamagebiet	Wolgaunterlauf und Nördliches Kaspigebiet	Industriezone am Ural	Industriebezirk Ust-Kamenogorsk	Kusnetzker Steinkohlenbecken (Kusbass)	Gas- u. Ölbezirk Westsibirien	Aralsee und Aragebiet	Fergana-Tal	Balchasch	Baikal
Luftverschmutzung	●	●	●	●	●	●	●	●	●	●	●	●		●	●		●
Versiegen und Verschmutzung von Gewässern	●	●	●	●	●	●	●	●	●	●	●	●	●	●	●	●	●
Störungen des Wassernetzes	●							●									
Entwaldung (Kahlschlag von Wäldern)								●									
Zerstörung natürlicher Futterweiden	●												●			●	
Erschöpfung des Fischbestandes									●		●		●	●		●	●
Beschleunigte Bodenerosion								●									
Sekundäre Bodenversalzung		●							●					●	●	●	
Chemische Bodenverschmutzung		●	●	●	●	●			●	●		●	●	●	●		
Zerstörung des Permafrostbodenhaushalts													●				●
Komplexe Zerstörung des Bodens durch Ausbeute von Bodenschätzen	●			●	●			●	●	●	●	●	●		●	●	
Zerstörung produktiver Landwirtschafts- u. Waldflächen		●	●	●	●	●		●		●	●	●			●		
Verringerung u. Verlust der Erholungsqualität der Landschaft				●		●	●	●		●							
Störung des Gleichgewichts in besonders geschützten Naturgebieten	●	●					●	●	●	●	●		●				●
Radioaktive Verschmutzung			●							●							

Quelle: Moskau News 1992

Erneuerung oder ein ökonomischer Umbau der ehemaligen Sowjetunion mit einer ökologischen Sanierung verbunden sein muß. Die nebenstehende Matrix (Abb. 5) zur ökologischen Situation zeigt das doppelte Dilemma. Deutlich werden nicht nur die Vielfalt und das Ausmaß der Belastungen, sondern auch die bereits erwähnte Tatsache, daß zu den ökologischen Krisengebieten Wirtschafts- und Ballungszentren wie auch *funktionelle Ausgleichsräume,* d. h. Erholungsgebiete und vermeintlich unberührte Naturlandschaften, zählen. Gleichzeitig ist aber mit dem notwendigen Umbau und der dringend vorzunehmenden Sanierung eine Chance gegeben, den einzelnen Regionen eine zukunftsträchtige Entwicklung vorzugeben.

Anmerkungen

[1]) Zur ausführlichen Darstellung und Bewertung der natürlichen Ressourcen der ehemaligen Sowjetunion vgl. Karger, A. (1987).
[2]) Vgl. Karger, A. (1981), S. 9 ff.
[3]) Vgl. Bender, H.-U. u. J. Stadelbauer (1987), S. 43 ff.
[4]) Förster, H. (1991), S. 21 ff.

Literaturhinweise

Bender, H.-U., Stadelbauer, J. (1987): Sowjetunion. Stuttgart.
Deutsche Bank (Hrsg.): Die Sowjetunion im Umbruch. Frankfurt/M. o. J. (1990).
Förster, H. (1990): Perestrojka in der Sowjetunion. In: Praxis Geographie, 20. Jg., 3/1990, S. 44–48.
Ders. (1991): Umweltprobleme und Umweltpolitik in Osteuropa. In: Aus Politik und Zeitgeschichte, 10, S. 13 ff.
Götz, R./U. Halbach (1991): Daten zur Geographie, Bevölkerung, Politik und Wirtschaft der nichtrussischen Republiken der ehemaligen UdSSR. BIOST, Sonderveröffentlichung 10/1991.
Karger, A. (1981): Naturpotential Sowjetunion. Der Raum, seine Möglichkeiten und die Probleme seiner Nutzung. In: Wehling, H.-G. (Hrsg.): Die Sowjetunion (= Kohlhammer TB, Bd. 1056) Stuttgart, S. 9–30.
Ders. (1987): Sowjetunion. Frankfurt/M. (= Fischer Länderkunde Bd. 9).
Stadelbauer, J. (1990): Die Sowjetunion am Ende der 80er Jahre. Chancen und Probleme. In: Praxis Geographie, Jg. 20, 3/1990. S. 6–10.

Dietrich Geyer

Der Zerfall der Sowjetunion in historischer Perspektive

Bei aller Einmaligkeit Parallelen zwischen 1917 und 1991

Vergangenheit und Gegenwart miteinander in Beziehung setzen

Den Zerfall des Sowjetimperiums historisch betrachten, heißt: geschichtlich einordnen, was im Dezember 1991 in *Minsk* und *Alma Ata* vor sich ging. Einordnen aber heißt: Vergangenheit und Gegenwart miteinander in Beziehung setzen. Das erste historische Problemfeld, das in den Blick kommt, sind die Epochen der beiden Weltkriege – Umbruchsperioden, die den europäischen Osten nicht weniger folgenreich verändert haben als die Zeitenwende, die den kommunistisch beherrschten Teil Europas wie ein Kartenhaus zusammenbrechen ließ. Ein zweiter Rekurs in die Vergangenheit folgt aus dem Tatbestand, daß das Imperium, das jetzt verschwunden ist, eine tausendjährige Geschichte im Rücken hat, eine ungleich ältere als die, die im Zeichen der roten Fahne stand. Vor siebzig Jahren hatte die Union der Sozialistischen Sowjetrepubliken die Konkursmasse des russischen Vielvölkerreiches übernommen und damit eine Erbschaft angetreten, die nun, nach ihrer Liquidierung, große Schmerzen macht. Diese Kontinuität von langer Dauer rückt den Zerfall der Sowjetunion in weite historische Perspektiven. Sie führen bis ins Mittelalter und in die frühe Neuzeit zurück, in geschichtliche Epochen, in denen sich jene imperialen Herrschaftsstrukturen und interethnischen Beziehungen ausgebildet haben, die heute noch immer zur Debatte stehen.

Schon zweimal in diesem Jahrhundert in seinen Grundfesten erschüttert

Von einem so weitgreifenden Ausflug in die Ferne muß hier abgesehen werden. Auch ein Rückverweis auf Zeiten, die uns näher liegen, kann den historischen Zusammenhang erschließen. Das Ende der

UdSSR bringt vorab in Erinnerung, daß dieses eurasische Staatsgebilde im zwanzigsten Jahrhundert schon *zweimal in seinen Grundfesten erschüttert* worden ist – beide Male im Gefolge eines großen *Krieges,* in den die expansive Ostpolitik des *Deutschen Reiches* jeweils verhängnisvoll verwickelt war. Die erste Krisenzeit, in der das Imperium aus den Fugen ging, wurde durch die russische Revolution eröffnet, durch den Sturz der Zarenmonarchie im Frühjahr 1917. Die Hoffnung, den Völkern Rußlands in einer Nationalitätenföderation Freiheit und Demokratie zu sichern, ist damals unerfüllt geblieben. Als *Lenin* in *Brest-Litowsk* mit den Mittelmächten Frieden schloß, um den Bolschewismus vor dem Untergang zu retten, fiel das russische Reich in Nachfolgestaaten, Okkupationsgebiete und Bürgerkriegsfronten auseinander.

Die zweite Krise, in der der imperiale Staatszusammenhang in Frage stand, kam in der Stalinzeit, als *Hitlers* Vernichtungskrieg die Sowjetunion an den Rand der Katastrophe brachte. Der Generalplan Ost hatte die Statthalterschaften, die den *deutschen Lebensraum* über den Ural hinweg erweitern sollten, in die Generalstabskarten bereits eingezeichnet. Auch der SA-Obergruppenführer, der als *Reichskommissar Moskowien* im Kreml residieren wollte, war schon zur Hand. In Weißrußland und in der Ukraine wurde die Wehrmacht mit Brot und Salz begrüßt. Bis zum bitteren Ende kämpften Einheiten der sogenannten *Fremdvölker,* schließlich, unter General *Wlassow,* auch eine *Rußländische Befreiungsarmee,* um die Völker im Osten vom Bolschewismus zu erlösen – in tragischer Verkennung der Ziele, denen die deutsche Führung anhing.

Beide Male, nach 1917 wie nach 1941, gelang es der kommunistischen Macht, die Dekomposition des Vielvölkerstaates abzuwenden. Im November 1918 war das deutsche Militärimperium zusammengebrochen, dessen Aufbau *Ludendorff* von Finnland bis zum Schwarzen Meer betrieben hatte. Binnen zweier Jahre stellte die *Rote Armee* das Reich unter bolschewistischer Herrschaft wieder her. Nur *Finnland, das Baltikum und Polen* konnten damals nicht zurückgewonnen werden. Die antibolschewistischen Bürgerkriegstruppen wurden zerschlagen, die Unabhängigkeit der *Ukraine* und der *transkaukasischen Republiken* liquidiert und die Masse des alten Imperiums in die föderalistisch drapierte *Sowjetunion* eingeschlossen. Zwanzig Jahre später, nach dem Vorstoß der Wehrmacht bis zur Wolga und zum Kaukasus, als offensichtlich war, daß die nationalsozialistische Ostpolitik den Völkern der Sowjetunion keine Lebenschance ließ, konnte *Hitlers* Militärmaschine gestoppt und bald darauf vernichtet werden – dank der Integrationskraft, die der Sowjetpatriotismus im *Großen Vaterländischen Krieg* entfaltet hatte. Das Imperium war abermals gerettet. Wenig später wurde dann, in Gestalt sowjetischer Satellitenstaaten, ein äußeres Imperium noch hinzugebaut, jene *sozialistische Staatengemeinschaft,* die wir vor kurzem noch den *Ostblock* nannten.

Die Krisen am Anfang und Ende der Sowjetunion haben durchaus Gemeinsames

Die gegenwärtige Umbruchsphase, die nach dem Ostblock inzwischen auch das Sowjetimperium aus seinen Fundamenten riß, ist also die dritte Welle epochaler Umgestaltung, die Osteuropa in unserem Jahrhundert betroffen hat. Die Unterschiede zwischen damals und heute sind freilich mit Händen zu greifen. Denn, anders als 1917 und als 1941, kam die Krise des Imperiums jetzt nicht aus einem großen Krieg. Das Vielvölkerreich, das zwei Weltkriege überdauert hatte, hat sich in Friedenszeiten aufgelöst. Die Sowjetunion ging zugrunde, weil der *reale Sozialismus,* der das Ganze trug, das Niveau moderner Zivilisation nicht erreichen konnte, ohne sich selber aufzugeben. Die *Perestrojka,* die das Imperium wie den Sozialismus hatte bewahren wollen, mit den Normen des Rechtsstaates, der Demokratie und Marktwirtschaft, war dem Anspruch ihrer eigenen Begriffe nicht gewachsen. Das Experiment der Erneuerung wirkte als Hebel auf dem Weg zum Untergang. Daß der internationale Friede die Vorbedingung dieses Endes war, verweist auf eine *Formverwandlung der Geschichte,* von der zu hoffen ist, daß sie von Dauer sei.

Trotz der singulären Bedingungen, die den Zerfall der Sowjetunion bewirkten, bieten sich lehrreiche Vergleiche mit den vorhergegangenen Umbruchzeiten an, mit den Revolutions- und Bürgerkriegsjahren vor allem. Die Parallelen, die sich zeigen, sind in der Tat frappant. Damals wie heute wurde die Desintegration des Vielvölkerimperiums von Kausalfaktoren ausgelöst, die ihren Ursprung nicht in den *nichtrussischen Peripherien,* sondern im *russischen Zentrum* hatten, in den Krisen und Reformblockaden des alten Regimes. Der Aufbruch der *Nationalitäten,* der heute abermals vor Augen steht, war eine Folge, nicht die Ursache des Zerfalls.

Die *Zarenmonarchie* war den Belastungen, die der Erste Weltkrieg brachte, nicht gewachsen gewesen. Sie hatte den Widerstand der politischen Eliten und die Rebellion der Unterschichten geweckt. Die Verweigerung jeglicher Reform war zum Grundgesetz autokratischer Selbsterhaltung geworden. Als die Monarchie im Frühjahr 1918 kollabierte und mehr oder minder demokratische Politiker in *Petrograd* ans Ruder kamen, sah sich die neue Regierung einer revolutionären Massenbewegung ausgesetzt, die durch bloße Beschwichtigungen nicht mehr zu dämpfen war. Der Versuch der *Provisorischen Regierung,* das Reich in demokratisch-parlamentarischer Richtung zu erneuern und in föderativen Strukturen zusammenzuhalten, mißlang unter dem Druck des fortgehenden Krieges. Zerstört wurde nicht allein die junge Demokratie, sondern auch der multinationale Staatszusammenhang.

In vieler Hinsicht erinnert die Agonie des *Breschnjew*-Regimes an die Bewegungslosigkeit, die für den *Zarismus* im Ersten Weltkrieg so

charakteristisch war. Die sowjetische Weltmachtpolitik hatte die Kräfte des Landes nicht weniger überfordert als der Imperialismus der alten Monarchie. Wie *Nikolaj II.* war auch die Herrenriege im *Politbüro* darauf eingeschworen, daß jede Systemänderung von Übel sei. Der *Zarismus* wie die *Nomenklatur* der KPdSU verharrten in einer Art *Schutzstarre.* Sie simulierten Potenz, die das erschöpfte Land nicht mehr besaß. Obwohl die Sowjetunion, anders als das Zarenreich, keinen Weltkrieg riskierte, wirkten die Kosten der globalen Systemkonkurrenz mit dem Westen doch ähnlich destruktiv, waren die Wirkungen des *Afghanistan*-Krieges ähnlich demoralisierend wie die Lasten und Niederlagen, die Rußland nach 1914 auf sich zu nehmen hatte. Nimmt man die ökologischen Schäden hinzu, die weite Teile des Landes verwüstet haben, dann ergibt sich ein beklemmender Befund, den man mit den Folgen eines zermürbenden Krieges durchaus vergleichen kann.
Der Machtwechsel, der *Gorbatschow* an die Spitze brachte, hat sich freilich anders vollzogen als der Sturz der Monarchie. Die Wende begann nicht, wie 1917, mit einem Massenaufruhr, sondern mit einem Revirement in den alten Machtstrukturen selber. Erwartet wurde nicht die Zerstörung, sondern eine Renovierung des Systems. *Gorbatschow* ging indessen über bloße Kurskorrekturen hinaus. Er entschied sich für die Zerstörung dessen, was nun *Kasernensozialismus* hieß, für eine *Revolution von oben,* der, wie er hoffte, eine *Revolution von unten* zu Hilfe kommen werde. Vehikel der radikalen Umgestaltung sollten *Glasnost* und Demokratisierung sein, die Mobilisierung der Gesellschaft zur Rettung des sozialistischen Modells, der radikale Abschied von den *Deformationen,* die dem *Stalinismus* zugeschrieben wurden. Die Weltgeltung der UdSSR, auch die *sozialistische Staatengemeinschaft,* sollten durch die *Zivilisierung des Ost-West-Konflikts* gesichert werden. Wie das Demokratieprojekt der Revolution von 1917 scheiterte auch die *Perestrojka* an ihren eigenen Widersprüchen. Beide hatten gesellschaftliche Kräfte entbunden, die alsbald von oben her nicht mehr zu kontrollieren waren. Der Autoritätsverfall des Zentrums aber stärkte die Peripherien. Zu den Sekundärphänomenen der Systemkrise gehörte, damals wie in unserer Gegenwart, die *Renaissance der Nationalitäten.*

Die naheliegende Frage – nicht rechtzeitig entschärft

Um die Dynamik der Nationalismen zu verstehen, muß man bedenken, daß sich hier lange *zurückgestaute und unterdrückte Emanzipationsvorgänge* geltend machten. Der Prozeß moderner Nationsbildung, der bei den Völkern Rußlands seit den Bauernbefreiungen in Gang gekommen war, hatte sich in der Zarenzeit nur unter großen Schwierigkeiten entfaltet. Die Autokratie war auf das traditionelle Konzept des *einen und unteilbaren Rußland* fixiert geblieben. Forderungen nach Autonomie, die von der nationalbewußten Intelligenz erhoben worden waren, galten als krimineller Akt gegen die staatliche Integrität und wurden gewaltsam niedergehalten. Erst der Sturz der Monarchie hatte die Nationalitäten aus dem zaristischen *Völkerkerker* befreit und der nationalen Selbstbestimmung Bahn gebrochen. Den Nationalbewegungen in Rußland gelang es indessen nicht, die jungen Republiken (etwa in der Ukraine und im Kaukasus) so widerstandsfähig zu machen, daß sie der sozialen Sprengkraft der Revolution und der bolschewistischen *Reconquista* gewachsen gewesen wären. Die soziale Basis, die sie hatten, war, wie sich zeigte, nicht belastungsfähig.

Nach siebzig Jahren kommunistischer Herrschaft wurden die von *Stalin* vollends abgebrochenen Emanzipationsprozesse durch die *Perestrojka* wieder freigesetzt. Das *Breschnjew*-Regime hatte (dem Zarismus darin durchaus ähnlich) die Nationalitätenfrage weitgehend *stillgelegt.* Das Nationale war keine politische, sondern eine literarische und folkloristische Kategorie. Die polyethnische Vielfalt des Imperiums sollte im Konstrukt des einen, brüderlich vereinten *Sowjetvolks,* in der *neuen historischen Menschengemeinschaft des entwickelten Sozialismus* aufgehoben sein. Auch in der *Perestrojka,* in der Hierarchie des *neuen Denkens,* blieben die nationalen Probleme anfänglich noch ganz am Rand. Erst unter dem Eindruck der Bürgerkriegssituationen, die sich im Baltikum, im Kaukasus und in einzelnen islamischen Republiken entzündet hatten, reagierte *Gorbatschow.* Den Kurs, den er einschlug, hatte 1917 die Provisorische Regierung schon einmal ausprobiert. Schon damals war versucht worden, die Explosivität der nationalen Frage mit den Mitteln des Rechtsstaats zu entschärfen: durch die Garantie der Menschen- und der Bürgerrechte, den Übergang zur parlamentarischen Demokratie und den Aufbau föderativer Strukturen, die das Vielvölkerreich zusammenhalten sollten. Beide Male, 1917 wie 1989, ist diese Strategie mißglückt.

Daß die Nationalismen in der Systemkrise sich so rasch entfalten konnten, hat ohne Zweifel mit der *Erosion der normativen Werte* zu tun, einem Vorgang, den der Zerfall der alten Ordnung und Gedankenpolizei zum Vorschein brachte. Das galt für die Revolutionszeit wie für die Ära *Gorbatschows.* Damals, mit dem Sturz des Zaren, hatten sich die tradierten Maßstäbe, die vom monarchischen Reichspatriotismus und der orthodoxen Kirche ausgegangen waren, weithin aufgelöst. Die neuen Orientierungsangebote, von liberalen Demokraten und demokratischen Sozialisten vermittelt, waren zu schwach, um das Imperium zu konservieren. Vergleichbares geschah im Zerfallsprozeß der UdSSR. Die Weltanschauungslehre, die das Sowjetimperium ideologisch verklammert hatte, verlor ihre machtgeschützte Bindekraft und hat im Desaster des Zusammenbruchs schließlich nur mehr zynische Kommentare geweckt. Die Botschaft der Reformer, die Trias der Begriffe: Demokratie, Rechtsstaat und Föderation, führte die Sowjetgesellschaft nicht zusammen, sondern trieb sie in dem Maße auseinander, in dem der Ruin der Wirtschaft und der elementaren Lebensgrundlagen voranschritt.

So lebt die Nation als Leitbild wieder auf

In der allgemeinen Orientierungskrise wuchs die Neigung, im Schoß der Nation Geborgenheit zu suchen, in einer gedachten Ordnung, deren Geschichte als ein Drama des Leidens und der permanenten Unterdrückung erschien, vollgestellt mit Märtyrern, Heiligen und Helden, mit Zeugnissen großer Kultur und Beispielen ungestillten Freiheitswillens. Deportationen und Verfolgungen, der *Genozid* der *Kollektivierung* und der *Archipel Gulag* wurden in die Erinnerung zurückgeholt und als nationale Katastrophen beschrieben. Auch die *aktuelle Not* wurde nun als Folge nationaler Repression bewußt gemacht. Selbst Bevölkerungen, deren ethnische Substanz infolge gesteuerter, aber auch nicht gesteuerter Russifizierung mitunter kaum noch zu erkennen war, zeigten sich für nationale Appelle und Ideologien empfänglich. Hinzu kam die Botschaft, daß allein Selbstbestimmung und Souveränität einen Ausweg aus der drückenden Misere böten, ja daß auch Demokratie und Freiheit nur durch Eigenstaatlichkeit zu sichern seien.
Die gleichen Argumente hatten bereits 1917 elektrisierend gewirkt und dem Nationalgedanken Auftrieb gegeben. Nicht zufällig knüpfen die Nachfolgestaaten heute an diese Vorgeschichte an, an eine Zeit, in der die Unabhängigkeit bereits gesichert schien. Schon damals war der Widerstand gegen das imperiale Zentrum mit der Wendung gegen Rußland, ja gegen die Russen überhaupt verbunden worden. Die *Moskowiter,* welcher Couleur auch immer, hatten Schuld an allem Leid, das im Lauf der Jahrhunderte über die Völker Rußlands gekommen war. Doch weder *Kerenskij* noch *Gorbatschow* (und neuerdings auch *Jelzin*) vermochten die Meinung zu entkräften, daß ihre Politik nichts anderes als eine demokratisch aufgeputzte Camouflage des ewig gleichen russischen Imperialismus sei. Wie sich herausstellte, konnten selbst weitmaschige Föderationsverträge kein zureichendes Vertrauen schaffen. Freiheit schien nur möglich, wenn das alte Kolonialsystem zerbrach, Demokratie nur denkbar in den Farben der Nation. Längst ist klar, daß die nationale Obsession sich nicht nur an den Russen stieß, sondern vielerorts auch an fremden Nachbarn auf engstem Raum. Im Kaukasus und in Zentralasien heizen sich die Nationalismen wechselseitig auf, unter der Fahne des Propheten, aber auch in christlichem Gewand.

Nationalismus auch bei den Russen

Die Faszination nationaler Parolen im Auflösungsprozeß des impe-

rialen Reichsverbandes hat auch die Russen selbst erfaßt. In den Revolutions- und Bürgerkriegsjahren war der russischen Nationalismus Integrationsideologie der weißgardistischen Bewegung gewesen und hatte den Gedanken an das eine und unteilbare Rußland wach gehalten. Im Vorfeld der *Perestrojka* kam der Ruf nach *nationaler Wiedergeburt* zuerst im Milieu wertkonservativer Literaten auf, denen die Zerstörung des russischen Dorfes, der Landschaft und der Natur zu Herzen ging. Inzwischen ist diese Formel zur politischen Losung aller Kräfte geworden, die im Einströmen westlicher Ideen und westlicher Massenkultur ein Menetekel sehen, ein Attentat fremder Mächte auf den *genetischen Fonds* der russischen Nation, auf Leib und Seele echten Russentums. Empörung über die *Russophobie* der anderen kommt hinzu. Der Abfall der Republiken weckt Verbitterung und wird als Undank wahrgenommen, als Anschlag gegen das russische Volk, das mehr als alle anderen gelitten habe. Nicht nur die rechtsextremistische *Pamjat*-Bewegung, der die Perestrojka als jüdisches Komplott erscheint, hat sich der Rettung Rußlands verschrieben. Nicht allein Kultfiguren wie *Alexander Solschenizyn* oder Autoritäten wie die *orthodoxe Kirche* hüllen sich in nationale Farben ein. Nach dem Ende aller Sicherheit hat die *russische Idee* aus dem Geist des 19. Jahrhunderts beträchtliche Teile der Gesellschaft infiziert. Ja, ihre Attraktionskraft ist offenbar so unwiderstehlich, daß sich mittlerweile selbst *Jelzin* zu einem veritablen Patrioten gemausert hat und nichts dabei findet, den Segen der Kirche zu empfangen und mit brennender Kerze an der Seite des *Patriarchen von Moskau und ganz Rußland* vor der Ikonenwand zu stehen. *Rossija* ist im übrigen kein ethnischer, sondern ein *imperialer Begriff,* und er reicht, weil er von jeher auf das Russische Reich bezogen war, über das Rußlands *Jelzins* weit hinaus. Schwer vorstellbar, daß der russische Nationalismus vom imperialen Erbe lassen könnte, mit dem er groß geworden ist.
Heute scheint es, als ob die Nationalidee wie eine Droge wirke, wie eine Ersatzreligion in schwerer Zeit, deren Sogkraft sich kein auf Resonanz versessener Politiker entziehen kann. In den Nachfolgestaaten der Union hat sich ein guter Teil der alten *Nomenklatura* ins Nationale umgekleidet und trägt die Fahnen und Symbole der neuen Vaterländer vor sich her. Auch die politische Rede spiegelt diesen Tatbetand. Interethnische Konflikte und Interessenkämpfe sorgen dafür, daß die nationalen Emotionen nicht ermatten und die Bereitschaft zur Gewaltanwendung nicht verlorengeht. Fluchtbewegungen und Vertreibungen sind zu einer alltäglichen Erscheinung geworden. Schon spricht man von den Gefahren einer *Ethnokratie,* die das alte Regime ersetze.

Kommt die Zwischenkriegszeit wieder?

Auch in historischer Perspektive erscheint die Auflösungsgeschichte des Imperiums in keinem freundlicheren Licht. Der Vergleich mit Parallelvorgängen in der Revolutions- und Bürgerkriegszeit macht darauf aufmerksam, wie vergangene Geschichte sich unter veränderten Bedingungen sozusagen wiederholen kann. Im Zerfallsprozeß der UdSSR werden Emanzipationsvorgänge nachgeholt, die schon am Ende des Ersten Weltkrieges weit gediehen, dann aber gewaltsam eingefroren worden waren. Wie in Österreich-Ungarn hatten sich damals auch im russischen Vielvölkerreich nationale Potenzen geltend gemacht, die die Überständigkeit der alten Imperien klar zutage brachten. Auch in Rußland war zu sehen, wie eng soziale Mobilisierung und nationale Integration in polyethnischen Gesellschaften verflochten sind. Nationale Befreiung war ein Aspekt der sozialen Demokratie, das eine ohne das andere nicht zu haben. Die Kommunisten hatten diese Verknüpfung zweifellos erkannt. Um ihre Diktatur zu sichern, waren sie entschlossen, Demokratie nicht zuzulassen und das Nationalitätenproblem im Rahmen eines Bundesstaates zu entschärfen, dessen Einzelteile durch die Parteiherrschaft verklammert wurden. Als die Klammer fiel, war die UdSSR, das imperiale Kunstwerk des realen Sozialismus, nicht mehr lebensfähig. Daß das zerfallene Imperium, wie vor siebzig Jahren, mit militärischer Gewalt noch einmal restituiert werden könnte, ist mit letzter Sicherheit nicht auszuschließen. Nach Lage der Dinge ist die Wahrscheinlichkeit nicht groß. Fraglicher bleibt, ob es den Nachfolgestaaten der Union gelingen wird, zu innerer Stabilität zu finden und die ungefestigten politischen Ordnungen vor dem Absturz in die Diktatur zu bewahren. Die historische Erfahrung zeigt, wie leicht die nationale Demokratie zur Diktatur verkommen kann.

Der Nationsbegriff als feuergefährliche Fiktion?

Wo, wie im *Baltikum,* in *Polen* und auf dem Territorium der alten *Donaumonarchie* nach 1918 Nationalstaaten entstanden waren, hatte sich rasch herausgestellt, daß sich das nationaldemokratische Prinzip der Selbstbestimmung nicht umsetzen ließ, ohne neue schwere Konflikte hervorzubringen. Soziale Strukturschwächen, ökonomische Rückständigkeit und eklatante Defizite politischer Kultur wirkten als schwer überwindliche Entwicklungsblockaden. Die nach demokratischen Mustern geschnittenen Verfassungen der jungen Staaten wurden fast überall durch Präsidial- oder Königsdiktaturen verdrängt. Daß die parlamentarische Demokratie in Osteuropa keine Wurzeln schlug, war nicht zuletzt eine Konsequenz der nationalen Gemengelage, die durch Grenzziehungen nicht entflochten werden konnte. In der Tschechoslowakei, in Polen, in Rumänien und Bulgarien, vollends im Königreich der Serben, Kroaten und Slowenen, erwies sich der Anspruch der politischen Eliten, den Vorrang des Staatsvolkes gegen starke Minderheiten zu behaupten, als eine fixe Idee, die wie eine Zeitbombe wirken sollte. Von der neuen Staatlichkeit abgeleitet, blieb der Nationsbegriff eine feuergefährliche Fiktion. Er setzte die Identität von Nation und Staat voraus, eine Kongruenz, die in der osteuropäischen Welt selbst mit autoritären Mitteln nicht herzustellen war.

Wenig spricht dafür, daß die gegenwärtige Parzellierung der UdSSR Probleme lösen kann, denen in der Zwischenkriegszeit die nationale Demokratie in Osteuropa schon einmal zum Opfer gefallen ist. Die Faktoren, die zu diesem Scheitern beigetragen hatten, finden sich heute in den sowjetischen Nachfolgestaaten in explosiver Ballung wieder – ungleich gefährlicher als vor dem Krieg. Jetzt hat die Krise nicht nur die osteuropäische Peripherie erfaßt, sondern einen riesigen kontinentalen Raum mit Auswirkungen auf die Welt im ganzen.

Das Dilemma, das hier besteht, kann hier nicht mehr beschrieben werden. Doch einer grundsätzlicheren Bewertung dessen, was geschieht, ist auch in historischer Betrachtung nicht auszuweichen. Dabei mag die kontroverse Frage getrost beiseite bleiben, ob der Nationalstaat oder die multikulturelle Gesellschaft in postmoderner Zeit die angemessene Form politischen Zusammenlebens sei. Die Hinterlassenschaft der Sowjetunion ist von der Postmoderne weit entfernt. Der Osten steht vor Entwicklungsproblemen, zu deren Lösung der Westen mehr als einhundertfünfzig Jahre zur Verfügung hatte. Aber auch in diesem glücklicheren Teil der Welt haben sich Demokratie und Rechtsstaat, zivile Gesellschaft und Marktwirtschaft auf nationalstaatlicher Grundlage entfaltet. Die übernationale Integration der westeuropäischen Vaterländer, die unter dem Druck des Kalten Krieges begann, hatte zur Bedingung, daß das prinzipielle Recht auf den souveränen Nationalstaat nicht in Frage stand. Souveränitätsverzicht kann nur leisten, wer über Souveränität verfügt. Das größere Europa kann nur zusammenwachsen, wenn dieses Recht auch jenen Völkern zugestanden wird, die heute auf den Trümmern des realen Sozialismus nationale Identität zu finden suchen. Warnungen vor den *Irrwegen des Nationalstaates,* vor einem Rückfall in den Atavismus, vor dem Absturz von der Nationalität in die Bestialität und so fort sind angebracht. Aber solche Beschwörungen klingen hohl, solange sie den anderen bestreiten, was wir in Deutschland eben erst für uns verwirklicht haben: das Recht, in nationaler Einheit und Freiheit zu leben.

Literaturhinweise

Bernd Bonwetsch, Die russische Revolution 1917. Eine Sozialgeschichte von der Bauernbefreiung bis zum Oktoberumsturz, Darmstadt 1991.

Dietrich Geyer, Der russische Imperialismus. Studien über den Zusammenhang von innerer und auswärtiger Politik, 1860–1914, Göttingen 1977.

Ders. (Hrsg.), Die Umwertung der sowjetischen Geschichte, Göttingen 1991 (= Geschichte und Gesellschaft. Sonderheft 14)

Ders. (Hrsg.), Europäische Perspektiven der Perestrojka, Tübingen 1991.

Manfred Hildermeier, Die russische Revolution 1905–1917, Frankfurt a. M. 1989.

Andreas Kappeler, Das russische Vielvölkerreich. Entstehung, Geschichte, Zerfall, München 1992.

Ders. (Hrsg.), Die Russen. Ihr Nationalbewußtsein in Geschichte und Gegenwart, Köln 1990.

Ders. (Hrsg.), Die Muslime in der Sowjetunion und in Jugoslawien, Köln 1989.

Gerd Koenen und Klara Hielscher, Die schwarze Front. Der neue Antisemitismus in der Sowjetunion, Reinbek 1991.

Rudolf A. Mark, Die Völker der Sowjetunion. Ein Lexikon, Opladen 1989.

Richard Pipes, The Formation of the Soviet Union. Communism and Nationalism 1917–1923, Cambridge 1964.

Gerhard Simon, Nationalismus und Nationalitätenpolitik in der Sowjetunion. Von der totalitären Diktatur zur nachstalinschen Gesellschaft, Baden-Baden 1986.

Erhard Stölting, Eine Weltmacht zerbricht. Nationalitäten und Religionen in der UdSSR, Frankfurt a. M. 1990.

Günther Stökl, Russische Geschichte, 5. Auflage, Stuttgart 1990.

Andrejs Urdze (Hrsg.), Das Ende des Sowjetkolonialismus. Der baltische Weg, Reinbek 1991.

Karl Schlögel

Ein Sonderweg Rußlands?

Die sowjetische Periode als die russische Antwort auf die Moderne

Auf der Reise ins postsowjetische Rußland

Rußland – Abwege und Irrwege ist der Titel eines Buches, unter dem *Wladimir Weidlé,* ein Kulturhistoriker der russischen Emigration, seine Betrachtungen über die Geschichte Rußlands einmal zusammengefaßt hat. Man fragt sich unwillkürlich: Abweg wovon, Irrweg wohin. So geht es mir auch mit dem Thema, das mir aufgegeben worden ist. *Sonderweg* impliziert so etwas wie einen allgemeinen Weg, und das Bild des Weges zielt zwar nicht unmittelbar auf eine Zielgerade, denkt geschichtliche Entwicklung aber doch als etwas Lineares. Gegen beides kann man Einwände haben.
Der erste lautet: geschichtliche Entwicklungen sind immer individuell, kontingent und erscheinen nur vor dem Hintergrund einer zur dominierenden *Norm* gewordenen Geschichte – in diesem Fall wohl: die westeuropäische und transatlantische – als Ab- und Sonderweg. Ich möchte dagegenhalten, daß Geschichte nicht nach Normen verläuft, sondern umgekehrt geschichtliche Prozesse Normen konstituieren. Der zweite Einwand zielt auf die *Linearität* von Geschichte, wie sie mit dem Bild des Weges suggeriert wird. Und der dritte Einwand gegen die *Weg-Metapher* richtet sich gegen die naheliegende Vorstellung, daß man sich ja für Wege entscheiden könne – also für den richtigen oder „falschen" – eine Wahlmöglichkeit, die in der Regel nicht für die geschichtlich Involvierten, sondern für die den Druck- und Zugverhältnissen der Zeit enthobenen Nachgeborenen gilt.
Wenn ich die Themenstellung dennoch aufnehmen will, möchte ich sie umformulieren. Die Frage ist wohl: gibt es irgendwelche Besonderheiten in der Geschichte Rußlands, die Rußland zu dem gemacht haben, was es heute ist: der Schauplatz einer grandiosen Transformation, von der nicht sicher ist, ob sie nicht in eine Katastrophe mündet. Oder noch schärfer: gibt es in der Geschichte Rußlands liegende Voraussetzungen, die in etwas einmündeten, was von vielen Zeitgenossen heute als Selbstzerstörung empfunden wird?

Liegt Rußland denn in Europa?

Es ist, glaube ich, keine Vereinfachung, wenn man sagt, daß in der Regel die Besonderheit Rußlands in dessen Stellung zwischen Europa und Asien, in dessen Doppelcharakter gesehen wird. Das gilt sowohl für Fremde wie für Russen selbst. *Pjotr Tschaadajew* sah Rußlands Lage zwischen den beiden großen Weltteilen, dem Orient und dem Okzident, derart, daß es *gleichsam den einen Arm auf China und den anderen auf Deutschland* stützte; *Fjodor Dostojewskij* bekannte von sich: *Europa ist unsere zweite Heimat – ich selbst bin der erste, der es leidenschaftlich bekennt und immer bekannt hat. Europa ist uns allen fast ebenso teuer wie Rußland.* Und *Tomas G. Masaryk* hat in der Einleitung seiner *Russischen Geschichts- und Religionsphilosophie* die fundamentale Erfahrung eines jeden nach Rußland Aufbrechenden zusammengefaßt, wenn er schrieb: *Je weiter man vom Westen nach dem Osten vordringt, um so mehr entfernt man sich von Europa . . . Natürlich sieht man überall das Europäische mit dem Russischen verbunden, und bei einiger Übung unterscheidet man die Übergänge und mannigfachen Verbindungen beider Elemente; bei genauerer Beobachtung bemerkt man den Unterschied zwischen dem aus Europa direkt Importierten und dem Nachgeahmten, Angepaßten; man merkt, wie Rußland und Europa im Kleinen und Großen sich verbinden . . . Rußland ist – auch Europa. Wenn ich darum Rußland und Europa entgegensetze, so vergleiche ich zwei Zeitalter miteinander; Europa ist Rußland nicht wesensfremd, aber doch nicht, noch nicht ganz eigen.* Der Doppelcharakter, der dualistische, ja gespaltene Charakter Rußlands, zugleich zu Europa zu gehören und ihm fern zu sein, durchzieht das ganze Nachdenken Rußlands über sich selbst – bis auf den heutigen Tag. Ich werde darauf zurückkomen.

Aber gilt die Erfahrung, von der *Masaryk* gesprochen hat, auch für uns heute? Für uns, die wir die Spätzeit des sowjetischen Imperiums noch mitbekommen haben und unter deren Augen dieses Reich zu bestehen aufgehört hat? Seit *Masaryks* Beobachtungen sind 80 Jahre vergangen – ein Zeitraum, in dem sich die dramatische Zuspitzung russischer Geschichte abgespielt und das Land sich bis zur Unkenntlichkeit verändert hat? Vielleicht können wir bei dieser Reise ins postsowjetische Rußland einen Zugang zur zeitgemäßen Behandlung des *russischen Weges* bekommen. Ich möchte folgendermaßen verfahren:

1. Eine Reise ins postsowjetische Rußland führt heute nicht nur in eine offene geschichtliche Situation, sondern mitten hinein in die *existenzielle Selbstvergewisserung* eines großen europäischen Landes.

2. Diese Selbstvergewisserung nimmt einen lange *unterbrochenen Diskurs* wieder auf. Aber die Frage ist, ob sich in dessen Fortsetzung

überhaupt die angemessenen Fragen stellen, geschweige die richtigen Antworten finden lassen.
3. Das Problem eines Begreifens des russischen Weges konzentriert sich auf die *Umbrüche im 20. Jahrhundert.* Es gibt für sie als Gesamtprozeß keinen Begriff, keine Sprache.
4. Die russische Entwicklung in diesem Jahrhundert ist die andere Hälfte der europäischen Entwicklung im 20. Jahrhundert. Rußland war nie so sehr hineingerissen nach Europa und mitten in Europa wie in diesem Jahrhundert. Die Frage ist, ob die Russen und die Europäer diese ihre Vergangenheit als ihre eigene annehmen oder sie wechselweise exterritorialisieren.

Das andere „System" und seine Merkmale

Die Irritationen der Wahrnehmung Rußlands von außen und der russischen Selbstwahrnehmung sind heute anders als die *Masaryks* – jedenfalls war es lange Zeit so. Die *Differenz Europa – Rußland* war überlagert durch *westlich – östlich* oder die *Differenz der Systeme.* Wir sind die Zeugen des Verschwindens dieser Differenz. Da sie aber doch die Wahrnehmung von mehr als einer Generation geprägt hat, da sie trotz des rasenden Verfalls zumindest in Bestandteilen und in der Erinnerung überleben wird, muß darauf kurz eingegangen werden. Rußland war, wenn ich so sagen darf, bis zuletzt ein Abenteuer für die Wahrnehmung der *Systemdifferenz.* weniger der Wahrnehmung einer spezifischen nationalen Kultur. Die Grenzüberschreitung erfolgte nicht nach Rußland, sondern in ein anderes „System". Rußland als „anderes System", wenigstens in der sowjetischen Spätzeit wahrgenommen, war:
die Monotonie der amtlichen Verlautbarung; die Eindeutigkeit der Relation von oben und unten; das abgehörte Telefon; die Regelhaftigkeit im öffentlichen Verhalten; die marginale Gesellschaft in den Küchen; die Monotonie der materiellen und geistigen Produktion; die Reduzierung aller Gegensätze auf den von oben und unten, von Pro und Contra; die Abwesenheit der Differenz, zumindest der Verzicht auf ihre Selbstdarstellung; die Ritualisierung des öffentlichen Lebens; die Gleichförmigkeit der Zeit und deren unerhörte Langsamkeit; die Restriktion der Bewegungsmöglichkeiten und die damit zusammenhängende Restriktion des Gesichtskreises auf einen ausgewählten Ausschnitt; die Sicherheit des morgigen Tages als die Verlängerung des gegenwärtigen; der Geist des Sichschickens in die Unabänderlichkeit des Gangs der Dinge; der Mangel an Attraktionen und Sensationen; die Sicherheit vor Überraschungen und die Einstellung des ganzen Lebens auf Regeln, die dem gesunden Menschenverstand nicht einleuchteten, die aber dennoch funktionierten; die Abwesenheit offener Konkurrenz und Rivalität, der Verzicht auf den Austrag von Differenz und Konflikt; die Leere dort, wo im Westen

alles ausgefüllt ist von Zerstreuung, greller Selbstdarstellung, Kampf um die Köpfe und Gefühle; das Empfinden von Stillstand; das Hinnehmen von verbotenen Zonen als zum Leben gehörig; die Polizität von allem und jedem; der Verlust und die Diskreditierung von Formen – sowohl im ästhetischen wie im Umgang von Menschen; die Bedeutungslosigkeit von Zeit; die Desinteressiertheit und Undiszipliniertheit; die Hinnahme der radikalen Scheidung von offizieller Sphäre und privater; die Uniformität der Menschen; die Mühelosigkeit zwischen-nationaler Kommunikation. Und so fort.
Diese sowjetische Welt zerfällt, ist zerfallen. Durch die Risse der sowjetischen Welt schimmert etwas anderes: Spontan erinnert es uns an Erscheinungen, die Besucher aus der Dritten Welt oder aus Amerika berichten, dann auch wieder an Rußland. Die sowjetische Welt zerfällt in ihre Bestandteile, d. h. es wird etwas sichtbar, was bisher in einer Welt integriert war. Das nachsowjetische Moskau setzt Elemente frei, die uns als Hinweis dienen können für eine erneute Ortsbestimmung sowohl im Raum wie in der Zeit.

Doch nun ist das Doppelgesicht wieder sichtbar

Cardin präsentiert seine Modelle in den granitgesäumten Schaufenstern der späten 30er Jahre am Ende der *Twerskaja;* die Moskauer *Meschotschniki,* die wie in der Zeit des Bürgerkriegs auf der Jagd nach Lebensmitteln ins Umland fahren, passieren auf dem Weg zum *Pawelzker Bahnhof* die *Stockman-Filiale,* das teuerste Geschäft Europas; auf die amerikanische show im Fernsehen folgt die Unterweisung des Patriarchen in vollem Ornat; die Flüge von *Scheremetewo* nach *Miami* gehen sicher, die nach *Jekaterinburg* vielleicht nicht; es gibt nichts zu essen, aber die Farben von *Benetton* beginnen zu leuchten; aus der Stalinschen *WDNCh* ist eine Börse, eine Messe, ein Pressezentrum geworden; die Vorzimmerdame, die einen nach alter Gewohnheit abwimmelt, arbeitet neben dem Faxgerät, das Moskau erobert hat; aus dem Fenster des *Metropol,* in dem man nur mit Scheckkarte bezahlen kann, blickt man auf die tausendköpfige Menge vor *Detski Mir,* die zum Naturaltausch mitten in Moskau zusammengeströmt ist; die aufregendsten Bücher, die Orientierung für die Zukunft geben sollen, sind Reprints aus der Zeit vor 1917; für die Partys auf den Dampfern des *Wolga-Moskwa-Kanals* werden Austern aus Paris eingeflogen, während die *Transall-Frachter* der Bundeswehr Lebensmittel nach Moskau fliegen; die Produktion kommt zum Stillstand, aber der Import von PCs führt zu einer ersten Sättigung des vaterländischen Marktes; *joint ventures* haben sich in Gebäuden niedergelassen, auf deren Fluren sie sich mit der alten *Nomenklatura* treffen; der Videosalon hat die Theater niederkonkurriert; aufgeklärte Leute kommen inmitten eines sachlichen Gesprächs auf den verhängnisvollen Einfluß von Freimaurern und Juden in

Rußland zu sprechen; das Taxi fährt nur noch nach den Regeln des *Bakschisch,* aber das Mitglied der Akademie bekommt endlich die Möglichkeit, nach Florenz oder Palo Alto zu gehen; man fährt nicht mehr auf die Krim, die Ausland geworden ist, aber verdient als Ziehharmonikaspieler sein Geld auf dem Kurfürstendamm; man braucht türkische Firmen zur Renovierung der alten Moskauer Hotels, während die russischen Dollars in die Schweiz oder Luxemburg transferiert werden; Tausende weichen vor dem drohenden Bürgerkrieg in den kaukasischen und zentralasiatischen Republiken nach Rußland zurück, während Konstantinopel eine neue russische Gemeinde sammelt.

Was ist der Sinn dieser nicht ganz beliebigen Aufzählung? Das zerklüftete, nachsowjetische Rußland ist Europa wieder nähergerückt – *Moskau* ist in mancher Hinsicht *Berlin* näher als *Woronesch.* Das nachsowjetische Rußland hat auch seine Nähe zu Asien wieder entdeckt, die Moskauer Bilder kennen wir aus den Metropolen der Dritten Welt – die Basarlandschaft von *Kusnetzkij Most* ist nur eine Station auf der Kette von Russenmärkten, die von der polnischen bis zur chinesischen Grenze reichen. Rußland lebt in verschiedenen Zeitaltern – dem der *deschurnaja,* des Telefaxgeräts und des CNN-Programms. So war es vielleicht immer, nur daß die Differenz, das Gefälle der Zeit und der Zivilisationen nicht mehr geleugnet oder krampfhaft synthetisiert werden, sondern jetzt, da die Kraft der herrschaftlichen Synthese sich erschöpft hat, zugelassen, anerkannt, ausgelebt werden und bewältigt werden müssen.

Mit dem Ende der sowjetischen Zeit bricht der Dualismus wieder hervor, das Doppelgesicht wird wieder sichtbar. Das Denken, das diesen Prozeß begleitet, nimmt unvermeidlich die Selbstbefragung wieder auf: wohin gehören wir, wer sind wir, was ist unser geschichtlicher Ort innerhalb der Weltzivilisationen, welcher wollen wir angehören. Nur stellt sich die Frage heute nicht bloß als wissenschaftliche und wird nicht nur innerhalb eines kleinen elitären Zirkels diskutiert. Sie stellt sich auf dem Hintergrund einer existenziellen, kollektiven, moralischen, wohl auch physischen Erschöpfung und der kategorischen Einsicht, die auch einem erschreckenden Dokumentarfilm den Titel gegeben hat: *So können wir nicht mehr leben!*

Die Weiterführung eines alten Diskurses

Die Metapher vom Weg taucht sogleich wieder auf. Ein bedeutender Markstein in der neueren Diskussion war ein Artikel *Igor Kljamkins,* der bezeichnenderweise den Titel trug: *Welche Straße führt zum Tempel?* Sein Artikel war, soweit ich es verstanden habe, ein entschiedenes Plädoyer für eine geschichtliche Darstellung des zurückgelegten Weges und eine energische Wendung gegen all jene Versuche, die sich lieber an die nicht-existenten, nicht-realisierten Alternativen klammern, um von dort einen kritischen Zugang zu einer begriffenen Geschichte zu gewinnen. Man hat *Kljamkin* das – was nicht so sehr verwunderlich ist – als Apologie der geschichtlichen Faktizität ausgelegt. Das Zurückschrecken vor der harten Materie der jüngsten sowjetrussischen Geschichte ist nur allzu verständlich. Weil sie sich vorerst nicht auf den Begriff bringen läßt, weil die Kategorien, in denen sich die sowjetrussische Erfahrung dieses Jahrhunderts beschreiben läßt, nicht bereitstehen, weil der moralische Schock über die Dimension der Gewalt, ja überhaupt über die Gewaltförmigkeit und Destruktivität des russischen Lebens im 20. Jahrhundert so tief geht, sind vorläufig historiosophische, moralische und geschichtsspekulative Antworten eher zu haben und näherliegend. Die Erarbeitung einer autochthonen Geschichtsschreibung steht ganz am Anfang, soeben ist erst die anormale Situation, daß moderne russische Geschichte eine vorwiegend exterritoriale Sache war, beendet worden. Das historische Epos ist noch nicht geschrieben, und die historiosophische Wendung erscheint fast als eine Kompensation, als Ausweichen vor der Erzählung einer Geschichte, für die jetzt vielleicht nicht mehr das Material, wohl aber die Worte noch fehlen. Der Blick zurück wird dirigiert durch die Nöte der Gegenwart. In den Blick kommt, was erklären könnte, wie Rußland zu dem geworden ist, was es heute ist – ein verarmtes, erschöpftes, gedemütigtes, häßlich gewordenes, ausgeblutetes Land, von dem nicht sicher ist, woher es die Kraft nehmen soll für einen Aufbruch in eine halbwegs erträgliche Normalität. Vergangenheit wird zum Projektionsraum für Ursachen des Desasters, aber auch um Anhaltspunkte zu finden für die Wiedergeburt und Vitalität Rußlands. Im Grunde gibt es unübersehbar viele Genealogien des Desasters und ebensoviele Projektionen in die Zukunft.

Die Stimme der Selbstanklage

Es ist kein Zufall, daß am Anfang der Wiederaufnahme des Selbstgesprächs wiederum *Pjotr Tschaadajew* steht, dessen *Erster Philosophischer Brief* wenn schon nicht wie zum Zeitpunkt der Veröffentlichung 1836 in der Zeitschrift *Teleskop* wie ein *Pistolenschuß in der Nacht,* sondern wie dessen vervielfachtes Echo erscheint. In *Tschaadajews* Schrift ist das Kernthema, das von nun an in unzähligen Varianten und Variationen wiederkehrt, angeschlagen. *Tschaadajew* beklagt, nach langjährigem Aufenthalt in Westeuropa nach Rußland zurückgekehrt, darin die Geschichtslosigkeit Rußlands:

Eines der beklagenswerten Merkmale unserer sonderbaren Kultur besteht ja gerade darin, daß wir immer noch dabei sind, Wahrheiten zu entdecken, die anderswo und sogar bei Völkern, die wir in vielem weit hinter uns haben, längst zu Gemeinplätzen geworden sind. Das kommt daher, daß wir niemals mit den anderen Völkern Schritt gehalten haben; wir gehören zu keiner der großen Familien des Menschengeschlechtes; wir gehören weder zum Osten noch zum Westen, haben weder die eine noch die andere Tradition. Wir leben gleichsam außerhalb der Geschichte, die allgemeine Erziehung des Menschengeschlechts ist spurlos an uns vorübergegangen.

Tschaadajew bringt auch die klassischen Stationen des russischen Weges, die für die russische Selbstreflexion konstitutiv geworden sind: Es ist eine bedeutungslose und negative Parallelgeschichte zu der bedeutungsvollen Europas: eine Geschichte ohne den Glanz des Hochmittelalters, ohne Humanismus, frühes Bürgertum und Ständeordnung.

Zuerst wüste Barbarei, dann finsterer Aberglaube, dann das erniedrigende Joch der Fremdherrschaft, deren Geist später auf unsere eigenen Herrscher überging – das ist die traurige Geschichte unserer Jugend. Jenes Zeitalter überschäumenden Tatendrangs, in dem sich die geistigen Kräfte der Völker gleichsam tummelten, haben wir nicht durchgemacht. Die Epoche in unserer Geschichte, die jenem Zeitalter entspricht, war eine glanzlose und düstere Zeit ohne Auftrieb und Energie, belebt nur durch Missetaten, erträglich nur in der Unterwerfung. Weder lockende Erinnerungen noch anmutige Bilder leben im Gedächtnis des Volkes, noch gewaltige Lehren in seiner Überlieferung. Lassen Sie Ihr Auge die vergangenen Jahrhunderte unserer Geschichte durchstreifen, die Weite unseres Landes, und Sie werden kein einziges erhebendes Zeugnis, kein würdiges Denkmal finden, das uns beredt von vergangenen Zeiten spricht und sie uns lebendig und bildhaft vor Augen führt. Wir leben nur in der unmittelbaren Gegenwart ohne Vergangenheit und Zukunft, gleichsam inmitten einer Windstille. Und wenn wir uns manchmal regen, dann nicht in der Hoffnung und mit dem Wunsche, das allgemeine Wohl zu fördern, sondern mit der Gedankenlosigkeit eines Kindes, das aufsteht und die Hände nach einem Spielzeug ausstreckt, das die Amme ihm hinhält. Und schließlich: *Man kann gewissermaßen sagen, daß wir ein Ausnahmevolk sind. Wir gehören zu jenen Völkern, die gleichsam von der Menschheit ausgeschlossen sind und die nur leben, um der Welt irgendeine große Lehre zu erteilen . . . Geschichtliche Erfahrung kennen wir nicht, Zeitalter und Menschenalter sind fruchtlos für uns vorübergegangen. Man könnte sagen, das allgemeine Gesetz der Menschheit sei in unserem Falle widerrufen worden. Einsam stehen wir da in der Welt, haben ihr nichts gegeben, haben sie nichts gelehrt; wir haben keine einzige Idee zur Gesamtheit der menschlichen Ideen beigetragen; wir haben nichts zum Fortschritt des menschlichen Geistes beigesteuert, und alles, was von diesem Fortschritt zu uns kam, haben wir entstellt. Seitdem wir als Volk existieren, ist nichts von uns ausgegangen, was dem Wohle der Menschheit hätte dienen können, kein einziger brauchbarer Gedanke erwuchs auf dem unfruchtbaren Boden unseres Vaterlandes; keine große Wahrheit hat sich aus unserer Mitte erhoben; wir haben uns nicht die Mühe gemacht, eigene Vorstellungen zu entwickeln, und von dem, was die anderen hervorbrachten, haben wir nur den trügerischen Glanz und den unnützen Tand übernommen . . . Heute sind wir jedenfalls in der Welt des Geistes ein unbeschriebenes Blatt.*

Fragwürdige Genealogien

Wen wundert, daß eine solche Stimme in einem verwüsteten und erschöpften Land heute Widerhall findet! Es ist die Stimme der Selbstanklage in einer Art Stunde Null. Alles ist darin enthalten: das Leiden an Nicht-Europa, die Diskontinuität, die Flucht in die Nachahmung, die Abwesenheit der organischen Generationenfolge, das Fehlen von selbständigen kulturellen Akkumulationsprozessen. Aber zugleich ist das Wiederanknüpfen bei *Tschaadajew* ein verführerischer Irrtum in mehrerlei Hinsicht: Er vollzieht die Illusion des aristokratischen Intelligent nach, der, aus dem Westen zurückgekehrt, sich zur Urteilsinstanz über geglückte und mißlungene Geschichte macht, der wahrnimmt, was durch eine europäische Brille wahrzunehmen ist. An *Tschaadajew* anzuknüpfen, ohne die Selbsttäuschung, die darin liegt, aufzudecken, heißt einen ideologischen Diskurs weiterführen, dessen Ausgangspunkt nicht so sehr das Land und die Kultur, sondern die Lage der Intelligenz war. In dieser Hochebene des Geistes gibt es keinen Platz für die Selbstreflexion des historischen Ortes der Intelligenz. So scharfsinnig die Beobachtungen *Tschaadajews* gewesen sind, so hat sich seither doch etwas ereignet – ob wir das gut finden oder schlecht: Rußland hat ein Stück Geschichte, vielleicht das dramatischste in diesem Jahrhundert. Die Wiederholung der These von der Geschichtslosigkeit ignoriert diese Tatsache, und solange sie es tut, wird man auch keine Arbeit an der Geschichte, jene mühsame Akkumulation geschichtlicher Erfahrung und Tradition leisten können, über deren Mangel sich *Tschaadajew* doch so sehr beklagt hatte. Die Konstruktion von Genealogien ist heute wohlfeil: von *Iwan IV.* zu *Stalin,* vom *Raskol* zum *Bolschewismus,* von *Byzanz* ins *Moskau* der Vierten Internationale, von der Dritten Abteilung *Nikolajs I.* zur GPU, von *Radischtschew* zu *Solschenizyn,* von der Leibeigenschaft in die Kolchosenwirtschaft, von der Autokratie in die Diktatur der Partei, vom *tatarisch-mongolischen Joch* zur Heraufkunft der *Skythen.* Es gibt kaum ein historiosophisches Konzept, das nicht gedacht würde: vom Todestrieb, der der Geschichte von Babylon bis zum Sozialismus innewohne, vom eschatologischen Charakter des russsischen Volkes bis zur Vorstellung von der Revolution als Katharsis einer zur universalen Mission berufenen Volkes.

So könnte man fortfahren. Ich für meinen Teil kann weder in der geistigen Tradition der orthodoxen Kirche noch in der Vorherrschaft des Staates noch im Versagen der Intelligenz eine Erklärung für die Stärke der Triebkräfte finden, die Rußland zu dem gemacht haben, was es heute ist. Daß Rußland eine besondere Geschichte hat, ist ganz unstreitig, ja selbstverständlich. Die Frage ist, ob man aus dieser Besonderheit eine Mission, eine Lehre für die Welt oder einen Fluch macht. Nicht das Gewahrwerden der Differenz zu Europa und Asien hat die Lager gespalten, sondern ihre Bewertung. Die einen sahen darin eine Not, einen Defekt, eine Abweichung, die anderen eine Tugend, einen Vorzug, der Überlegenheit begründet.

Das ständige Hin und Her zwischen Nachahmung und Zurückweisung

Aus der Notlage heraus kommt es immer wieder zu Dramatisierungen und Radikalisierungen. Es ist ein ständiger Kampf um Selbständigkeit, ein Hin und Her zwischen Nachahmung und Zurückweisung, zwischen antieuropäischem Affekt und Euromanie, zwischen Selbstüberschätzung und Selbstverleugnung, zwischen Flucht in Verfluchung und Heilslehrenverkündung, zwischen Verachtung und Verehrung. In einer Situation, in der sich Rußland seiner Sache sicher wäre, hörte dieser Streit auf.

Man kann es bei *Tschaadajew* sehen, wenn er das Dilemma seiner Klasse zum Dilemma des Landes macht. Bei *Herzen,* wenn er aus der Not der Bauerngemeinde die Tugend des Kommunismus macht. Bei *Dostojewskij,* wenn er aus dem eingestandenen Rückstand ein Ressentiment macht. Und das gilt erst recht für den *Bolschewismus,* der aus der Not der Oktoberrevolution eine Avantgarderolle Rußlands macht. Am selbstsichersten wirkte Rußland wohl in dem Augenblick, wo es aus dem Schatten Europas heraustrat und eine eigenständige moderne Entwicklung verkörperte – um die Jahrhundertwende.

Man kommt – das ist meine Überzeugung – auf dieser Ebene des traditionellen Diskurses „Europa – Rußland“ nicht weiter, so wenig wie auf jener Ebene, die im Augenblick im Westen zu reüssieren scheint: daß man nämlich, wenn man *Marx* gelesen hat, den Schlüssel für Triumph und Scheitern des Sozialismus in Rußland, für die russische Geschichte in diesem Jahrhundert in Händen habe. *Ortega y Gassets* Wunsch: *Ich warte auf ein Buch, das Stalins Marxismus in russische Geschichte übersetzt,* ist nach wie vor aktuell.

Man sollte die mit *Tschaadajew* und *Marx* bezeichnete Verhandlungsebene für eine Weile ruhen lassen und sich dem zuwenden, was vor aller Augen ist: einer Sichtung der Fakten, einer Phänomenologie der sozialen Formation, die jetzt auseinandergebrochen ist, eine Identifizierung ihrer Bestandteile. Dies führt uns weiter als der Rekurs auf die *Kiewer Rus,* weiter als die Diskontinuitätsthese von *Tschaadajew* oder die Visionen aus dem Kellerloch.

Die russische Revolution hat stattgefunden, und mit ihr wurde nicht jedes, aber alles anders

Es gibt vielleich noch keinen Begriff, unter den sich die sowjetrussische Erfahrung bringen läßt, aber es gibt das Material, mit dem sich arbeiten läßt. Einer der für mich überzeugendsten Indikatoren der Vitalität Rußlands ist die Intensität, die Genauigkeit, die Selbstsicherheit, mit der sich die heutige russische Gesellschaft den Blick auf sich selbst zumutet, jener naturwüchsige Prozeß der Auto-Inspektion, der seit einigen Jahren die Zeitungen, die Medien, die Menschen beschäftigt. Die Analyse der Bestandteile der zuende gehenden Sowjetzivilisation enthält den Schlüssel, der uns zu zeitgemäßen Fragestellungen und vielleicht auch Antworten führen wird. Der Zerfall ist eine Form der Selbstoffenbarung, der Anamnese.

Ich kann hier wiederum nur exemplarisch verfahren. Ich sehe in dieser hartnäckigen Arbeit am Material die Hauptgarantie gegen das Ausweichen in historiosophische Konstruktionen. Es klingt banal, aber es ist heutzutage, wo man im öffentlichen Diskurs manchmal den Eindruck hat, Geschichte werde als Experiment aufgefaßt, das man anstellen oder auch bleiben lassen kann, das glücken oder auch schiefgehen kann, dennoch nicht trivial, dabei zu bleiben: die russische Revolution hat stattgefunden. Mit ihr wurde nicht jedes, aber alles anders. Das alte Rußland hörte auf zu existieren. Was an altem weiterlebte, ging Kombinationen mit dem neuen ein. Was wir vor uns haben, sind nicht die Ruinen eines utopischen Entwurfs und Projekts oder einer weiterlaufenden archaischen russischen Geschichte, sondern etwas, was gebrochen worden ist, und worin Archaisches und Gedankengut und Praktiken des 20. Jahrhunderts sich verschmolzen haben. Die sowjetische Periode Rußlands ist die russische Antwort auf die Moderne, sein Weg in die Moderne, seine Arbeit an der Moderne. Der Fall wäre längst aufgeklärt, wenn die Pathologien der sowjetrussischen Modernisierung allein mit den kriminellen Energien von Parteichefs zu tun hätten. Die ausgeübte Gewalt hat ihren Platz innerhalb der gesellschaftlichen Naturkräfte, an die sich mit den Denkmitteln einer politischen Theorie allein, wie sie der Totalitarismus vertritt, nicht herankommen läßt. Wo immer wir uns umsehen dort, wo einmal die sowjetische Welt war, sie ist gezeichnet von der Gewalt und Wucht der Moderne und der Archaik von Formen, die bis heute ihre Robustheit bewahrt haben.

Wir sehen uns die *Städte* an: Es sind Städte, in denen die Heimstätten einer urbanen und zivilen Kultur musealisiert und umfunktioniert worden sind, in denen es keinen Raum für städtische Autonomie und bürgerliche Selbstdarstellung und Meinungsäußerung gibt. Gleichzeitig sind sie rationell erschlossen und funktional auf die Prozesse der modernen Industrie und Verteilung bezogen. Es sind Städte nur dem Namen nach, hervorgegangen aus der sturzfluthaften Urbani-

sierung der Industrialisierungsphase, und das war im Grunde eine *Ruralisierung* der städtischen Zentren.
Sehen wir uns auf dem *flachen* Land um: dort ist auf die Ausrottung der selbständigen Bauernschaft und die Zusammenfassung der bäuerlichen Bevölkerung die Abwanderung und Entvölkerung gefolgt. Die Reduzierung der agrarischen Bevölkerung wie überall in der Welt – gewaltsam ohnegleichen und dann – in den 50er und 60er Jahren – „wie von selbst".
Sehen wir uns die *Großprojekte der Industrialisierung* an: die Werke von *Kemerowo, Magnitogorsk* und *Stalingrad* sind von amerikanischen Ingenieuren entworfen worden – *Fords River Rouge Plant* in den Ural versetzt. Die wahren Helden der Stalinzeit waren Ingenieure, die Lenker von Luftschiffen und Industriebosse. Nicht Europa, sondern *Amerika war Vorbild.* Jetzt stehen sie wie die Pyramidenbauten des heroischen Zeitalters der ersten Fünfjahrpläne da und geraten durch ihre schiere Größe außer Kontrolle.
Sehen wir uns die *Hochkultur* an: Jene akademischen Aufführungen des *Bolschoi-Theaters* oder ehemaligen *Kirow-Balletts.* Das war ganz der Geschmack der aus den Niederungen aufgestiegenen neuen Elite, die sich an *Schwanensee* orientierte, während man in den Filmstudios für die entstehende Massenkultur die legendären *Wesjolye Rebjata* oder *Wolga, Wolga* produzierte.
Nehmen wir die *architektonische Selbstdarstellung* der Sowjetzivilisation: es ist der Palast, aber nicht der vorrevolutionäre, sondern der in das aus Amerika stammende Hochhaus verlegte.
Nehmen wir die *Umgangsformen,* wo sich im genossenschaftlichen Umgang die Diktatur der Intimität, der Distanzlosigkeit mit der altbekannten Distanz zwischen Oben und Unten bestens vertragen haben.
Nehmen wir das Gesicht der *Gesellschaft,* in der sich Entdifferenzierung der sozialen Gliederung, Amorphität der Masse, Marginalisierung der gesamten Gesellschaft verbinden mit der Fraglosigkeit der Entscheidungen der „Kommandohöhen".
Der *Woronescher* historische Soziologe *Starikow* hat diese Zivilisation eine *Barrackenzivilisation* genannt, die zustandekommt, wenn die bürgerliche Existenz verschwunden und die sozialen Identitäten von Menschengruppen diffus geworden sind.
Ich habe hier nicht vor, ein Panorama charakteristischer Züge dieser Sowjetzivilisation zu geben. Mein Anliegen ist allein: klar zu machen, daß man, wenn man dieses harte, vor aller Augen liegende historische Material ignoriert, an die Besonderheit Rußlands, wie es heute ist, nicht herankommt. Von da führte dann der Weg zu einer Geschichtsarbeit, die die Sequenz der Ereignisse, der Umbrüche aufzeigt. Der Weg zum Verständnis des russischen Weges führt nicht an der Moderne vorbei, sondern durch die Moderne hindurch. Wir haben es offensichtlich zu tun mit einer Modernisierungsbewegung ohne die bürgerliche Moderne, mit einer Zivilisationsbewegung ohne zivile Gesellschaft, mit einer Expansion, hinter der Kräfte der Verdichtung

zurückbleiben. Die Tatsache, daß sich einige der Züge, die wir an der Sowjetzivilisation beobachten können, auch in anderen Regionen der Welt antreffen, spricht weniger dafür, daß eine Idee oder ein Weltgeist um den Globus gewandert ist, als vielmehr dafür, daß die sowjetische nicht so singulär war, wie es unter den Auspizien des Ost-West-Konfliktes scheinen mochte. Es sind die Erfahrungen eines Landes an der europäischen Peripherie, das sich anschickt, auf seine Weise die Höhen der – europäischen – Zivilisation zu erreichen.

Russische als extrem europäische Geschichte

Man kann das ganze natürlich als das Ergebnis eines *Experiments* ansehen, als die Verwirklichung eines Plans, der sich im nachhinein als utopisch, als falsch erwiesen hat. Man kann das als das *Fortwirken* russischer Eigentümlichkeiten ansehen, der Bolschewismus/Stalinismus als Verlängerung der *Opritschnina Iwans IV.*
Ich glaube, daß man der Sache näherkommt, wenn man die russische Entwicklung im Kontext der europäischen Dynamik und Krise sieht. Die russische Revolution ist aus dem ersten europäischen Krieg hervorgegangen. Rußland war das, wie *Lenin* richtig bemerkt hat, *schwächste Kettenglied* innerhalb der europäischen Imperialismen. Aber hier kam es nicht nur zu einer längst fälligen und von allen erwarteten und von vielen befürchteten sozialen Revolution, sondern zu einer *Regression,* in der ein bereits erreichter Stand sozialer und kultureller Differenzierung und Strukturierung rückgängig gemacht worden ist. Mit dieser Revolution wendet sich Rußland für lange von Europa ab, wird von Europa ausgeschlossen, während es selbst im Innern den Bürgerkrieg bis zur Unterwerfung und Vernichtung der selbständigen Bauernschaft weiterführt. Die russische Revolution geht zu Ende mit der Liquidierung der alten revolutionären Eliten in den 30er Jahren und der Etablierung eines terroristischen Notstandsregimes. Es ist der deutsche Angriff 1941 auf die Sowjetunion, der das Land tödlich bedroht und zugleich das Regime rettet. In der Mobilisierung gegen den äußeren Feind wachsen Partei und Staat Kräfte zu, die einer weiteren *Revolution von oben* gleichkommen. Das Notstandsregime, durch den Sieg legitimiert, hält sich bis – sagen wir – 1956. Dann beginnt jenes *Tauwetter,* jene innere Entspannung, die in das Ende des Ausnahmezustandes, der das Sowjetregime von allem Anfang an war, münden.

Letztlich ein Kriegskommunismus

Sein Notstandsregime erweist sich als Parallelveranstaltung zum Kriegszustand, der in Europa gut dreißig Jahre gedauert hat und dem

dann noch ein halbes Jahrhundert Kalter Krieg gefolgt war. Der historische Ort des russischen Kommunismus ist die Weltkriegsepoche, es war ein Kommunismus der Weltkriegsepoche, im strengen Sinn also ein Kriegskommunismus. Der Zugang über den Krieg – nicht als moralisches Phänomen, sondern als geschichtliches, als Ausnahmezustand, als Mobilmachung und als Mobilisierung von Ressourcen und nationalen Kräften – scheint mir mehr Aufschluß über die Faktur des kommunistischen Rußland zu geben als die Direktiven und Traktate eines verschworenen Ordens: von der kriegswirtschaftlichen Organisation der Ökonomie bis zur Erschöpfung der Reichtümer und lebendigen Kräfte der Nation bis zur Militarisierung der Sprache und den eingeschliffenen Subordinationsverhältnissen.
Der geschichtliche Ort der Sowjetzivilisation als etwas Neuem ist nicht außerhalb Europas und schon gar nicht Asien, wie es das Bild vom *Dschingis Chan mit den Telegraphenmasten* suggeriert, sondern mitten in einem ruhelosen Europa. Niemand kann sich seine Geschichte aussuchen – weder die Russen noch die Europäer noch sonst jemand. Die Frage ist, wie man mit ihr umgeht, ob man sie annimmt oder aus ihr herausspringt, aus ihr flüchtet – was wahrscheinlich eine Illusion ist. Rußlands Weg im 20. Jahrhundert jedenfalls ist ein extrem europäischer Weg, auch wir können diese Geschichte nicht *post festum* exterritorialisieren.
Für den Westen bedeutet es, die russische Geschichte als einen Teil der europäischen Geschichte zu akzeptieren. Noch immer ist es so, daß Rußland weit weg ist, als Hilfsobjekt, als Land, in das man Konvois schickt, nicht als Land, das – obgleich an der Peripherie – in den Wirbel der Kämpfe und Umstürze, der Kriege hineingezogen worden ist. Die Weltkriegsepoche ist die zentrale Erfahrung Rußlands in diesem Jahrhundert, auch die Europas.
Rußland ist verwüstet, erschöpft, demoralisiert – und das nach einer ungeheuren Kraftverausgabung. Die Desintegration des Imperiums ist vermutlich das beste, was Rußland geschehen konnte. Sie ist freilich vorläufig und überwiegend nur ein negativer Akt, ein Gewährenlassen, vollzogen von den „Helden des Rückzugs“. Wenn wir dennoch zuversichtlich sind, daß die russische Geschichte weitergeht, daß Rußland nicht aus der Geschichte herausfällt, dann hauptsächlich deshalb, weil sich in den letzten Jahren ein Wunder ereignet hat, ein russisches Wunder, das aufklärungsbedürftig ist, vielleicht sogar aufgeklärt werden kann, während gegenwärtig reine Mutmaßung bleiben muß, was in Zukunft aus Rußland werden wird.

Rolf-Dieter Kluge

Der Funktionsverlust der Literatur

Literatur als traditionelles Medium für den weltanschaulichen, moralischen und politischen Diskurs

Im autokratischen Rußland das ausschließliche Forum der öffentlichen Meinungsbildung

Als in der Dezember-Nummer 1990 der Zeitschrift *Znamja* (Das Banner) der Kritiker *K. Stepanjan* einen Beitrag mit dem Titel „Brauchen wir Literatur?" *(Nužna li nam literatura?)* veröffentlichte, erwarteten wahrscheinlich Autor und Redaktion eine klärende Grundsatzdebatte. Denn diese Frage wäre in der russischen oder sowjetischen intellektuellen Öffentlichkeit vor wenigen Jahren noch als Provokation verstanden worden, galt doch seit dem 18. Jahrhundert, seit der Westwendung Rußlands und der Säkularisierung seiner Wissenschaft und Kultur, die Literatur als das dominante gesellschaftliche Diskurssystem, in dem die weltanschaulichen und politischen Probleme der Zeit diskutiert und modelliert wurden. Die schwache Reaktion auf *Stepanjans* Fragestellung zeigt, daß die russische Literatur heute diese Rolle abgegeben hat, und das ist ein Vorgang von ganz außerordentlicher Bedeutung. Ob er sich als eine *vorübergehende Krisenerscheinung* oder als *Übergang* zu einer pluralistischen russischen Kulturgesellschaft der Zukunft erweisen wird, kann im Augenblick niemand voraussagen. Aber für das russische gesellschaftliche Bewußtsein ist dieses Phänomen von nicht geringerer Bedeutung als die grundlegenden politischen, ökonomischen und geistigen Wandlungen und Brüche, die die *Perestrojka* und der Zusammenbruch der multinationalen, aber russisch beherrschten Sowjetunion ausgelöst haben. Seine Dimensionen lassen sich nur zureichend erfassen, wenn die Bedeutung und die Funktion, die die Literatur nahezu drei Jahrhunderte lang in Rußland besessen hat – sei es auch nur knapp –, reflektiert werden[1]).

Anders als in den westeuropäischen Literaturgesellschaften war im autokratischen Rußland die Literatur das ausschließliche Forum der öffentlichen Meinungsbildung, angefangen mit der odischen Huldigungsdichtung, den satirischen Komödien und Journalen und den sozial- und moralkritischen Reisebeschreibungen im 18. Jahrhundert über das Freiheitspathos der romantischen Lyrik, die zeit-, gesellschafts- und ideologiekritische realistische Romanprosa im 19. Jahrhundert bis zu der politisch teils affirmativen, teils oppositionellen Weltanschauungsdichtung des 20. Jahrhunderts. Das war weniger – wie gelegentlich dargestellt – ein Mythos der russischen Literatur[2]), sondern ihre Wirklichkeit: Die *staatliche Zensur* war in erster Linie ein politisches Kontrollinstrument, und wegen der unerlaubten Verbreitung zum Druck nicht genehmigter *literarischer* Werke sind russische Dichter und Schriftsteller verhaftet, verbannt, exiliert und sogar hingerichtet worden.

So hatten auch die literarischen Zeitschriften ihren eigentümlichen Charakter

Die Literatur hat diese Funktion der ideologischen und moralischen Reflexion und Opposition bewußt vollzogen, sie war in der Tat das *Medium der russischen Ideengeschichte* und – wenn man so will – auch der *politischen Theoriebildung,* weil andere Diskursbereiche wie die Philosophie oder die Rechts- und Sozialwissenschaften von der Zensur behindert wurden oder zeitweise sogar ganz verboten waren. Die Literatur hingegen bildete ein eigenes Verfahren einer spezifisch *äsopischen Metaphorik* aus, um sich der Kontrolle durch die Zensur zu entziehen oder diese zu unterlaufen. Zugleich entwickelte sich ein dementsprechender Literaturbetrieb, indem in sog. dicken *Journalen* neben literarischen Erstveröffentlichungen auch nur mehr oder weniger formal literarisch verpackte expositorische Texte erschienen; *Dostoevskijs Tagebuch eines Schriftstellers* ist ein auch im Westen weitbekanntes Beispiel für eine solche Zeitschrift, deren Beiträge eine Mischung aus belletristischen und schwach belletrisierten Essays zu politischen, gesellschaftlichen, philosophischen, religiösen oder sozialen Fragen darstellen. Dieser eigentümliche Charakter russischer literarischer Zeitschriften hat sich bis heute gehalten. Der *Autor* literarischer Werke gewann in diesem Literatursystem ebenfalls ein *besonderes Ansehen:* Er wurde zu einer geistigen, moralischen und auch gesellschaftlich-politischen Autorität, zum Richter über die Verfehlungen der Gegenwart und zum Propheten einer besseren Zukunft.
Entsprechend war auch das *Leserverhalten:* Die Leser erwarteten nicht ästhetisches Raffinement oder stilistische Feinheiten, sondern die Erörterung und modellhafte Lösung von brennenden Lebensfragen, und auch die Literaturkritik diskutierte nicht vorranig poetologische oder literaturtheoretische, sondern inhaltliche und ideologische Probleme.
Die *Bedingungen* für diese exzeptionelle Funktion der Literatur lagen gewiß im (immobilen) Gesellschaftssystem und autokratischen Staatsdenken Rußlands, aber daß die Literatur diese Funktion auch wirklich ausüben konnte, verdankt sie ebensowohl großen und charismatischen Persönlichkeiten unter den russischen Autoren, die sich

ihrer Vorbild- und Führerrolle bewußt waren als auch ihren literarischen Werken, die durch ihre ideelle, moralische und künstlerische Qualität gleichermaßen überzeugten, auch im Ausland, obwohl sie nahezu ausschließlich russische zeitgenössische Probleme gestalten.

Die „Verstaatlichung" der Literatur durch die Partei

Von einem kurzen Zwischenspiel vor dem Ersten Weltkrieg und kurz danach bis in die frühen zwanziger Jahre abgesehen, bestand diese homogene russische Literaturgesellschaft bis in die 30er Jahre, als sich ihrer die kommunistische Partei endgültig bemächtigte und die Literatur sozusagen „verstaatlichte". Das geschah abschließend auf dem *Ersten Sowjetischen Schriftstellerkongreß* 1934, an dem Spitzenfunktionäre der Partei teilnahmen und die entscheidenden und richtungszwingenden Referate hielten[3]). Sie hatten – zumindest was die strukturellen Dispositionen anlangt – nicht allzuviel Mühe aufzuwenden, die Literatur auf das human-revolutionäre Ethos der kommunistischen Ideologie festzulegen und von ihr normativ exemplarische *positive Helden, Aufbauenthusiasmus* und *prognostisches Engagement* zu verlangen. Daß all dies unbedingt und *nur auf realistischer Gestaltungsart* bewerkstelligt werden durfte, liegt allerdings am *kleinbürgerlichen Geschmack* und an der *dogmatischen Beschränktheit* der Erfinder dieses *Sozialistischen Realismus.*
Opposition war nun in die *Emigration* getrieben oder in den *Untergrund* verdrängt, wer entdeckt wurde, wurde – wie es später hieß – *gesetzeswidrig repressiert.* Wir wissen, welcher tragische Inhalt sich hinter dieser Formulierung verbirgt. Auch für die Literatur im Widerstand galt in gewiß noch ausgeprägterer Weise der moralisch-ideologische Vorrang des literarischen Diskurses. Die Haltung zur Verantwortung gezogener oppositioneller Literaten hat das immer wieder bestätigt.

„Tauwetter": zwischen Duldung und Verrat

Die Zersetzung des soz-realistischen Kanons und Alleinvertretungsanspruchs der Sowjetliteratur begann nach *Stalins* Tod in einer ersten literarischen *Perestrojka,* die 1954 nach *Il'ja Erenburgs* Kurzroman den Namen *Tauwetter* erhielt[4]). (Der Begriff *Perestrojka* ist übrigens nicht neu und hat seit den 20er Jahren verschiedentlich zur Bezeichnung von Versuchen einer effektiveren Reform der sowjetischen Wirtschaft und Gesellschaft gedient!) Im Rahmen der zeitweilig weiter gefaßten Normen des Sozialistischen Realismus wurden kritische Haltungen zum System zunächst unter der Chiffre

der Kritik am Personenkult und am Stalinschen Despotismus möglich, die sich allerdings nur in den unkalkulierbaren Schwankungen zwischen Duldung und Verbot bewegen konnte, wie sich aus den außen- und innenpolitischen Prozessen des sog. *sozialistischen Lagers* ergaben. Die Kontroverse zwischen den Zeitschriften *Novyj Mir* und *Oktjabr'* und ihren Chefredakteuren *Tvardovskij* und *Kočetov* 1962/63, in der letzterer die sozialpädagogische, rigide Einstellung gegen *Tvardovskijs* Versuch einer sozialkritisch analysierenden Funktion der Literatur innerhalb des sowjetkommunistischen Systems durchsetzte, ist ein Indiz dafür, daß selbst systemimmanente Liberalisierungen nur temporär möglich waren. 1964 wurden bekanntlich *Brodskij, Amalrik, Sinjavskij, Daniel, Ginsburg* vor Gericht gestellt und verurteilt.
Gleiches gilt im Grunde für die Phase der sog. Stagnation unter *Brežnev,* als 1979 der Versuch, einen Sammelband mit politisch nicht provozierenden Texten unter dem Titel *Metropol* zu edieren, zum Zusammenstoß mit dem Schriftstellerverband und nachfolgend mit den Sicherheitsorganen führte[5]). Die Starrheit des Kultur-Apparats sah nur in der Ausübung massiven Drucks auf die Autoren mit Veröffentlichungsverbot und Ausschluß aus dem Schriftstellerverband einen Schutz vor ideologischer Subversion und zwang bisher geschätzte Autoren wie *Aksenov* oder *Vladimov* zur Emigration. Die Ausweitung des *Samizdat* und *Tamizdat* in dieser Zeit führte zu einer Aufspaltung der sowjetischen Literatur und Kultur in praktisch genommen zwei Kulturen.

„Sekretärsliteratur"

Im Laufe der späten 70er und frühen 80er Jahre hatte aber auch ein Auflösungsprozeß innerhalb der offiziösen Sowjetliteratur eingesetzt, der bis jetzt zu – soweit ich das zu erkennen vermag – vier voneinander abgrenzbaren Richtungen geführt hat. Das ist *erstens* die partei- und systemkonforme, bis zur Auflösung der Sowjetunion offizielle Literatur, deren Autoren meist zugleich auch Partei- und Verbandsfunktionäre waren und deshalb im Jargon auch *Sekretärsliteratur* genannt wurde[6]). Sie befaßte sich durchaus auch mit brisanten Reizthemen, etwa *Stalin* (in den historischen Romanen von *Aleksandr Čakovskij*), der Kollektivierung, der Emigration, mit Problemen der Jugend; auch mit der sowjetischen Auslandsspionage oder dem Krieg in Afghanistan; und da diese Richtung gewissermaßen ein Monopol auf solche Themen besaß – andere hätten sich ungestraft nicht daranwagen können –, erzielte sie beim Informationshunger der Massenleser auch große Resonanz.

„Dorfliteratur": antiwestlich und nationalistisch

Mit Beginn der *Perestrojka* geriet diese *Sekretärsliteratur* in Verwirrung, zunächst glaubte sie, es laufe nur ein taktisches politisches Manöver ab, später allerdings mußte sie feststellen, daß sie ihrer ideologischen und organisatorischen Unantastbarkeit verlustig ging. Ihre Abwehrversuche – etwa von *Jurij Bondarev,* der die neuen Entwicklungen mit dem Auftreten faschistischer Horden verglichen hat – erwiesen sich als hilflos, sie war eine stereotype Literatur, die nur im geschlossenen politischen System zu prosperieren gewohnt war und nun in einer offenen Gesellschaft sich hilflos auflöst. Sie ist nicht einmal in der Lage, sich – wenigstens theoretisch – zu einer geschlossenen literarisch-politischen kommunistischen Opposition zu formieren und schließt sich der wenig verheißungsvollen Entwicklung der *zweiten* Strömung, der ehemaligen Dorfliteratur *(derevenskaja proza)* an, die eine späte moralische und nationale Kritik an der Zwangskollektivierung der Landwirtschaft darstellte und Porträts von dörflichen Sonderlingen und naiven Philosophen, von Trägern alter Volksweisheit und Volksreligiosität geschaffen hat, die die sozialistische Unifizierung nicht erreicht und nicht gebrochen hatte. Ihre zentrale Figur war die *Frau* als Gerechte und traditionsbewußte Gestalt *(Solženicyn: Matrënas Hof; Rasputin: Abschied von Matëra).* In Verbindung mit alten religiösen Überlieferungen bemühte sich die Dorfprosa um die Herausbildung eines erneuerten *nationalen Selbstbewußtseins.* Obwohl sie nicht partei- und staatsorientiert war, wurde die Dorfliteratur in den ideologischen Kampf gegen den kapitalistischen Westen eingespannt und mit Staatspreisen bedacht. Dennoch gelang es nicht, sie von ihrer religiösen und ökologischen Ausrichtung abzubringen. Erst mit der Öffnung der *Perestrojka* und der folgenden extrem prowestlichen Orientierung der Medien und der Massenkultur nahm die ehemalige Dorfliteratur eine erklärt antiwestliche und nationalistische *(slavophile)* Position ein. Sie verlegt sich heute zunehmend auf das Entlarven und Verdammen bedrohlicher Gefahren. Darunter versteht sie einmal die selbständig gewordene, unkonventionelle *moderne* Frau als Inbegriff der sinnlich-erotischen, lasterhaften Bedrohung der Männergesellschaft ganz im Sinne der russisch-orthodoxen klerikalen Überlieferung. Die emanzipierte Frau ist die Zerstörerin der russischen, patriarchalisch geordneten Familie und die Verführerin charakterschwacher Herren. Der zweite Feind ist die Jugend und die mit ihr verbundene Subkultur des westlichen Rock und der amerikanisierten Kleidung, Lebenshaltung und der Anglizismen in der Sprache. Der dritte Feind sind die Fremden, die nicht-slavischen, nicht-orthodoxen ethnischen Gruppen und Gemeinschaften, vor allem Juden, denen sie die historische Katastrophe des Kommunismus in Rußland anlasten. Ich gehe nicht so weit, die nationalistischen Erben der Dorfliteratur des Rassismus zu zeihen, aber den rassistischen Tendenzen der gesellschaftlich-politischen Vereinigung *Pamjat'* stehen sie leider recht nahe. Und sie beziehen sich zugleich auf den Hypermoralismus der klassischen realistischen Literatur eines *Dostoevskij* und *Tolstoj* und verwandeln wie ehedem – aber unter anderen Bedingungen – die Literatur zur Predigt und nationalistischen Indoktrination.

Die liberale Literatur, die an äsopische Metaphorik anknüpft

Die *dritte* Richtung ist ein Produkt des *Chruščëvschen* „Tauwetters", die liberale Literatur, die besonders an die *äsopische Metaphorik* des 19. Jahrhunderts anschloß und versuchte, in der Zeit des Kommunismus durch Allegorien, Anspielungen und mehrdeutige Verrätselungen unabhängiges Denken zu vermitteln. Sie stand in direkten und indirekten Kontakten zur oppositionellen Literatur des *Samizdat* und *Tamizdat,* hatte sich aber in ihrem Funktionieren an die Grenzen der totalitären Überwachung gewöhnt. Als diese mit der *Perestrojka* entfielen, war diese Richtung über die endlich gewonnene Freiheit hocherfreut, engagierte sich sogleich in der Vereinigung *April* als eigene Vereinigung zur Unterstützung der *Perestrojka*[7]), förderte die Publikation bislang verbotener Autoren, der sog. „zurückgekehrten Literatur" *(vozvraščennaja literatura),* kam aber selbst über die Phase der Vergangenheitsbewältigung bislang nicht hinaus, wie etwa *Rybakovs Kinder des Arbat* oder *Šatrovs* liberale Dramen beweisen. Es scheint, daß auch die Literatur, gemessen an der abnehmenden Leserresonanz, ihre gesellschaftliche Mission in der postsowjetischen Gesellschaft bereits erfüllt hat.

Mit der russischen Sprache verlor auch die russische Literatur ihre dominante Stellung

Mit dem Ende der Sowjetunion verlor auch die russische Sprache als Koine der verschiedenen ehemaligen Sowjetvölker ihre Funktion. Dieser Vorgang entwurzelte Autoren wie den russisch schreibenden Abchasen *Fazil Iskander* oder den russisch schreibenden Kirgisen *Čingiz Ajtmatov* aus ihrem Rezeptionsfeld. Die russische Sprache ist von multinationaler Geltung zur nationalen Sprache der Russen ohne übernationale Bedeutung reduziert worden. Zugleich verlor die russische Literatur im System der Diskurse ihre dominante Stellung. Bestand zunächst in den Jahren 1988/89 noch eine immense Nachfrage nach literarischen Publikationen in den großen Journalen, weil diese die bisher verbotenen Autoren der 20er Jahre und der Emigration wie *Zamjatin, Merežkovskij, Gumilëv, Platonov* oder *Nabokov, Vojnovič* oder *Zinov'ev* druckten, so hat diese Attraktion heute völlig nachgelassen, und selbst *Solženicyn* wird nur äußerst schwach rezipiert und garantiert keine Käufer. Die Journale, ehemals von den Massenorganisationen wie Schriftstellerverband, Gewerkschaften, Komsomol u. a. getragen, haben ihre wirtschaftliche Grundlage verloren und müssen sich – wie die *Literaturnaja Gazeta* – in freier Trägerschaft ihr Publikum auf dem Markt suchen. Obwohl die Konkurrenz neu aufgekommener unabhängiger Zeitungen und Zeitschriften wie *Nezavisimaja gazeta, Kommersant, Rossijskaja gazeta, Kuranty* oder auch die erneuerten *Moskovskie novosti* einen Popularitätseinbruch für die traditionellen Journale mit sich brachte und manche, wie z. B. die in verschiedenen Sprachen erscheinende *Sowjetliteratur,* ihr Erscheinen einstellen mußten, verfolgen die alten Zeitschriften noch ihr traditionelles, breit angelegtes literarisch-gesellschaftspolitisches Profil. Aber sie sind in einer recht schwierigen Lage, weil der Leser den traditionellen, stark politisch ausgerichteten Literaturbegriff nicht mehr in der gleichen Weise wie früher annimmt. Das Leserinteresse sowohl an der klassischen russischen Literatur als auch an der Gegenwartsliteratur ist seit der Abschaffung der Zensur in den 90er Jahren rapide gesunken und richtet sich vornehmlich auf die bisher versperrte Trivialliteratur wie *crime and sex,* die der Leser früher nicht konsumieren durfte.

Die Wiederkehr der alten Kontroverse zwischen Westlern und Slavophilen

Der Versuch der Literatur, ihre entgleitende Position als dominantes intellektuelles und gesellschaftliches Diskurssystem zu halten, hat sich auf die nationale Problematik reduziert und schließt an das Erbe der offiziösen und der Dorfliteratur an. So verficht etwa der große Literaturwissenschaftler *Dmitrij Lichačëv* eine aus *Dostoevskij* hergeleitete Ansicht von der historischen Mission Rußlands und der russischen Sprache, die eine dem Westen überlegene Internationalität *(mnogonacional'nost')* vertrete, auf die Zukunft orientiert sei und die anderen Literaturen und Kulturen durch ihre Großzügigkeit und originelle Fähigkeit der Anverwandlung und Humanisierung übertreffe. *Die russische Literatur – das ist die russische Philosophie und die russische Besonderheit der schöpferischen Selbstaussage, die russische Allmenschlichkeit . . . Die russische Kultur ist ein anderer Typus als die Kultur des Westens*[8]).
Das ist die Wiederaufnahme der bald 150 Jahre zurückliegenden Kontroverse zwischen Westlern und Slavophilen, wobei die heutigen Neoslavophilen ebensowenig wie ihre Vorgänger zwischen den westeuropäischen Nationalkulturen unterscheiden und diesem falschen einheitlichen Kulturtypus des Rationalismus und Materialismus ihre angeblich humanere Vision einer russischen Allmenschheitsidee – was auch immer das sei – entgegenhalten.

Selbst ein so großer Gelehrter wie *Dmitrij S. Lichačëv* ist dabei vor fatalen Irrtümern nicht gefeit, wenn er glaubt, der altrussischen Literatur im 17. Jahrhundert die Entdeckung des Individualismus und des Wertes der Einzelpersönlichkeit als Erweis ihrer humanen Tradition zuschreiben zu dürfen. Konkreter, aber ebenso traditionell ist der Schriftsteller *Anatolij Kim,* der im Westen ein falsches Dasein, das im alles dominierenden Konsumdenken kulminiere, als verhängnisvollen Irrweg ausmachen zu müssen glaubt[9]). Ich frage mich, ob solche Rezepte angesichts der wirtschaftlichen Lage Rußlands nicht einen ungewollten Zynismus annehmen. Jedenfalls finden sie, von einer eingeschworenen Gemeinde abgesehen, keine breitere Resonanz. Und sie vermögen wohl auch nicht dem Ansehensverlust der russischen Literatur in der russischen Öffentlichkeit, der allenthalben zu bemerken ist, entgegenzuwirken.

Auch hier eine Spielart von Postmoderne

Die russische Literatur und ihre Organisationsformen in Verbänden und Instituten befindet sich in einer tiefen Identitätskrise. Es scheint, als müsse sie sich in einer entstehenden demokratischen und pluralistischen Gesellschaft auf jene eingeschränkte und bescheidene Rolle zurückziehen, die Literatur auch im Westen als ein künstlerisches Diskurssystem neben und nach anderen einnimmt. Darauf deuten Entwicklungen hin, die sich in einer *vierten* Richtung der russischen Gegenwartsliteratur erkennen lassen, die ich eine Spielart der Postmoderne nennen möchte, in Rußland ist von Konzeptualismus die Rede *(Prigov, Rubinštejn, Timur Kibirov),* die das rein Literarische, zugleich Ludistische der Literatur hervorkehrt, jeglichen Gesellschafts- und Politikbezug prononciert ablehnt und auch auf das traditionelle Inventar der russischen literarischen Verfahren, ihre metaphorische Sprache, verzichten will. Für sie ist Literatur sprachliches und bildliches Experimentieren, eine neue Form eines *l'art pour l'art.* Die neue Zeitschrift *Solo* z. B. stellt sich die Aufgabe, neuavantgardistische Texte zu publizieren und verzichtet erklärtermaßen auf die sonst üblichen literaturkritischen und weltanschaulichen Beiträge. Ob hier die Zukunft der russischen Literatur liegt, ist schwer auszumachen.
Ich persönlich bekenne, daß ich es für einen Verlust halten würde, wenn die russische Literatur ihre traditionell weltanschauliche, moralische und politische Funktion verlöre und sich – wie in den westlichen Kulturen – zu einer esotherischen Wortkunst für ein kleines Publikum von Fachleuten und elitären Liebhabern reduzieren würde. Aber es ist hier nicht der Ort, über Prognosen zu spekulieren. Festzustellen ist jedoch, daß die russische Literatur und die russische Literaturgesellschaft, gemessen an ihrer jahrhundertelangen Tradition, in einer tiefen Krise stecken und die Meinungsführerschaft im

gesellschaftlichen Denken, ihre dominante Stellung unter den Diskurssystemen im Prozeß der Demokratisierung der Gesellschaft verloren haben und damit zum weiteren Verlauf dieses Prozesses in ihrem derzeitigen Zustand wahrscheinlich nur wenig werden beitragen können.

Anmerkungen

[1]) Über die Rolle der Literatur in der russischen politischen und Geistesgeschichte vgl. Rolf-Dieter Kluge (Hrsg.): Gegenwartsliteratur in Osteuropa und der DDR. München 1982 [Akademiebeiträge zur Lehrerbildung, Band 10].

[2]) Christine Engel: Abschied von einem Mythos. Funktionswandel des gegenwärtigen sowjetischen Literatursystems. In: Osteuropa. Zeitschrift für Gegenwartsfragen des Ostens. 9/1991, S. 829–846.

[3]) Pervyj Vsesojuznyj S"ezd Sovetskich Pisatelej 1934. Stenografičeskij otčet. Moskva 1934. H.-J. Schmitt und G. Schramm (Hrsg.): Sozialistische Realismuskonzeptionen. Dokumente zum 1. Allunionskongreß der Sowjetschriftsteller. Frankfurt/Main 1974. [edition suhrkamp 701].

[4]) Vgl. Karl Eimermacher: Sechs Jahre Perestrojka im Bereich der Kultur. Vorgeschichte und Verlauf. In: Osteuropa. Zeitschrift für Gegenwartsfragen des Ostens. 11/1991, S. 1077–1088, hier S. 1078.

[5]) Vgl. Eimermacher: op. cit., S. 1082.

[6]) Viktor Erofeev [Jerofejew]: Letztes Geleit für die Sowjetliteratur. In: Kopfbahnhof. 2. Almanach. Das falsche Dasein. Sowjetische Kultur im Umbruch. Leipzig 1990. [Reclam-Verlag], S. 52–65.

[7]) Vgl. Rolf-Dieter Kluge: Perestrojka – von innen gesehen. Beobachtungen. Erfahrungen. Perspektiven. Wiesbaden 1990, bes. S. 104–111.

[8]) D. S. Lichačev: Russkaja kul'tura v sovremennom mire. In: Zielsprache Russisch 4-1991, S. 101–109, hier S. 108.

[9]) Das falsche Dasein. Ein Gespräch mit Anatolij Kim. In: Kopfbahnhof. 2. Almanach. Vgl. Anm. S. 4, S. 66–80.

Gerhard Simon

Die Nationalbewegungen und das Ende der Sowjetunion

Wenn die Nation die einzige Alternative zum Kommunistischen Pseudointernationalismus ist

Das Sowjetsystem überstand die eigene Säkularisierung nicht

Was ist zu Ende gegangen? Welches sind die zentralen Vorgänge der Anti-Revolution in Ostmitteleuropa und auf dem Territorium der ex-Sowjetunion? Denn es handelt sich um eine Anti-Revolution, d. h. der Umbruch wendete sich gegen die Revolution von 1917 und ihre Folgen. Er ist zugleich der Versuch und das Bestreben, historische Entwicklung dort wiederaufzunehmen, wo sie 1917 von den Bolschewiki gekappt worden war.

Zu Ende gegangen ist vor allem die Herrschaft der KPdSU, damit sind die zentralen Strukturen der Machtordnung aufgelöst worden oder befinden sich im Prozeß der Auflösung. Der Krise und dem Ende der Einparteiherrschaft gingen allerdings die Krise und der Verfall der Sowjetideologie voraus. Der Marxismus-Leninismus hat seit Jahrzehnten einem Erosionsprozeß unterlegen, dessen Konsequenzen in Osteuropa selbst und im Westen nur unzureichend wahrgenommen worden sind. Ohne zumindest minimale Glaubwürdigkeit und Akzeptanz des Marxismus-Leninismus durch die Eliten gibt es keine Rechtfertigung und Legitimität der KPdSU. Der Marxismus-Leninismus erfüllte im Sowjetsystem *die* Funktion, die in demokratischen Systemen Wahlergebnisse haben. Die Degeneration des Marxismus-Leninismus zu einem opportunistischen oder zynischen Ritual, das man akzeptierte und mitvollzog, um Karriere zu machen, signalisierte den bevorstehenden Fall der KPdSU von der Macht. Das Sowjetsystem überstand seine eigene Säkularisierung nicht.

Warum die Nationalitätenpolitik der KPdSU gescheitert ist

Aber am Ende der *Perestroika*-Periode brach nicht nur das sowjetische politische System zusammen, sondern der Staat Sowjetunion hörte im Dezember 1991 in aller Form auf zu bestehen. Warum zog

der Fall der KPdSU von der Macht Krise und Ende des Staates nach sich? Viele Staaten haben in der Geschichte Umbrüche und Revolutionen erlebt, ohne daß deshalb der Staat als solcher in Frage gestellt worden wäre oder gar aufgehört hätte zu existieren.
Aus der Sicht der nichtrussischen Völker waren die Herrschaft der KPdSU und der russisch bestimmte Sowjetstaat identisch. In der Tat hatte sich ja die kommunistische Partei diesen Staat geschaffen. Die Sowjetunion war als *Nachfolgestaat des Russischen Reiches* das Werk der Bolschewiki. Denn 1917 und in den Jahren danach war das Russische Reich in zahlreiche nationale und regionale Teile auseinandergebrochen; die Bolschewiki hatten im Bürgerkrieg diesen Zerfall zunächst angehalten und dann rückgängig gemacht. Auch *Stalins* Politik in Osteuropa vor und während des Zweiten Weltkrieges stand wesentlich im Zeichen der Wiederherstellung der alten Grenzen des Russischen Reiches. Die KPdSU hatte die Sowjetunion geschaffen und war zugleich die wichtigste Klammer dieses Vielvölkerimperiums. Ohne die kommunistische Partei gab es keine Raison für das Fortbestehen dieses letzten europäischen Kolonialreiches in sozialistischer Form. Die kommunistische Partei hatte es versäumt, andere Integrationsformen als sich selbst zu entwickeln; sie hätte sich sonst überflüssig gemacht.
Die Konstruktion des sowjetischen Zentralstaats war bis zum Schluß im wesentlichen die gleiche, wie sie in den 30er Jahren unter *Stalin* geschaffen worden war. Zwar besaßen die Völker und Regionen eine gewisse Sprach- und Kulturautonomie, und die nationalen Eliten wurden von der Zentralmacht in erheblichem Umfang in die Führungsschichten kooptiert, aber alle wesentlichen und Tausende von unwesentlichen Entscheidungen fielen ausschließlich im Zentrum in Moskau. Entgegen allen ideologischen Erwartungen wurden die kooptierten Eliten Träger des nationalen Eigenbewußtseins und Kämpfer gegen jenes zentralistische System, aus dem sie selbst kamen. So führte der Zusammenbruch der KPdSU mit einer gewissen Zwangsläufigkeit zum Zusammenbruch der Sowjetunion.
Nach dem Ende des sowjetischen Zentralstaates waren Nation, Nationalbewegung und nationaler Staat zunächst die einzigen erreichbaren politischen Alternativen. Mit ihnen verbanden sich die Bestrebungen, die Einparteidiktatur zu überwinden, Demokratie, Rechtsstaatlichkeit und damit den Anschluß an die europäische Neuzeit zu gewinnen. Die Antithese zum kommunistischen Pseudointernationalismus war die nationale Demokratie. Nach dem gescheiterten kommunistischen Experiment wendeten sich die Völker zu ihrer eigenen Tradition und Geschichte zurück in der Hoffnung, aus dieser Rückwendung Orientierung für die Zukunft zu gewinnen. Dabei zeigte sich sehr rasch das *grundsätzliche Dilemma:* Nation und Demokratie stehen in einem unaufhebbaren Spannungsverhältnis zueinander, sobald in einem demokratisch organisierten Staat die Angehörigen mehrerer Nationen zusammenleben. Fast alle Nationen auf dem Territorium der ehemaligen Sowjetunion sind dazu verurteilt,

die Tradition des zerschlagenen Vielvölkerimperiums weiterzutragen: In manchen der neu entstehenden Staaten gehören 40% der Bevölkerung oder mehr nicht der „Staatsnation“ an. Der Konflikt zwischen dem nationalen und demokratischen Prinzip wird voraussichtlich auf absehbare Zeit die inneren Verhältnisse in den neu entstehenden Staaten prägen und die Staatsbildung erschweren. Andererseits bestätigte sich die Erfahrung des 19. Jahrhunderts, daß nationale und demokratische Bestrebungen sich parallel zueinander entwickeln, einander bestärken und als Emanzipationsbewegung große Wirksamkeit entfalten. Es zeigt sich nämlich, daß in den westlichen, europäischen Republiken nicht nur die nationale Renaissance, sondern auch die Demokratie die größten Fortschritte zu verzeichnen hat, während die östlichen, islamischen Republiken in beidem zurückliegen.
Die Hinwendung zur Nation als zunächst einziger erkennbarer Alternative zum sowjetischen Zentralstaat bedeutet nicht, daß alle Nationen auf dem Territorium der Sowjetunion seit langem und eindeutig einen Kampf um die Einrichtung oder Wiederherstellung von nationalen Staaten geführt hätten. Das Eintreten für die Nation als Subjekt der Geschichte hatte im einzelnen ganz unterschiedliche Ausdrucksformen. Sie reichten von der Forderung nach einer wenigstens minimalen Bewahrung der Muttersprache im allgemeinen Bildungswesen zum Beispiel bei den Völkern des mittleren Wolgaraumes bis zum Verlangen nach Wiederherstellung der völkerrechtswidrig zerstörten Eigenstaatlichkeit bei den drei *baltischen* Völkern. In Litauen, Estland und Lettland sind seit den 70er Jahren – zunächst allerdings nur in Dissidentenzirkeln – klare Forderungen nach Loslösung von der UdSSR und der Wiederherstellung der Unabhängigkeit ausgesprochen worden. In manchen anderen Fällen, so vor allem bei der *Ukraine,* ist das Ziel nationaler Unabhängigkeit und staatlicher Selbständigkeit erst während des Zerfallsprozesses der UdSSR zum beherrschenden Thema der Politik geworden, auch wenn einige Dissidentengruppen, insbesondere in *Galizien,* davon bereits seit den 60er Jahren träumten.

Durch die neuen Bildungsschichten wurden russische Kader ersetzbar

---

Dennoch ist die Auflösung der Sowjetunion *kein historischer Unfall,* der durch eine umsichtigere Politik, sei es *Breshnews* oder *Gorbatschows,* leicht hätte verhindert werden können. Das Ende des Moskauer Zentralstaates, wie er sich zunächst in der russischen Geschichte und dann nach 1917 in der Form des sowjetischen Zentralstaates herausbildete, hat *langfristige Ursachen,* zahlreiche Parallelen und damit eine historische Logik. Der *Zeitpunkt* der Auflösung und die *konkreten Umstände* wurden selbstverständlich in erheblichem Umfang von den politischen Akteuren an der Spitze mitbestimmt. Die Beherrschung eines Vielvölkerimperiums von einem starken, in Jahrhunderten gewachsenen traditionellem Zentrum aus hat sich in der neueren europäischen Geschichte nirgendwo durchhalten lassen. Volkssouveränität und nationale Selbstbestimmung waren die stärkeren Kräfte. Erst nachdem diese Kräfte zufriedengestellt waren, begann in Westeuropa eine Bewegung in Richtung auf supranationale Integration, deren Erfolgsgeheimnis nicht zuletzt darauf beruht, daß es eben in Westeuropa kein historisch gewachsenes Zentrum gibt, von dem sich die Völker abhängig oder gar beherrscht fühlen.

Die Auflösung der Sowjetunion wird nur verständlich vor dem Hintergrund langfristiger historischer Vorgänge. Von zentraler Bedeutung ist hierbei das *Heranwachsen eigener Bildungsschichten der Völker* auf dem Territorium der Sowjetunion. Bei manchen Völkern – insbesondere islamischer Tradition – wuchsen nach dem Zweiten Weltkrieg zum ersten Mal quantitativ umfangreiche Schichten heran, die eine qualifizierte säkulare, allgemeine oder berufsbezogene Ausbildung erhalten hatten. Bei vielen europäischen Völkern formierten sich in der Nach-Stalin-Zeit ebenfalls neue Bildungsschichten, nachdem die alten Eliten durch Terror, Deportationen und Krieg weitgehend vernichtet worden waren. Diese zahlenmäßig außerordentlich umfangreichen Bildungsschichten wurden zum sozialen *Träger eines neuen nationalen Bewußtseins.* Sie verdanken ihre Entstehung einer gezielten sowjetischen Bildungspolitik, die durch den raschen Aufbau eines allgemeinbildenden Schulwesens und eines berufsbezogenen Ausbildungswesens bei allen Völkern innerhalb von wenigen Jahrzehnten eine nach vielen Millionen zählende „Mittelschicht" hat entstehen lassen. Entgegen den aus der Ideologie abgeleiteten Erwartungen ließen sich diese Bildungsschichten nicht in eine homogene, strukturlose Sowjetgesellschaft einschmelzen. Sie identifizierten sich je länger um so mehr mit den nationalen Traditionen und Kulturen ihrer jeweiligen Völker und wurden zum Sprecher der politischen Hoffnungen und Forderungen. Die Loyalität eines estnischen Arztes, eines russischen Facharbeiters oder eines aserbaidshanischen Dichters galt nicht einer von der Ideologie mythologisierten Klasse, sondern der eigenen Nation. Diese „Mittelschichten" waren in den 80er Jahren in der Lage, ganze Nationen oder doch wesentliche Teile von ihnen politisch zu mobilisieren[1]).

Die neuen Bildungsschichten drängten überall in die *Führungspositionen* ihrer Republiken. Es gibt heute in der Regel genügend usbekische Ärzte, turkmenische Lehrer und ukrainische Ingenieure. Auch wenn die nationalen Intelligenzschichten nicht überall vollständig sind, und zum Beispiel in Zentralasien die Funktionsstellungen in der Industrie noch weitgehend von Russen eingenommen werden, so gilt doch generell die Regel, daß jedenfalls in der Zukunft russische Kader ersetzbar geworden sind. So vollzog sich in der Sowjetunion schon seit Jahrzehnten ein anfangs eher schleichender *Prozeß der*

Entkolonialisierung, der erst in den 80er Jahren in eine militante und politische Phase eingetreten ist. Der beschriebene sozialgeschichtliche Wandlungsprozeß hat dazu geführt, daß die meisten Nationen am Ende der Geschichte der Sowjetunion kulturell, bewußtseinsmäßig und im Blick auf ihre Sozialstruktur fester gefügt waren als zu Beginn der Sowjetmacht. Eine Partei also und eine Ideologie, die mit dem Anspruch angetreten waren, das Nationalbewußtsein zugunsten des Klassenbewußtseins endgültig auf den Kehrichthaufen der Geschichte zu befördern, haben entgegen den eigenen Intentionen wesentlich zur Nationsbildung beigetragen.
Ein Scheitern der Politik der KPdSU ist aber auch in einer anderen, mehr direkten Hinsicht zu konstatieren. Jene Instrumente, die von der kommunistischen Partei im Laufe von Jahrzehnten entwickelt worden waren, um den Vielvölkerstaat zusammenzuhalten, sind nicht mehr anwendbar, bzw. ihre Weiterverwendung bewirkt Desintegration statt Integration. Das gilt zuerst für die *Sowjetideologie,* die jahrzehntelang ziemlich erfolgreich die Konflikte im Vielvölkerstaat unter den Teppich gekehrt hat, dann aber zunehmend die Glaubwürdigkeit des Staates unterhöhlte. Die Ideologie hatte verkündet, die „sozialistischen Nationen" würden immer homogener, rückten einander immer näher und würden schließlich – wie schon *Lenin* gesagt hatte – in der kommunistischen Zukunft miteinander „verschmelzen". Bereits seit Ende der 30er Jahre hatte die Sowjetideologie die nationale Frage in der UdSSR für „gelöst" erklärt. Sogar die Neufassung des Programms der KPdSU wiederholte 1986: „Die nationale Frage, wie sie uns die Vergangenheit hinterlassen hatte, wurde in der Sowjetunion erfolgreich gelöst"[2]). Mit diesen selbstverschuldeten Scheuklappen versperrte sich die kommunistische Partei den Blick auf die Wirklichkeit; sie wurde *Opfer eines Selbstbetruges.*

Migrations- und Sprachenpolitik haben antirussischen Widerstand provoziert

Das zentrale politische Instrument, das die Bolschewiki zur Regelung des Vielvölkerproblems entwickelten, hieß *Sowjetföderalismus.* Diese Kombination von scheinbarer Souveränität bei den Republiken und der Konzentration der realen Macht beim Zentrum hat sich jahrzehntelang bewährt, sich dann aber an seinen schlauen Erfindern gerächt. Der Sowjetföderalismus, der von *Lenin* als eine Übergangsperiode auf dem Wege zu einem sozialistischen zentralistischen Staat geplant war, erwies sich nicht nur als nicht mehr abschaffbar, sondern er sprengte schließlich den Sowjetstaat auseinander. *Der Schein wurde zur Realität.* Jene zum Teil willkürlichen innersowjetischen Scheingrenzen, die föderale Gebietseinheiten voneinander trennten, wurden seit Ende der 80er Jahre zu Außengrenzen von Staaten, die kaum noch verrückbar waren. Der Sowjetförderalismus hatte die

nationalen Ambitionen auf einer niedrigen Ebene zufriedenstellen sollen, statt dessen wurde er zu einem wichtigen Ausgangspunkt der Staatsbildung gegen die Sowjetunion.
Auch in anderen Bereichen zeigte sich, daß sich die Nationalitätenpolitik der KPdSU erschöpft hatte bzw. das Gegenteil von dem bewirkte, was ihre Architekten geplant hatten. Die *Migrationspolitik* hatte seit Ende der 20er Jahre zwei Ziele verfolgt: die *Ausbreitung russischer Kader* in der ganzen Union und darüber hinaus eine möglichst hochgradige *Vermischung der Völker* überhaupt. In fast allen Teilen der Sowjetunion *stieg der Bevölkerungsanteil der Russen* erheblich an. Während 1926 8,6% aller Russen außerhalb der heutigen Grenzen der Russischen Föderation lebten, stieg dieser Anteil bis 1959 auf 17,8%. Als die Sowjetunion aufhörte zu bestehen, wohnten etwa 25 Millionen Russen außerhalb der Grenzen der Russischen Föderation. Sie wurden aus Angehörigen der imperialen Nation zu Vertretern einer nationalen Minderheit.
Die tatsächliche Bedeutung dieser großen Wanderungswelle der Russen in fast alle Teile des Landes war noch bedeutsamer als die Zahlen allein erkennen lassen, denn es handelte sich zum überwiegenden Teil um *Fachkräfte* aus allen Bereichen, die von Rußland aus an die Peripherie gingen. Die russischen Kader sollten die natürliche Klammer des Imperiums und die Agenten der Zentralmacht in den nichtrussischen Republiken sein. Sie haben über Jahrzehnte diese Funktion erfüllt[3]). Sie haben aber zugleich antizentralistischen und antirussischen Widerstand provoziert. Die russische Einwanderung wurde in vielen Republiken zu einem der Hauptanstöße für die nationale Bewegung. Schon seit Ende der 60er Jahre setzte eine Netto-Abwanderung von Russen aus bestimmten Unionsrepubliken ein, die sich in den 80er Jahren weiter beschleunigte und ausbreitete. Einheimische Kader traten an die Stelle der Russen. Die Staatsbildung in den ehemaligen Republiken der Sowjetunion wird voraussichtlich in den nächsten Jahren den Strom der russischen Rückwanderung beträchtlich anschwellen lassen, so daß mit Hunderttausenden vielleicht mit Millionen russischer Remigranten insbesondere aus den islamischen Staaten zu rechnen ist.
Aber auch das andere Ziel der Migrationspolitik, möglichst überall einen bunten Flickenteppich der Völker zu schaffen, hat nicht Entlastung, sondern Verschärfung der Konflikte gebracht. Es war ein sozialpsychologischer Irrtum zu glauben, allein durch möglichst enge Berührung würden die Völker einander näherkommen, und die Völkerfreundschaft sei sozusagen die mechanische und zwangsläufige Folge von intensiven Kontakten miteinander.
Die *Sprachenpolitik* war seit Mitte der 30er Jahre darauf gerichtet gewesen, dem Russischen in möglichst vielen Bereichen des öffentlichen Lebens zum Durchbruch zu verhelfen und die anderen Sprachen auch mit Hilfe administrativer Eingriffe in der Tendenz auf die Funktion von Privat- und Familiensprachen zu begrenzen. Noch in der zweiten Hälfte der 70er Jahre wurden neue aggressive Maßnah-

men in der Sprachenpolitik ergriffen. Damals wurde das Ziel formuliert, nach und nach das *Russische* zur einzigen Unterrichtssprache an den *Hochschulen* zu machen. Ebenso wurde seit dieser Zeit mit dem Russischunterricht bereits in den nationalen *Kindergarten* begonnen, d. h. in einem Lebensalter, in dem die Kinder noch nicht sicher in ihrer Muttersprache sind[4]). Gerade diese aggressive Sprachenpolitik in der Spätzeit *Breshnews* bewirkte das Gegenteil von dem, was erreicht werden sollte. Viele Völker hielten ihre nationalen Sprachen für bedroht und reagierten mit Widerstand. Sobald *Glasnost* die Zensur auch nur ein wenig gelockert hatte, wurden allenthalben der gesetzliche Schutz für die Nationalsprachen und eine Beschränkung des Russischen im öffentlichen Leben gefordert. Überall setzten die Nationalbewegungen noch vor dem Ende der Sowjetunion Gesetze und Verfassungsänderungen in den Republiken durch, in denen die jeweilige Nationalsprache zur Staatssprache auf dem eigenen Territorium erklärt wurde. Das Gegenteil von dem, was ein halbes Jahrhundert sowjetische Sprachenpolitik angestrebt hatte, war eingetreten.

Der neue Ethno-Nationalismus, der in erheblichem Umfang die Folge der gescheiterten sowjetischen Nationalitätenpolitik war, wurde zusätzlich durch eine Reihe von Faktoren verstärkt. Einerseits traten traditionelle Partner des Nationalbewußtseins auf den Plan, die auch unter anderen räumlichen und zeitlichen Bedingungen stets als zusätzliche Katalysatoren des Nationalismus gewirkt haben. Nationalbewegungen haben stets auch eine *wirtschaftliche und soziale Komponente.* Die krisenhafte wirtschaftliche Entwicklung seit Mitte der 70er Jahre verstärkte den Ethno-Nationalismus. Das zunächst gegen Null tendierende Wirtschaftswachstum und danach der Rückgang des Lebensstandards in den 80er Jahren haben das soziale Klima im Lande erheblich verschärft. Arbeitslosigkeit, miserable Wohnverhältnisse und die allgegenwärtigen Versorgungsmängel schlugen in nationale Ressentiments und Feindseligkeit um. Sie wendeten sich – wie stets – vor allem gegen nationale Gruppen, die angeblich oder tatsächlich besser gestellt waren, wie zum Beispiel die armenische Minderheit in aserbaidshanischen Städten, die Mescheten in Fergana-Tal, die Juden in russischen Großstädten oder russische Zuwanderer in Estland, Lettland und in den islamischen Republiken.

Die Ökologiebewegung als Schwungrad der nationalen Bewegungen

In den 80er Jahren trat aber auch ein neuer Bündnispartner des Nationalismus auf, den es in der Vergangenheit nicht gegeben hatte: das ökologische Bewußtsein und die Ökologie-Bewegung. Sie ist in vielen Regionen des Landes zu einem zusätzlichen mächtigen Schwungrad der Nationalbewegung geworden. Die Katastrophe von

Tschernobyl, die Austrocknung des Aralsees oder die Verschmutzung des Baikalsees wurden der unfähigen zentralen Planung und der kommunistischen Zentralmacht überhaupt angelastet, die ohne Rücksicht auf lokale Bedürfnisse die Natur verbrauchte und die Nationen mißachtete. Eine Besserung der Lage konnte nach Einschätzung der Ökologie-Bewegung nur aus der Eigeninitiative vor Ort kommen. Nur eine Rückbesinnung auf die Nation als handelndes Subjekt in Geschichte und Politik vermochte Schutz zu bieten vor der allmächtigen, zerstörerischen Bürokratie des Zentrums.
Der Kampf gegen den Bau weiterer Kernkraftwerke in der Ukraine und in Litauen, gegen den erweiterten Abbau von Phosphoritvorkommen in Nordost-Estland oder gegen die bedrohlichen Schadstoffemissionen in Jerewan verschmolz mit der jeweiligen Nationalbewegung. Das Zentrum trug nicht nur die Verantwortung für die ökologischen Schäden der Vergangenheit, sondern die Menschen trauten der kommunistischen Zentralmacht auch nicht zu, Wege in eine bessere Zukunft zu weisen.
Ohne Frage hat auch *Glasnost* zur Verschärfung der nationalen Frage beigetragen. Die Aufforderung zum aufrechten Gang und zur Enttarnung von Propagandalügen mußte die Nationen dazu ermuntern, lange zurückgestauten Groll und Frustration offen auszusprechen. Glasnost hat die Konflikte nicht geschaffen, sie aber sichtbar gemacht und damit ihre politische Wirksamkeit wesentlich vergrößert. Besonders die offene Konfrontation mit der Geschichte der Sowjetunion hat der Nationalbewegung bei vielen Völkern zusätzliche Schubkraft verliehen. Zum ersten Mal konnte jetzt offen ausgesprochen werden, daß *Stalin* durch offenen Bruch des Völkerrechts 1940 die baltischen Staaten okkupierte und daß *Lenin* durch rücksichtslosen und hinterhältigen Einsatz der Roten Armee im Bürgerkrieg den Selbständigkeitsbestrebungen der Ukraine und der drei transkaukasischen Republiken ein Ende machte. In all diesen Fällen sahen sich die Nationalbewegungen als die Erben und Fortsetzer einer historischen Tradition, die von den Bolschewiki gewaltsam abgebrochen worden war.

Die Renaissance nationaler Symbole und die Rückkehr zur Muttersprache

Das nationale Selbstbewußtsein der Völker erreichte Ende der 80er Jahre eine Intensität und entwickelte wirksame Ausdrucksformen wie nie zuvor seit dem Zusammenbruch des Russischen Reiches 1917. Im Jahre 1988 begann die *Massenmobilisierung* zunächst bei einigen kleineren Völkern – den Armeniern, den baltischen Völkern, den Georgiern und Aserbaidshanern –, ehe der Funke 1989 auch auf die Ukraine und die Republik Moldau übersprang. Hunderttausende gingen zu friedlichen Manifestationen auf die Straßen. Anlässe waren in den meisten Fällen *Gedenktage* der nationalen Unabhängigkeit nach 1917 oder deren Liquidierung durch die Sowjetmacht 1939/40 sowie die Jahrestage der Massendeportationen 1940/41 und 1944 bis 1949. Bei den Armeniern und Aserbaidshanern war ihr Konflikt untereinander um Berg-Karabach Haupttriebfeder der Massenmobilisierung. Seit 1989 versammelten sich auch in manchen russischen Großstädten – vor allem in Moskau und Leningrad/St. Petersburg – Hunderttausende zu politischen Willenskundgebungen gegen das alte sowjetische System, so aus Anlaß des Todes von *Sacharow* im Dezember 1989 und im Februar 1990 im Vorfeld der Wahlen zum Obersten Sowjet der RSFSR. Eine halbe Million Menschen demonstrierten am 20. Januar 1991 in Moskau gegen die Gewaltanwendung in Litauen. Das Nationale spielte bei der Politisierung in Rußland allerdings eine sehr viel geringere Rolle als bei den nichtrussischen Völkern. Erst seit dem Sommer 1990 nahmen auch die russischen Demokraten in gemäßigter Form das nationale Thema auf, das bis dahin rechtsextremen und chauvinistischen Kräften überlassen worden war.

In vielen Republiken erlebte die *nationale Symbolik* eine umfassende Renaissance. Die nationalen Flaggen, Hymnen und Feiertage wurden durch die Obersten Sowjets seit 1988 wieder eingesetzt; auch hier spielten die baltischen Republiken und Armenien eine Vorreiterrolle. In manchen Republiken – so in Georgien und der westlichen Ukraine – verschwand parallel dazu die kommunistische Symbolik – rote Fahnen, Sowjetstern, Hammer und Sichel, Lenin-Denkmäler – schon 1990 fast vollständig aus dem öffentlichen Leben. In Litauen mußten Lenin-Denkmäler durch Panzer geschützt werden. Die baltischen Republiken, Georgien und Armenien waren auch die ersten, deren Oberste Sowjets die Adjektive *Sowjetisch* und *Sozialistisch* aus ihrer Selbstbezeichnung strichen; alle anderen folgten. Auch bei der Einführung der nationalen Symbole und parallel dazu bei der Abschaffung kommunistischer Symbole bildete Rußland das Schlußlicht. Erst während des August-Putsches 1991 wurde die russische Trikolore zur offiziellen Staatsfahne erhoben, und erst am 26. Dezember 1991 – nach dem offiziellen Ende der UdSSR – strich der Oberste Sowjet die Adjektive *Sowjetisch* und *Sozialistisch* aus dem Staatsnamen.

Zu den stärksten Ausdrucksformen des nationalen Selbstbewußtseins gehörte stets das Eintreten für die Muttersprache. Die Forderungen nach Rückkehr der *nichtrussischen Muttersprachen* in das öffentliche Leben nahmen einen zentralen Platz ein. Hier bestand ein breiter Konsens von den Reformkommunisten bis hin zu den ehemaligen Dissidenten. Er konnte um so leichter erreicht werden, als in den 20er Jahren sowjetische Nationalitätenpolitik die nichtrussischen Sprachen ausdrücklich gefördert hatte und Derussifizierung der nationalen Republiken damals offizielle Parteilinie gewesen war. Forderungen nach besserer Berücksichtigung der nichtrussischen Sprachen im Bildungswesen, in der Kultur und im öffentlichen Leben wurden seit Beginn der *Glasnost* Mitte der 80er Jahre in vielen Republiken mit Nachdruck erhoben. Sie fanden ihren gesetzgeberischen Ausdruck in *Sprachengesetzen,* die in fast allen Unionsrepubliken verabschiedet wurden und die jeweilige Titularsprache zur Staatssprache erklärten. Lediglich die transkaukasischen Unionsrepubliken, die seit langem die Nationalsprache als Staatssprache in ihren Verfassungen verankert hatten, erließen keine Sprachengesetze. Als erste Unionsrepublik setzte Estland im Januar 1989 ein Sprachengesetz in Kraft, als letzte folgte Turkmenistan im Mai 1990. Im einzelnen unterschieden sich die Bestimmungen dieser Gesetze beträchtlich voneinander und reichten von der weitgehenden Verdrängung des Russischen aus dem öffentlichen Leben in Litauen (Anteil der russischen Bevölkerung 1989: 9,4%) bis zur faktischen Gleichberechtigung der russischen Sprache in Lettland und Kasachstan (Anteil der russischen Bevölkerung 1989 40% bzw. 37,8%)[5]). Dennoch stimmen die Gesetze in einem Punkt überein: In Zukunft wird die Ausübung von Führungsfunktionen in allen Bereichen ohne die Kenntnis der Landessprache nicht mehr möglich sein. Dies trifft vor allem Millionen von Russen, die bisher in aller Regel keine Veranlassung sahen, die jeweilige Landessprache zu erlernen und – gestützt auf die jahrzehntelange Linie in der Sprachenpolitik der KPdSU – die Forderung nach Zweisprachigkeit ausschließlich auf die Angehörigen nichtrussischer Völker bezogen.

Den Massenmobilisierungen folgten Souveränitäts- und Unabhängigkeitserklärungen

Deutliche Auflösungserscheinungen des Staates manifestierten sich in den *Souveränitätserklärungen der Republiken.* Auch hier machte Estland mit seiner Souveränitätserklärung im November 1988 den Anfang; als letzte Unionsrepublik folgte Kyrgystan. Im einzelnen variierte der Wortlaut der Souveränitätserklärungen beträchtlich. Zu den schärfsten Herausforderungen für den Sowjetstaat gehören die Souveränitätsbeschlüsse in den slawischen Republiken Ukraine und Weißrußland. „Die Ukrainische SSR hat das Recht auf eigene Streitkräfte . . . Die Ukrainische SSR erklärt feierlich ihre Absicht, in Zukunft ständig ein neutraler Staat zu werden, der sich keinem militärischen Bündnis anschließt . . ." Außerdem sah die ukrainische Souveränitätserklärung ein eigenständiges Banken- und Steuerwesen und „notwendigenfalls" „eine eigene Währung" vor[6]).

Die beiden *Grundelemente* fast aller Souveränitätserklärungen sind:

1. Die Inanspruchnahme des *Alleineigentums* an Grund und Boden, Bodenschätzen und allen staatlichen Produktionsmitteln auf dem Territorium der Republik sowie
2. die Feststellung des *Vorrangs von Republiksgesetzen* gegenüber

Unionsgesetzen bzw. die Beanspruchung eines Veto-Rechts gegenüber den Normativakten von Unionsorganen.
Diese beiden Grundelemente standen ebenso wie viele weitere Artikel der Souveränitätserklärungen im Gegensatz zur Unionsverfassung von 1977, die damit faktisch aus den Angeln gehoben wurde. Das hier formulierte politische Programm bedeutete das Ende des Zentralstaates und in der Konsequenz eine Bedrohung für den Fortbestand des Staates überhaupt.
Das Präsidium des Obersten Sowjet der UdSSR erklärte am 26. November 1988 die estnische Souveränitätserklärung und sie begleitende Änderungen der Verfassung Estlands für ungültig, mußte sich jedoch von seiten des Obersten Sowjet der Estnischen SSR vorhalten lassen, daß das Präsidium des Obersten Sowjet der UdSSR keine Kompetenz habe, Gesetze von Unionsrepubliken außer Kraft zu setzen[7]). Seit diesem Patt entbrannte ein sich ständig verschärfender Krieg der Gesetze in der Sowjetunion. Manche Unionsrepubliken – insbesondere die baltischen, die Republik Moldau, Georgien und Armenien – entfalteten in Ausfüllung ihrer Souveränitätsansprüche eine umfangreiche Gesetzgebungsaktivität. Teilweise erklärten Unionsorgane, insbesondere der Präsident, diese Normativakte für ungültig, oder der Oberste Sowjet bzw. der Volkskongreß der UdSSR verabschiedete Gesetze und Beschlüsse, die im Widerspruch zu Unionsrepublik-Gesetzen standen. Diese *gegenseitige Blockade* führte seit 1990 zu einer teilweisen *Lähmung der Staatsgewalt,* die sich bei den unteren territorialen Verwaltungseinheiten fortsetzte. Niemand konnte sich eindeutig durchsetzen; die zentralen Organe vermochten dies nicht mehr, und die „souveränen“ nationalen und unteren territorialen gesetzgebenden und ausführenden Organe waren dazu noch nicht in der Lage. So änderte zum Beispiel am gleichen Tag (24. Oktober 1990) der Oberste Sowjet in Kiew die ukrainische Verfassung und legte den Vorrang republikanischer Gesetze gegenüber Unionsgesetzen fest, während der Oberste Sowjet der UdSSR in einem Beschluß ausdrücklich die Suprematie von Bundesrecht gegenüber Rechtsakten der Unionsrepubliken bestätigte[8]).
Die Souveränitätserklärungen wurden – mit Ausnahme der Moldau – von Obersten Sowjets verabschiedet, in denen die lokalen Kommunisten über eindeutige Mehrheiten verfügten. Dies zeigte, wie weit der Zerfallsprozeß innerhalb der KPdSU fortgeschritten war. Unionsrepublikanische Parlamente, in denen nichtkommunistische Gruppierungen nach den Wahlen im Jahre 1990 die Mehrheit besaßen, gingen noch einen Schritt weiter und proklamierten die *Unabhängigkeit* (Litauen 11. März 1990) oder den Beginn einer Übergangsphase, an deren Ende die volle staatliche Unabhängigkeit stehen sollte (Estland, 30. März 1990; Lettland, 4. Mai 1990; Armenien, 23. August 1990; Georgien, 14. November 1990; Georgien erklärte dann am 9. April 1990 förmlich die Unabhängigkeit). Während Souveränität der Unionsrepubliken – jedenfalls in der Terminologie des sowjeti-

schen Staatsrechts – auch innerhalb des Staatsverbandes denkbar war, bedeutete die Erklärung der Unabhängigkeit den Austritt aus der UdSSR. Diesen Schritt vollzogen weitere 12 Unionsrepubliken in der kurzen Zeit zwischen dem August-Putsch 1991 und Mitte Dezember des gleichen Jahres; Kasachstan war die letzte der ehemaligen Unionsrepubliken, die förmlich die Zugehörigkeit zur UdSSR aufkündigte. Lediglich Rußland deklarierte nicht seine Unabhängigkeit, es beanspruchte vielmehr die Rechtsnachfolge der Sowjetunion, deren Ende spätestens seit dem August-Putsch erkennbar war.
Der Kongreß der Volksdeputierten der RSFSR hatte allerdings im Jahr zuvor, und zwar früher als zahlreiche andere Unionsrepubliken, am 12. Juni 1990 eine Souveränitätserklärung verabschiedet, in der sich auch die Russische Föderation „das Recht zum freien Austritt aus der UdSSR" vorbehielt[9]). Dies Verhalten der RSFSR machte schon im Sommer 1990 deutlich, daß eine Wiederherstellung des imperialen Vielvölkerstaats unwahrscheinlich war. In Rußland wuchsen jene politischen Kräfte, die das Imperium abstoßen wollten und statt dessen die Zukunft in einer losen Verbindung selbständiger Republiken sahen.
Die Desintegration der Union setzte sich innerhalb mancher Republiken – so in Georgien und der Moldau – vor allem aber innerhalb der Russischen Föderation fort, ohne allerdings hier die gleiche Intensität und Konsequenz zu erreichen. Immerhin hatten innerhalb der RSFSR bis Oktober 1990 10 von 16 Autonomen Republiken, 2 von 5 Autonomen Gebieten und 4 von 10 Autonomen Kreisen ihre Souveränität erklärt. Dabei beschlossen die autonomen Territorien in der Regel, auch in Zukunft Teil der Russischen Föderation zu bleiben. Das galt allerdings nicht für die Tatarische Republik, wo sich separatistische nationale Kräfte formierten. Auch in Tschetschenien im Nord-Kaukasus entstand 1991 eine starke politische Bewegung, die eine Loslösung von Rußland auf ihre Fahnen schrieb.

Auch die Sowjetarmee wurde von den Auflösungserscheinungen betroffen

Zu den stärksten Klammern des Imperiums gehörte die Sowjetarmee, in der Ende des Zweiten Weltkriegs alle nationalen Truppenteile aufgelöst worden waren und die eine Schule des „Internationalismus" sein sollte. Auch hier zeigten sich besonders seit 1989 Auflösungserscheinungen, die bald Massencharakter annahmen. Sie waren besonders sichtbar in der zunehmenden Weigerung Wehrpflichtiger, in die Kasernen einzurücken. Die örtlichen Behörden in den baltischen Staaten, in der Moldau, der Ukraine, in Armenien und Georgien führten de facto die Bestimmungen über die allgemeine Wehrpflicht nicht mehr durch und beriefen sich dabei auf entsprechende Beschlüsse ihrer Obersten Sowjets, die die Wehrpflicht in der

Sowjetarmee in der bisherigen Form suspendierten. Teilweise wurde ein ziviler Ersatzdienst eingeführt, aber es wurde auch mit der Aufstellung eigener, aus Freiwilligen gebildeten Bürgerwehren begonnen. Der Oberste Sowjet der Ukraine legte in der Souveränitätserklärung fest, daß Wehrpflichtige aus der Ukraine in der Regel nur dort Dienst tun. Das georgische Parlament schuf im Dezember 1990 und Januar 1991 die gesetzlichen Grundlagen für die Aufstellung einer Nationalgarde, für die Wehrpflicht bestand.
Bei den Einberufungen zur Sowjetarmee im Herbst 1990 stellten sich in Armenien nur 28,1% der Wehrpflichtigen, in Georgien 10%, in der Moldau 58,9%, in Lettland 25,3%, in Litauen 12,5% und in Estland 24,5%. Aber auch in Rußland entzogen sich viele Tausende von jungen Männern der Wehrpflicht[10]). Vor diesem Hintergrund grenzten die Versuche mancher Militärs und russischer Politiker, sogar nach dem Ende der Sowjetunion noch an einer gemeinsamen Armee festzuhalten, an Donquichotterie.

Den Nationalbewegungen gelang es in erstaunlich kurzer Zeit, eigene politische Strukturen zu schaffen

Die Nationalbewegungen waren in der Lage, in erstaunlich kurzer Zeit die Grundlagen für neue politische Strukturen zu schaffen. Auch hier wiesen die baltischen Republiken den Weg und waren in zeitlicher Hinsicht den anderen voraus. Die wichtigste Institution im Rahmen dieser neuen politischen Strukturen waren die *Volksfronten,* die 1988 zunächst im Baltikum entstanden und dann in vielen Republiken Nachahmung fanden. Im Oktober 1988 traten die Gründungskongresse der Volksfronten in Wilna, Riga und Tallinn zusammen. Im Juni 1989 folgte der Gründungskongreß der weißrussischen Volksfront, und im September 1989 wurde in Kiew *Ruch* (Bewegung) geschaffen. In Armenien hieß die entsprechende Institution *Armenische Allnationale Bewegung,* in Usbekistan *Birlik* (Einheit). In den islamischen Republiken blieben die volksfrontähnlichen Organisationen allerdings schwach; sie gerieten hier zwischen die Fronten der vergleichsweise widerstandsfähigen kommunistischen Nomenklatura auf der einen und entstehender fundamentalistischer Gruppierungen auf der anderen Seite. Die Volksfronten waren Sammlungsbewegungen, die einem weiten Spektrum politischer Gruppen von Reformkommunisten über liberale Demokraten bis hin zu extremen Nationalisten ein Dach für politische Arbeit boten. Die Volksfronten wurden durch den gemeinsamen Bezug auf die Nation und die Entschlossenheit, das bisherige politische und wirtschaftliche System abzulösen, zusammengehalten. Zum Teil innerhalb der Volksfronten, zum Teil neben ihnen entstanden seit 1989 neue *politische Parteien.* Die Differenzierung des politischen Spektrums in Parteien und die abnehmende Bedeutung der Volksfronten als einheitlicher oppositio-

neller Bewegung waren nicht zuletzt die Folge davon, daß die gemeinsamen Gegner – die KPdSU und das Zentrum – besiegt worden waren. Nur in Rußland gelang es trotz zahlreicher Versuche nicht, eine Volksfront-Bewegung aufzubauen. Statt dessen entstanden hier zahlreiche lokale, miteinander rivalisierende Volksfronten und vergleichbare Organisationen. Dies ist kein Zufall und kann nicht etwa der Unfähigkeit einzelner Aktivisten angelastet werden. In Rußland fehlte die nationale Idee als das entscheidende, einigende Band. Denn während überall sonst die politischen Kräfte durch die nationale Idee zusammengeführt wurden, trennte diese nationale Idee die politischen Kräfte in Rußland. Die einen verstanden unter nationaler Idee das Festhalten am Imperium, die anderen aber im Gegenteil das Abstoßen des Imperiums als eine Belastung für die russische Nation.
Außerhalb und von Anfang an gegen die Volksfronten organisierten sich in den baltischen Republiken und in der Moldau *Interfronten* oder *Interbewegungen.* Hier schloß sich ein Teil der *russischsprachigen* Bevölkerung mit den reaktionären Vertretern der sowjetischen Apparate zu einem Abwehrbündnis zur Erhaltung der UdSSR, der Einparteiherrschaft und vor allem der sprachlich-kulturellen Privilegien für die russischsprachigen Minderheiten in den Unionsrepubliken zusammen.
Erstaunlich war die *mangelnde Wiederstandsfähigkeit der KPdSU* und der Sowjetorgane gegenüber der nationalen Bewegung. In Armenien gingen sie de facto schon im Februar 1988 auf die Seite der armenischen Nationalbewegung über. Ähnliches wiederholte sich, wenn auch in mehr allmählicher Form, 1988 und 1989 in den drei baltischen Republiken. Nicht nur viele Mitglieder der kommunistischen Partei, sondern auch zahlreiche Funktionäre arbeiteten aktiv in den Volksfronten mit. Es bedurfte offenbar nur geringer Anstöße, um die bisher zur Schau getragene Loyalität gegenüber dem sowjetischen Zentralstaat in Gegnerschaft umschlagen zu lassen. Im Dezember 1989 spaltete sich die KP in Litauen in einen großen national und reformerisch orientierten Flügel unter dem populären Führer *Brazauskas* – dieser Flügel trat aus der KPdSU aus – und eine kleine moskautreue KP „auf der Plattform der KPdSU". Im März 1990 kam es zu einer ähnlichen Spaltung der KP in Estland und im April in Lettland.
Anfang 1990 war die Volksfront Aserbaidshans drauf und dran, in Baku die Macht zu übernehmen. Dies wurde durch den Einmarsch sowjetischer Streitkräfte am 20. Januar 1990 in Baku verhindert; sie setzten den Parteiapparat der KP wieder in die Macht ein. Die offizielle Rechtfertigung für den Einmarsch, weitere Armenierpogrome in Aserbaidshan zu verhindern, war vorgeschoben[11]).
In anderen Unionsrepubliken leisteten die kommunistischen Parteiorgane dagegen anfangs hinhaltenden Widerstand gegen die nationale Bewegung, ehe sie auch hier auf den fahrenden Zug aufsprangen in der Hoffnung, so von der Geschichte nicht überrollt zu werden. Die weißrussische Volksfront mußte ihren Gründungskongreß im Juni

1989 in der litauischen Hauptstadt Wilna abhalten, weil die weißrussischen Behörden die Organisation der Veranstaltung in Minsk unmöglich gemacht hatten. Der erste Präsident der unabhängigen Ukraine (seit dem 1. Dezember 1991) *Leonid Krawtschuk* war noch 1989 als Parteisekretär für Ideologie in der Parteiführung in Kiew einer der eifrigsten Gegner der entstehenden Nationalbewegung, bevor er 1990 weithin auf die Linie von *Ruch* einschwenkte.
Die kommunistischen Parteiführungen in den zentralasiatischen Republiken gaben erst nach dem gescheiterten Putsch im August 1991 auf. Allerdings wurde nur in Kyrgystan die kommunistische Partei aufgelöst; in Kasachstan, Usbekistan, Turkmenistan und Tadshikistan wechselte sie ihren Namen, behielt aber die Macht fest in der Hand. Auch hier profilierten sich nun die Parteifunktionäre als Verfechter der Selbständigkeit ihrer Republiken, die ihnen die historische Entwicklung unerwartet angetragen hatte.

Neue horizontale Strukturen entzogen dem Zentrum die Basis

Während die Sowjetunion noch fortbestand, begann 1990 die Herausbildung neuer horizontaler Strukturen anstelle der vertikalen zwischen dem Zentrum und den Republiken, d. h. die Republiken suchten *direkte Kontakte* zueinander. Die allgegenwärtige Regelungskompetenz des Zentrums wurde damit unterlaufen, und die Zentralbehörden in Moskau in der Tendenz überflüssig gemacht. Die Unionsrepubliken anerkannten in *quasi-völkerrechtlichen Verträgen* gegenseitig ihre Souveränität und behandelten einander als Völkerrechtssubjekte. So schlossen beispielsweise die RSFSR und die Ukraine am 19. November 1990 als souveräne Staaten einen umfassenden Vertrag über politische, wirtschaftliche und kulturelle Zusammenarbeit einschließlich des Schutzes der russischen und ukrainischen Volkszugehörigen in der jeweils anderen Republik. Nach dem blutigen Sonntag von Riga am 20. Januar 1991 vereinbarten die RSFSR und Lettland die Aufnahme formeller diplomatischer Beziehungen zueinander. Die meisten zwei- und mehrseitigen Verträge der Republiken und unteren territorialen Einheiten miteinander waren auf die Fortsetzung und *Sicherung der engen wirtschaftlichen Verflechtung* gerichtet. Auch wenn manches an diesen Verträgen wegen der kollabierenden wirtschaftlichen Situation Absichtserklärung blieb, so zeigten sich doch auch hier Wille und Fähigkeit, Selbstbestimmung zu praktizieren.
Darüber hinaus kam es zu Ansätzen *regionaler Zusammenarbeit* über mehrere Republiken hinweg. Im Mai 1990 lebte der *Baltische Rat* wieder auf, eine Institution zur Koordinierung der Politik der baltischen Staaten, die von 1934 bis 1940 bestanden hatte. Regelmäßige Treffen der Spitzenpolitiker der drei Staaten sollten vor allem die Außen- und Wirtschaftspolitik miteinander abstimmen. Nach dem

Ende des gemeinsamen Gegners UdSSR und wegen der sich weiter verschlechternden wirtschaftlichen Gesamtlage erwies sich allerdings die Koordinierung der Wirtschaftspolitik als außerordentlich schwierig, und die nationalen Egoismen und Ängste drängten sich in den Vordergrund.
Auch unter den *asiatischen Republiken* gab es Ansätze für eine Zusammenarbeit. So trafen sich im Juni 1990 erstmals in Alma-Ata die Spitzenpolitiker der fünf zentralasiatischen Republiken, um über die Schaffung einer gemeinsamen Wirtschaftsregion zu beraten.
Neben die große Zahl der zwei- und mehrseitigen Verträge der Unionsrepubliken untereinander traten seit 1990 erste Schritte der Unionsrepubliken in Richtung auf eine *eigenständige auswärtige Politik* gegenüber Staaten außerhalb der Sowjetunion. Die baltischen Staaten eröffneten im Dezember 1990 Informationsbüros in Kopenhagen. Dagegen wurden ihre Außenminister noch in brüskierender Weise von der Teilnahme an der Gipfelkonferenz der KSZE in Paris im November 1990 ausgeschlossen. Die europäischen Unionsrepubliken knüpften erste selbständige Kontakte zu Polen, der ČSFR und Ungarn mit dem Ziel der Aufnahme förmlicher diplomatischer Beziehungen. So unterzeichnete der polnische Außenminister *Skubiszewski* bei seinem Besuch in Kiew und Moskau im Oktober 1990 Verträge mit der Ukraine und der RSFSR, in denen die gegenseitige Anerkennung der Souveränität und der bestehenden Grenzen, Minderheitenschutz, wirtschaftliche Zusammenarbeit und die Aufnahme diplomatischer Beziehungen vorgesehen waren.

Vor einem Abgleiten in nationalistische Diktaturen?

Die Nationalbewegungen haben in erstaunlich kurzer Zeit und insgesamt ohne Gewaltanwendung und Blutvergießen das Ende des kommunistischen Zentralstaates herbeigeführt.
Werden sie aber in der Lage sein, nach der erfolgreichen Demontage der Vergangenheit auch eine erfolgreiche Zukunft aufzubauen? Werden die Nationalbewegungen die Demokratie festigen können, oder werden sie im Gegenteil den Weg ebnen für Ethnokratie, Unterdrückung nationaler Minderheiten und gewaltsame Auseinandersetzungen zwischen den Nachfolgestaaten der ex-Sowjetunion? Könnte es sein, daß die neuen Staaten, kaum daß sie die Fesseln des kommunistischenn Totalitarismus abgeschüttelt haben, in nationalistische Diktaturen abgleiten?
Die jüngsten Entwicklungen in den südlichen Staaten geben zu pessimistischen Prognosen Anlaß. In Georgien entpuppte sich der demokratisch gewählte Präsident *Gamsachurdia* sehr rasch als ein nationalgeorgischer Diktator, der jene Unterdrückungsinstrumente, unter denen er selbst lange Jahre gelitten hatte, nun gegen seine politischen Gegner anwandte. Er wurde durch militärische Gewalt

aus Tiflis vertrieben. Ob das Anti-Gamsachurdia-Bündnis aus Monarchisten, gemäßigten Nationalisten und bewaffneter Nationalgarde – seit Mitte März 1992 mit dem ehemaligen Außenminister *Schewardnadse* an der Spitze – in der Lage sein wird, Georgien auf den Weg der Demokratie zu führen, bleibt abzuwarten.
In der Republik Moldau standen separatistische russische Kräfte links des Dnestr und Moldauer, die die territoriale Einheit der Republik verteidigen, einander mit der Kalaschnikow in der Hand gegenüber.
Vor allem aber schlug der seit 1989 um *Nagornyj-Karabach* geführte Kleinkrieg zwischen Armeniern und Aserbaidschanern in einen Krieg unter Einsatz schwerer konventioneller Waffen auf beiden Seiten um, in dem seit Beginn des Jahres 1992 wahrscheinlich Hunderte von Toten zu beklagen waren. Eine politische Lösung scheint vorerst in weiter Ferne, zu weit liegen die Positionen beider Seiten auseinander, obwohl Armenien auf die ursprüngliche Forderung nach Anschluß von Berg-Karabach verzichtet hat.

Die konfliktträchtigen Themen: Staatsbürgerschaft, Minderheiten, Grenzen

Sieht man einmal von den ökonomischen Schwierigkeiten ab, so sind es im politischen Raum vor allem drei dornige Problemkreise, die die Staatsbildung schwermachen und die Stabilisierung der Demokratie gefährden: die Frage der Staatsbürgerschaft, der nationalen Minderheiten und der Grenzen. Die *Staatsbürgerschaftsgesetze* in Estland und Lettland verlangen von allen, die nach dem Zweiten Weltkrieg zugezogen sind, eine spezielle Einbürgerung, wenn sie Staatsbürger werden wollen. Dabei werden Sprachkenntnisse, eine Loyalitätsverpflichtung und eine bestimmte Mindestwohndauer auf dem Territorium des Staates verlangt (in Estland 2 Jahre, in Lettland nach dem Entwurf des noch nicht verabschiedeten Staatsbürgerschaftsgesetzes 15 Jahre). Diese an sich durchaus internationaler Praxis entsprechenden Konditionen werden dennoch von jenen Russen, die seit Jahrzehnten in Estland oder Lettland leben, als Diskriminierung empfunden und bieten nationalrussischen Ressentiments in Rußland einen guten Hebel.
Von größerer und genereller Bedeutung ist überall das Problem der nationalen *Minderheiten,* weil es bestehenbleiben wird, während die Probleme von Staatsbürgerschaft und Einbürgerung voraussichtlich in einigen Jahren gelöst werden können. Auch hier handelt es sich in vielen Fällen – wenn auch keineswegs ausschließlich – um die Russen außerhalb Rußlands. Breite Schichten der russischen Gesellschaft und der russischen Intelligenz haben den Verlust des Imperiums keineswegs verkraftet und suchen in der Fürsorge, Anteilnahme und in der stellvertretenden Wahrnehmung der Interessen

der „Auslandsrussen" Ersatz für das verlorene Imperium. Von dem wachsenden russischen Revisionismus geht eine erhebliche Gefahr für die Stabilität aus.
In vielen Republiken – einschließlich der Russischen Föderation – sind Status, Autonomie und Selbstbestimmung der nationalen Minderheiten nicht geklärt und gesichert. Minderheitenschutzgesetze gibt es bisher in den baltischen Staaten und in der Ukraine. Sie entsprechen internationalem Standard. Auch die derzeitige kasachische Führung bemüht sich intensiv um Integration der Russen und Beruhigung kasachischer Nationalchauvinisten. Im Kaukasus und in der Republik Moldau findet dagegen nationale Segregation statt; Hunderttausende von Flüchtlingen sind die traurige Bilanz.
Die größten Gefahren gehen von der Infragestellung der *Grenzen* aus. Viele Grenzen zwischen den neuen Staaten sind zufällig, historisch ungerechtfertigt und umstritten, dennoch sind sie – jedenfalls derzeit – nicht verrückbar, weil es keine Übereinstimmung der betroffenen Seiten darüber gibt, was gerecht ist. Nirgendwo in Osteuropa ist es in der postkommunistischen Periode bisher gelungen, in Verhandlungen und unter Zustimmung aller betroffenen Seiten, Grenzen zu verschieben. – Dagegen haben in allen Fällen die Versuche zur einseitigen Grenzrevision zu Kriegen oder kriegsähnlichen Zuständen geführt: im ehemaligen Jugoslawien, im Karabach und in der Moldau. Auch für die Beziehungen zwischen der Ukraine und Rußland lauern die größten Gefahren hinter Forderungen nach Grenzrevisionen.
Vorerst scheint es nur einen Ausweg zu geben: umstrittene und ungerechte Grenzen zu akzeptieren, weil sie das kleinere Übel sind. Allerdings erscheint fraglich, ob sich genügend gemäßigte politische Kräfte finden, um diese Position des *Status quo* durchzusetzen in einer politischen Gesamtlage, die gerade durch die Aufhebung des Status quo in fast allen Bereichen gekennzeichnet ist.
Die Situation auf dem Territorium der ex-Sowjetunion wird voraussichtlich noch über längere Zeit durch Instabilität gekennzeichnet sein. Auch der Ausbruch von Gewalt ist zumindest in den südlichen Regionen durchaus möglich. Dennoch erscheint ein Weg zurück zu einer kommunistischen Diktatur kaum denkbar. Mehr noch, es bestehen gute Chancen, daß den baltischen und den slawischen Staaten der gewaltfreie Übergang zu einer parlamentarischen Demokratie und zu einer Marktwirtschaft gelingt, daß sie nicht in eine nationalistische Diktatur hineingleiten und daß sie den Anschluß an die europäische Neuzeit finden.

Anmerkungen

[1]) G. Simon, Nationalismus und Nationalitätenpolitik in der Sowjetunion, Baden-Baden 1986, S. 299 ff.
[2]) Programm der KPdSU. Neufassung, Moskau 1986, S. 52.
[3]) Simon, Nationalismus und Nationalitätenpolitik, S. 135 ff.
[4]) Ebd. S. 369 ff.
[5]) H.-J. Uibopuu, Zakony o jazyke v pribaltijskich sojuznych respublikach: pravovoj analiz, in: Sovetskoe pravo, 6/1989.
[6]) Pravda Ukrainy, 17. Juli 1990.
[7]) H.-J. Uibopuu, Die Verfassungs- und Rechtsentwicklung der baltischen Staaten 1988–1990, Berichte des BIOst, 61 – 1990, S. 7–9.
[8]) A. Sheehy, Fact sheet on declarations of sovereignty, in: Report on the USSR, 9. November 1990, S. 23.
[9]) Sovetskaja Rossija, 14. Juni 1990.
[10]) Neue Zürcher Zeitung, 10. Januar 1991.
[11]) Baku: čto dal'še?, in Moskovskie novosti, 28. Januar 1990; NZZ, 25. Januar 1990.

Ernst Lüdemann

Ukraine und Belarus

Die westlichen Staaten der GUS auf der Suche nach Eigenständigkeit

Jüngere Brüder des großen russischen Volkes?

Im sowjetischen Vielvölkerstaat sollten sich die Nationen in allseitiger Freundschaft und Harmonie immer weiter einander annähern. Undenkbar in den Augen der Parteiideologen war das Ausscheren auch nur eines der Mitglieder dieser Gemeinschaft, in der angeblich das „Gefühl einer einzigen Familie" vorherrschte. „Auf ewig zusammengeschmiedet" (so die sowjetische Hymne) sollte der multinationale Block sein. Als seinen festesten *Kern* sah die zentralistische Führung die drei ostslawischen Völker an, *Russen, Weißruthenen und Ukrainer.* Begründet wurde die besondere ostslawische Gemeinschaft mit der tatsächlichen Verwandtschaft dieser Völker, der kulturellen Nähe, der Herkunft aus dem Kiewer Reich und längerem Zusammenleben unter einem staatlichen Dach. Das sowjetische Geschichtsbild stand hier ganz in der Tradition der zaristischen Auffassung, wonach Weißruthenen und Ukrainer sich als Seitenläufe von einem einzigen ostslawischen Strome, dem großen russischen Volke, getrennt und schließlich wieder mit ihm vereinigt hätten.
Ironie der Geschichte: Gerade die Führer der drei ehemaligen ostslawischen Sowjetrepubliken schufen am 8. Dezember 1991 in Minsk die *Gemeinschaft unabhängiger Staaten* und lösten damit die Union auf. Die Entstehung der selbständigen Staaten Belarus und Ukraine bedeutet das Ende der Rolle Rußlands als ostslawischer „Großer Bruder". Von Teilen der Armee und der alten Führungsschicht der Partei, aber auch manchen russischer Demokraten und Antikommunisten, wird diese Entwicklung nur ungern hingenommen. Im Kongreß der Volksdeputierten verlangten im März 1990 Kommandeure der Armee und Parteifunktionäre die Rückgabe der von der Sowjetunion 1940 an Litauen übertragenen weißruthenischen Gebiete. Sie stellten diese Forderung in sowjetischem Namen, ohne nach der Haltung der weißruthenischen Unabhängigheitsbewegung zu fragen. *Alexander Solženicin* hatte als Dissident viel Verständnis für seine Leidensgenossen aus dem ukrainischen Volk. Dennoch wandte er sich in der Emigration mehr und mehr gegen den ukrainischen „Separatismus" und schlug 1990 in seinem Essay *Wie sollten wir*

Rußland gestalten? vor, die Union aufzulösen, einen ostslawischen Bund jedoch als *Russische Union* fortzusetzen.
Auch im Westen wurde den Weißruthenen und Ukrainern oft die historische Berechtigung zur Begründung eines eigenen Staates abgesprochen. Die beiden Völker wurden gewöhnlich als Anhängsel der Russen betrachtet. Nicht selten wies man den Ukrainern die Rolle der *Kleinrussen* zu. Dies ist ein Name, den die zaristische Administration nach 1654 dem ukrainischen Volk mehr und mehr aufgezwungen hat und der vorher rein territorial-kirchenpolitisch angewandt worden war. Erst recht wird bei den Weißruthenen eine eigene, historisch gewachsene nationale Identität angezweifelt. Die Bezeichnungen *Ruthenen, Russinen,* slawisch: *Rusyny* (für Weißruthenen und Ukrainer) und *Russen* (für die Großrussen, die von den europäischen Völkern, den Türken und Tataren bis ins 18. Jahrhundert *Moskowiter* genannt wurden), werden selten differenziert betrachtet und parallel auf die *Kiewer Rus'* zurückgeführt, wie es historisch erforderlich wäre. So erscheinen die Großrussen – im Grunde ein späterer und entfernterer Sproß der *Kiewer Rus',* der sich dann aber zum mächtigsten Zweig entwickelte – schon vom Namen her als die eigentlichen Erben dieses Reiches.
Die Diskussion darüber ist keineswegs nur akademisch. Mit dem Argument, die Ukrainer und Weißruthenen seien früher doch auch *Russen* genannt worden, postulierte *Solženicyn* in seinem erwähnten Traktat die Geschlossenheit eines einzigen, ostslawischen, „russischen" Volkstums und bestritt somit die Berechnung einer getrennten staatlichen Existenz der drei Nationen. Seine Behauptung, daß nun künstliche Grenzen die ostslawische Einheit zerteilten, ist keineswegs singulär, sondern wird auch nach dem Zerfall der Sowjetunion von russischer Seite erhoben. In einem offenen Brief an seinen Schriftstellerkollegen *Ivan Drač,* den Vorsitzenden der ukrainischen Unabhängigkeitsbewegung *Ruch*, beruft sich der Schriftsteller *B. Možaev* auf *unseren gemeinsamen, historischen, ukrainisch-russischen Staat* und wehrt sich dagegen, *die Brudervölker,* die *1000 Jahre zusammengelebt* hätten, nun durch Grenzen voneinander zu trennen, die *in das lebendige Fleisch einschnitten* (*Literaturnaja Gazeta* Nr. 10 vom 4. 3. 1992, 13). Es ist klar, daß solche Stimmen dem Mißtrauen der Ukrainer und Weißruthenen gegenüber den Russen, das aus der geschichtlichen Erfahrung heraus ohnehin vorhanden ist, neue Nahrung geben. Indes findet man in russischen Medien auch Verständnis für die nun selbständige Politik der angrenzenden Staaten. So schreibt *S. Kiselev* in der *Literaturnaja Gazeta* Nr. 2 vom 8. 1. 1992, 1, mit besonderem Blick auf die Ukrainer, die nichtrussischen Völker wollten nun einmal nicht mehr als „jüngere Brüder" angesehen werden.
Für die kleineren Ostslawenvölker ist also die Abgrenzung gegenüber dem mächtigen russischen Nachbarn eine wichtige Frage, um aus der historisch falschen Rolle eines Nebensprosses der Russen herauszutreten und deren Ansprüche zu entkräften. Eben dies ist

auch der Grund, weshalb die weißruthenische Redaktion des Münchner Senders *Radio Free Europe/Radio Liberty* Einwände gegen die Übersetzung *Weißrussen* erhebt.
Über die *Weißruthenen* findet man wenig in der westlichen Literatur[1]). Sie sind zahlenmäßig das kleinste der ostslawischen Völker. Ihre Konturen traten bislang für Außenstehende noch weniger hervor als die der Ukrainer. Sie gelten als „zu spät gekommene Nation". *Eberhard Beckherrn*[2]) will ihnen gar eine „ungeliebte eigene Nationalität" bescheinigen. In der sowjetischen Periode war die Russifizierung bei ihnen besonders weit fortgeschritten. Doch der Schluß auf eine mangelnde nationale Identität wäre verfrüht. Sie waren zu Beginn des Jahrhunderts eine Bauernnation, in der die Verbindung zwischen sozialer und nationaler Frage ein Eigenbewußtsein förderte. Ihre nationale Intelligenz knüpfte an die Geschichte des litauischen Staates an, mit dem die weißruthenischen Fürstentümer des ausgehenden Mittelalters eng verbunden waren.
Ganz anders ist mittlerweile die *Ukraine* in das mittel- und westeuropäische Bewußtsein eingedrungen. Ihr wendet sich seit dem gescheiterten Putsch vom 19. August 1991 die Aufmerksamkeit der Weltöffentlichkeit verstärkt zu. Ihr Austritt aus der Union und ihr Beharren auf voller staatlicher Selbständigkeit und Souveränität versetzten den letzten Bemühungen, den Vielvölkerstaat zu erhalten, den Todesstoß. Doch auch im Falle der Ukraine gilt es noch viele Mißverständnisse aufzuklären, sind manche russozentrische Ansichten zurechtzurücken. So wurde bisher mit Selbstverständlichkeit das Kiewer Reich als das erste Kapitel der russischen Geschichte angesehen, nicht jedoch als der Beginn der ukrainischen und weißruthenischen. Die unter *Stalin* 1950 nach einer „Diskussion" in den *Voprosy Istorii* zum Dogma erhobene Existenz eines einzigen Ur-Russen-Volkes auf dem gesamten Territorium des Kiewer Reiches, aus der die drei ostslawischen Völker hervorgegangen seien, wird bis heute auch in der westlichen Geschichtsschreibung kaum jemals in Zweifel gezogen, obwohl gute Gründe gegen diese These sprechen.

Gleichlaufende historische Erfahrungen prägen die Unabhängigkeitsbewegungen

Die Parallelen zwischen Weißruthenen und Ukrainern sind zahlreich: Beide Völker entstanden auf dem Territorium des Kiewer Reiches. Sie gerieten seit dem 14. Jahrhundert für längere Zeit zunächst unter litauische, nach der Vereinigung Litauens mit Polen in der *Union von Lublin* (1569) unter polnische Herrschaft. Ab dem 17. Jahrhundert wurden ihre Gebiete größtenteils dem Zarenreich einverleibt. Die letzte polnische Teilung (1795) ließ Belarus in seiner Gesamtheit im russischen Imperium aufgehen, während die Westukraine, Galizien, 1772 an Österreich-Ungarn gefallen war. Hier konnte die 1595 ent-

standene, in der Ukraine und Belarus verbreitete *Unierte Kirche* (mit orthodoxem Ritus und Anerkennung des Papstes) zu einer Stütze der ruthenisch-ukrainischen Volkskultur werden, in Belarus wurde sie 1839 von der Zarenadministration abgeschafft.
Die Ideologen des Zarenreiches erkannten die Eigenständigkeit der Ukraine und Belarus nicht an, sahen in ihren Kulturen provinzielle Prägungen der herrschenden russischen Kultur, und die Regierung verbot im 19. Jahrhundert sogar den Gebrauch der Nationalsprachen im Druck und auf öffentlichen Veranstaltungen. Besonders die orthodoxe russische Kirche war ein Instrument der Russifizierung. Gegen die massive kulturelle Unterdrückung durch den Zarismus richteten im 19. Jahrhundert die nationalbewußten ukrainischen und weißruthenischen Intelligenzen ihre Bewegungen der Wiedergeburt. Nach dem Ersten Weltkrieg entstanden in den Wirren des Bürgerkrieges ukrainische und weißruthenische Republiken, die sofort von Räterepubliken im Dienste der Moskauer Volkskommissare bekämpft wurden. Die *Ukrainische Volksrepublik* konnte sich – zeitweilig mit deutscher und polnischer Unterstützung – bis 1920 behaupten. Die *Weißruthenische Sowjetische Republik,* 1918 begründet und natürlich unterstützt von *Lenins* Volkskommissaren, konnte ihre bürgerliche Konkurrenz, die ohne Hilfe blieb, sofort aus dem Felde schlagen.
In den zwanziger Jahren kam es zu einer Blüte der sowjetukrainischen und der sowjet-weißruthenischen Kultur. Massive Repression beendete diese Phase. Furchtbar wüteten die Schergen *Stalins* unter der Intelligenz der beiden Völker, den Wissenschaftlern und Künstlern, die unter Berufung auf *Lenin* die nationalkulturelle Entfaltung mitgestaltet hatten. Der Hunger-Massenmord an etwa sieben Millionen ukrainischen Bauern 1932–34 war ein grausamer Höhepunkt des stalinistischen Terrors. Aber auch in Belarus forderte die Zwangskollektivierung der Landwirtschaft viele Opfer. In der Zeit nach *Stalin* waren Ukrainer und Weißruthenen in besonderem Maße dem Einfluß der russischen Kultur ausgesetzt. Russisch war die Sprache von zwei Dritteln des in der Ukraine erscheinenden Schrifttums der *Brežnev*-Zeit. In Belarus war das Verhältnis sicherlich noch krasser zu Ungunsten der Volkssprache entwickelt, sogar erwachsene Begleiter strahlengeschädigter Kinder, die die weißruthenische „Volksfront" 1991 zu Ferienaufenthalten nach Baden-Württemberg schickte, sprachen untereinander und mit den Kindern Russisch. In beiden Sowjetrepubliken ging der Anteil der Titularnation in der Gesamtbevölkerung seit der Volkszählung von 1979 deutlich zurück.
Auch im letzten Abschnitt der sowjetischen Geschichte weisen Ukraine und Belarus gemeinsame Probleme und eine parallele innere Entwicklung auf:
In beiden Sowjetrepubliken steigern sich seit 1987 die Spannungen zwischen den konservativen, moskauhörigen Parteiführungen und den Unabhängigkeitsbestrebungen. Diese entwickeln sich aus dem Schriftstellerverband und einigen Kulturgruppen, sind zunächst reformorientiert-autonomistisch, münden dann 1989 in die Dachorga-

nisationen ein – in Belarus die Volksfront *Wiedergeburt*, in der Ukraine die *Bewegung* (ukrainisch: *ruch*) *zur Förderung der Umgestaltung in der Ukraine* (nach einem Jahr umbenannt in *Bewegung für die Selbständigkeit der Ukraine*) – und kämpfen seit Ende 1989 in einer *Front der Nationalbewegungen,* die vom Baltikum über den Kaukasus bis Zentralasien reicht, gegen die bestehende Union. Die weißruthenische Unabhängigkeitsbewegung vollzieht die entscheidenden Schritte in enger Parallelität und manchmal nach dem Vorbild der stärkeren ukrainischen Organisation.

Die Ziele der weißruthenischen Volksfront *Wiedergeburt* und des ukrainischen *Ruch* waren und sind gleichgerichtet. Wie *Ruch* kämpfte die weißruthenische *Volksfront* gegen die kulturelle Diskriminierung und Russifizierung. Dann traten beide – etwa seit Beginn des Jahres 1990 – gegen alle Versuche auf, die Sowjetunion zu reformieren und als sogenanntes „gemeinsames Haus der Völker“ auf Dauer zu retten. *Zenon Posnjak,* der Vorsitzende der *Wiedergeburt,* erläuterte in seinem Grußwort auf dem Zweiten Kongreß der lettischen Volksfront im Oktober 1989 diese Änderung in der Haltung seiner Organisation: 1987 habe sich die Nationale Wiedergeburt noch als Bestandteil der Demokratisierung der Gesellschaft verstanden und auf einen neuen Bündnisvertrag auf der Grundlage der Konföderation zwischen freien Republiken gehofft. Dann sei klar geworden, *daß eine grundlegende Veränderung der Funktion des Partei-Superstaates nicht in Sicht ist.* Die Folgerung daraus sei die Auflösung der Union als neues Ziel[3]). Allerdings wäre die Bevölkerung beider Sowjetrepubliken mit einer Erweiterung ihrer national-kulturellen Rechte im Rahmen einer sowjetischen Konföderation durchaus zufriedenzustellen gewesen. Das Referendum *Gorbatschows* über den Fortbestand der Union als *erneuerte Föderation gleichberechtigter sowjetischer Republiken* am 17. März 1991 erbrachte in Belarus eine überdurchschnittliche Mehrheit von 83%, während in der Ukraine, wo die Zustimmung im Durchschnitt von ca. 77% lag, die Fragestellung durch einen Zusatz erweitert worden war, der die Souveränitätserklärung der Republik vom 16. Juli 1990 zur Grundlage der weiteren innersowjetischen Beziehungen machte.

Zunächst galten die Bemühungen der *Volksfront* und des *Ruch* der Nationalsprache und der Gleichberechtigung der eigenen Kultur, der „Rehabilitierung“ zensierten Schrifttums der Vergangenheit und der Aufdeckung stalinistischer Verbrechen. Einen sichtbaren Erfolg stellten die Sprachgesetze vom 1. Januar 1990 in beiden Republiken dar. Sie bekundeten, daß die Nationalbewegungen mittlerweile bereits bedeutenden Einfluß auf die Obersten Sowjets der Republiken ausübten, da die kommunistischen Abgeordneten in diesen durch eine Annäherung an nationale Forderungen ihre Position behaupten wollten. Obgleich den Demokraten in den Wahlen vom März 1990 nur eine Minderheit der Sitze zufiel, konnten sie nun einen Teil der Kommunisten auf ihre Seiten ziehen, den anderen durch ihre Öffentlichkeitsarbeit isolieren und insgesamt zur entscheidenden Kraft wer-

den. Das Sprachgesetz zeigt, daß in Belarus die Volksfront und die Parlamentarier im allgemeinen eine vorsichtigere Haltung gegenüber ihren Kommunisten und Moskau einnahmen als die Ukrainer. Zur verbindenden Sprache zwischen den Nationalitäten der Republik machten sie Russisch.
Die letzte – schlimme – gemeinsame Erfahrung einer rücksichtslosen Politik der Zentrale auf Kosten der Bevölkerung beider Länder ist die Katastrophe von Tschernobyl, das auf ukrainischem Gebiet dicht an der weißruthenischen Grenze liegt. Kein anderes Ereignis hat die Nationalbewegungen dieser Völker mehr erbittert und angespornt.

Weißruthenische Besonderheiten

Doch auch Unterschiede zwischen den Weißruthenen und Ukrainern müssen berücksichtigt werden. *Belarus* hat besondere historische Verbindungen zu Litauen und Polen. Nach der Ausdehnung der litauischen Oberhoheit über die weißruthenischen (und ukrainischen) Fürstentümer im 14. Jahrhundert wurde Litauen, dessen Bevölkerung nun zum überwiegenden Teil aus Slawen bestand, sprachlich, rechtlich und religiös zu einem ruthenischen Staat. Dies findet noch heute seinen Niederschlag, z. B. in der starken Ähnlichkeit der Wappen Litauens und Belarus, der Reiterjagd *(Pahonja).*
Immer wieder leisteten seit Anfang 1989 die baltischen Volksfronten, allen voran die litauische, der weißruthenischen Unabhängigkeitsbewegung Hilfe. Diese ließ Propagandamaterial im Baltikum drucken oder wich dorthin mit ihren Veranstaltungen aus. Schon der Gründungskongreß der *Wiedergeburt* fand im Juni 1989 in Vilnius statt.
Polen zugeneigt war die weißruthenische Intelligenz im letzten Jahrhundert. Schriftsteller der nationalkulturellen Erweckung schrieben teilweise auf Polnisch und hegten Sympathie für die polnischen Aufstände gegen Rußland. Eine verfehlte *Polonisierungspolitik* der Regierung Polens und des polnischen katholischen Klerus in den weißruthenischen Territorien Polens nach seiner Gebietserweiterung im *Frieden von Riga* (1921) schwächten jedoch die Westorientierung und ließen bei den Weißruthenen die Sympathien für die Sowjetunion und damit für Rußland anwachsen, mit dem sie die orthodoxe Religion und die Tradition des Kampfes gegen den Katholizismus gemeinsam hatten.
Der Zweite Weltkrieg verheerte ganz besonders das Gebiet dieser Sowjetrepublik und verursachte in seiner Bevölkerung im Verhältnis die meisten Opfer. Jede der weißruthenischen Städte war bei Kriegsende weitgehend zerstört. Die Schlachten, der Partisanenkrieg und die deutsche Repression forderten das Leben von etwa zwei Millionen Menschen. Die Sowjetunion hat in Belarus besonders viel investiert, wichtigste Industriezweige (Maschinenbau, Chemie) wurden nach dem Krieg ausgebaut. Die Produktionsziffern dieses zu Beginn

des Jahrhunderts agrarisch strukturierten Landes lagen über dem Unionsdurchschnitt. Wie im Fall der Ukraine konnte die sowjetische Führung die Wiederangliederung der von Polen verwalteten weißruthenischen Westgebiete (bis auf Bialystok, das den Polen belassen wurde) propagandistisch als großen, gemeinsam erkämpften Erfolg hinstellen. Es fehlte eine antikommunistische Partisanenbewegung, so daß die kommunistische Traditionspflege den Kampf der starken sowjetischen Partisanenverbände und die Waffenbrüderschaft der Ostslawen vergleichsweise stärker ins Bewußtsein rücken konnte. Die fehlende *Unierte Kirche* machte das Bekenntnis zum Katholizismus zur Option für die polnische Kultur, das Festhalten an der Orthodoxie stärkte die Gemeinsamkeit mit Rußland. Die Parteiführung war stets moskautreu, während in der Ukraine zwischen 1956 und 1972 ein autonomistischer Kurs zum Zuge gekommen war. So ist insgesamt in Belarus die Sowjetmacht fester verankert gewesen als in der Ukraine, die Orientierung nach Rußland hin auch heute noch stärker. Die entscheidenden Schritte: Souveränitätserklärung (am 27. Juli 1990), Unabhängigkeitserklärung (am 25. August 1991), Einwilligung in die Schaffung der GUS und die Ankündigung, eigene Streitkräfte aufstellen zu wollen (15. Februar 1992) unternahmen die weißruthenische Führung und das Parlament nach dem Vorbild der ukrainischen Entscheidungen. Jedoch wollte die Republik noch im Herbst 1991 dem von *Gorbatschow* vorgeschlagenen neuen Unionsvertrag beitreten. Der Kommandeur des Militärbezirks Belarus, General *Kostenko,* hatte während des Umsturzversuches vom 19. August 1991 Weisungen der Putschisten befolgt. Er ist noch auf seinem Posten, propagiert die Einheit der Streitkräfte der ehemaligen Sowjetunion und stellt sich gegen die vorsichtigen Bestrebungen weißruthenischer Parteikomitees zur Schaffung der Grundlagen für eine eigene Armee. Sein ukrainisches Pendant, General *Varennikov,* der ebenfalls die Putschisten unterstützt hatte, ist abgesetzt und steht unter Anklage.

Die Ukraine – Eckpfeiler des Imperiums

An Größe und Bedeutung ist die Ukraine mit ihrer Bevölkerung von knapp 52 Millionen, einer Fläche, die die französische noch leicht übertrifft, und einem erheblichen wirtschaftlichen Potential der wichtigste rein europäische Staat der ehemaligen Sowjetunion. Für das Zarenreich und auch seinen Nachfolger, das sowjetische Imperium, war die Einbindung der Ukraine für alle Zeiten eine lebenswichtige Frage. Seinen Ausdruck fand dies z. B. darin, daß die sowjetische Geschichtsschreibung stets den endgültigen Charakter der *Eide von Perejaslav* (1654) herausstrich, in denen Hetman *Chmel'nyc'kyj* und der Rat der *Zaporoger* die Oberhoheit des Zaren „auf ewig" anerkannten, und allen möglichen sowjetukrainischen Schriften ideologisch-politischer Prägung immer wieder ein Lenin-Zitat vorangestellt wurde, in dem es heißt, daß „ohne das enge Bündnis der ukrainischen und russischen Volksmassen keine Rede von einer freien Ukraine sein könne". Auch *Gorbatschow* war sich über die entscheidende Rolle dieser Sowjetrepublik im klaren und warnte vor der ukrainischen Volksabstimmung am 1. Dezember 1991 mehrfach, daß ohne die Ukraine die Sowjetunion gescheitert sei.

Trotz massiver Anstrengungen ist die Einebnung der historischen Besonderheiten der Ukraine eine Forderung, die schon *Katharina die Große* in einer Denkschrift mit der Staatsraison des russischen Reiches begründete, unter den Zaren und dem sowjetischen Regime nie ganz gelungen.

Ein Grund dafür ist die Erinnerung an staatliche Gebilde der Vergangenheit, die die kulturelle ukrainische Wiedergeburt des 19. Jahrhunderts beflügelte und auch den Kampf um die Erneuerung der Staatlichkeit in unserem Jahrhundert legitimierte. Mit dem Kiewer Reich ist die ukrainische Geschichte – entgegen gängigen Auffassungen – besonders eng verbunden. Nur das Territorium am mittleren *Dnjepr* wurde noch im 12. Jahrhundert als *Rus* bezeichnet. Ebenso hieß auch das *galizisch-wolhynische Königreich* im 13. und 14. Jahrhundert. Die Kriegergemeinschaft der *Zaporoger Kosaken,* die der Keim eines eigenen ukrainischen Staates im 17. Jahrhundert war (auch dieser wurde noch *Rus* genannt) und deren *Hetman Bohdan Chmelnyc'kyj* 1654 im Krieg gegen Polen den Anschluß an Rußland vollzog, lebte in vielen Legenden und Liedern fort. Die *Ukrainische Volksrepublik* (1918–1920) mit ihrer nationalen Symbolik, ihrer Armee und ihren Freiwilligenverbänden hatte in der kurzen Zeit ihres Bestehens mehr Unterstützung in der Bevölkerung als ihre Konkurrenz, die Marionettenregierung Sowjetrußlands in *Charkow,* die zum Kern der Sowjetukraine wurde. Die ukrainische Volksrepublik wurde in der sowjetischen Geschichtsschreibung mit Schweigen übergangen oder als Staat der Bourgeoisie, als Werkzeug der Entente oder des deutschen Militarismus diffamiert. Ein weiterer wichtiger Faktor war die *Unierte Kirche.* 1946 zwangsweise in die *Russisch-Orthodoxe Kirche* aufgenommen, lebte sie im Untergrund weiter und erwarb sich als Märtyrerkirche hohes Ansehen bei ihren Gläubigen. Die Erinnerung an die *Ukrainische Aufständische Armee,* die in der Zwischenkriegszeit in Galizien gegen Polen, während des Krieges gegen die deutsche Besatzungsarmee und gegen die vorrückenden sowjetischen Streitkräfte, nach dem Krieg noch bis 1952 in aussichtsloser Lage gegen die Truppen des sowjetischen NKWD gekämpft hatte, spielte in der Bevölkerung der Westukraine eine größere Rolle als bislang angenommen. Ihre Traditionen traten nach 1987 bald wieder an die Öffentlichkeit.

Der ukrainische Westen war ein besonderer Stützpunkt des Nationalbewußtseins und trat im Habsburgerreich der russischen „Großukraine" als „ukrainisches Piemont" gegenüber. Ein im Verhältnis zur Bevölkerung deutlich größerer Teil der Dissidenten und Gruppen der

Opposition entfällt auf die Westukraine, von hier stammen *Lev Lukjanenko, Ivan Kandyba,* die Gebrüder *Horyn', Ihor* und *Iryna Kalynec', Ivan Hel', Mykola Horbal'* u. a. Dennoch war sie nicht das alleinige Zentrum der Nationalbewegung. Den Anstoß zu einer breit angelegten kulturellen Wiederbelebung der Ukraine gab eine Gruppe von Schriftstellern in Kiew zu Beginn der 60er Jahre, die *Sestydesjatnyky* (Sechziger). Eine der führenden Persönlichkeiten dieser Bewegung, der Schriftsteller *Ivan Drač,* ist heute Vorsitzender der demokratisch-nationalen Sammelbewegung *Ruch.*
Äußerste Wachsamkeit gegenüber allen nationalen Regungen in der Ukraine schien ein Gebot der sowjetischen Staatsräson. Dem entsprach die besondere Härte der Verfolgung. Die Beschuldigungen auch gegenüber völlig harmlosen Initiativen zur Förderung der ukrainischen Kultur – und selbst dann, wenn diese sich auf die Sowjetverfassung und auf *Lenin* beriefen, – gipfelten in der *Breschnjew*-Ära stets im „ukrainischen bürgerlichen Nationalismus". Der Anteil ukrainischer Polithäftlinge unter allen sowjetischen war nach einem Bericht vom Februar 1979 besonders hoch, *Jurij Orlov,* der bekannte russische Dissident, schrieb damals, daß „gerade die Ukrainer die ganze Last des Kampfes gegen die Willkür in den stalinschen Lagern zu tragen hatten, und diese Last auch heute noch tragen"[4]).

Die Diffamierung und Unterdrückung aller Versuche, die eigene Kultur zu bewahren

---

Versuche, die bedrohte nationale Kultur zu erhalten und zu stärken, sind in der neueren ukrainischen Geschichte ein wiederholtes Motiv. Ukrainische Dichter, Historiker, Ethnographen bemühten sich im 19. Jahrhundert darum. Sie bildeten die ukrainische Variante der russischen Volkstumsbewegung und dachten nicht an einen eigenen Staat. Aus ihren Reihen stammte der bedeutendste ukrainische Historiker *Mychajlo Hruševs'kyj.* Sein Ziel war ursprünglich die Kulturautonomie im Rahmen eines föderalistisch umstrukturierten Rußland. Politisch ein Sozialrevolutionär, wurde er gegen seinen Willen durch den Umsturz der *Bolschewiki* dazu gedrängt, am 22. Januar 1918 die *Ukrainische Volksrepublik* zu proklamieren.
Die nächste Kulturbewegung war die *Ukrainisierung* der 20er Jahre. Sie wurde von ukrainischen Nationalkommunisten, aber auch nichtkommunistischen Literaten und Künstlern, getragen, die ebenfalls keineswegs die Absicht hatten, sich staatlich aus der Sowjetunion herauszulösen. *Lenins* Losung vom *sozialistischen Inhalt in nationaler Form* war ihr Ausgangspunkt. Auf diese Phase griff die schon erwähnte Kulturbewegung der *Sechziger* in der Periode des Tauwetters und der Entstalinisierung zurück. Die Wissenschaftler, Dichter und Künstler dieser Gruppe bemühten sich, die stalinistische Bedrückung der ukrainischen Kultur, die in den 30er Jahren mit der

Vernichtung eines erheblichen Teils der ukrainischen Intelligenz auch schwere Einschnitte in die nationale Literatur und Kunst gebracht hatte, wieder zu heilen und die vielen tabuisierten Werke dieser Periode wieder zu erneuern. Sie kamen zumeist aus den Reihen der Partei und beriefen sich auf *Lenin.* Diese Männer und Frauen, organisiert in den *Clubs der schöpferischen Jugend,* pflegten die alten religiösen Volksbräuche sowie die historische Tradition der Kosakenzeit und versuchten, den Verfall des kulturellen Erbes, der Kirchen und Denkmäler aufzuhalten. Auch der *Schriftstellerverband,* ein Teil der Historiker, Sprach- und Literaturwissenschaftler und Völkerkundler der *Akademie der Wissenschaften* verfolgten ähnliche Ziele.
Zwei Wellen der Repression, 1966/67 und 1972/73 beendeten diese Phase. Die Rücksichtslosigkeit, mit der die Behörden schon den Versuch der Erneuerung und Pflege ukrainischer Kultur[5]) als „bourgeoisen Nationalismus" deklarierten, Verhaftungen und Gerichtsurteile allein für kulturelle Betätigung[6]) ließen keinen anderen Schluß zu, als im *sowjetischen Internationalismus* den alten russischen *Großmachtchauvinismus* (eine Bezeichnung *Lenins*) wiederzuentdecken, und diskreditierten auch den Leninismus als Staatsideologie. An diese Phase knüpfte der Verband der Schriftsteller der Ukraine nach 1987 wieder an. Zunächst ging es auch hier um eine kulturelle Wiederbelebung. Der nächste Schritt, der Kampf um staatliche Souveränität und Selbständigkeit, erfolgte, als etwa im Jahre 1989 immer mehr ehemalige Dissidenten und Polithäftlinge das Wort ergriffen.

Ein Kirchenkampf und ein Kampf der Kirchen

Eine besondere Rolle als Stütze der ukrainischen Nationalkultur spielte die Religion. Als schon 1988 in der Westukraine althergebrachte Weihnachts- und Osterbräuche in Form von Umzügen und Gesängen mit religiösen Symbolen und Attributen der Volkskunst wieder öffentlich ausgeübt wurden und als diese Bekundungen (nach einigen Monaten auch in Kiew) gegen die Polizeigewalt aufrechterhalten und ständig erweitert wurden, konnte schon erahnt werden, daß nun eine erheblich ernstere Gefährdung des sowjetischen Systems in der Ukraine entstand als in der Periode des Tauwetters und der Entstalinisierung. Auch damals hatten kleine Gruppen der Kiewer Kulturbewegung den entsprechenden Versuch gewagt, mußten aber nach kurzer Zeit den Gewaltmaßnahmen der Polizei und des KGB weichen. Zum sichtbaren Zeichen für diese Krise des Systems wurden das Wiederentstehen der *Unierten Kirche* (seit Herbst 1987) und der *Ukrainischen Autokephalen Kirche* (seit dem Frühjahr 1989).
Die *Russische Orthodoxe Kirche* in der Ukraine war schon seit dem 18. Jahrhundert ein Instrument zur Russifizierung geworden, nachdem 1686 die selbständige (autokephale) orthodoxe Kirche der Ukraine aufgehoben worden war. Die offizielle orthodoxe Staatskir-

che war eine Hauptstütze des Zarismus und verbreitete die russische Nationalideologie auch in der Ukraine. So wurde in dieser Kirche bis zum Ende des Zarenreiches Jahr für Jahr einmal der „Verräter" *Ivan Mazepa,* der als Hetman der Zaporoger im Großen Nordischen Krieg mit *Karl dem XII.* gegen *Peter den Großen* in die Schlacht von Poltawa gezogen war (1709), mit dem feierlichen Kirchenfluch (Anathema) belegt. Als *Mazepinci* (Mazepa-Anhänger) wurden vor dem Ersten Weltkrieg in den staatstragenden russischen Kreisen die Anhänger der ukrainischen Autonomie geschmäht. In sowjetischer Zeit unterstützte die russisch-orthodoxe Kirche die Verfolgung der *Unierten Kirche* der Ukraine. 1946 wurde diese auf Befehl *Stalins* mit Hilfe einer Scheinsynode in Lemberg (die die kanonischen Anforderungen in keiner Weise erfüllte) in die Orthodoxie aufgenommen, ihre Gotteshäuser wurden der offiziellen Kirche übereignet. Bischöfe, Priester und Gläubige, die an der Union festhielten, wurden bis in die Zeit *Gorbatschows* hinein verfolgt. Die Unterdrückung brachte der Unierten Kirche, die als Märtyrerkirche im Untergrund ausharrte, hohes Ansehen bei der Bevölkerung.

Ideologisch wurde die Repression mit dem Kampf gegen „lateinische" westliche Einflüsse verbunden. Doch gerade die Parallelität des zaristischen und des sowjetischen Verhaltens im Kirchenkampf – während der zeitweiligen Besetzung Galiziens 1914/15 hatte auch die Zarenregierung die Unierte Kirche verboten – stärkte das Ansehen der Union, und zudem war diese in der polnischen Zeit stets ein Kristallisationspunkt des ukrainischen (ruthenischen) Volkstums gewesen. Auf diesen Zusammenhang machte ein Mitglied des Schriftstellerverbandes und des Ruch, *Juryj Pokalčuk,* 1989 im Westen aufmerksam[7]). Im Zuge der Feiern zum 1000jährigen Gedenken der Christianisierung des Kiewer Reiches trat die Unierte Kirche aus dem Untergrund heraus. Sie wurde zunächst geduldet, Ende 1989 als Vorbedingung für den Papstbesuch *Gorbatschows* offiziell wieder zugelassen. Als der Stadtrat von Lemberg 1990 entschied, die St. Georgs-Kathedrale, den Sitz der Metropoliten dieser Kirche in Lemberg, den Unierten zurückzugeben, leistete die *Ukrainische Orthodoxe Kirche* (die vormalige *Russische*) erbitterten Widerstand und rief die Sowjetregierung an, konnte aber die Übergabe nur verzögern. Heute residiert in Lemberg der ukrainisch-unierte Metropolit, den der Vatikan 1991 aus dem Exil dorthin berief.

Die wegen ihres unierten Glaubens Verfolgten stellten einen erheblichen Teil der ukrainischen Häftlinge im Archipel GULAG. Auch für andere verfolgte Dissidenten wurde das Christentum nach der Haftzeit zu einem Hauptziel ihrer weiteren Tätigkeit.

Die *Ukrainische Autokephale Orthodoxe Kirche* hatte sich 1918 – im Rückgriff auf die orthodoxe Tradition der Ukraine vor 1686 – wiederbegründet, war 1926 aufgelöst und 1941 wiedereingerichtet worden. 1989 erklärte der Bischof von Žytomyr, *Bondarčuk,* seinen Übertritt zu dieser Kirche. Seither breitete sie sich in der Ostukraine aus. Sie wurde 1990 staatlich zugelassen. Im November 1990 kam das Ober-

haupt dieser Kirche, der greise Patriarch *Mstyslav* von Amerika nach Kiew zu einem Gottesdienst in die Sophienkathedrale, den die etablierte Orthodoxe Kirche mit Unterstützung des russischen Patriarchen *Alexis II.,* der ebenfalls eigens nach Kiew angereist war, vergeblich zu verhindern gesucht hatte.
Heute ist die Situation durch eine Konkurrenz dieser drei Kirchen gekennzeichnet. Als vierte Denomination kommt im Westen die *römisch-katholische,* dem polnischen Klerus angeschlossene Kirche hinzu. Die *Russische Orthodoxe Kirche* hat sich als Reaktion auf die Stärkung ihrer Konkurentinnen 1989 in *Ukrainische Orthodoxe Kirche* umbenannt. Zahlenmäßig immer noch die weitaus bedeutendste, ukrainisiert sie nun die Lithurgie und bemüht sich, zusammen mit der *Autokephalen Orthodoxen Kirche* das Ausgreifen der *Unierten Kirche* in der Westukraine aufzuhalten. Metropolit *Philaret,* ein alter Befürworter des sowjetischen Staates (und auch der Maßnahmen gegen die Unierte Kirche), hat selbst diesen Schwenk vollzogen und spricht seit der Unabhängigkeitserklärung im Fernsehen sogar Ukrainisch. Da das Christentum allgemein wieder aufblüht und die Orthodoxie in der Ukraine traditionell am stärksten verankert ist, hat die *Ukrainische Orthodoxe Kirche* auch den größten Zuwachs: 2534 Gemeinden zwischen dem 1. Januar 1988 und dem 1. September 1990. Zum Vergleich: Die *Unierte Kirche* wuchs in dieser Zeit um 298, die *Autokephale Orthodoxe Kirche* um 102 Gemeinden[8]).

Eine stufenweise Rückwendung

Als tragende politische Ideen der ukrainischen Nationalbewegung in der sowjetischen Ära läßt sich die Hinwendung zu den Wurzeln der eigenen Kultur und Religion, aber auch zu den Werten der westlichen Demokratie feststellen. Immer wichtiger wird zudem schon seit den späten 60er Jahren das ökologische Motiv. Der klassische, integrale Nationalismus ist vorläufig nur eine Randerscheinung, zumal die Selbständigkeit aus den Bedingungen der Sowjetrepublik heraus errungen wurde, ohne Mitwirkung von Exilorganisationen, und zumal beim intellektuellen Kern der Opposition der Leninismus mit seinen Verheißungen einer freien nationalen Kultur und Staatlichkeit ursprünglich als Ausgangspunkt durchaus ernst genommen wurde.
In der Phase der Entstalinisierung nach 1956 war die kulturautonomistische Bewegung von Schriftstellern, Historikern und sogar einigen höheren Parteifunktionären getragen. An sie knüpfte die neue Welle nach 1987 an. Viele der damals verfolgten Dissidenten waren „proletarischer" Herkunft. Ein Teil der Oppositionellen versuchte, seine Ziele innerhalb der Partei zu erreichen. Die härtere gesamtsowjetische Linie unter *V. Ščerbyc'kyj* setzte sich 1972 in der Kommunistischen Partei der Ukraine durch, aber vorher waren in ihr auch nationalautonomistische Strömungen zutage getreten. Ein gro-

ßer Teil der Schriftstellerfunktionäre, die nach 1987 die nationale Bewegung erneuerten, stammte aus den Reihen der Partei.
Der ideale *Leninismus,* dem ein erheblicher Teil der ukrainischen Reformer, begeistert von *Gorbatschows* „neuem Denken", im Schriftstellerverband zunächst verpflichtet war, wurde hinfällig, als die Gesellschaft *Memorial* immer mehr Massengräber mit Opfern des NKWD entdeckte, als das Schweigen über die Millionen Toten des Hunger-Massenmordes an ukrainischen Bauern unter *Stalin* endlich gebrochen werden konnte, die Massendeportationen, Erschießungen, die Vernichtung der Blüte ukrainischer Intelligenz, die *erschossene ukrainische Renaissance* nun endlich beim Namen genannt wurde. Mehr und mehr trat ins Bewußtsein, daß die Sowjetunion, die Schöpfung *Lenins,* für die Ukraine Verfolgung, Leiden, geistige Knebelung, Verkrüppelung der Heimatkultur und Zerstörung der natürlichen Umwelt gebracht hatte.
Erst recht hatten die Polithäftlinge der *Breschnjew*-Ära mit dem Leninismus gebrochen, dem auch viele von ihnen ursprünglich, angespornt durch die versuchte Entstalinisierung zwischen 1956 und 1972, gefolgt waren.
Man kann die Kulturbewegung seit 1987 und ihre Entwicklung zu einer staatlichen Unabhängigkeitsbewegung als eine stufenweise Rückwendung über die vorstalinistische zur vorsowjetischen eigenen Geschichte und Kultur, dann als Generalabrechnung mit dem Sowjetstern und schließlich als Bekenntnis zum „Gegenmodell" umreißen. Als erstes Tabu waren die vielen *weißen Flecken* in der Geschichtsschreibung wiederentdeckt und behandelt worden, Werke ideologisch verurteilter Schriftsteller gelangten wieder an die Öffentlichkeit, zunächst solche von sowjetukrainischen aus der Zeit der Ukrainisierung der 20er Jahre, von denen viele den Stalinterror nicht überlebt hatten, dann auch von Nichtkommunisten wie *Volodymyr Vynnyčenko,* dem ersten Regierungschef der Ukrainischen Volksrepublik 1917/18. Wenn die sowjetische Konzeption eines harmonisch geordneten Vielvölkerstaates, in dem jedes Volk angeblich die volle Unabhängigkeit und kulturelle Entfaltung genoß, so augenscheinlich Zerrbild einer kolonialistischen Wirklichkeit war, dann mußte auch die historische Ausprägung des *ukrainischen bourgeoisen Nationalismus,* ein Gegenbild zum vielgepriesenen *sowjetischen Internationalismus,* wieder zu ihrem Recht kommen. So durchbrachen die Führer des *Ruch* ein weiteres Tabus und griffen sieben Jahrzehnte zurück auf die *Ukrainische Volksrepublik* und auf deren Symbolik, die blaugelbe Flagge, den goldenen Dreizack und die im letzten Jahrhundert entstandene Hymne: *Noch ist Ukraine nicht gestorben.* Die große Menschenkette am 21. Januar 1990 zwischen Kiew und Lemberg, vom *Ruch* organisiert, stand bereits ganz im Zeichen dieser Symbolik.

Diese Rückwendung bedeutet aber nicht ein Wiederaufleben nationalistischer Engstirnigkeit, wie sie von Vertretern des sowjetischen Zentrums in der Endphase der Union immer wieder an die Wand gemalt wurde. Dissidenten und Kämpfer für die Menschenrechte waren ganz wesentlich am Wiederaufbau des Staates Ukraine beteiligt. Ihr Credo ist die Wertordnung des europäischen Humanismus und des Christentums, die westliche Form der Demokratie mit ihrer Achtung der individuellen Freiheitsrechte und ihrer Forderung nach Toleranz gegenüber anderen Völkern und Religionsgemeinschaften. Diese Haltung hat ihre Wurzeln in den *Helsinki-Gruppen* seit 1975, in der die Grundlage für die Zusammenarbeit der Nationalitäten gegen die Kräfte der sowjetischen Stagnation geschafft worden war. Von Russen, Juden und Ukrainern gemeinsam begründet, führten sie ihren Kampf hauptsächlich in der Ukraine bis in die 80er Jahre fort und gaben nach 1987 der demokratischen Sammelbewegung entscheidende Impulse. In der Unabhängigkeitsbewegung dominieren die Kräfte, die die nationenübergreifende Gemeinsamkeit ihrer Wertordnung auch unter einem souveränen Staat erhalten wollen. In allen wichtigen Dokumenten des *Ruch* und seit 1990 des Parlaments, nachdem es Grundforderungen der demokratischen Kräfte mitvertritt, werden die allgemeinmenschlichen Werte und die notwendige gegenseitige Achtung der Nationen herausgestellt, wiederholt beruft *Ruch* sich auf das Vorbild der *Europäischen Gemeinschaft.* Die Menschenrechte hatten schon vor Helsinki als Motiv eine Rolle gespielt. Russisches oppositionelles Schriftum wurde in Kreisen der ukrainischen Autonomiebewegung gelesen und kolportiert. Für die Zusammenarbeit zwischen ukrainischen und russischen Dissidenten, für die Aufgeschlossenheit der ukrainischen demokratischen Opposition gegenüber den Belangen der anderen Nationalitäten gibt es viele Beispiele. In der Bewegung der *Sechziger* wurden die Dichtungen der russischen demokratisch eingestellten Intelligenz geschätzt und verbreitet. Der *Ukrainische Bote (Ukrajins'kyj Visnyk),* eine Untergrundpublikation, von der 1970–74 acht Nummern erschienen, hielt Verbindung mit den Herausgebern des entsprechenden russischen *Samizdat*-Organs *(Chronik der aktuellen Ereignisse)*[9]). Der herausragende ukrainische Dissident General *Petro Hryhorenko,* Mitbegründer der Helsinki-Gruppe, war mit führenden russischen Menschenrechtskämpfern befreundet. Verheiratet mit einer Russin, trat er nicht nur stets für gute Beziehungen zwischen Russen und Ukrainern ein, sondern erhob seine Stimme auch für die *Krimtataren.* Diese waren von *Stalin* 1944 unter dem Pauschalvorwurf der Kollaboration mit den deutschen Truppen deportiert worden. 1967 hatte der Oberste Sowjet eine „Rehabilitierung“ dieser Volksgruppe verfügt, ohne ihr die Rückkehr in ihre angestammte Heimat zu gestatten. Eingedenk der zurückliegenden Zusammenarbeit mit der ukrainischen Helsinki-Gruppe, betont heute der Rat der Krimtataren seine enge Verbindung mit der unabhängigen Ukraine und erwartet von deren Regierung Hilfe in den Auseinandersetzungen mit den Behörden der autonomen Republik Krim um die Wiederansiedlung. Gemeinsam gingen demokratische russische und ukrainische oppositionelle Kräfte in den letzten Jahren der Sowjetunion gegen reaktionäre Strömungen an. Die zur *Ukrainischen Helsinki Union* erweiterte Menschenrechtsgruppe hatte ihren Sitz auch in Moskau. Vor dem Durchbruch des *Ruch* zur entscheidenden politischen Größe 1989/90 war das Vorbild der russischen demokratischen Kräfte für manche ukrainischen Aktivisten maßgebend. Aus der Zeit des gemeinsamen Kampfes russischer und ukrainischer Demokraten stammen heute noch Verbindungen. So trat *Jelena Bonner,* die Witwe *Sacharovs,* seit dem gescheiterten Putsch vom August 1991 wiederholt für die Rechte der unabhängigen Ukraine ein. Demokratische russische und ukrainische Abgeordnete des obersten Sowjets der Union fanden sich 1990 in einer besonderen Gruppe zusammen und verfaßten gemeinsame Erklärungen, in der die Sowjetunion als Quelle der Unterdrückung aller von ihr beherrschter Nationen angesprochen wurde. Unter den russischen Parlamentariern war der bekannte Historiker *Afanasev,* einer der führenden geistigen Köpfe der *Perestrojka. Šachraj,* ein Mitglied dieser russisch-ukrainischen Parlamentariergruppe, führte die russische Delegation in Kiew im Januar 1992, als es um die Aufteilung der Schwarzmeerflotte ging.

Wirtschaft und Umweltgefährdungen machen eine Zusammenarbeit mit den Nachbarn notwendig

Ganz abgesehen von der wirtschaftlichen Verflechtung, ist die verheerende ökologische Situation ein Faktor, der die weitere Zusammenarbeit zwischen den beiden größten ostslawischen Staaten dringend nahelegt. Die ukrainische Umweltbewegung *Grüne Welt* unter Führung des Kiewer Arztes *Juryj Ščerbak,* betont ständig die Notwendigkeit zur grenzübergreifenden Lösung der Umweltprobleme. *Ščerbak,* heute der erste Umweltminister der Ukraine, war seit 1989 Abgeordneter des Obersten Sowjets der Union. Er gehörte dort zu den Initatoren der ukrainisch-russischen Zusammenarbeit. Dabei darf aber die antikolonialistische Komponente der *Grünen Welt* und der aus ihr herausgebildeten *Partei der Grünen* nicht übersehen werden. Gerade weil sie die katastrophale Umweltsituation zu Recht der Politik des sowjetischen Zentrums anlastet, tritt die Ökologiebewegung nicht nur für übernationale Zusammenarbeit ein, sondern ebenso für nationale Geschlossenheit und die Bewahrung der Unabhängigkeit. Umweltpolitische Forderungen gegen die Sowjetregie-

rung wurden nach der Erfahrung von *Tschernobyl* von allen nichtkommunistischen Gruppen der Ukraine mitvertreten.
Die angestrebte wirtschaftspolitische Selbständigkeit der ehemaligen Sowjetrepubliken wird im Westen zumeist bedauert, schlimme Folgen aus dem Zerbrechen des Wirtschaftsgefüges der ehemaligen Union werden vorhergesagt. Doch die Ukraine will die Verbindungen mit Rußland weder in der Wirtschaft noch in der Umweltpolitik, zerreißen, wie das Organ des ukrainischen Obersten Sowjets, die *Stimme der Ukraine (Holos Ukrajiny)* immer wieder in der Endphase der Union und nach dem August 1991 hervorgehoben hat. Ein Abkommen zwischen Rußland und Ukraine vom November 1990 – schon deutlich gegen *Gorbatschows* Unionsentwürfe gerichtet – schuf die ersten politischen Voraussetzungen für eine gemeinsame Bewältigung der sich ständig verschärfenden wirtschaftlichen und ökologischen Situation auf der Grundlage der Souveränität und ohne übergeordnete Planungsinstanz. Ende 1990 tagten bereits die Umweltkomitees der Parlamente beider Staaten vereint in Mariupol, um über die Verschmutzung des Asowschen Meeres Klarheit zu gewinnen.
Ökologie ist die Kehrseite der Ökonomie. Eine sowjetische Wirtschaftspolitik, die die Ukraine zwar industrialisiert hat, die einst blühende Landwirtschaft aber verkommen ließ und vor allem dieses Gebiet mit einem Viertel der Umweltschäden der Gesamtunion belastete, ist so gründlich in Mißkredit geraten, daß ukrainische Politiker Bereitschaftsbekundungen zur multinationalen Zusammenarbeit mit der entschiedenen Absage an alle Formen übernationaler Wirtschaftslenkung verbinden. Die Lösung der wichtigsten Umweltprobleme: Strahlenfolgen, Belastung der Böden und der Gewässer durch Chemierückstände und industriellen Wasserverbrauch, erfordert mehrt als nur die Mithilfe aller betroffenen ehemaligen Sowjetrepubliken. Ohne massive Hilfe aus dem Westen ist dieser Aufgabenkomplex nicht zu bewältigen. Gespräche über diese Hilfe will die Ukraine selbst auf internationaler Ebene führen.
Allerdings ist auf wirtschaftlichem Gebiet die von beiden Seiten grundsätzlich bejahte wirtschaftliche Kooperation sofort nach der Vollendung der ukrainischen Unabhängigkeit am 1. Dezember 1991 belastet worden. Als *Jelzin* bereits im Dezember 1991 in Rußland die Preise freigab, ohne auf die Einwände der übrigen GUS-Staaten zu hören, reagierte die Ukraine mit der Einführung des *Karbovanec* als eigener Ersatzwährung in Form von Kupons. Eine richtige eigene Währung ist in Vorbereitung. Beide Staaten handelten nicht entsprechend ihrem Vertrag vom 19. November 1990, denn dieser enthält die Absage an „Methoden wirtschaftlichen Drucks“ und sieht die Regelung der strittigen Fragen auf dem Wege der Übereinkunft und auf wirtschaftlichem Gebiet die „gleichberechtigte und gegenseitig nützliche Zusammenarbeit“ vor[10]). Ohne ihren Schritt wäre die Ukraine jedoch von einer außerhalb ihrer Grenzen entschiedenen Währungspolitik abhängig und in ihrer Güterversorgung beeinträchtigt gewesen. Alle Druckstöcke für Rubel befanden sich in Rußland,

in der Ukraine war nicht genügend Geld vorhanden, um die Preissteigerungen durch Lohnerhöhungen in ihrer Wirkung zu mildern, das niedrigere Preisniveau in der Ukraine hätte zu einem stärkeren Güterabfluß nach Rußland geführt. Dem Schuldenabkommen der GUS-Länder mit den westlichen Gläubigerstaaten, das die Übernahme eines entsprechenden Teils der Auslandsschulden der ehemaligen Union regelt, trat die Ukraine erst im März 1992 bei, nachdem die Gläubigerstaaten dies zur Vorbedingung weiterer Kredite gemacht hatten. Vorher hatte die Ukraine ihren Prozentsatz der Schulden (ca. 17%, entsprechend dem Bevölkerungsanteil innerhalb der ehemaligen UdSSR) in eigener Regie tilgen wollen.
Ausschlaggebend für die weitere Entwicklung wird die eingangs berührte Frage sein, welche Tendenzen in Rußland und in der Ukraine die Oberhand gewinnen. Die Anerkennung der Selbständigkeit der Ukraine auch als bewußte Abkehr von althergebrachten russischen Vorstellungen oder das Beharren auf diesen? Und auf ukrainischer Seite: die Erhaltung der Tradition demokratischer Gemeinsamkeiten oder nationalistische Reaktionen auf russische Ansprüche? Die Herstellung stabiler Beziehungen zu Rußland ist eine Schicksalsfrage für die Ukraine und wird als solche angesehen, auch aus den historischen Erfahrungen heraus. Diese liefern auch den Schlüssel zum Verständnis der jetzigen Irritationen, etwa in der Frage der ukrainischen Armee und der Schwarzmeerflotte. 1917 hatte der ukrainische Zentralrat die rechtzeitige Ukrainisierung der Armee versäumt. Nicht nur gegen die Rotgardisten hatten die ukrainischen Kräfte damals zu kämpfen. Unheilvolle strategische Bedeutung erlangte die Armee *Denikins.* Sie wurde von *Simon Petljura,* dem ukrainischen Staatsoberhaupt und Oberbefehlshaber, im Sommer 1919 als Bundesgenossin im Kampf gegen die *Bolschewiken* angesehen, griff aber unter der Losung: *Das eine unteilbare Rußland* die Ukrainer noch zusätzlich an. Kein Wunder, daß heute von den Ukrainern besonders die Haltung der russischen Kommandeure argwöhnlich beobachtet wird. Äußerungen, wie die von Generalmajor *Dimitrij Volkogonov* über die *Unzulässigkeit der Nationalisierung* von Teilen der Armee, schüren das Mißtrauen. Heute schon zeigt sich, daß die Ukraine sich allen Versuchen, übernationale Strukturen wiederzuerrichten, die vom Zentrum Moskau gesteuert werden, energisch widersetzen will.

Ein neues Verhältnis zu Polen

Doch fast ebenso entscheidend wie die Beziehungen zum großen ostslawischen „Brudervolk“ ist das Verhältnis zum westlichen Nachbarn der Ukraine, Polen. Gespannt und durch die Anwendung von Gewalt auf beiden Seiten belastet waren die polnisch-ukrainischen Beziehungen vor und während des Zweiten Weltkrieges. Fast unbemerkt im Wirbel der sensationellen Ereignisse ist nun in der letzten Zeit eine Änderung eingetreten, die, wie so vieles in diesem staatenpolitischen Umbruch, historisch zu nennen ist. Polen hat sogleich nach dem 1. Dezember 1991 als erster Staat die Ukraine anerkannt und tat dies in einer besonders freundlichen Weise. Dieser Schritt setzt die Bekundungen der Unterstützung für die ukrainische Unabhängigkeitsbewegung durch Abgesandte der polnischen *Solidarität* und durch Grußworte *Walenzas* für die Kongresse des *Ruch* fort. Die Entscheidung seiner Regierung, die Ukraine anzuerkennen, überbrachte der polnische Abgesandte *Kozakiewicz* bereits am 2. Dezember 1992 nach Kiew und hielt bei dieser Gelegenheit eine von Sympathie gegenüber der ukrainischen Unabhängigkeisbewegung geprägte Ansprache, in der er der Hoffnung auf künftige freundschaftliche Beziehungen Ausdruck verlieh. Er bekräftigte erneut die von den Außenministern der beiden Staaten bereits im Herbst 1990 unterzeichnete gegenseitige Anerkennung der bestehenden Grenzen. Mit dieser Einstellung korrigiert Polen eine jahrhundertelange Haltung gegenüber seinen östlichen Nachbarn, in der Rußland die Rolle des wesentlichen Gegners oder Verhandlungspartners einnahm, das ukrainische Volk entweder ganz mißachtet oder als Störfaktor bewertet wurde. In dem neuen großen Staat, der an seinen Ostgrenzen entstanden ist, sieht Polen, ebenso wie die Tschechoslowakei und Ungarn, die wesentliche Garantie gegen ein neues Ausgreifen des russischen Imperialismus bis unmittelbar an seine Grenzen oder gar über das eigene Land hinweg, wie einige Male in der polnischen Geschichte, zuletzt im sowjetisch dominierten Ostblock, vordemonstriert. Deshalb schließt die neue polnisch-ukrainische Zusammenarbeit ausdrücklich auch die Sicherheitspolitik mit ein, und der ukrainische Verteidigungsminister *Morozow* kam schon zu Beginn des Jahres 1992 zu Gesprächen nach Warschau. Diese Richtungsänderung der polnischen Politik wurde bereits in den frühen 80er Jahren, noch unter dem Kriegsrecht, von politischen Denkern innerhalb der damaligen Untergrundgewerkschaft *Solidarnošč* formuliert und auch moralisch begründet mit dem Unrecht, das Polen in diesem Jahrhundert gegenüber den Ukrainern zu verantworten hat.

Schon spricht man von einem neuen *Cordon Sanitaire* von der Ostsee bis zum Schwarzen Meer, in dem die baltischen Staaten, Belarus, Ukraine einbezogen wären und der Rückhalt durch die Verbindungen mit den westlich angrenzenden Staaten bekäme. Doch bislang ist nur das Verhältnis zwischen Belarus und Ukraine völlig unbelastet, während die Verbindungen zwischen Belarus, Litauen und Polen noch nicht so fest geknüpft sind.

Die sowjetische Forderung an Litauen, das Gebiet um Vilnius zurückzugeben, machte sich auch die kommunistische Führung der weißruthenischen SSR zu eigen, während die Nationalbewegung sich davon distanzierte. Auch Anfang 1992 scheint der weißruthenische Außenminister *Kravčenko* in dieser Frage

Meinungsverschiedenheiten mit der *Volksfront* zu haben, die erneut ihren Verzicht auf dieses Gebiet klarmachte, jedoch auch die Interessen der litauischen Weißruthenen vertritt, wenn es um die volle kulturelle Autonomie geht.
Etwas zwiespältig sind immer noch die Beziehungen zu Polen. Das Gebiet um Bialystok war bei der Grenzziehung 1945 den Polen gelassen worden, obwohl es bei der Demarkierung von 1939 der weißruthenischen SSR zugefallen war. Hier siedelt die Mehrheit der weißruthenischen Minderheit in Polen. Die polnische Volksrepublik hatte die Existenz dieser Minderheit – nach Schätzungen der *Solidarität* von 1983 zwischen 200 000 und 300 000 Einwohner – in ihrer Politik praktisch tabuisiert. Belarus bekennt sich ausdrücklich zu den Prinzipien von Helsinki und stellt keine Gebietsansprüche an seinen westlichen Nachbarn, tritt aber für die Rechte der weißruthenischen Volksgruppe in Polen ein. Wegen dieser Frage verweigerte die weißruthenische SSR im Oktober 1990, damals schon auf Souveränitätskurs, den Abschluß eines Präliminarabkommens über gutnachbarliche Beziehungen mit Polen. Doch hat Belarus Anfang März 1992 diplomatische Beziehungen zu Polen aufgenommen und seine Regierung ist bemüht, die Minderheitenfrage etwas herunterzuspielen. Außenminister *Kravčenko* reiste bei seinem Besuch in Polen am 5. März 1992 zwar über Bialystok nach Warschau, brachte die Frage eines weißruthenischen Konsulats in Bialystok jedoch nicht öffentlich vor, wie manche Kräfte zuhause es erwarteten. Insgesamt suchen Weißruthenen, ebenso wie Balten und Ukrainer, den Weg in die europäische Völkergemeinschaft, der Rußland, wegen seiner asiatischen Ausdehnung, nie in seiner Gesamtheit angehören kann. Heute werden im weißruthenischen Schriftstellerverband wieder Überlegungen zur Einführung der Latina laut. Ebenso regen sich Kräfte zur Erneuerung der Unierten Kirche und der weißruthenischen autokephalen Kirche. Nach ukrainischem Vorbild würden diese Denominationen Belarus kulturell von Rußland abgrenzen und damit dem Westen noch mehr öffnen.
Wieder einmal in der Geschichte der Neuzeit ist die europäische Staatenwelt von einem Umbruch betroffen, der in Rußland, diesem gewaltigen europäisch-asiatischen Staat, ausgelöst wurde. Rußland, dessen Vordringen bis zur Mitte Europas die letzten fünf Jahrzehnte der Weltpolitik geprägt hat, scheint nun wieder, nach den Kategorien *Ludwig Dehios,* Randmacht zu werden. Die jetzigen Ansätze einer osteuropäischen Konsolidierung und Ausrichtung zum westlichen Europa hin als Abwendung von Rußland müssen nicht gegen diese Macht gerichtet sein mit dem Ziel, sie aus Europa (im politischen Sinn) herauszuhalten. Die Ausdehnung eines europäischen Wirtschafts- und Sicherheitssystems muß Belarus und Ukraine umgreifen. Diese Staaten könnten bei weiterer friedlicher Entwicklung zu Bindegliedern zwischen Rußland und dem Westen werden.

Anmerkungen

[1]) So übergeht *H.-H. Nolte* sie in seinem „Handbuch": Rußland, UdSSR, Geschichte, Politik, Wirtschaft, Hannover 1991.

[2]) Pulverfaß Sowjetunion, der Nationalitätenkonflikt und seine Ursache, München 1990, 309.

[3]) *Sovetskaja Belorussija* vom 21. 11. 1989, zitiert nach: *Ostblick* (Bonn), Dezember 1989, 26 f.

[4]) Vgl. *W. Kosyk,* Entwicklungsphasen des Konzentrationslagersystems in der UdSSR, *Ukrainische Freie Universität,* Varia Nr. 19, München 1981, 29 f.; *P. Hübner,* Sowjetische Dissidenten 1975–1977: Reaktionen der Behörden, *Osteuropa* 27, 8 1977, 869.

[5]) So z. B. das Verbot der Premiere des Stückes *Otak zahynuv huska* von *M. Kuliš* in Lemberg Anfang der 60er Jahre, zu dem *Alja Horska* die Bühnendekoration geschaffen hatte: *Encyclopedia of Ukraine,* Ed. *V. Kubijovyč* et al., Toronto, II, 1988, 229.

[6]) Beispiele dafür bei *J. Zajcev* (Lemberg), *Dysydenty,* in: *Molod' Ukrajiny* (Kiew) 194, 14. 5. 1991, 4; 199, 22. 5. 1991, 4.

[7]) *The Ukrainian Weekly* (Jersey City, N. J.) Nr. 45, 5. November 1989, 2, 14

[8]) *Informationsdienst Osteuropäisches Christentum* (Kiefersfelden) Nr. 3–4, 28. 2. 1991, 16.

[9]) *B. Lewytzkyj,* Politische Opposition in der Sowjetunion 1960–1972, München 1972, 112.

[10]) *Jahrbuch der Ukrainekunde,* München 1991, 152 f.

Rainer Freitag-Wirminghaus

Die Zukunft der islamisch geprägten Staaten

Der Zerfall der Sowjetunion und die islamische Welt

Eine „islamische Zeitbombe"?

Der Zerfall eines Imperiums zerstört nicht nur überkommene Strukturen, sondern öffnet auch die Möglichkeit, neue Bindungen einzugehen bzw. alte wieder aufzunehmen. Der Prozeß der Wiederannäherung Zentralasiens und Aserbaidschans an die islamische Welt, die Wiederherstellung eines alten zusammengehörigen Kulturraumes ist heute in vollem Gang. Diese Entwicklung ist nicht mehr umkehrbar. Wie aber die zukünftige Gestalt dieses Raumes aussehen wird, ist Gegenstand weitreichender Spekulationen. So gibt es Träume von einem neuen islamischen Großreich oder auch von einem großtürkischen Reich, ungeachtet davon, daß 70 Jahre kommunistischer Herrschaft ihre strukturellen Spuren in der Gesellschaft der Muslime Kasachstans, Usbekistans, Turkmenistans, Kirgisiens, Tadschikistans und Aserbaidschans hinterlassen haben.
Derartige Vorstellungen neuer Größe werden im Westen bereitwillig aufgenommen und mit der Gleichsetzung von Islam und Fundamentalismus durch die Brille westlicher Wahrnehmung an unterschwellige Ängste appelliert. Besonders mit dem Einfluß Irans auf die 60 Millionen Muslime in Zentralasien, mit der Frage der Proliferation von Atomwaffen – zusammen ergibt dies die „islamische Bombe" – wird die Renaissance des Islam in Zentralasien und im Kaukasus einseitig als „islamische Gefahr", „islamische Zeitbombe" und dergleichen geschildert. Die Gefahr derartiger Zusammenhänge soll hier keineswegs von vornherein geleugnet werden. Doch zeigt schon die Tatsache, daß die Sowjetunion nicht, wie von einigen prognostiziert, durch den islamischen Aufstand gegen das kommunistische Regime zu Fall gekommen ist, daß die Fixierung auf den islamischen Fundamentalismus kein realistisches Bild vom Islam in der ehemaligen Sowjetunion vermittelt. Weiterhin muß man eingestehen, daß wir noch zu geringe Informationen über die verschiedenen Strömungen des Islam in Zentralasien haben und wissenschaftliche Studien über die heutige Situation kaum vorliegen.

Der Islam ist Grundlage der nationalen Identität geblieben

Natürlich prägt der Islam immer mehr das öffentliche Leben, so daß z. B. ein gewendeter Altkommunist wie der usbekische Präsident *Kerimov* bei seiner Vereidigung auf den Koran schwört. Schon das Jahr 1989 hatte für die sowjetischen Muslime infolge weitreichender Liberalisierungen tiefgreifende Veränderungen gebracht. Erstmals wurde auf Druck von unten die Spitze der offiziellen religiösen Administration in Taschkent ausgewechselt[1]). Sowjetische Politiker hatten erkannt, daß die Öffnung neuer Moscheen die einzige Möglichkeit war, die islamische Bewegung unter Kontrolle zu halten. So wurden in ein paar Wochen mehr neue Moscheen gebaut als allen vorangehenden Jahren zusammen, dazu alte Moscheen restauriert[2]). Dieser Prozeß wird heute mit Geldern aus den islamischen Ländern forciert. Der Eintritt des Islam in das öffentliche Leben kann jedoch nicht überraschen. Schon vor *Glasnost* hatten Untersuchungen sowjetischer Soziologen wie auch die Forschungen *Alexandre Bennigsens* gezeigt, daß islamischer Glaube und islamischer Ritus überlebt hatten. Der Kampf der sowjetischen Führung gegen den Islam als essentielle Basis der Identität der Muslime Zentralasiens und des Kaukasus, die Verfolgung von Geistlichen, die Schließung von Moscheen, die Propagierung des Atheismus hatten Abwehrkräfte der islamischen Kultur freigesetzt, die zum Überleben des Islam geführt haben. Auch moderne Identitätsmuster sind vom Islam geprägt, als *way of life* ist er auch unter Atheisten lebendig. Dies gilt auch für einen Teil der säkularistisch geprägten *Intelligenz,* die in den letzten Jahren für die Bedeutung des Islam als Grundlage der nationalen Identität sensibilisiert wurde. Der Islam stellt die entscheidende ethnische Grenze zwischen den Muslimen und den anderen ehemaligen Sowjetvölkern dar, bildet somit das wesentliche Element bei der Abgrenzung gegenüber den christlich orthodoxen Slawen und ihrer sowjetischen Kultur. Innerhalb des nationalen Bewußtseins ist der Islam eine Komponente bei der kulturellen Identifikation.

Die Gefahr, bei der Abwehr der fremden als kolonialistisch aufgefaßten Kultur auf *fundamentalistische* Alternativen zu verfallen, ist naheliegend. Eine politisch wirksame islamistische Bewegung, die einen islamischen Gottesstaat nach iranischem Vorbild anstrebt, ist bisher jedoch noch nicht zu erkennen. Wie überall finden wir auch in Zentralasien ein breites Spektrum verschiedener islamischer Strömungen.

Der offizielle Islam garantiert nicht mehr die staatliche Kontrolle über die Muslime

Da ist zunächst der sogenannte *offizielle Islam,* ein von der Moskauer

Zentrale institutionalisierter Islam mit dem Ziel, die Koexistenz von Islam und Marxismus zu beweisen und die Gemeinde unter *Kontrolle* zu halten[3]). Der jetzige Mufti von Taschkent, für die Muslime in Zentralasien mit Ausnahme von Kasachstan zuständig, ein Vertreter eines modernistischen, rationalen Islam, propagiert ein gemeinsames Vorgehen von Staat und Islam bei der Lösung der anstehenden sozialen und ökologischen Probleme, ist jedoch nicht mehr wie seine Vorgänger Garant der staatlichen Kontrolle über die Gläubigen, sondern vertritt eine neue selbstbewußte Generation von Muslimen. Präsident *Kerimov* sucht angesichts der islamischen Renaissance weiterhin die Zusammenarbeit mit dem Mufti, was diesem von der nationalistischen wie auch von der islamistischen Opposition Kritik einbringt. Zwei Entmachtungsversuche im Sommer 1991 und Anfang 1992 konnte der Mufti nur durch *Kerimovs* Hilfe überstehen, mußte jedoch die Etablierung unabhängiger religiöser Administrationen hinnehmen. *Kerimov* scheint hingegen Willens zu sein, die Errichtung religiöser Strukturen außerhalb der direkten Kontrolle zu tolerieren und zeigt eine gewisse Flexibilität gegenüber Forderungen der Muslime[4]). Wie groß der Einfluß der offiziellen geistlichen Verwaltung auf die Gläubigen ist, in wieweit sie mit anderen islamischen Kräften zusammenarbeitet oder möglicherweise auch unterwandert ist, läßt sich kaum feststellen. Die Frage ist, ob nach dem Wegfall ihrer ursprünglichen Funktion die Geistliche Administration sich zu einer ernstzunehmenden, vom Staat unabhängigen Interessensvertretung der Muslime umwandeln kann.

Großer Beliebtheit erfreuen sich die mystischen Bruderschaften der Sufis

Mitentscheidend für das Überleben des Islam in Zentralasien und im Kaukasus war jedoch weniger die Existenz der offiziellen islamischen Geistlichkeit als das Weiterbestehen der Sufi-Orden, mystischer Bruderschaften, des sogenannten *parallelen Islam.* Islam ist weder an eine bestimmte Geistlichkeit noch an bestimmte Kultorte gebunden. In einer brutalen Kampagne konnte zwar der Einfluß der formalen Institutionen und der orthodoxen islamischen Geistlichkeit gebrochen werden, nicht aber der von im Untergrund tätigen Sufi-Orden. Durch sie konnten traditionelle kulturelle und soziale Strukturen beibehalten werden, so daß die Gesellschaft in Zentralasien immer noch ein Teil der großen *umma,* der islamischen Gemeinschaft, blieb.
Wallfahrtsorte und heilige Stätten wurden stets von breiten Bevölkerungskreisen besucht, was von der Orthodoxie wie auch von der offiziellen Administration als Entartung und Rückfall in Aberglauben und Schamanismus diffamiert wird.
Auch unter Intellektuellen und Jugendlichen erfreuen sich die sufischen Orden offensichtlich einer großen Beliebtheit. Ihr Zentrum liegt

im Fergana-Tal, ein zwischen Usbekistan, Tadschikistan und Kirgisien aufgeteiltes Gebiet. Die Stadt Osch in Kirgisien gilt seit alters her als Hauptort des zentralasiatischen Sufismus, insbesondere des *Naqschbendi*-Ordens, ein Orden, dessen Verbreitung von der Türkei bis nach Kirgisien reicht.

Die islamische Opposition

Die Orden werden von den staatlichen Autoritäten allerdings nicht als Hauptgefahr betrachtet. Gefürchtet ist der Einfluß, der von der iranischen Revolution auf radikale Gruppen ausgeht, ohne daß diese genau benannt werden. Im Gespräch sind auch angeblich von Saudi-Arabien unterstützte Gruppen, die als konservative Puristen traditionell als Gegner des unorthodoxen zentralasiatischen Sufismus auftreten[5]). Ebenfalls gefürchtet von den alten kommunistischen Machthabern in Tadschikistan neben dem iranischen Einfluß ist die Infiltration afghanischer Widerstandskämpfer, die einen kompromißlosen islamischen Fundamentalismus vertreten.
Zu einer ernsthaften islamischen Opposition entwickelt sich offensichtlich die 1990 in der gesamten Sowjetunion gegründete *Islamische Wiedergeburtspartei.* Sie scheint verschiedene Kräfte in sich zu vereinigen und spricht damit auch die Vertreter der nationalen Intelligenz an, welche moderne Ideen des sozialen Fortschritts mit dem Islam verbinden wollen. Besonders an den *Universitäten* scheint ihr Einfluß zu wachsen. In Usbekistan hat man es vorgezogen, sie vorsichtshalber zu verbieten, aus guten Gründen, denn gerade hier hat sie am ehesten die Möglichkeit, große Teile der muslimischen Bevölkerung hinter sich zu bringen. Einer ihrer Führer, ein Mitglied des *Naqschbendi*-Ordens, gilt angeblich als heimlicher Mufti von Taschkent[6]). In Tadschikistan gilt sie bereits als bedeutendste Oppositionsgruppe und könnte zu einer wirklichen Bedrohung der Machtposition der alten kommunistischen Führung werden.

Der Nationalismus ist neben dem Islam die zweite ideologische Kraft

Die zweite ideologische Kraft neben dem Islam in Zentralasien und Aserbaidschan ist der Nationalismus in seinen vielfältigen Formen, wobei der Islam in jedem Fall auch immer einen *Bestandteil* der nationalen Selbstfindung bildet. Die Identifikation liegt auf *subnationaler, nationaler* und *supranationaler* Ebene, d.h. man identifiziert sich als ethnische Gruppe oder Stamm, als Usbeke, Turkmene, Kasache usw., aber auch übergreifend als Zentralasiate, als Türke und als Muslim.

Neben die *muslimische* Identität war vor der Revolution noch die einer *türkischen* oder *panturkistischen* Identität getreten. Der Aufschwung des *Panturkismus* war ein kulturell-politischer Prozeß des *nationbuilding* als Abwehr des Panslawismus und der Russifizierung. Der Prozeß der nationalen Identitätsbildung war besonders in Aserbaidschan fortgeschritten, wo sich unter dem Einfluß der Auseinandersetzung mit Armenien schon seit 1905 sowohl ein panturkistisches als auch ein aserbaidschanisches Nationalbewußtsein formierte. Ihren Höhepunkt erlebte diese Entwicklung in der kurzen Phase der aserbaidschanischen Republik 1918 bis 1920, die von der Revolution zerschlagen wurde.
In Zentralasien war dieser Prozeß weit weniger fortgeschritten. Ein usbekisches, tadschikisches oder kirgisisches Nationalbewußtsein hatte es nicht gegeben, man lebte in *lokalen* Herrschaftsformen nebeneinander und fühlte sich durch die Idee eines alten Kulturraumes, des *alten Turkestan,* miteinander verbunden. Die kommunistische Nationalitätenpolitik sollte die Grundlage der alten Identitätsmuster, sollte Panislamismus und Panturkismus vernichten, statt dessen wollte man neue, den sowjetischen Menschen reflektierende nationale Identitäten schaffen. Mittel dazu waren *Isolierung der Turksprachen* voneinander, die Betonung der *kulturellen Unterschiede* zwischen den türkischen Völkern und Förderung der alten *tribalen und ethnischen Rivalitäten* untereinander.
So wurden trotz ethnischer Vermischung *nationale Gliedstaaten mit künstlichen Grenzen* errichtet. Das Streben der jeweiligen Titularnationen nach Dominanz sowie die *Einwanderung von Russen* bzw. *Deportation anderer Völker* nach Zentralasien schufen die *Grundlage für die gewaltsamen ethnischen Konflikte,* die sich seit 1986 entluden. Vor allem in den Auseinandersetzungen zwischen den traditionell rivalisierenden Kirgisen und Usbeken im Sommer 1990 in der Region von Osch, die fast zu einem militärischen Konflikt zwischen den Republiken geführt hatte, kam dies zum Ausdruck[7]). Gerade in Kirgisien hat sich aufgrund ethnischer Besonderheiten das Bewußtsein einer eigenständigen Nationalität entwickelt, während das Bewußtsein, einer turkestanischen Nation anzugehören, schwächer als in den anderen Republiken ausgeprägt ist. Usbeken identifizieren sich dagegen nicht nur mit ihrer Republik, sondern sehen sich als bevölkerungsreichste Republik als legitimer Nachfolgestaat des alten Turkestan. Dies bringt sie wegen umstrittener Grenzen nicht nur in Konflikt mit den Kirgisen, sondern auch mit den Tadschiken, die sich als einzige iranischsprachige Republik in einer turksprachigen Umgebung bedrängt fühlen. Auch Kasachen betrachten den vermeintlichen usbekischen Hegemonialanspruch in Zentralasien mit Mißtrauen.
Der von den Kommunisten inizierte Prozeß, Nationen zu schaffen, wo vorher nur ethnische Gruppen waren, ist heute noch in der Phase der Formierung. Daneben sind die Kennzeichen *traditioneller* Gesellschaften wie *verwandschaftsorientiertes Sozialverhalten* und Loyalität gegenüber Sippe und Stamm, die bis zur Solidarität mit korrupten

Machthabern geht, dominant. Auf der Grundlage der *Clanverbundenheit* konnte sich unter der kommunistischen Nomenklatura eine nationale Schicht von Parteifunktionären bilden, die eine national ausgerichtete eigenständige Politik gegenüber Moskau vertrat. Dabei übernahm sie Ideen von den eigentlichen Trägern nationalistischer Ideologien, der nationalen Intelligenz.
Deren national-demokratische Bewegungen, wie die Volksfront in Aserbaidschan, *Birlik* (Einheit) in Usbekistan oder die *Kirgisische Demokratische Bewegung* vertreten ein Programm der nationalen Kultur, der ökonomischen Unabhängigkeit, Überwindung der Monokultur und der ökologischen Notstände sowie der Demokratisierung. Jedoch nur in Aserbaidschan konnte diese Bewegung unter dem Eindruck der *Karabach*-Krise, die als Katalysator für nationale Selbstfindung diente, zu einer den Machtapparat bedrohenden Kraft werden. In Zentralasien konnte sie unter den konservativen Massen – nirgends war das Votum 1991 für die Beibehaltung der Union so groß wie in Zentralasien – bisher keinen durchschlagenden Erfolg erzielen. Die usbekische Oppositionspartei *Birlik,* von *Kerimov* an der Beteiligung bei der Präsidentschaftswahlen gehindert, immerhin zweitstärkste politische Partei nach der *Demokratischen Volkspartei,* den ehemaligen Kommunisten, war gegen einen Beitritt zur GUS und schlug statt dessen die Vereinigung der zentralasiatischen Staaten zu einem *Commonwealth von Turkestan* vor. Inzwischen hat auch *Kerimov* wiederholt eine Vereinigung der zentralasiatischen Staaten gefordert; die Präsidenten Kasachstans, *Nazarbajev,* und Kirgisiens, *Akajev,* schließen diese Möglichkeit auch nicht mehr aus.

Die Suche nach festen Identifikationsmustern ist noch nicht abgeschlossen

Damit kommen wir zur Frage der einflußreichsten ideologischen Kraft in Zentralasien und Aserbaidschan. Wenn man allgemein feststellen kann, daß dem Nationalismus zur Zeit eine größere Bedeutung als dem Islam zukommt, so bleibt die *Frage nach der dominanten Form des Nationalismus.*
Im Augenblick weist vieles darauf hin, daß die *nationale Identität auf Grundlage der Einzelnationen* in den Republik- bzw. Staatsgrenzen sich im Bewußtsein der Völker Zentralasiens gefestigt hat, was durch die Erlangung der Unabhängigkeit sich noch verstärkt haben könnte. Doch ist die Suche nach einem festen Identifikationsmuster noch nicht abgeschlossen. Gleichzeitig läßt sich auch ein Ansteigen eines *republikübergreifenden Bewußtseins* feststellen. Extrem *panturkistische* Organisationen wie die *Alasch Partei* in Kasachstan, die einen Staat aller Turkvölker einschließlich der des Kaukasus befürwortet, sind noch ohne nennenswerten Einfluß, die Idee einer *Turkestanischen Föderation* findet aber unter Intellektuellen immer mehr An-

hänger. Für viele ist sie ein Traum, für den die Zeit noch nicht ganz reif ist. Das *Minsker Abkommen* der drei slavischen Republiken vom Dezember 1991, das als Ausgrenzung und als slavischer Putsch empfunden wurde, dürfte diese Idee noch populärer gemacht haben. Ein Scheitern der GUS würde auch hier wie der Augustputsch einen plötzlichen politischen Entwicklungssprung nach sich ziehen.
Noch aber scheint für die nähere Zukunft ein Bild, das durch *ethnische Konflikte* geprägt ist, wahrscheinlicher zu sein. Zu erwartende *materielle Krisen erhöhen diese Gefahr,* die sich in verschiedenen Arten von Konflikten niederschlagen kann, so in *Konflikten um Minderheiten*[8]), in *Autonomiekonflikten innerhalb der Republiken*[9]), in *territorialen Konflikten zwischen den Republiken* aufgrund historisch umstrittener Grenzen[10]), sowie in *Konflikten um Wasserrechte*[11]).
Bei einem Erstarken eines supranationalen Turkismus würde sich das vorhandene Aggressionspotential vermehrt gegen nicht-muslimische Minderheiten, in erster Linie gegen die Russen richten. Eine Schlüsselstellung kommt hier Kasachstan mit seiner russischen Bevölkerung (38%) zu, wo Präsident *Nazarbajev* durch eine Politik ethnischer Toleranz versucht, einen multikulturellen Staat aufzubauen. Viel hängt auch von der weiteren Eskalation des *Karabach*-Konfliktes ab. Ein offener Krieg zwischen christlichen Armeniern und muslimischen Aserbaidschanern mit russischer Parteinahme auf Seiten Armeniens würde eine weitere Polarisierung zwischen Russen und Muslimen in Zentralasien nach sich ziehen.

Die Wiedereingliederung in die islamische Gemeinschaft wirkt auf die dortigen Kräfteverhältnisse zurück

Die Entwicklung dieses Konfliktpotentials ist nach dem Zerfall der Sowjetunion nicht mehr nur eine Frage der inneren politischen und ökonomischen Entwicklung. Durch die Öffnung zur islamischen Welt treten *neue externe Faktoren und Einflüsse* auf. Die Frage, ob Nationalismus oder Islam zur wichtigsten Kraft auf dem Weg zu wirklicher Unabhängigkeit werden wird, ob Islam oder ein supranationaler Turkismus als integrierende Kräfte die Ausweitung ethnischer Konflikte verhindern können, wird in zunehmendem Maße auch von den islamischen Nachbarn beeinflußt werden.
Die Wiedereingliederung in die islamische Gemeinschaft, offiziell vollzogen durch die Mitgliedschaft in der *Islamischen Weltkonferenz*, hat auch Einfluß auf das Kräfteverhältnis in der islamischen Welt selbst. *Iran* und die *Türkei* scheinen am Beginn neuer Epochen mit neuen Perspektiven zu stehen. Beide werden im Weltmaßstab an Bedeutung gewinnen und könnten politisch und wirtschaftlich gestärkt aus dieser Annäherung herausgehen und zu neuen Regionalmächten heranwachsen.
Beim vielzitierten Wettlauf um Einfluß, an dem sich *auch Saudi-*

Arabien und Pakistan beteiligen, ergeben sich gewisse *Startvorteile für die Türkei.* Mit der Türkei vereint nicht nur wie mit Iran die gemeinsame *Religion,* sondern auch, abgesehen von Tadschikistan, ein gemeinsamer *ethnischer Ursprung* und eine gemeinsame *Sprachfamilie.* Mit einem Aserbaidschaner kann sich ein anatolischer Türke mühelos, mit einem Usbeken gebrochen verständigen. Das wiedererwachte Gefühl der Verbundenheit wird oft mit dem Wiedersehen zweier lange voneinander getrennt lebender Brüder verglichen. Wo immer heute türkische Delegationen, Wirtschaftsvertreter und Journalisten in Zentralasien, besonders aber in Aserbaidschan, auftauchen, werden sie mit familiärer Herzlichkeit, ja Überschwang aufgenommen.

Der *Vorrang der ethnischen Komponente vor der religiösen* zeigt sich unter anderem darin, daß der Einfluß Irans nicht etwa im schiitischen Aserbaidschan am stärksten ist, sondern im sunnitischen, aber iranisch-sprachigen Tadschikistan. Einen Vorteil besitzt Iran durch seine geographische Lage, die gemeinsamen Grenzen mit Aserbaidschan und Turkmenistan, während der einzige direkte Zugang der Türkei zu ihren türkischen Nachbarn in einer zwölf Kilometer langen Grenze zu Nachitschewan liegt, einer zu Aserbaidschan gehörenden Autonomen Republik, die jedoch von Aserbaidschan durch einen armenischen Korridor getrennt ist.

Die Kooperation, die Einflußnahme und Hilfe, wie sie in zahlreichen Aktivitäten und inzwischen geschlossenen Verträgen zum Ausdruck kommt, findet in allen gesellschaftlichen Bereichen statt.

Das Ringen um Einfluß beginnt auf religiösem Gebiet

Da der *Nachholbedarf an religiöser Unterweisung* enorm ist, werden die islamischen Länder um massive Hilfe beim *Bau von Moscheen* und bei der *religiösen Ausbildung* von Lehrern und Studenten gebeten.

Den türkischen Botschaften sollen, wie in Baku bereits realisiert, religiöse Gesandtschaften angeschlossen werden. Daneben sind Ausbildungsprogramme in der Türkei sowie die Entsendung von Religionslehrern iniziiert worden. Die Türkei hat ihre eigene, gerade für Zentralasien interessante Form des Islam anzubieten, eine Verbindung von Nationalismus und Islam, die sogenannte *türkisch-islamische Synthese,* die in der Türkei in wichtigen gesellschaftlichen Bereichen einflußreiche Vertreter hat.

Als islamischer Staat legt *Iran* natürlicherweise größeres Gewicht auf geistige Hilfe für die Völker Zentralasiens und Aserbaidschans. „Die islamischen Völker der Sowjetunion sehen Iran als einzige Zuflucht", behauptet der Führer des extremen islamistischen Flügels im iranischen Parlament, *Mohtaschemi*[12]). Dagegen ist iranischen Diplomaten und Wirtschaftsvertretern durchaus klar, daß islamistische Bewe-

gungen in Aserbaidschan und Zentralasien im Augenblick keine großen Erfolgsaussichten haben.
Nach Angaben der aserbaidschanischen Volksfront sind iranischen Mullahs schon seit längerem in Aserbaidschan aktiv, unterstützt von einer massiven Rundfunkpropaganda. Die schiitische geistliche Führung Aserbaidschans arbeitet eng mit Iran zusammen und unterstützt z. B. die von religiösen Kräften getragene Kampagne gegen die Einführung des lateinischen Alphabets, wendet sich aber auch um Hilfe auf religiösem Feld an die Türkei.
Die Anstrengungen der *Türkei* nehmen sich gegenüber den iranischen Aktivitäten bescheiden aus. Während die Türkei z. B. zum Fastenmonat Ramadan 60 zusätzliche Geistliche in die Republiken entsendet hat, sollen aus Iran angeblich 700 Mullahs kommen[13]).
Nur *Saudi-Arabien,* das ebenfalls den iranischen Einfluß fürchtet, kann da finanziell mithalten und unterstützt unter anderem die offizielle Geistliche Verwaltung in Taschkent. Auch nach Tadschikistan wurden saudische Religionslehrer geschickt, durch finanzielle Unterstützung stieg die Zahl der Moscheen dort in zwei Jahren von 18 auf 2500[14]).

Lateinisches oder arabisches Alphabet statt der kyrillischen Buchstaben?

Eine der entscheidenden Fragen für die Zukunft der muslimischen ehemaligen Sowjetrepubliken ist, durch welches Alphabet man das kyrillische ersetzen will. Zwar werden bis zur Realisierung dieser Vorhaben noch Jahre vergehen, doch wird keine Republik auf diese Änderung als Symbol wirklicher Unabhängigkeit verzichten wollen, es sei denn, die für die Umstellung notwendigen Kosten und andere Sachzwänge würden dies verhindern.
Tadschikistan hat mit dem Beschluß, die *arabische* Schrift zu übernehmen, seine kulturelle und sprachliche Nähe zu Iran dokumentiert. Für die *turksprachigen* Staaten würde die Übernahme des lateinischen Alphabets eine engere Anlehnung an die Türkei bedeuten und die Einheit der türkischen Welt symbolisch untermauern. Durch ein gemeinsames Alphabet würde man darüber hinaus die Beziehungen untereinander erleichtern sowie die Turkrepubliken dem Westen näherbringen[15]).
Nachdem sich *Aserbaidschan* bereits für die Übernahme des lateinischen Alphabets entschieden und damit ein Signal gesetzt hat, könnten *Kirgisien* und *Kasachstan* diesem Beispiel möglicherweise folgen. Beide haben mit der Türkei Abkommen über Hilfsmaßnahmen zur Übernahme des lateinischen Alphabets bzw. zur Entwicklung eines gemeinsamen Alphabets geschlossen. Auch die turkmenische Führung hat im März 1992 Schritte in diese Richtung getan[16]).
Unentschieden ist die Situation noch in *Usbekistan.* Während die Verwaltungsschicht und die nationalistische Opposition das lateini-

sche Alphabet bevorzugen, plädieren die islamische Geistlichkeit sowie die islamische Opposition, unterstützt von Saudi-Arabien, für das arabische Alphabet.

Noch sind die Bedingungen für die Übernahme der lateinischen Schrift nicht gegeben, entscheidend wird das Ausmaß der türkischen Hilfe sein. Gerade hier muß man jedoch skeptisch sein, da die *Hilfsmöglichkeiten der Türkei* doch relativ *begrenzt* sind. Wie die erwarteten Druckereiausrüstungen, Schreibmaschinen, Bücher usw. geliefert werden können, scheint bisher noch unklar zu sein.

Zur Unterstützung ihrer kulturellen Ziele hat die Türkei wie auch Iran ein ganzes Bündel von Maßnahmen geplant. Dazu gehören Rundfunk- und Fernsehsendungen, Buchläden, Kulturzentren, Universitätskurse, offene Sprachkurse und Studentenaustausch. 10000 Studenten sollen in der Türkei als Manager und Verwaltungsbeamte ausgebildet werden[17]). Zur Koordinierung der Hilfe wurde ein dem Außenministerium unterstelltes Präsidium für Zusammenarbeit auf dem ökonomischen, kulturellen, technischen und Ausbildungssektor gegründet.

Neben staatlichen Institutionen sind eine Reihe von politischen Organisationen und kulturellen Stiftungen aktiv. Die nationalistisch-islamisch ausgerichtete Zeitung *Zaman* erscheint bereits mit einer Ausgabe in teils kyrillischer, teils lateinischer Schrift in Aserbaidschan und Kasachstan, demnächst auch in anderen Republiken.

Einen entscheidenden Schritt nach vorn im Rennen um kulturellen Einfluß wird die Türkei – gerade auch im Hinblick auf die Einführung des lateinischen Alphabets – machen, wenn die geplanten *Fernsehsendungen* über Satellit für die zentralasiatischen Republiken beginnen. Ein Teil des Programms soll in vereinfachtem Türkisch gesendet werden, auch Untertitel in lateinischer Schrift sind vorgesehen[18]).

Die Anziehungskraft des türkischen Wirtschaftsmodells

Nach allgemeiner Expertenmeinung werden die Staaten Zentralasiens auf das Niveau von armen Entwicklungsländern absinken. Allein für das Eindämmen im Grunde nicht reparabler *Umweltschäden* wären Investitionssummen nötig, die auch der Westen nicht zu geben in der Lage ist.

Obwohl von allen die Umwandlung in ein marktwirtschaftliches System – allerdings mit unterschiedlicher Gewichtung – gewollt und propagiert wird, sind wirkliche *Transformationen des Wirtschaftssystems,* kaum zu erkennen. Neben *Mangel an Erfahrung* fehlt es vor allem an notwendigem *Kapital,* dessen Bildung aus eigener Kraft nicht möglich ist. Aufgrund der unklaren ökonomischen Situation, der ungenügenden gesetzlichen Garantien sind bisher *ausländische Investitionen,* gerade auch von türkischer und iranischer Seite, nur spärlich geflossen.

Das ernsthafteste Reformprogramm ist bisher von *Nazarbajev* in *Kasachstan* in Angriff genommen worden, wo man sich mit Erfolg um westliches Kapital bemüht. Wegen seines Rohstoffreichtums und seiner Reformpolitik hat Kasachstan am ehesten eine Chance, seine ökonomischen Probleme zu lösen. Neben Aserbaidschan besitzt es die wirtschaftlich stärkste Potenz.

Kirgisien, das Land mit den am weitesten fortgeschrittenen Reformen, wo der Einfluß der alten kommunistischen Nomenklatura durch Präsident *Akajev* zurückgedrängt werden konnte, hat weniger günstige Voraussetzungen, setzt auf westliches Kapital und sucht vor allem Zusammenarbeit mit Südkorea. Die wirtschaftliche Situation *Usbekistans, Turkmenistans* und *Tadschikistans* ist ähnlich katastrophal. Während Tadschikistan als ärmste der ehemaligen Sowjetrepubliken, mit ungeborchener Machtposition der kommunistischen Partei, bisher kein westliches Kapital angezogen hat und auf die Zusammenarbeit mit Iran setzt, will Turkmenistan, wo die ehemaligen Kommunisten ebenfalls ihre Macht erhalten konnten, auf der Grundlage seiner Erdöl- und Erdgasindustrie gleichermaßen mit der Türkei und Iran kooperieren. Usbekistan verstärkt seine Bemühungen um türkisches Kapital und Know-how und holt türkische Wirtschaftsberater ins Land.

Die wirtschaftlich engsten Beziehungen bestehen zwischen der Türkei und *Aserbaidschan.* Mit Hilfe amerikanischen Kapitals sollen diese Beziehungen in Zukunft ausgebaut werden[19]). Sowohl Iran als auch die Türkei haben mit allen neuen Staaten langfristige Wirtschafts- und Handelsverträge abgeschlossen.

Die größere wirtschaftliche Bedeutung, die der Türkei gegenüber Iran zukommt, hat nicht nur ihre Wurzeln in ethnischen und sprachlichen Gemeinsamkeiten. Sämtliche Präsidenten der Turkrepubliken haben sich als Vorbild das *türkische Wirtschaftsmodell* erkoren. Das iranische Modell hat vom ökonomischen Standpunkt keine Anziehungskraft, sondern gilt bei vielen als gescheitert. Dagegen wird die Türkei als erfolgreiches Industrieland mit dynamischer Wirtschaft gesehen. Das türkische Wirtschaftsmodell erscheint für die zentralasiatischen Staaten *nachvollziehbar.* Es zeigt auf, wie man mit dem Mittel einer autoritären Demokratie von einem unterentwickelten Land zu einem Exportland werden kann. Auch die Türkei ging den Weg vom Einparteienstaat mit etatistischer Wirtschaftsführung zur Demokratie und Marktwirtschaft mit weiterhin beträchtlichen staatlichen Bereichen.

Die Anziehungskraft liegt weiter darin, daß man durch türkische Erfahrung und Vermittlung hofft, auf den *Weltmarkt* zu gelangen. Da die Türkei jedoch trotz eines Exportbooms eigene Wirtschaftsprobleme wie eine hohe Auslandsverschuldung hat, ist sie genausowenig wie Iran in der Lage, die notwendigen Kapitalinvestitionen zu tätigen. Zu große Erwartungen auf beiden Seiten nach der Formel „Was Westdeutschland für Osteuropa, ist die Türkei für Zentralasien" müssen zwangsläufig enttäuscht werden. Klagen über nicht eingehaltene bzw. zu langsam eingelöste Versprechungen sind inzwischen schon mehrfach von aserbaidschanischer wie auch von kasachischer Seite geäußert worden. Das euphorisch gestimmte, aber teils unrealistische Bild, das man sich vielerorts von der Türkei macht, wird in Zukunft auf diese Weise wohl noch manche Korrektur erfahren müssen und kann, wie man es in Kasachstan in Ansätzen schon beobachten kann, zu einer gewissen Abkühlung und vielleicht gesunden Ernüchterung führen. Die in nationalistischen Kreisen in der Türkei zum Teil vorherrschende Auffassung, Aserbaidschan und Zentralasien als alleiniges türkisches wirtschaftliches Einflußgebiet zu betrachten, stößt in diesen Ländern auf keine Gegenliebe. Man will und braucht sowohl türkische wie auch iranische, saudische, vor allem aber westliche Hilfe, wie dies besonders von kasachischen und kirgisischen Offiziellen immer wieder betont wird.

So liegt eine der Hauptaufgaben der Türkei darin, als Vermittler westliches Kapital zu transferieren bzw. *Joint-ventures* zu bilden, wie dies in einigen Fällen schon geschehen ist. Zwar hat auch die Türkei Kreditabkommen mit den neuen Staaten geschlossen, ihre Bedeutung für die wirtschaftliche Entwicklung Zentralasiens und des Kaukasus liegt aber weniger in ihrer finanziellen Potenz, an der sie Iran und Saudi-Arabien unterlegen ist, als vielmehr in ihrer Hilfe beim Aufbau von Handelsstrukturen, Hilfe beim Aufbau eines Bankensystems – eine türkische Zentralasienbank soll den Handel mit der Türkei und dem Westen finanzieren – sowie in der Entsendung von Verwaltungsfachleuten, Beratern und Managern. Direkte Hilfe auf wirtschaftlichem Gebiet wird von der Türkei vor allem im Bereich der Bauwirtschaft und des Transportes erwartet. Von zentraler Bedeutung ist die Hilfe beim Ausbau der Infrastruktur und hier in erster Linie beim Aufbau der Telekommunikation, den die Türkei allen Republiken angeboten hat und zum Teil in Angriff genommen hat. Von der Türkei erhofft man sich die Vermittlung einer modernen Technologie, die sie eher als Iran oder Pakistan anzubieten hat.

Für die Türkei eröffnet sich die Chance auf einen großen Markt und die Erschließung neuer Rohstoffquellen. Verträge gibt es über Kohlelieferungen aus Kasachstan, Erdgas aus Turkmenien, Erdölbohrung in Aserbaidschan. Auch Iran hat ähnliche Verträge abgeschlossen. In Zukunft soll der Raum mit neuen Pipelines (z. B. von Turkmenistan bis ans Schwarze Meer), Eisenbahnlinien, Straßen, Luft- und Schiffahrtslinien auf dem Kaspischen Meer erschlossen werden.

Neue internationale Wirtschaftsstrukturen beginnen sich abzuzeichnen

Eine Grundlage der verstärkten Zusammenarbeit soll in Zukunft die Erweiterung der Wirtschaftskooperationsgemeinschaft ECO sein, eine seit Jahren bestehende Wirtschaftsgemeinschaft von Türkei,

Iran und Pakistan, deren Bedeutung bisher eher gering war. Durch die Eingliederung der neuen Mitglieder Aserbaidschan, Turkmenistan, Usbekistan, Tadschikistan und Kirgisien, wahrscheinlich demnächst auch Kasachstan, würde sie eine neue Bedeutung bekommen. Hauptproblem dieser Gemeinschaft dürfte das gespannte Verhältnis und die Rivalität zwischen Ankara und Teheran sein. Da Teheran aus geographischen Gründen natürliches Zentrum dieser Gemeinschaft sein wird und Iran eine führende Rolle in ihre beansprucht, wird sie in Iran höher eingeschätzt als in der Türkei und als ein *Gemeinsamer Islamischer Markt* angesehen. Angesichts der ständigen Differenzen zwischen Iran und der Türkei sehen die Türken ebenso wie die neuen Staaten sie als rein ökonomische Zweckgemeinschaft.

Wichtiger erscheint der Türkei die Errichtung einer *Schwarzmeer-Freihandelszone,* der unter anderem *auch Rußland und die Ukraine* angehören, die aber *auch Armenien und Aserbaidschan* mit einschließt. Sie soll als Brücke zum zentralasiatischen Markt ausgebaut werden und darüber hinaus die politische Stabilität in der Region sichern. Sozusagen im Gegenzug hat Iran die türkische Delegation während der ECO-Tagung im Februar 1992 in Teheran mit Plänen für eine *Kooperation der Anliegerstaaten des Kaspischen Meeres* überrascht, die Zusammenarbeit auf den Gebieten der Schiffahrt und der Fischerei vorsieht. Obwohl neben Iran, Aserbaidschan, Turkmenistan und Kasachstan auch Rußland dazugehören soll, spricht man bereits davon, daß das Kaspische Meer endlich wieder zu einem *islamischen Meer* geworden ist.

Neue wirtschaftliche Strukturen beginnen sich damit abzuzeichnen. Die Koordinierung ihrer Wirtschaftspolitik wurde von den zentralasiatischen Republiken durch die Bildung eines Konsultativrates bereits vor dem Zerfall der Sowjetunion in die Wege geleitet und seitdem durch Veträge ausgebaut, gleichzeitig sollen die bestehenden Verflechtungen mit den anderen ehemaligen Sowjetrepubliken nicht abreißen. Auf dem letzten Wirtschaftsgipfel der zentralasiatischen Staaten Ende April 1992 wurde darüber hinaus eine stärkere Orientierung an den reichen asiatischen Ländern beschlossen.

Bei einem Zerfall der GUS mit einer *Unterbrechung der bisherigen Lieferbeziehungen* würden sich die *ökonomischen Probleme noch verschärfen.* Weder die Türkei noch Iran könnten dieses Vakuum füllen. Da alle neuen Staaten außer Kasachstan *auf Lebensmittellieferungen angewiesen* sind, wären *Hungerkatastrophen* die Folge. Langfristig hätte ein gemeinsamer Wirtschaftsraum mit Anlehnung an die islamischen Länder, insbesondere an die Türkei und Iran, günstige wirtschaftliche Aussichten. Man könnte sich wirtschaftlich ergänzen und durch das Exportpotential Kasachstan (Kohle und Getreide) die notwendigen Importe sichern[20]). Ein Markt von 60 Millionen Menschen würde die Region auch für die westlichen Staaten interessanter machen.

Auch politisch hat das türkische Modell Vorbildwirkung

Das laizistische System der *Trennung von Religion und Politik,* wie es in der Türkei, wenn auch heutzutage in zum Teil aufgeweichter Form, praktiziert wird, stellt für die säkularistisch geprägten nationalen Eliten Zentralasiens und Aserbaidschans ein angestrebtes Modell dar. Alle Präsidenten der Turkrepubliken haben sich in deutlicher Form für das türkische System ausgesprochen sowie den *Islamismus* als eine, wenn auch nicht akute, so doch potentiell gefährliche Bedrohung bezeichnet. Als politische Demonstration haben die Präsidenten ohne Ausnahme als Ziel für ihren ersten Staatsbesuch die Türkei gewählt, wobei umfangreiche Freundschafts- und Kooperationsabkommen geschlossen wurden.

Während man in Aserbaidschan schon seit dem Beginn der Unabhängigkeitsbewegung im Zuge des *Karabach*-Konfliktes auf die Türkei gesetzt hatte, ist es in Zentralasien vor allem Usbekistan, das seine politische Nähe zur Türkei demonstriert und der Türkei sogar die Vertretung seiner Interessen im Ausland durch türkische Botschaften und Konsulate übertragen hat.

Spätestens seit der Besetzung Bakus durch die Rote Armee im Januar 1990 zum Zweck der Machterhaltung der Kommunistischen Partei gegenüber der Bedrohung durch die Volksfront ist die Bevölkerung in der Türkei sensibilisiert für die Belange der sogenannten *Auslandstürken.* Dies beschränkt sich nicht auf nationalistische Kreise.

Ist die Beziehung Aserbaidschans zur Türkei vor der russischen Revolution auch gleichzeitig eine Geschichte der *panturkistischen Ideologie* (d. h. einer Bewegung einer Gruppe von Intellektuellen, die die Entstehung eines neuen Imperiums unter Einschluß der Türken im zaristischen Rußland als einzige Alternative zum zerfallenden Osmanischen Reich sahen), so muß man heute mit dem Vorwurf des Panturkismus, wie er vom Westen und von Rußland gebraucht wird, vorsichtig umgehen. Sicher gibt es eine starke nationalistische Rechte in der Türkei mit wachsenden Einfluß auch in Aserbaidschan, die eine Wiederbelebung panturkistischen Gedankengutes fördert, dies ist jedoch nicht die vorherrschende Strömung in der türkischen Gesellschaft. Feststellbar ist dagegen in den vergangenen zwei Jahren das Anwachsen eines allgemeinen Solidaritäts- und Zusammengehörigkeitsgefühl mit den Türken Zentralasiens, insbesondere aber mit dem aserbaidschanischen Volk. Dies hat noch nichts mit expansionistischen panturkistischen Hoffnungen zu tun, sondern ist Ausdruck eines erweiterten türkischen Nationalismus oder Turkismus. Allenfalls könnte man angesichts der wirtschaftlichen Aktivitäten und Pläne von einem ökonomisch orientiertem Panturkismus sprechen, während der historische Panturkismus rein politische Ziele hatte.

Verbunden mit dem wiederentdeckten Zusammengehörigkeitsgefühl

ist das *Gefühl einer neuen Bedeutung für die Region*. Auch im Weltmaßstab ist die Türkei dabei, eine bedeutende Rolle innerhalb der vielzitierten neuen Weltordnung zu spielen, die, wenn auch zögernd, inzwischen auch im Westen wahrgenommen wird. Diese neue Bedeutung führt manchmal in weiten Kreisen der türkischen Öffentlichkeit, besonders an ihren rechten Rändern, zu überzogenen euphorischen Erwartungen und Emotionen, oft begleitet von einem Anwachsen antiwestlicher Gefühle. Eine Haltung, als „älterer Bruder" oder gar als Lehrmeister für die übrigen Turkvölker aufzutreten, könnte bei eventueller Enttäuschung unrealistischer Erwartungen auf seiten der neuen Staaten rasch zu Mißstimmungen führen. Im Gegensatz zu einem Großteil der türkischen Presse vertritt die türkische Regierung jedoch hier eine realistische Einschätzung und warnt vor falschen Hoffnungen.
Verbunden mit dieser neuen Bedeutung ist eine Verantwortung als *Schutzmacht* und – besonders akut im Falle Aserbaidschans – als einziger *Interessenvertreter* der Turkvölker gegenüber Rußland und der westlichen Welt. So hat sich die Türkei auch für die Mitgliedschaft der Turkrepubliken in der KSZE eingesetzt.
Für Aserbaidschan ist die Türkei der einzige Staat, der inhaltlich die Position Aserbaidschans im Konflikt mit Armenien unterstützt. Rücksicht auf die lebenswichtige Beziehung zur Sowjetunion mußte dabei immer oberstes Gebot der türkischen Politik sein. Das anfängliche Zögern der türkischen Regierung bei der symbolträchtigen Anerkennung Aserbaidschans als erstes Land noch im November 1991 hatte seine Gründe eben in der Furcht vor jenem Vorwurf des Panturkismus und der Priorität der guten Beziehungen zur Sowjetunion. Auch nach deren Ende versucht die Türkei in ihren Zentralasien- und Kaukasuspolitik *Rücksicht auf Rußland* nehmen, aus verständlichen Gründen, wenn man die gespannte Lage in den nach Unabhängigkeit von Rußland strebenden Republiken Tatarstan und Tschetschenistan betrachtet, die beide Unterstützung bei der Türkei suchen.
Der ausschlaggebende Faktor bei der Anerkennung Aserbaidschans war schließlich die Furcht, Iran könnte im Rennen um Einfluß zuvorkommen. Iran seinerseits verkannte die Zeichen der Zeit, setzte noch kurz vor der Auflösung der Sowjetunion auf das Moskauer Zentrum und verärgerte damit die Aseris.
Gerade im schiitischen Aserbaidschan ist der iranische Einfluß trotz starker Propaganda im Gegensatz zum türkischen relativ gering. Eine islamistische Partei erhielt bei – allerdings offensichtlich gefälschten – Wahlen sechs Prozent der Stimmen. Letztendlich muß Iran ein starkes, unabhängiges Aserbaidschan fürchten, könnte dies doch zu einer Wiedervereinigungsbewegung mit den Aseris im eigenen Land führen. So hat Iran im Karabach-Konflikt bisher noch nicht – auch mit Rücksicht auf eine einflußreiche armenische Minderheit in Iran – für Aserbaidschan offen Partei ergriffen. Nach Meinung der aserbaidschanischen Volksfront unterstützt Iran Armenien, unter anderem sogar mit Waffenlieferungen. Tatsächlich fürchtet Iran den

türkisch-aserbaidschanischen Nationalismus der Volksfront, der es die Mitschuld für die Eskalation des Konflikts gibt. Den Nationalismus in Aserbaidschan und in der Türkei sehen viele in Teheran im Verein mit den USA, den Karabach-Konflikt als Teil einer Verschwörung, die den Boden für eine amerikanische Intervention bereiten soll[21]). Iranische Vermittlungsversuche im Konflikt haben gegenüber entsprechenden Bemühungen der Türkei den Vorteil, daß sie auch von armenischer Seite akzeptiert werden.
Wie Iran, so kann auch die Türkei angesichts ihrer ökonomischen Pläne, in die auch Armenien mit einbezogen ist, alles andere als einen Krieg vor ihren Grenzen gebrauchen. Die Regierung wahrt zwar offiziell Neutralität, hat aber angesichts der Eskalation Rußland und die USA vor einseitiger Unterstützung Armeniens gewarnt, ansonsten würde man seine Zurückhaltung aufgeben. Dabei steht sie unter massivem Druck der öffentlichen Meinung, die ein härteres Vorgehen gegenüber Armenien bis hin zur militärischen Intervention fordert. Auch die Opposition und Präsident *Özal* sind für eine aktivere Einflußnahme zugunsten Aserbaidschans.
Besorgt zeigt man sich auch über vermeintliche westliche Pläne, Armenien zu einer westlichen Bastion nach israelischem Muster auszubauen. Tatsächlich ist durch die amerikanische Politik, zu Armenien viel früher diplomatische Beziehungen aufzunehmen als zu Aserbaidschan, Baku weiter vom Westen entfremdet worden. Auch Tadschikistan, Turkmenistan und Usbekistan wurden erst sehr spät anerkannt. Durch diese Politik werden gerade Nationalisten und Islamisten in ihrer auf fruchtbaren Boden fallenden Argumentation gestärkt, daß der Westen nicht der Freund der Muslime sein kann, oder nach einem heutzutage oft gebrauchten Spruch, daß „ein Türke nur einen Türken zum Freund haben kann“.
Inzwischen haben die USA größere Anstrengungen in Zentralasien unternommen. Auf Vorschlag von Ministerpräsident *Demirel* gibt es inzwischen einen Plan der Zusammenarbeit von Türkei und USA in Zentralasien zur Koordinierung der Hilfsmaßnahmen, der das politische Gleichgewicht in der Region halten, die Annäherung der Turkrepubliken an die westliche Welt bewirken sowie den iranischen Einfluß eindämmen soll. Die Türkei soll dabei ihre Brückenfunktion ausüben. Daß die Bedeutung dieser Brückenfunktion inzwischen innerhalb der NATO zu einem die Türkei-Politik bestimmenden Faktor geworden ist, zeigt die Debatte über die türkische Kurdenpolitik und die unterschiedlichen Reaktionen in Deutschland und den übrigen Nato-Staaten. In der Türkei ist man davon überzeugt, daß Europa, wenn es Einfluß auf die Entwicklung im Kaukasus und Zentralasien nehmen will, dazu die Türkei braucht. So sieht man sich nicht mehr als marginales, abgelehntes Land in Europa, sondern als Land mit neuer Bedeutung und neuem Selbstbewußtsein.

Ein neuer Staatenbund liegt durchaus im Bereich des Möglichen

Verschiedene wirtschaftliche und politische Gemeinschaften zeichnen sich am Horizont ab. Ein neuer Staatenbund, eine Zentralasiatische Union liegt durchaus in naher Zukunft im Bereich des Möglichen. Eine solche Föderation in enger Zusammenarbeit mit Aserbaidschan und der Türkei läge sicher im Sinn der zentralasiatischen Turkvölker.

Die Wiedererrichtung einer supranationalen türkischen Identität kann jedoch weder die jetzigen nationalen Gegebenheiten noch die wachsende islamische Identität ignorieren. Eine Renaissance des alten Turkestan wäre, wenn überhaupt, ein späteres Ziel.

Noch aber ist die politische Stabilität bedroht von der Gefahr interethnischer und zwischennationaler Auseinandersetzungen, verstärkt durch die katastrophale ökonomische, ökologische und soziale Situation. Eine weitere Ausbreitung radikaler islamistischer wie auch chauvinistischer Strömungen ist dabei immer eine ernstzunehmende Bedrohung.

Eine Signalwirkung wird der weitere Verlauf des Karabach-Konfliktes haben, der mitentscheidend für das Verhältnis zwischen Russen und Muslimen, darüber hinaus für das Verhältnis des Islam zum Westen allgemein sein wird. Aus diesem Grund muß die Verhinderung eines offenen Krieges zwischen den neuen KSZE-Mitgliedern im Kaukasus eine vordringliche Aufgabe der europäischen Staaten sein. Er kann, wenn überhaupt, nur durch internationale Vermittlung verhindert werden.

Anmerkungen

[1]) Siehe Kurzbiographie des Verfassers über den Mufti von Zentralasien, Muhammad Sadyk Muhammad Jusuf. In: Orient 1/91, Opladen. S. 16–22.

[2]) USSR Today. Soviet Media News and Features Digest. Radio Liberty, 27. 4. 1990. Islam and Perestroika in the USSR.

[3]) Die Verwaltung der Muslime war seit 1943 aufgeteilt in vier Geistliche Direktorate: Für Zentralasien und Kasachstan in Taschkent, für den europäischen Teil der Sowjetunion und Sibirien in Ufa (Baschkirien), für den Nordkaukasus in Machačkala (Daghestan) und für Transkaukasien in Baku. Seit 1990 gibt es ein eigenes Direktorat für Kasachstan.

[4]) Siehe Bess Brown, The Presidential Election in Uzbekistan. In: RFE/RL Research Report, No. 4, 24. Januar 1992.

[5]) Sie werden deshalb nach der in Saudi-Arabien herrschenden Lehre Wahhabiten genannt.

[6]) Milliyet, Istanbul, 24. Januar 1992.

[7]) Siehe Abidin Bozdag, Konfliktregion Kirgisien. Dynamik und Eskalation der blutigen Zusammenstöße 1990. In: Orient 3/91, Opladen. S. 365–393.

[8]) In Usbekistan gibt es z. B. 3 Millionen Tadschiken, in Tadschikistan 1,2 Millionen Usbeken.

[9]) Das bekannteste Beispiel ist Berg Karabach in Aserbaidschan. Andere wichtige Autonomiebewegungen sind die der Osseten in Georgien oder der Karakalpaken in Usbekistan.
[10]) So erheben z.B. die Tadschiken Anspruch auf das Gebiet um Samarkand und Buchara.
[11]) Besonders durch die Austrocknung des Aralsees und die Bodenversalzung entsteht Wassermangel. Turkmenen und Usbeken fordern z.B. Gebietsumverteilungen entlang des Amu-Darja.
[12]) Weekly Press Digest, Tehran. No. 50, 7.–13. Dezember 1991.
[13]) Zaman, Istanbul, 4. März 1992.
[14]) Newsweek, 3. Februar 1992.
[15]) Eine Kommission soll die Entwicklung eines gemeinsamen Alphabets untersuchen. Auch das in der Türkei gebräuchliche Alphabet müßte um wahrscheinlich drei zusätzliche Buchstaben ergänzt werden. Tercüman, Istanbul. 21. November 1991, 17. Januar 1992, 2. Februar 1992.
[16]) Milliyet, 3. März 1992. Zaman, 3. März 1992.
[17]) Turkish Daily News, Ankara. 16. März 1992.
[18]) International Herald Tribune. 24. März 1992.
[19]) Bei einem Besuch einer Delegation der Turkish-American Businessmen's Association im Februar 1992 in Baku wurden einige neue Verträge abgeschlossen. Siehe: Briefing, Ankara. 24. Februar 1992.
[20]) Vgl. Roland Götz, Zur Lebensfähigkeit der Gemeinschaft Unabhängiger Staaten (GUS). In: Europa-Archiv, Bonn. Folge 4/1992, S. 107–114. Siehe dazu auch: Werner Gumpel, Die wirtschaftliche und soziale Lage in den Turkrepubliken Mittelasiens. Südosteuropa-Seminar, Universität München. Arbeitspapier, Nr. 1/1992. München, Februar 1992.
[21]) The Echo of Iran. No. 50, März 1992.

Klaus von Beyme

Demokratisierung als Mittel des Systemzusammenbruchs

Die Wandlungen im sowjetischen Regierungssystem seit Gorbatschow

Als einziges Land Osteuropas ein Demokratisierungsversuch von oben

Von allen osteuropäischen Ländern hat nur die Sowjetunion *freiwillig* die Demokratisierung durch Reformpolitik von oben versucht. In den anderen Systemen gab es das Modell einer Umfunktionierung des Sozialismus durch die oberflächlich gewandelte kommunistische Partei (Bulgarien, Rumänien). Aber sie erfolgte nicht freiwillig, sondern erst als alle sozialistischen Systeme Osteuropas zusammengebrochen waren und die eigene Machtposition bereits erschüttert wurde. Diesem Modell der Steuerung von oben stehen zwei Modelle gegenüber, in denen die Demokratisierung eher durch *Druck von unten* zustande kam. Sie erfolgte entweder wie in Polen und Ungarn durch Erosion des Sozialismus, indem die Demokratisierungsschritte zwischen kommunistischer Partei und Opposition *ausgehandelt* wurden, oder sie wurde durch den *Kollaps* des Systems nach Massenprotesten ausgelöst. Die verschiedenen Modelle lassen sich mit der gebotenen Vorsicht in einer Vierfeldermatrix veranschaulichen (vgl. *von Beyme* 1992):

Strategien im Öffnungsprozeß 1989–1991

	Pragmatisches Durchwursteln	Ideologiegesteuerter Erneuerungsversuch
Steuerung von oben	Umfunktionierung des Sozialismus Bulgarien Rumänien	Innovation des Sozialismus Perestroika in der Sowjetunion
Druck von unten	Erosion des Sozialismus Polen Ungarn	Kollaps des Sozialismus und Machtübenahme der Gegenelite Tschechoslowakei DDR

Im Vergleich der Demokratisierungsprozesse ist die sowjetische *Perestroika* durch *zwei Besonderheiten* gekennzeichnet:

- Sie ist ein *ideologiegesteuerter Versuch* der Demokratisierung von oben. Die nötigen Schritte wurden vor dem Kollaps eingeleitet. Dies schien der Partei zu erlauben, die Kontrolle über den Prozeß zu behalten.
- Sie ist *nicht durch Druck von unten zustande gekommen.* Auch dies schien eine Garantie dafür, daß der Reformprozeß relativ gut gegen die wechselnden Interessenmehrheiten im Volk abgeschirmt werden könnte.

Die Folgen der freiwilligen Öffnung des Systems mit einzelnen Ideologiestücken wie wirtschaftliche *Perestroika* und *Glasnost* im politisch-kommunikativen Bereich hatte jedoch weitreichende Folgen, welche die Führungsgruppe um *Gorbatschow* nicht realistisch antizipierte:

- Sie führte *im Vielvölkerstaat zur Erosion des staatlichen Systems,* als die Ethnien aus ihrem erzwungenen Tiefschlaf erwachten.
- Sie führte zur *Erosion des sozialistischen Systems,* da die in ihm überwiegend unfreiwillig integrierten Nationen aus dem Hegemonialsystem von Warschauer Pakt und Rat für Gegenseitige Wirtschaftshilfe (RGW) ausbrachen.

Die obige Vierertypologie von Strategien im politischen Wandel gibt nur eine geronnene *Momentaufnahme* in einem historischen Prozeß wieder. Die Haltungen zum Wandel in den ex-sozialistischen Ländern unterlagen dem *Wandel:* Bulgarien hat seit den Wahlen vom Oktober 1991 den Steuerungstyp verlassen, den es anfangs gemeinsam mit Rumänien zu vertreten schien. Der sowjetische Typ eines von oben gesteuerten Erneuerungsversuchs ist gescheitert. Heute müssen die Staaten der GUS in ganz unterschiedliche Quadranten der Matrix eingeordnet werden. Die Matrix gilt daher nur für 1989 bis 1991.

Für eine Lösung nach polnischem Muster fehlte der Verhandlungspartner

Das Modell der *Perestroika,* das 1985 aus der Taufe gehoben wurde, erwies sich zunehmend intentional als Modell einer aufrichtigen Führung. Noch 1991 erschienen amerikanische Publikationen, die auch die *Glasnost* nur als den neuesten Trick aus dem Überlistungsarsenal des Bolschewismus werteten. Das aber blieb Außenseitermeinung (*Lowry* 1991). Funktional wurde das Perestroikasystem dem Modell der Erosion des Sozialismus auf Druck von unten immer ähnlicher. Der „geordnete Rückzug“, den die Parteien im korporatistisch umgedeuteten Modell der Öffnung antraten, wäre theoretisch für die Perestroikaführung möglich gewesen, wenn sie diesen Prozeß 1985 sofort in Gang gesetzt hätte. Aber gerechterweise wird man zugeben, daß *Gorbatschow* – selbst wenn er gewollt hätte, und er hat nicht gewollt! – den ungarischen oder polnischen Weg nicht hätte verfolgen können. Diese beiden Länder hatten seit Jahrzehnten ihre Autonomie betont. In der Sowjetunion war die soziale Basis dafür zu schmal. *Gorbatschow* hatte schon für seinen vorsichtigen Öffnungskurs nur die meisten Intellektuellen, einige Wirtschaftsexperten und Teile der Frauen und der Arbeiter hinter sich – letztere sollte er mit dem „Defizit", wie der Mangel euphemistisch umschrieben wurde, bald wieder verlieren. Gegen sich hatte er hingegen den überwiegenden Teil des Machtapparates. Seine erste Parteitagsrede von 1986 zeigte, daß Beifall nicht bei seinen neuen Ideen erklang, sondern immer erst, wenn die Rede des Parteivorsitzenden in die gesicherten Gewässer eines Leninzitates zurücksteuerte, vermerkte das Protokoll *burnye aplodismenti.*

Aus drei Gründen konnte eine korporativistische Verhandlungsstrategie zur *Perestroika* in der Sowjetunion nicht realisiert werden:

- Gerade weil die Reformpolitik – prima vista ohne dringende für die Massen schon einsehbare Notwendigkeit – von oben eingeleitet worden war, *ging sie vielen in der Partei viel zu weit.* Die eigene Regierungsunfähigkeit der Partei wurde erst in kleinen Schritten erfaßt. Selbst *Gorbatschow* war nicht bereit, die Partei notfalls zu opfern. Auch nach dem Zusammenbruch des Putsches im August 1991 wollte er die Partei noch in traditioneller Form säubern. Er hat jedoch den radikalen Umbauprozeß nur zögerlich gefördert. Viele Exponenten im Volksdeputiertenkongreß und im Obersten Sowjet hatten seit langem die Sozialdemokratisierung der Partei verlangt.
- Für eine korporatistische Übergangslösung zur Demokratie bedarf es eines etwa *gleich starken Partners am Verhandlungstisch.* Dieser war in der Sowjetunion nicht gegeben. Es gab keine organisierte Opposition, ein Mehrparteiensystem wurde zwar akzeptiert, aber es fehlte an einer geschlossenen Partei. Die Opposition war noch immer auf die Partei fixiert. Sie zögerte die Gründung einer großen Volkspartei hinaus. Angesichts der Zersplitterung der politischen Kräfte in Hunderte von Grüppchen und angesichts der Vorentscheidungen auf der Verfassungsebene in Richtung eines Präsidialsystems, wäre größere Eile geboten gewesen, um ein annäherndes Zweiparteiensystem zu schaffen, durch welches ein Präsidialsystem funktionsfähig hätte werden können.

  Gelegentlich ist die *Gewerkschaftsbewegung* als der zweite Verhandlungspartner in Demokratisierungsprozessen aufgetreten, wie die *Solidarność* in Polen, ehe sich die Bewegung ihren politischen Arm geschaffen hatte. In Rußland hatte es seit langem Arbeiteroppositionen gegeben (*Schlögel* 1984). Im März 1991 kam das Regime erstmals durch Streiks der Bergarbeiter in Schwierigkeiten. Sie konnten damals nur durch Intervention *Jelcins* gemeistert werden, der seine populistische Popularität in die Waagschale warf, um einen Kompromiß auszuhandeln. Aber die Arbeiterbewegung war organisatorisch *zersplittert.* Der Arbeiteropposition gelang es nicht, den alten Gewerkschaftsapparat zu erobern oder zu zerschlagen. Die anarcho-syndikalistische Zersplitterung der Kräfte, die schon vor 1917 die gut organisierten Bolschewiki begünstigt hatte, verhinderte die Herausbildung einer Gegenmacht zu Partei und Regierungsapparat.

- Die Gegenmacht trat in der Sowjetunion in einer Form auf, die für korporatistische Aushandlung von Demokratisierung ungeeignet war: in Form der *nationalen Bewegungen* in den Unionsrepubliken und einigen ihrer Untereinheiten. Zum *Korporatismus* gehören zwei wichtige *Elemente:* Die Fähigkeit der Organisationen, Kompromisse zu akzeptieren, und die Fähigkeit der Verhandlungspartner, ihre Mitglieder auf diese einmal geschlossenen Kompromisse zu verpflichten. Nationale Bewegungen aber traten auch in der Sowjetunion eher als neue soziale Bewegung auf: kompromißlos und maximalistisch. Wer *tutto e subito* verlangt, kann sich schwer auf 20% Demokratisierungszuwachs einigen, ohne sein Gesicht zu verlieren.
  Kompromisse waren angesichts der Aufheizung der Atmosphäre kaum noch möglich: In der Enklave *Gornij-Karabach,* die von Armeniern bewohnt wird, aber von Azerbajdžanern umgeben ist, wurde das erstmals deutlich: Sonderautonomie innerhalb Azerbajdžans oder Abtretung an Armenien wären denkbare Lösungen gewesen. Sie wurden von den beteiligten kaukasischen Völkern nicht akzeptiert. Nationalistische Bewegungen in Osteuropa waren so lange durch eine hypokrite Propaganda unterdrückt worden, daß die Gegenreaktion nicht weniger repressiv gegen andere Gruppen wurde, als die sowjetische Nationalitätenpolitik einst gewesen war. Während Georgien um seine Unabhängigkeit stritt, hat es brutal die Autonomiebestrebungen der beiden wichtigsten autonomen Gebiete auf seinem Territorium, Avchasien und Süd-Ossetien, unterdrückt.

Die nichtgeplanten Folgen der Perestroika nicht nur negativ

Die *Perestroika* ist mit den großen Reformen der Geschichte verglichen worden: mit der von *Peter dem Großen, Bismarck, Meiji, Atatürk.* Die *Unterschiede* wurden dabei übersehen. In Autokratien können ganze Stände, wie der Adel, ihren Fürsten und seine Helfer dafür hassen, daß er radikale Reformen zuläßt. Aber sie bestreiten ihm grundsätzlich nicht das Recht, zu tun, was ihm beliebt: *car tel est notre plaisir,* wie die französische Formel des absoluten Königtums kolportiert worden ist. Die *Perestroika* folgte auf ein extrem autokratisches System. Dieses hatte ständig den Namen des Volkes im Munde und in der Verfassung geführt. Sowie die Autokratie den Weg radikaler demokratischer Reformen betrat, schien es unmöglich, das Volk nach Belieben wieder nach Hause zu schicken.

Aufgrund dieser Unvergleichbarkeiten sind alle Parallelen zu den großen Reformern der monarchischen Autokratien schief. Der Verlauf der großen Reformen ist durch die Einmischung der Massen weniger berechenbar geworden. Große Reformen galten als beendet, wenn die beabsichtigten Folgen die geplanten Folgen der Reform zu überwinden begannen (*Oksenberg* 1991: 251). Dieser Zeitpunkt schien bei der *Perestroika* relativ früh einzutreten. Die ungeplanten Folgen traten im Bereich der ethnischen Beziehungen ein. Sie gingen so weit, die Wirtschaft noch zusätzlich zu untergraben, weil die Austauschbeziehungen an den Grenzen der Republiken vielfach unterbrochen wurden. Das Ende der *Perestroika* sollte durch Putsch gesetzt werden, vor allem um eine weitere Desintegration der Union zu verhindern.

Gleichwohl haben diese nichtgeplanten Folgen langfristig nicht nur negativ gewirkt. Sie haben die Führung, die an einem humanisierten Kommunismus festhalten wollte, schrittweise überzeugen helfen, daß nur eine volle Marktwirtschaft und eine wirkliche Demokratie helfen könnten.

Es zeigt sich einmal mehr, daß die Sonderung von funktionalen und dysfunktionalen Folgen eine altmoderne Utopie ist. Was im ersten Augenblick – und in der Intention der Reformer – *dysfunktional* schien, hat durch seine Sprengkraft dazu beigetragen, ein *funktional* in sich stimmiges pluralistisch-demokratisches System beschleunigt herbeizuführen. Das heißt freilich nicht, daß die ethnischen Probleme in allen Bereichen segensreich für die Demokratisierung wirken. Im Gegenteil. Nach der Initialzündung zur Aufbrechung des alten Empires erweisen sich die nationalen Probleme als eine schwere Belastung. Föderalismus und Demokratie sind ja selbst in alten Demokratien nie ganz kompatibel gewesen. Föderalismus als geronnene Lösung regionaler Probleme hat immer Abstriche an der gesamtstaatlichen Demokratie verlangt. Gewinne wurden andererseits durch intensivierte volksnahe Willensbildung in den föderalen Einheiten erzielt, die längerfristig auf die Union zurückwirken konnten.

Bei den Gründen für das Versagen der Perestroika steht der Verfall der Ideologie obenan

Als *Gründe für das Versagen der Perestroika* sind zu sehen:

1. Der Verfall der Ideologie
2. Der Verfall des sozialistischen Weltsystems
3. Die Unmöglichkeit, Demokratie und Marktwirtschaft im Gleichschritt durchzusetzen
4. Der Aufstand der Ethnien
5. Der Mangel eines gewachsenen Systems politischer Kräfte.

In Zeiten revolutionärer Aufbruchstimmung sind aufgeschobene Gratifikationen einer großen Zahl von Bürgern ideologisch nicht zu ver-

mitteln. Ein gefestigtes System, in dem sich das revolutionäre Charisma veralltäglicht hat und bei den Nachfolgern verknöcherte, hat keine mobilisierende Kraft mehr. Die ideologische Funktion war mit dem Charisma seit *Chruščev* nicht mehr verbunden. „Agrochemie“ kann nicht Massen mitreißen. Nicht wenige Wissenschaftler im Westen haben noch Anfang der 70er Jahre an die ideologische Regenerationsfähigkeit des Systems und die Möglichkeit, die Massen immer wieder zu mobilisieren, geglaubt (*von Beyme* 1975: 347 f.). Solche Hoffnungen standen im Banne der ersten *Chruščevschen* und *Breznevschen* Reformen. Ihr folgten zwei Jahrzehnte der Agonie des Systems. *Gorbatschow* setzte den Umschlag 1973 an. Der Marxismus-Leninismus schwelgte in der Krisenstimmung für den Kapitalismus, welche der Ölschock auslöste, und wiegte sich in verhängnisvoller Sicherheit, weil das sowjetische Öl auszureichen schien, den ganzen Block gegen die Folgen der Krise abzufedern. Das westliche System wurde zu gewaltigen Innovationen gezwungen und überwand die Krise in wenigen Jahren. Das östliche System hingegen erstarrte in Selbstgerechtigkeit.
Die wissenschaftlich-technische Revolution beherrschte die Diskussion zwar seit den 70er Jahren, aber die Diskussionen blieben globale *Propagandaphrasen.* Die Verwissenschaftlichung der Ideologie blieb im Strategisch-Taktischen stecken, zu dem der Marxismus durch die Leninsche Pervertierung schon immer geneigt hat. Das langfristig ausgerichtete Heilswissen hat sich auch durch das Schweigen über kommunistische Utopien nach *Chruščev* nicht soweit säkularisiert, daß eigenständige Disziplinen entwickelt wurden. *Soziologie* als Lehrfach wurde nie voll akzeptiert, *Politikwissenschaft* gab es nur als wissenschaftliche Assoziation zu außenpolitischen Propagandazwecken. *Ökonomie* gab es als Wissenschaft, aber sie blieb seltsam deskriptiv oder pauschal. Die wirtschaftlich-soziale Entwicklung in ihren breiten Vistas, die in keiner Parteitagsrede fehlte, blieb revolutionistisch und stieß nie zu einer wissenschaftlichen Kausalanalyse von (*von Beyme* 1989). Die *Zielkultur* war nicht mehr glaubhaft, die *Transferkultur* – im Sinne von *Chalmers Johnson* – war nicht mehr wirksam. Die Erosion der Ideologie setzte vor allem bei der *Intelligencija* ein.
Die Massen glaubten an die Postulate der ideologischen Transferkultur der Partei, solange es bergauf zu gehen schien. Der langsame Erfolg der ersten *Breznev*-Zeit war jedoch zugleich von einer Erosion der Ideologie begleitet, weil aufgeschobene Gratifikationen – Hoffnungen auf irgendeinen noch reiferen Sozialismus – nicht möglich sind, wenn das Niveau der Bedürfnisbefriedigung nicht mehr ganz niedrig ist. Mit abnehmender Mobilisierungskraft des Glaubens an das große kollektive Glück wurde die Neigung zum Rückzug ins kleine private Glück (*Simon* 1990: 3) gestärkt. Die traditionellen Werte der sozialistischen Arbeitsgesellschaft wurden in Umfragen immer geringer eingeschätzt, besonders in der Jugend. Abweichendes Verhalten von der sozialistischen Norm wurde zunehmend milder

beurteilt (*von Beyme* 1988: 149). Dennoch blieb die *äußere Konformität* bei Symbolen und Gedenktagen – vielleicht ebenfalls dank der Gewöhnung an einen ganz gewöhnlichen Feiertag – erstaunlich lange erhalten. Der Moskauer Stadtsowjet hat 1990 den 73. Jahrestag der Oktoberrevolution nicht mehr mit einer Militärparade feiern wollen. Dennoch setzte *Gorbatschow* die traditionelle Feier durch. Konzession war die Zulassung zweier oppositioneller Demonstrationen. *Jelcin* und *Popov* nahmen neben *Gorbatschow* noch auf dem Mausoleum Platz (vgl. *Meissner* 1991: 479) – beide erinnern sich daran vermutlich nicht mehr gern.

Nach dem Zerfall der sowjetischen Ideologie wurde die Schaffung neuer theoretischer Legitimationsgrundlagen nicht einfacher. Die alte Ideologie litt an *mangelnder Differenzierung.* Die neuen theoretischen Ansätze sind darin nur partiell besser.

Der Begriff *Sozialismus,* der in der Ideologie in immer neuen Nachhutgefechten vom *demokratischen Sozialismus* westlicher Sozialdemokratien abgegrenzt wurde, entwickelte als Ordnungsvorstellung in den Köpfen der sowjetischen Bürger immer größere Tendenzen, sich dem westlichen Modell anzunähern. Im September 1990 wurde von dem Umfrageinstitut von *Tatjana Zaslavskaja* (1991: 9) nach den Ordnungsvorstellungen der sowjetischen Bürger gefragt. Nur 8% waren für Aufgabe des Sozialismus und Übergang zum Kapitalismus, 30% traten für einen *sozialdemokratischen Weg nordeuropäischen Typs* ein, der sozialistische und kapitalistische Züge miteinander verbindet, 35% waren für einen *erneuerten Sozialismus* – bei 27% ohne Antwort. Die 35% schienen das Potential für *Gorbatschows* Perestroika-Politik. Nur 16–18% der Befragten glaubten noch an die Ideologie der Partei. Die westliche Presse hat diese Umfrage häufig als Beleg für den Sozialismus am Ende gewertet. Einem unvoreingenommenen Betrachter fällt eher auf, wie schwer sich die Mehrheit der sowjetischen Bürger von einer „Sozialismus“-Vorstellung lösen konnte, auch wenn sie den „realen Sozialismus“ für eine Farce hielt. Für den „erneuerten Sozialismus“ gab es immer noch die größte Zustimmung. *Gorbatschows* Versäumnis war es, nicht ab 1988 – vorher war es machtpolitisch kaum möglich – den Ausgleich mit der Gruppe gesucht zu haben, die Sozialismus nur noch als Chiffre für einen marktwirtschaftlichen Sozialstaat auffaßte.

Der Verfall des sozialistischen Weltsystems untergrub die Autorität der Reformregierung

Der Verfall des sozialistischen Weltsystems hat *in doppelter Weise* zum Mißerfolg der Perestroika begetragen: einmal untergrub er die Autorität der Reformregierung beim Apparat und bei den Massen, die sich in der Weltgeltung der Sowjetunion gesonnt hatten. Zum anderen hat diese Erosion des Weltsystems den sowjetischen Bürgern und vor allem den Oppositionellen gezeigt, wie andere Länder die überholte Herrschaft aushöhlten und ignorierten. Man kann nicht sagen, daß die Opposition daraus direkte Anregung für Aktionen gezogen hat. Es fehlte ja gerade die Kraft, sich zum Akteur im korporativen Übergang zum Nachsozialismus aufzuschwingen. Aber ganz sicher hat die Bewegung der sowjetischen Ethnien gewaltigen Auftrieb durch diese Vorbilder erhalten.

Gorbatschow hat – wie beim Polyzentrismus der Ethnien – zu spät begonnen, die *sozialistische Gemeinschaft* von der ideologischen Phrase in die Kooperation freiwilliger Völker zu überführen. Erst 1988 hat er den Eigeninteressen der Verbündeten größeres Gewicht eingeräumt (*Hacker* 1990: 31), den *proletarischen Internationalismus* gestrichen und die *Brežnev-Doktrin* über Bord geworfen. Mit dem Herbst 1989 begann eine hektische Reformpolitik, um den RGW zu retten. Mit der Umstellung des Intrablockhandels auf harte Währungen war die Grundlage der Gemeinschaft entfallen. Die sowjetischen Exporte in die RGW-Länder Europas gingen um 41% zurück. Vor allem die Drittweltmitglieder des RGW, Mongolei, Kuba und Vietnam, konnten einen solchen Schritt nur ruinös empfinden, und Moskau hat sich ihm lange widersetzt. Der *Warschauer Pakt* hatte noch weniger Überlebenschancen: die europäische Erweiterungspolitik der EG hatte Spaniens PSOE-Regierung den Weg in die Mitgliedschaft der NATO nicht erspart, für die vom spanischen Interesse her wenig Anlaß bestand. Die ex-sozialistischen Länder konnten nicht Mitglieder der NATO werden, obwohl – vor allem in der ČSFR – auch dies diskutiert wurde. Aber als Requisiten der Kandidatur für die EG-Assoziation mußte nicht nur ein Minimum an Demokratisierung, sondern wenigstens der Austritt aus dem Anti-Nato-Pakt vorgezeigt werden. Es war kaum ein Zufall, daß die Vorbesprechung zur Auflösung der Ostblockorganisationen unter der Bezeichnung „Erweiterung der Beziehungen zu Europa“ geführt wurden.

Die Unmöglichkeit, Demokratie und Marktwirtschaft zur gleichen Zeit zu realisieren

Alle großen Reformen der bisherigen Geschichte haben das politische System verändert und wirtschaftliche Reformen eingeführt. Aber sie mußten kein grundsätzlich neues Wirtschaftssystem schaffen. Selbst die Demokratisierung Südeuropas war nicht mit der Aufgabe einer neuen Ökonomie belastet. Auch *Francos* Diktatur hatte in ihrer senilen Endphase, durch semi-oppositionelle Eliten an der Macht, behutsam die faschistische Autarkieperiode beendet und die spanische Wirtschaft in den Weltmarkt eingegliedert. Die *Perestroika* hingegen war eher in der Position *Lenins.* Verhältnismäßig leicht wurden die Machtverhältnisse geändert. Schwer aber war es, die Ökonomie umzukrempeln. Es hatte selbst bei *Lenin* kein Konzept des

Übergangs zum Sozialismus gegeben. Spärliche Andeutungen bei *Engels* in der Schrift zur Wohnungsfrage (1872) oder von *Marx* in den Randglossen zum Gothaer Programm (1875) konnten nicht darüber hinwegtäuschen, daß der Marxismus „Kritik der bürgerlichen Ökonomie" geblieben war. Daher überwucherte das strategisch-taktische Denken in *Lenins* Theorie rasch den konsistent marxistischen Gehalt. Die *Perestroika* hatte erst recht kein Konzept. Wo bei *Marx* ein quasi-jüdisches Bilderverbot verhinderte, sich die Schritte zum Sozialismus auszumalen, schien bei der Marktwirtschaft wesensmäßig eine Theorie des Übergangs systemfeindlich zu sein. Nur einige Ordo-Denker haben der Ordnungstheorie die Aufgabe zugetraut, den „Übergang zur Idealordnung" zu konzipieren und mit einer mutigen Eingriffspolitik durchzusetzen (*Herder-Dorneich* 1988: 183). Pragmatischere marktwirtschaftliche Ansätze haben allenfalls über die Planungs- und Steuerungsrelikte Auskunft geben können, die man auch in einer Übergangsphase noch für notwendig hielt.
Die ältere Demokratisierungstheorie hat nach *Requisiten der Demokratie* gesucht, und sie vor allem in Konstanten der politischen Kultur gefunden. Die Existenz marktwirtschaftlicher Verhältnisse war so selbstverständlich, daß sie gar nicht mehr thematisiert wurde. Allenfalls wurde ein gewisser wirtschaftlicher Entwicklungsstand noch bei den Requisiten der Demokratie gesucht. Auch in der postkommunistischen Osteuropa-Forschung spukt die Vorstellung durch die Literatur, daß man Schwellenwerte der wirtschaftlichen Entwicklung exakt benennen könne. *Jańos Hajdú,* früherer ungarischer Botschafter, erklärte in einer Debatte über das Ende des Kommunismus:
„Ein Politologe meines Landes ist der Frage nachgegangen, auf welchen Fundamenten gesicherte Demokratien ruhen, und er ist zu dem Schluß gekommen, daß es unterhalb eines Bruttoinlandsproduktes von 6000 Dollar pro Kopf unmöglich wäre, auf die Dauer eine krisenfeste Demokratie zu haben" (Ende 1989: 13).
Bei der Festsetzung so schematischer Schwellenwerte war sichergestellt, daß Ungarn gerade noch Aussichten auf eine gute Demokratie hatte, die Sowjetunion und die Balkanländer hingegen nicht. Die EG hat das Pro-Kopf-Einkommen der ex-sozialistischen Länder in Prozent vom EG-Durchschnitt gemessen und kam zu dem Schluß, daß es in der Sowjetunion bei 35% lag, noch vor Polen (30%) und Rumänien (20%) (*Der Spiegel* 1991, Nr. 17: 151). Die sowjetischen Werte sind dabei ein Artefakt, in das die enormen Bodenschätze als Einkommensquelle eingehen, ohne daß sie – etwa im Vergleich zu Polen – die Produktivität der Wirtschaft exakt widerspiegeln. Nach jeder Requisitentheorie hat die Sowjetunion schlechte Chancen für eine verläßliche Demokratisierung, vor allem, wenn man die enormen Entwicklungsunterschiede innerhalb des Riesenlandes mit berücksichtigt. Selbst in einem kleineren föderativen Lande wie Jugoslawien haben die Entwicklungsunterschiede systemsprengende Kraft entwickelt und dazu beigetragen, daß Slowenien glaubt, ohne die Föderation besser zu leben,

während Montenegro noch zu arm ist, um sich die Abtrennung leisten zu können.
Will man dem Schematismus von ökonomischen Determinismen entfliehen, wäre vor allem die *Entscheidungsstruktur innerhalb der Wirtschaft* zu berücksichtigen. Auch hier bietet ein Seitenblick nach Jugoslawien düstere Aussichten. Selbst, wenn man die jahrzehntelange Propaganda und Selbstdarstellung des jugoslawischen Selbstverwaltungssystems inzwischen als Ideologie erkennt, ist doch kein Zweifel, daß Jugoslawien schon länger demokratisch-partizipatorische Verhaltensweisen in den Betrieben einüben konnte. Dennoch schlagen diese Erfahrungen im Augenblick des Zerfalls der Föderation zugunsten der Aufrechterhaltung von Demokratie kaum ins Gewicht.
Ein wichtiger Schritt zur Demokratisierung der sowjetischen Betriebe wurde durch die verschiedenen Gesetze zur Einführung von Mitwirkungen der Arbeiter unternommen. Solange aber die Partei den Betrieb fest im Griff hatte, erwies sich die interne Demokratisierung als unvollkommen. *Jelcins* Initiative vom Sommer 1991, die Kommunistische Partei mit ihren Aktivitäten aus den Betrieben und Behörden zu verbannen, war ein wichtiger Schritt zum Abbau von Hemmnissen der Demokratisierung.
Ein Manko der Demokratisierung erscheint vor allem das Fehlen demokratisch gesonnener Wirtschaftseliten. Bei den *Kandidaturen* zu den *Wahlen 1989* spielten Wirtschaftsfachleute kaum eine Rolle. Bei den neuen Eliten, welche die alten Apparatschiki in vielen Wahlkreisen verdrängten, dominierten die Journalisten und Schriftsteller. Die Rekrutierung von Wirtschaftsfachleuten für die wichtigsten Posten war selten. Allenfalls ein Professor für Wirtschaftswissenschaft, wie *Gavriil Popov,* Bürgermeister von Moskau, wurde Kandidat. Seltener standen praktisch erfahrene und geläuterte Manager für politisch verantwortliche Posten bereit. Das Nord-Süd-Gefälle wurde bei den Wahlen sichtbar. Im Süden hielt sich die Nomenklatur besser gegen den Volkswillen. In Uzbekistan gab es die größte Zahl von Kandidaturen ohne Gegenkandidaten (*Slider* 1990: 299).

Rollenvermischung oder ein erschreckendes Vakuum beim Verständnis von Institutionen

Die Schaffung einer verläßlichen Demokratie ist vor allem *institution building.* Das bürokratische System des realen Sozialismus hat ein erschreckendes Vakuum im Verständnis von demokratischen Institutionen hinterlassen. Im Augenblick des Triumphs zeigte auch *Jelcin* seine Mißachtung der Institutionen, als er mit *Gorbatschow* vereinbarte, daß künftig der russische Präsident Stellvertreter des Unionspräsidenten sei. Die Befreiung vom Putsch im Namen der Verfassung

beugte die Verfassung im Namen einer Abmachung zweier Führer am Text der Verfassung vorbei.
Große Reformen von oben kommen meistens nur zustande, wenn eine machtvolle *Führungspersönlichkeit* bereit steht. Diese ist in der Regel bei der Ausdifferenzierung der Institutionen, welche eine Demokratisierung erfordert, überlastet. Es genügt nicht mehr, die Parteiführung als verbindendes „Kettenglied“ für alle Institutionen in den Händen zu halten. Mit der Erosion der Partei wurde der *Parteivorsitz* praktisch bedeutungslos. Die Putschisten vom August 1991 gerieten ins Stottern, als sie auf einer Pressekonferenz gefragt wurden, ob der abgesetzte Präsident *Gorbatschow* noch Generalsekretär seiner Partei bleibe. Diese Funktion hatten sie auf der Suche nach Vortäuschung von Amtskontinuität durch prominente Mitwirkung von Vizepräsident, Innenminister, Verteidigungsminister und KGB-Chef gleichsam übersehen.
Die Anfänge des sowjetischen Parlamentarismus zeigten die Schwierigkeiten für einen charismatischen Führer, die nötige Rollendifferenzierung demokratischer Institutionen zu akzeptieren. *Gorbatschow* trat als Präzeptor der Nation in der Tradition *Lenins* auf und machte lange Ausführungen. Zugleich bedantwortete er Fragen der Deputierten, die jeder demokratische Präsident seinen Ministern überlassen hätte. Stehgreifantworten ohne Aktenstudium erwiesen sich zudem als unzureichend im Sinne der Kontrollfunktionen des Parlaments, auch wenn sie nach bestem Wissen und Gewissen gegeben wurden. Nicht einmal die Rolle des Parlamentspräsidenten gab *Gorbatschow* am Anfang aus der Hand. *Sacharovs* Tod war von dem unerfreulichen Ereignis überschattet, daß *Gorbatschow* als Verhandlungsleiter nach einem Wortwechsel dem großen Oppositionellen brüsk das Wort entzogen hatte. Solche Mängel wurden später durch Entflechtung der verschiedenen Rollen behoben. Aber die Rollenvermischung wurde von *Jelcin* weiter praktiziert, wenn er nach dem Putsch in einem Treffen des russischen Parlaments ein Dekret zur Beschränkung der Aktivitäten der Partei unterzeichnete, um den anwesenden *Gorbatschow* zu demütigen.
Die Demokratisierung bedeutet im Anfangsstadium einer Reform die *Parlamentarisierung.* Nicht selten ist in den autokratischen Reformen der Vergangenheit die Demokratisierung verhindert worden, weil man nur eine partielle Parlamentarisierung erlaubte – von der *Meiji*-Reform in Japan bis zu *Bismarck.* Selbst im Deutschen Kaiserreich konnte die Regierung trotz des allgemeinen Wahlrechts und eines redegewaltigen Reichstags durch Mißtrauensvotum nicht gestürzt werden. Der führende Staatsrechtler *Laband* erklärte ein Mißtrauensvotum rechtlich für so irrelevant wie „das Recht, ein Hoch auf den Kaiser auszubringen“. Dennoch begann die Demokratisierung in den alten Autokratien überall als Parlamentarisierung – das zaristische Rußland nicht ausgenommen.
Um 1989 war das parlamentarische System so sehr herrschende Form der Demokratie, daß die Parlamentarisierung der ex-sozialisti-

schen Systeme keiner jahrzehntelangen Machtkämpfe zweier Gewalten mehr bedurfte. Die Verfassungsänderung vom 20. Dezember 1989 hatte in der Sowjetunion ein Mißtrauensvotum mit Zweidrittelmehrheit eingeführt, aber die Rechtsfolgen nicht geregelt (*Schweisfurth* 1990: 7). Schon am 14. März 1990 wurde durch eine Verfassungsänderung klargestellt, daß die Regierung nach einem Mißtrauensvotum zum Rücktritt verpflichtet sei. Aus der Parlamentarisierung nach britisch-deutschem Modell wurde das System in ein *Präsidialsystem* überführt, halb parlamentarisch, halb präsidentiell. Sowohl der Oberste Sowjet als auch der Präsident konnten einen Mißtrauensantrag stellen. Die doppelte Verantwortlichkeit der Regierung, die vor allem das französische System der 5. Republik entwickelt hatte, war fixiert. Der Einfluß des Präsidenten auf die Gesetzgebung war gewachsen. Sein Recht, Dekrete *(ukazy)* zu erlassen, war jedoch nicht unbeschränkt. Es wurde der Kontrolle der beginnenden Verfassungsgerichtsbarkeit in Form des *Komitees für Verfassungsaufsicht* unterstellt. Diese Möglichkeiten sind eher auf den Ausnahmezustand als auf ein routinemäßiges Funktionieren der Demokratie abgestimmt.
In der ersten Zeit der *Perestroika* hat das Präsidium des Obersten Sowjets die alte *Ukaz*-Praxis strapaziert und häufig als Ersatzgesetzgeber fungiert (*Brunner* 1989). Der Übereinsatz von *Ukazen* hat wenigstens in einem Augenblick eine positive Wirkung entfaltet. Die Dekrete des Putschisten-Komitees für den Ausnahmezustand wurden nicht befolgt. Aber auch legale Dekrete waren vorher nicht befolgt worden. Das Wirrwarr von einander *widersprechenden Anordnungen* der russischen und der sowjetischen Staatsorgane hat nach der Niederwerfung des Putsches eher noch zugenommen, nicht zum Nutzen der Implementiertbarkeit staatlicher Entscheidungen.
Die neuere Entwicklung der Demokratien hat die Unterschiede zwischen parlamentarischen und präsidentiellen Systemen weltweit eingeebnet (*Lijphart* 1990). Die Transformation zur Demokratie in Osteuropa profitiert von diesen Erfahrungen. In mancher Hinsicht schien das System unter *Gorbatschow* stärker vom französischen Präsidialsystem zu einem voll präsidentiellen System hin zu tendieren, seit die Volkswahl des Präsidenten in das System eingebaut wurde. Aber die strikt amerikanische Gewaltenteilung ist schwer imitierbar. Die Einführung der Verfassungsgerichtsbarkeit nach amerikanischem Muster vollzog sich wie in westlichen parlamentarischen Systemen nach dem Krieg. Es wurde erkannt, daß auch in einem nicht strikt gewaltenteiligen System nach Art des parlamentarischen Regimes die *Verfassungsgerichtsbarkeit* eine gewaltige Entlastungsfunktion besitzt. Der politische Prozeß kann von unpopulären Entscheidungen befreit werden. Die Entrücktheit eines Gerichts erleichtert die Akzeptanz eines Urteils als angeblich unpolitische Entscheidung. Gerade in den sozialistischen Systemen war der politische Prozeß hoffnungslos überlastet gewesen, weil die Staatsorgane und letztlich die Partei sich allzuständig gerierten und in alle Lebensbereiche hinreinregierten. Die führende Rolle der Partei wurde konsequenterweise aus der

Verfassung von 1977 gestrichen. Der Monopolartikel 6 wurde zur Gewährleistung des Parteienpluralismus umfunktioniert.
Typisch für autoritäre Übergangsregime ist der Versuch, *Reste eines ständischen Parlaments* als Dammbau gegen die Flut der Volkssouveränität zu benutzen. Spanien hat in der Liberalisierungsphase damit gearbeitet und Schiffbruch erlitten. Schon das Splitting von *Volkskongreß (2250 Abgeordnete) und Oberstem Sowjet* (542) erinnerte an die wenig Vertrauen erweckende Honoratiorenversammlung, die den Präsidenten der 5. französischen Republik wählte, ehe *de Gaulle* 1962 gegen den erbitterten Widerstand der Senatsmehrheit zur Direktwahl des Präsidenten überging. In der Übergangszeit führte dieses Nebeneinander zu vielfachen Konflikten. Gerade ein System mit noch nicht eingespielten Mustern der Konfliktregelung und mit einer rudimentären Verfassungsgerichtsbarkeit kann sich solches Doppelspiel am wenigsten leisten. Die dringend erforderliche *Professionalisierung* der Abgeordneten wurde erschwert, wenn die größere Zahl der Abgeordneten bewußt im Status des Amateurparlamentariers gehalten wurde. Diese Verfassungsänderung vom Dezember 1988 war vermutlich der erste Schritt in die falsche Richtung bei den Verfassungsänderungen.
Jedes autoritäre System hat die Tendenz, korporativ-etatistisch organisierte gesellschaftliche Organisationen zur Machtabsicherung in den Anfängen der Parlamentarisierung zu benutzen. Einerseits hatte dies den Vorteil, daß oppositionell-demokratische Deputierte ins Parlament kamen, wie der damalige Chefredakteur der *Literaturnaja Gazeta, Fëdor Burlackij.* Andererseits wurde dieser Vorteil aber auch durch den Zugang von konservativen Gewerkschaftsfunktionären wieder konterkariert. Der ständische Parlamentarismus setzte sich auch in vielen Republiken durch und hielt sich, als er auf Unionsebene abgeschafft wurde (*Simon* 1990: 12). Nach dem Untergang der Union sollen nur die volksgewählten Deputierten noch Alimentation für eine Übergangszeit erhalten. Die *kleinen Verfassungsänderungen* ab Dezember 1989 trugen nur zum Teil zur Demokratisierung der Gliedrepubliken bei. Die Entscheidung über das *Wahlrecht* wurde den Republiken übertragen. Sie ermöglichten zum Teil auch konservativere Regelungen als in der Union und in der RSFSR. Das ständische Element blieb in Weißrußland und in Kazachstan erhalten, als die Union davon abrückte (*Meissner* 1991: 6).
Zwei wichtige Schritte zur Demokratisierung waren die Verfassungsänderungen, welche die Funktionen des *Komitees für Verfassungsaufsicht* präzisierten. Ein Fehler war, nicht sofort zu einem voll ausgebildeten Verfassungsgericht vorzustoßen, wie es Rußland realisierte. Im März 1990 wurden Art. 6, 7 und 51 geändert, und damit das Machtmonopol der Kommunistischen Partei abgeschafft. Damit wurden die Weichen für ein Mehrparteienparlament gestellt.
Im Herbst 1989 hatte *Gorbatschow* bei der *Bestätigung der Regierungsmitglieder* eine erste schwere Abstimmungsniederlage erlitten. Der Oberste Sowjet wollte nicht mehr ein Drittel der Abgeordneten

des Volkskongresses durch die KPdSU und andere gesellschaftlichen Organisationen bestimmen lassen. Der *Altkorporatismus* wich schrittweise dem *Parlamentarismus.* Ein Streikverbot wurde nicht nach *Gorbatschows* Willen pauschal genehmigt (*Simon* 1990: 9). Im Dezember 1990 wurde die Exekutive auch legal gestärkt. Im September 1990 hatte das befristete Gesetz, das die Vollmachten des Präsidenten erweiterte – und vielfach als „Ermächtigungsgesetz" apostrophiert wurde, den Ausbau der Exekutive eingeleitet. Im ersten Entwurf für einen *Unionsvertrag* vom November 1990 waren ähnliche Tendenzen enthalten, und riefen die Opposition auf den Plan, vor allem in der RSFSR. Der zweite amendierte Entwurf vom März 1991 war als Grundlage für eine neue Verfassung der UdSSR gedacht (*Meissner* 1991: 7) und hat diese Tendenzen kaum gemildert. Mit dieser Entwicklung wurde die Gewaltenteilung jedoch stärker ausgebaut. Das gestärkte Präsidentenamt machte es überflüssig, den Obersten Sowjet weiterhin auch als „verfügendes Organ" zu bezeichnen. Die *Teilerneuerung der beiden Kammern,* die durch den Kongreß der Volksdeputierten gewählt wurden, erinnerte auch an gaullistische Verfassungsvorstellungen oder an den amerikanischen Senat und hatte ähnliche konservative Nebenabsichten. Die *Präsidialisierung der Exekutive* machte auch darin Fortschritte, daß die Mitglieder des Ministerkabinetts nicht mehr die „Bestätigung", sondern nur die „Zustimmung" des Obersten Sowjets brauchten. Bei einem Organkonflikt hätte jedoch dieses schöpferische Halbdunkel der Formulierung schwerlich konfliktschlichtend gewirkt. Wichtig für die Parlamentarisierung war die *Reduzierung des Präsidiums des Obersten Sowjets auf ein Parlamentspräsidium* und die Aufgabe der typisch kommunistischen *Staatsratskonstruktion,* die die Gewaltenteilung bis dahin erschwert hatte.

Die Handlungsfähigkeit der Union wurde zwischen den Prozessen Parlamentarisierung, Präsidentialisierung und Konföderalisierung und den Exponenten der Exekutivmacht zerrieben

Die *zahlreichen Ausnahmeregelungen* ließen noch nicht auf ein geordnetes Verfassungsleben schließen. Der Präsident wurde nach dem Verfassungsamendement vom März 1990 ausnahmsweise durch den Kongreß der Volksdeputierten und nicht durch das Volk für 5 Jahre gewählt. Die Wahl *Janaevs* als Vizepräsident – ein folgenschwerer Schritt der Fehleinschätzung von Loyalität, wie sich im August-Putsch 1991 zeigen sollte – erfolgte ebenfalls ausnahmsweise durch den Kongreß der Volksdeputierten. Der Präsident paßte auch rechtlich noch nicht in das Bild eines gewaltenteiligen Systems. Er hatte noch Kompetenzen eines „Hüters der Verfassung" und eine Richtliniengewalt, die eigentlich dem Kongreß der Volksdeputierten

zustand (*Meissner* 1991: 27). Das Ermächtigungsgesetz übertrug dem Präsidenten Befugnisse, die bisher beim Obersten Sowjet allein gelegen hatten. Neben Parlamentarisierung und Präsidialisierung gab es den Versuch einer *Föderalisierung der Machtspitze.* Im März 1990 wurde der aufgelöste *Präsidentenrat* durch ein beratendes Gremium unter der Bezeichnung *Föderationsrat* abgelöst. Im Dezember 1990 erhielt dieser Befugnisse, die den Kongreß der Volksdeputierten überflüssig machte. In diesem Föderationsrat saßen alle Republikpräsidenten und die höchsten Repräsentanten der 20 Autonomen Republiken, die sich zum Teil schon zu Unionsrepubliken aufgewertet hatten. Die Repräsentanten der 8 autonomen Republiken und 10 autonomen Kreise durften nur in sie betreffenden Fragen an den Sitzungen mit Stimmrecht teilnehmen. Die *Föderalisierung der Exekutivspitze* hätte manches retten können, aber sie war „zu wenig und zu spät" und wurde von den Unabhängigkeitserklärungen der Unionsrepubliken sehr bald überrollt.
Die Stärkung des Präsidentenamtes hat die Stellung *Ryžkovs* als Vorsitzenden des Ministerrats der UdSSR nicht auszuhöhlen vermocht. Das lag vor allem daran, daß die *Wirtschaftskrise* zum Handeln zwang und beim Ministerpräsidenten starke Kompetenzen lagen. *Ryžkov* stützte sich in seiner Wirtschaftspolitik auf den weniger radikalen Reformplan *Abalkins,* der vom Obersten Sowjet nicht gebilligt wurde. *Schatalin,* ein Berater *Gorbatschows* in Wirtschaftsfragen, gehörte zu den schärfsten Kritikern. *Ryžkov* versuchte, möglichst viel zentrale Lenkung beim Übergang zur Marktwirtschaft zu erhalten. Mit der Souveränitätserklärung der RSFSR unter *Jelcin* im Juni 1990 ging das Gesetz des Handelns zunehmend auf Rußland über. Der *russische Gegenplan,* von *Schatalin* und *Petrakov* unterstützt, zwang *Gorbatschow* zum Kompromiß mit *Jelcin.* Ergebnis des Kompromisses war das *500-Tage-Programm Schatalins. Ryžkov* hielt gleichwohl am *Albakin-Plan* fest, und *Gorbatschow* lavierte zwischen beiden Plänen. *Aganbegjan* wurde beauftragt, die beiden Pläne zu harmonisieren. Der *verwässerte Schatalinplan* wurde als Präsidentenplan im Oktober 1990 von den Republiken kritisiert. Ergebnis war eine partielle *itio in partes.* Nur auf die allgemeinen Bestimmungen des Übergangs zur Marktwirtschaft konnte man sich einigen. Die konkreten Maßnahmen sollten den Republiken überlassen bleiben.
Auch der *geordnete Rückzug auf eine staatenbündische Lösung* bei der Diskussion um den Unionsvertrag gelang *Gorbatschow* nicht. Im Desintegrationsprozeß der Union taktierte *Gorbatschow* halbherzig, wie bei der Intervention im Baltikum Anfang 1991. Wo es zu Exzessen der *Roll-back-Politik* kam, will *Gorbatschow* weder angeordnet (glaubhaft) noch gewußt haben (unglaubhaft). Auf allen Ebenen – der Konföderalisierung der Union, der Beschleunigung der Wirtschaftsreform und der Radikalisierung der Verfassungsreform konnte *Jelcin* sich als konsequenter profilieren. *Gorbatschow* endete als eine Art *Kerenskij der Perestroika-Epoche.*

Die Handlungsfähigkeit der Unionsmacht wurde zwischen den Prozessen Parlamentarisierung, Präsidentialisierung und Konföderalisierung und den drei Exponenten der Exekutivmacht *Gorbatschow, Jelcin* und *Ryžkov* 1990–1991 zerrieben. Die sich überstürzenden Verfassungsänderungen konnten kein in sich stimmiges politisches System schaffen.
Die Berater aus der Wissenschaft – vor allem im *Institut für Staat und Recht* der Akademie wurden in ihrer Vorarbeit von Projekt zu Projekt gehetzt. Die publizistische Begleitmusik beschränkte sich darauf – etwa in der Frage der Ausgestaltung des Präsidentenamtes –, Ähnlichkeiten mit dem amerikanischen oder französischen Präsidentenamt zu konstatieren, ohne sich zu konkreten Empfehlungen durchzuringen oder auf Widersprüche im System, wie es sich entwickelte, mit der nötigen Deutlichkeit hinzuweisen (vgl. *Černilovskij* 1991: 112). Allenfalls wurden die Ausnahmekompetenzen des Präsidenten mit internationalen Präzedenzfällen gerechtfertigt. *Gorbatschow* hatte in seiner Rede vor dem ZK der KPdSU am 27. Januar 1987 – die als „Die Rede" im Westen aufgenommen wurde, weil erstmals ein pathetisches Bekenntnis zur Demokratie aufgenommen wurde: „Wir brauchen die Demokratie wie die Luft zum Atmen" – die Gesellschaftswissenschaftler kritisiert, die „Traktate von der Art von Trinksprüchen verfaßten, die manchmal mehr an schöngeistige Toaste erinnern als an ernsthafte wissenschaftliche Forschungen" (*Gorbatschow* 1987: 52). Das war richtig gesehen, es fehlte nur die Angabe der strukturellen Gründe dafür: ein System, das Wissenschaft so eng in den *Politikberatungsprozeß* einbindet, kann kaum anders wirken. Es blieb daher weitgehend beim „Fahnenschwenken", inzwischen jedoch für die *Perestroika.* Die Friktionen im System, die zwei Arten von Hüter der Verfassung – im Komitee für Verfassungsaufsicht und bei den Befugnissen des Präsidenten – wurden gerechtfertigt, als ob Konflikte nicht damit bereits angelegt seien (*Sil'čenko* 1991: 22). Die *Doppelherrschaft,* die *Lenin* einst als Machtmittel der Sowjets für eine Übergangszeit benutzt hatte, wurde in der neuen Form einer Doppelherrschaft lamentierend begleitet. Hektischer Aktionismus kennzeichnete das Verhältnis von Politik und Wissenschaft. Es fehlte nach Ansicht sowjetischer Wissenschaftler an unabhängiger wissenschaftlicher Vorarbeit (*Kruglyj stol* 1991: 14).
Die Losung „alle Macht den Räten", die mit dem Unterton einer Forderung nach Parlamentarisierung des bürokratischen Systems am Anfang der *Perestroika* ausgegeben wurde, ist mehr und mehr zur Farce geworden. „Alle Macht dem Präsidenten" schien als Losung an ihre Stelle zu treten. Die Kritiker unter den Verfassungsrechtlern blieben wie im alten Regime völlig im Motivationellen stecken. Fehler lagen bei den Menschen, nicht bei den Strukturen (vgl. *von Beyme* 1975: 319 ff.). Nun wurde der „Rechtsnihilismus" der neuen Führung und ihrer Berater für das institutionelle Chaos verantwortlich gemacht (*Kruglyj stol* 1991: 5). Dabei handelte es sich eher um das Gegenteil: einen platten Rechtspositivismus, der jedem

gesetzten Recht nachjagte, ohne nach der Gesamtkonzeption zu fragen, die einzelnen Rechtsakten zugrundelagen. Aber vielleicht war in einer Übergangsphase dieser Rechtspositivismus unvermeidbar, weil er als Schranke gegen eine Verwaltungs- und Justizwillkür und den Parteivorbehalt der Rechtsgeltung wirkte (*Brunner* 1991: 286).
Auch im westlichen System wird mit der *Waffe der Verfassungsklage* als Drohung schon im parlamentarischen Raum gearbeitet. In der *Perestroika* aber wurde das Verdikt der Verfassungswidrigkeit geradezu flächendeckend als Mittel der politischen Auseinandersetzung eingesetzt (*Blankenagel* 1990: 26), und vielfach kam es zu einer solchen *Parallelisierung der Rechtsquellen,* daß auch der Gutwilligste sich nicht mehr zurechtfand. Als *Popov* 1991/92 in Konflikt mit seinem Stadtsowjet geriet, trat der Oberste Sowjet der RSFSR auf seine Seite, während *Jelcin* sich schützend vor den Bürgermeister von Moskau stellte. Zwei Rechtsauffassungen gerieten in Clinch. Beide hatten recht: eine Seite berief sich auf das Gesetz, die andere auf Verordnungen, zu denen sie jeweils die Kompetenz besaßen. Die alten mechanistischen und unflexiblen Rechtsauffassungen, die in der Phase des Sozialismus dogmatisiert wurden, lebten in der Rechtsstaatsdogmatik weiter (*Blankenagel* 1990: 31).
Die alte *Ukaz-Praxis* hat die Durchsetzung des Vorrangs von Gesetzen immer wieder behindert. Der Konflikt zwischen *Unions- und Republikgesetzen* hat das Vertrauen in den Rechtsstaat selbst dort untergraben, wo der Vorrang des Gesetzes nicht verletzt worden ist. Vielfach hat der Oberste Sowjet selbst die *Aushöhlung seiner Gesetzgebungskompetenz* – etwa als das Wahlrecht den Republiken überlassen wurde – toleriert, und ein andermal lautstark angeprangert (*Kruglyj stol* 1991: 14). Die Masse der Parallelgesetze hat schließlich selbst einer gutwillig-gesetzestreuen Verwaltung die Orientierung schwer gemacht. Schließlich wurde kaum noch eine Vorschrift befolgt, gleichgültig, welchen Stellenwert sie in der Rechtsquellenhierarchie hatte. Nur einmal erwies sich diese Indolenz von Vorteil: die Anordnungen der Putschregierung vom August 1991 wurden so wenig befolgt wie die der Regierungen vor und nach dem Putsch.
Die *Konkurrenz in der Verfassungsarbeit* auf Unions- und Republikebene hat ebenfalls für einige Verwirrung gesorgt. Im RSFSR-Entwurf der Verfassung wurde im ersten Teil alles „Gute, Schöne und Wahre“, von Pluralismus und Gewaltenteilung bis zur sozialen Marktwirtschaft und der Sozialstaatlichkeit, fixiert. Der Vertrag über die Union der souveränen Republiken, der zur Grundlage einer neuen sowjetischen Verfassung hätte werden können, hatte im Artikel 5 in der ersten Fassung noch starke Relikte der alten Auffassungen. Da lag die Bestimmung der Strategie der sozialökonomischen Entwicklung des Landes noch als schwache Wiederauflage alter Planungsutopien den Kompetenzen der Union zugrunde – eine Konzeption, welche mit der ultraliberalen RSFSR-Verfassungskonzeption kaum vereinbar gewesen wäre. Ein konservativerer Alternativentwurf hatte

wenigstens einen Vorteil, die Verfassungsvorstellungen der beiden Ebenen kompatibler zu halten (*Problemy* 1991: 15 ff.). Der Konflikt wurde schließlich überholt durch die Auflösung der Union. Die beiden Auffassungen werden jedoch auch auf der Republikebene weiterhin aufeinanderprallen.

Wie das letzte multinationale Großreich zerbrach

Keine der Theorien der Ostforschung hat den Untergang der Sowjetunion prognostiziert. *Amalrik* mit seiner Untergangsvision für 1984 lag noch am nächsten an den künftigen Ereignissen. *Hélène Carrère d'Encause* (1978) mit ihrer These des *Empire éclaté* hat zwar die Risse im Sowjetimperium frühzeitig dramatisiert. Aber der ethnische Konflikt hat nicht in der gleichen Weise zum Zerfall des Reiches beigetragen wie 1918 in Österreich-Ungarn, wo die ethnische Debatte seit Jahrzehnten mit Erbitterung geführt wurde, vor allem in der Sozialdemokratie. Das Sowjetimperium zerbrach an seiner wirtschaftlichen Krise. Die Ethnien hielten sich erstaunlich lange ruhig. Erst als nach einem kurzen Aufschwung um 1988 der tiefe wirtschaftliche Einbruch 1989 deutlich wurde, trat die Erosion des Systems ein. Die nationalen Eliten haben in erstaunlicher Schnelligkeit die Union als Rahmen für Reformpolitik aufgegeben und auf die Republiken gesetzt. Auch Exponenten des alten Regimes wie *Nazarbajev* in Kasachstan oder *Kravčuk* in der Ukraine vollzogen die Absetzbewegung. Die Bildungsschichten in den Republiken – schon vor 1989 vielfach unterbeschäftigt – wandten sich den neuen sozialen Bewegungen zu (*Simon* 1991: 78).
Eine Reform ist nach Ansicht von *Michel Oksenberg* (1991) beendet, wenn die dysfunktionalen Folgen der Reform die Aufmerksamkeit der Führung so absorbieren, daß die zentralen Anliegen der Reformen stagnieren. Diese dysfunktionale Folge war vor allem der ethnische Konflikt.
Die Lage der Sowjetunion beim Übergang zur Demokratie war einmalig, weil es sich hier um die Transformation des letzten multinationalen Großreiches handelte. Die anderen multinationalen Großreiche in Europa waren 1918 untergegangen: das Osmanische und das Österreich-Ungarische. Die Nachfolgenation der Herrschaftsgruppe beschränkte sich bewußt auf ihre Nation im engeren Sinne: die Türkei unter *Ata Türk* hat pan-türkische Ideen definitiv abgeschworen, was bis heute die Debatte um den möglichen Anschluß Azerbajdžans an die Türkei erschwert. Österreich hingegen hatte nach 1918 in der Mehrheit noch keinen Mut zur separaten Identität. Nur durch alliiertes Veto der Sieger wurde es erst vom Anschluß an Deutschland und dann vom Staatsnamen „Deutsch-Österreich" abgebracht. Das russische Imperium zerbrach im gleichen Krieg schon 1917. Es gelang aber *Lenins* revolutionärer

Bewegung, das Imperium wieder zu sammeln, mit Ausnahme von Finnland und Polen.
Der sowjetische Föderalismus schien den imperialen Charakter des multinationalen Staatsgebildes eine Weile zu verschleiern. Nie hatte ein so relativ differenzierter und fairer Verfassungstext in der ethnischen Frage einer so brutalen und zentralistischen Nationalitätenpolitik gegenüber gestanden (*von Beyme* 1964). Nach dem Zusammenbruch des Putsches im August 1991 kam es zu einer beispiellosen Separationsbewegung. Selbst Weißrußland, von dem niemand geglaubt hatte, daß es als unabhängiger Staat existieren könne, erklärte seine Unabhängigkeit. Aber die Verlautbarungen aus der Ukraine zeigen immerhin, daß die Unabhängigkeitserklärung vielleicht nur der Verbesserung der Verhandlungsposition für einen neuen Unionsvertrag dienen sollte. Es wird von der Entwicklung der Demokratisierung Rußlands abhängen, ob die Trennung endgültig bleibt. Eine große Gruppe von Republiken zeigt noch *Neigungen zur weiteren Kooperation auf konföderativer Basis* in der GUS:

- Die slawischen Republiken *Ukraine* und *Weißrußland.*
- Das mehrheitlich slawisch bewohnte *Kazachstan.* Teilungspläne mit Unabhängigkeit für das mehrheitlich kasachisch bevölkerte Südkazachstan wurden diskutiert.
- Die *zentralasiatischen Republiken,* die kaum nationale Identität in der Geschichte erlangt hatten und in einer komplizierten Gemengelage beeinander lebten und ohne sowjetische Vermittlung in Kriege, Bürgerkriege und Armut zu versinken drohten.
- *Azerbajdžan,* das aus den erwähnten türkischen Erfahrungen für seine Gefühle als Irridenta keine recht Heimat fand.
- Möglicherweise bleibt in dieser Gruppe auch *Armenien,* das als Insel im Meer türkischer Völker und mit den Erfahrungen vergangener Progrome ebenfalls einigen Grund hat, darüber nachzudenken, ob die Mitwirkung in einer demokratisierten Union nicht mehr nationale Unversehrtheit verspricht als die Absonderung in einem kleinen, wirtschaftlich schwer lebensfähigen Nationalstaat.

Alle multinationalen Staaten sind Relikte älterer imperialer Reiche. Nur in Spanien gab es einen späten Präzedenzdall, wie ein multiethnischer Zentralstaat in eine faire multinationale Staatlichkeit überführt werden kann. Spanien ähnelte der Sowjetunion insofern, als auch hier ein geordneter Rückzug des *Ancien Régime* vorlag. Unterschied war freilich, daß das Staatsoberhaupt – in Spanien der König – den Werten des alten Regimes weniger verbunden war als *Gorbatschow* denen des leninistischen Regimes, das er anfangs nur allzugern modernisiert, aber nicht beseitigt hätte. Spanien hat den Weg zu einem Föderalismus vermeiden können. In einem Devolutionsmodell mit geschickt gestaffelten Autonomierechten hat der Zentralstaat die Ansprüche der Ethnien im ganzen befriedigen können. Die ETA bombt zwar weiter, aber gerade dies ist wohl Beleg der schwachen Grundlage weitergehender Separationswünsche der baskischen Untergrundorganisation, die für ihre Aspirationen demokratische Mehrheiten im Baskenland mangels ethnischer Homogenität nie gewinnen könnte. Das Baltikum stand jedoch Pate für neue Autonomiewünsche Kataloniens im September 1991.

Die Sowjetunion kann den spanischen Weg nicht ohne weiteres nachahmen. Es ist jedoch nicht auszuschließen, daß die Ukraine, als der zweite historische Pol des „Reiches", sein Verbleiben im Staatsverband von ähnlichen Sonderrechten abhängig machen wird, wie sie Katalonien erlangte. Die Sowjetunion war im Demokratisierungsprozeß in einer unvergleichbaren Lage:

- Sie wollte Demokratisieren, wurde aber von den *unterschiedlichen dezentralen Autonomiewünschen* überrollt. Diese waren keineswegs immer demokratisch, wie das Beispiel Georgiens zeigte. Föderalismus und Demokratie waren immer Antipoden, weil der Föderalismus Schutzbestimmungen institutionalisierte, die dem demokratischen Mehrheitswillen entzogen waren.
- Die Sowjetunion blieb *zunächst* – selbst nach der Aussicht, daß einige Territorien sie verlassen wollten (die baltischen Staaten, Moldavien und Georgien, eventuell Armenien) – *als lose organisiertes Riesen-Imperium erhalten.* Ein amerikanischer Botschafter hatte sich einmal über die sowjetische Imperialismus-Konzeption mokiert: sie scheinen für den Imperialismus zu unterstellen *you get there by sea.* Die Eroberungen, die in Zentralasien zum Teil erst aus der zweiten Hälfte des 19. Jahrhunderts stammen, blieben der Union zum großen Teil noch erhalten. Dies ist keineswegs nur ein Vorteil für die Demokratisierung: Die regionalen Differenzen bleiben beträchtlich. Auch wenn die Reduzierung der sozio-ökonomischen Unterschiede durch eine sozialistische Nivellierungspolitik auf ein Verhältnis 1:3 gelang – bei Ausgangsdifferenzen, wie sie zwischen Pakistan und Finnland bestehen –, bleibt die Belastung enorm. Eine rigorose *regionale Umverteilungspolitik* wird unter demokratischem Vorzeichen schwieriger als in einer kommunistischen Diktatur, die politische Preise einkalkuliert hat. Es ist kein Zufall, daß die traditionalistisch gestimmten Kreise, die sich an einer slawophilen Kleinunion der drei slawischen Republiken orientieren – wie *Solschenyzin* –, das Imperium lieber heute als morgen abschaffen würden, weil sie sich weniger Nutzen als Belastungen davon versprechen.

  Wann immer die Segnungen der kommenden Union unter den Erwartungen der Völker in der Union bleiben, werden neue Vorwürfe gegen den „Imperialismus" des russischen Staatsvolkes hochkommen. Auch dies ist eine schwere Belastung im Verhältnis von Demokratie und Föderalismus.
- Die großen Aufgaben, die einem Riesenimperium, das sich demokratisch föderalisiert, aufgebürdet sind, müssen mit einem *unzureichenden Instrumentarium staatlicher Steuerung* bewältigt werden. Durch den Coup im August 1991 ist der Endzustand des Unionsvertrages wieder ungewiß geworden. Die ersten Nachbesserungen hat nicht nur *Jelcin* für Rußland, sondern auch die

Ukraine eingefordert. Der „zweite Coup“ machte die Union Ende 1991 gegenstandslos.

Der Vertrag, der den Putsch auslöste, enthielt eine Reihe von schweren Belastungen: das Sezessionsrecht wurde im Artikel 1 gegen harte Widerstände der Zentrale durchgesetzt. In einigen Bereichen gab es weite Kompetenzen der Union, die zeigten, daß der alte zentralistische und planungsfixierte Geist noch nicht überwunden war. Wozu sollte die Bestimmung der Strategie der sozialökonomischen Entwicklung der Union dienen (Art. 6.5), wenn man den Übergang zur Marktwirtschaft ernst meinte, und wo doch im Westen längst eingesehen worden ist, daß der Staat überhaupt nicht fähig ist, die sozio-ökonomische Entwicklung zu „bestimmen“. Einheitliche Finanz-, Geld-, Steuer- und Währungspolitik mag einen Sinn ergeben. Aber eine einheitliche Preispolitik ist keineswegs nötig und eher verdächtig in bezug auf die Echtheit der marktwirtschaftlichen Gesinnung, die dahintersteht. Der zentralisierte Schutz der verfassungsmäßigen Ordnung (Art. 6.1) wurde durch den Putsch bereits diskreditiert. *Jelcin* hat bereits das Vorbild der Nationalgarden in den USA beschworen.

Andererseits deuten einige Elemente selbst des alten Vertrages eher in Richtung einer Konföderation: ein Steuersystem, in dem die Zentrale durch Matrikularbeiträge dotiert wird und geringe Steuererhebungskapazitäten hat. Das *Bismarck*-Reich hat freilich schon einmal auf deutschem Boden gezeigt, daß auch auf dieser dürftigen finanziellen Basis ein zentralistischer Moloch entstehen kann. Von den internationalen Rechten, welche die souveränen sowjetischen Staaten besitzen sollten (Art. 1), konnten selbst mit Sonderrechten ausgestattete Länder wie Bayern im Deutschen Reich nur träumen.

Die seltsame *Schwankungsbreite von Ultra-Zentralismus bis Konföderalismus* war einer harmonischen Vereinigung der Prinzipien von Demokratie und Föderalismus in der Zukunft schwerlich günstig.

Die schiere Größe des sowjetischen Systems wird eine schwere Belastung sein, solange der Geist einer zivilen Gesellschaft nicht hinreichend internalisiert worden ist und eine demokratische politische Kultur, die sich auf das neue Staatsgebilde bezieht, nicht entwickelt wurde. Selbst wenn es schließlich zu einem Unionsvertrag im Konsens käme, hat die Sowjetunion weniger Hoffnungen, als Rahmen von der Mehrheit der Ethnien akzeptiert zu werden, als das in Spanien geschah. Katalonien hat ein Eigenbewußtsein entwickelt, wie es allenfalls die Ukraine in der Sowjetunion entwickeln wird. Die anderen Regionen – mit Ausnahme Weißrußlands – haben andere kulturell-religiöse Traditionen. Vor allem der Islam ist eine unberechenbare Quelle von kommenden Konflikten.

Die Inkompatibilitäten zwischen Demokratie und Nationalismus werden immer im Licht der Ethnien gesehen, und darüber wird die *innerrussische Vielfalt* übersehen. Sibirien und Fernost haben allenfalls im Zweiten Weltkrieg einen fairen Anteil an den Investitionsmitteln der Union bekommen (*von Beyme* 1988: 70 ff.). Die *Autonomietendenzen östlich des Urals* wachsen. Moskau wird auch unter demokratischen Vorzeichen nicht in der Lage sein, die Implementationsdefizite im Osten zu kontrollieren.

Von den 23 Grenzen zwischen den Republiken sind nur drei nicht umstritten

---

Die ethnische und regionale Vielfalt hat in der ersten Demokratisierungsphase den Ausschlag dafür gegeben, daß die *Perestroika*-Führung das Gesetz des Handelns nicht behielt. In der zweiten Phase wurde sie der eigentliche Gegenspieler der zentralen Macht und zwang die Führung zu immer neuen Kompromissen, die den Nationalitäten nicht weit genug gingen und den konservativen Anhängern des Imperiums im Apparat als Zeichen schienen, daß *Gorbatschow* den „Rubikon" überschritten hatte.
Der *Putsch* war die halbherzige Antwort darauf. Er scheiterte ganz ähnlich wie die *Perestroika,* weil er eigentlich ein Einzweck-Putsch gewesen ist. Außer der *Vetofunktion, die Unterzeichnung des Unionsvertrages zu verhindern,* hatten die Putschisten kein Konzept für die Lösung der anstehenden Probleme erarbeitet. Dieser Mangel ließ die Putschisten paradoxerweise aus Liebe zum Imperium schon ein wenig demokratisch erscheinen:

- Sie beriefen sich auf *Kontinuität der Ämter* und nahmen die konzeptionslosesten Kreaturen wie *Jenaev* in Kauf, nur um den Anschein von Legitimität zu erwecken.
- Sie *scheuten die alte ideologische Legitimität,* die schon häufig die Legalität der Staatsorgane ausgehöhlt hat. Es gab keine Proklamation im Namen der Partei. *Gorbatschows* Funktion als Generalsekretär der Partei wurde in kurzsichtiger Weise vergessen. Nur seine präsidialen Vollmachten wollte man ihm abjagen.
- Die Putschisten haben die demokratischen Potentiale nur dort angegriffen, wo sie separatistisch erschienen wie im Baltikum. *Jelcin blieb ungeschoren* und konnte zum Kristallisationspunkt der demokratischen Verteidigungsbewegung werden.
- Sie *versuchten, die Mitwirkung Gorbatschows zu erlangen,* und als sie versagt wurde, konnten sie sich gleichwohl von ihm nicht lösen. Stotternd hat *Jenaev* in seiner ersten Pressekonferenz erklärt, daß *Gorbatschow* nach Wiederherstellung seiner Gesundheit unter Umständen wieder staatliche Funktionen ausüben könne.
- Der Coup richtete sich in erster Linie *gegen Glasnost.* Das *Bekenntnis zur wirtschaftlichen Perestroika* wurde weiterhin abgegeben. Einige Kommentatoren befürchrteten eine „chinesische Lösung" des Konflikts. Es zeigte sich jedoch, daß Teile des Militärs

nicht bereit waren, auch die *Perestroika* zu opfern, um *Glasnost* zu knebeln. Ohne die föderalistische Mehrebenen-Demokratie wäre eine chinesische Lösung wie auf dem Platz des himmlischen Friedens wahrscheinlicher gewesen.

Die mangelnde Differenzierung der Ideologie in der Sowjetunion schlug auch auf die wieder auflebenden Ideologeme durch. *Vremja* slavofilstvuet (die Zeit slawophilisiert) hatte *Pëtr Struve* im Ersten Weltkrieg geklagt, und das sollte sich erneut ereignen. Die neuen Philosophien – im Rückgriff auf die alten – blieben nicht weniger in der Identifikation von russisch und sowjetisch verhaftet wie die kommunistische Ideologie. Sie waren fixiert auf das Russische. Sie wünschten den nichtrussischen Sowjetvölkern alles Gute, aber hatten ihnen ansonsten nichts zu sagen, wie *Dietrich Geyer* schon 1989 (: 310) feststellte. Der internationalistische Ansatz westlicher multiethnischer Ideen war an *Menschenrechte* gebunden. Solange ein System, wie das sozialistische, diese beschnitt, konnte es letztlich auch keinen aufrichtigen Kosmopolitismus als Ideologie verbreiten.

Bis Anfang 1992 wurden jugoslawische Zustände vermieden. Wenn es zwischen den Republiken zu keiner Einigung käme, könnten sie jederzeit ausbrechen. Das geographische Institut der Akademie hat von 23 Grenzen zwischen den Republiken nur drei für nicht umstritten angesehen. Die Krim kann jederzeit ein sowjetisches „Slawonien“ werden. Für den Fall, daß eine Konföderation nicht dauerhaft ist, haben *Gorbatschow* und *Jelcin* 1991 in seltener Einmütigkeit territoriale Forderungen an die Ukraine angemeldet. Selbst Estland, das froh sein müßte, daß die Ablösung von der Union so vergleichsweise glimpflich verlief, hat an einer Stelle des finnischen Meerbusens die Grenze zu Rußland in Frage gestellt.

Die osteuropäische *Gemengelage* macht es schwer, die Ethnien nach westlichem Vorbild säuberlich zu territorialisieren und mit Autonomierechten auszustatten. Der *Exodus* hat begonnen. Schon 1990 wurde die Existenz von einer halben Million *Flüchtlingen* aus den transkaukasischen und mittelasiatischen Republiken zugegeben (*Saslavskaja* 1990: 20). Ihre Zahl wird wachsen. *Gorbatschow* wurde vorgeworfen, die Bedeutung der nationalen Fragen unterschätzt zu haben (*Simon* 1991: 85). Schon seine ersten Einlassungen im *Perestroika*-Buch und auf seiner Parteitagsrede vom Januar 1986 lassen diesen Schluß kaum zu. Ganz sicher aber hat er *die Föderalisierung der Union nicht entschlossen genug vorangetrieben,* als es noch Zeit dafür war. Der *Föderationsrat* vom März 1990 kam zu spät. Die Erosion des Reiches war zu weit fortgeschritten.

Die Sektkorkenknall-Stimmung über den Zerfall der Sowjetunion im Westen verdeckt freilich die Tatsache, daß in Osteuropa noch große Teile der Bürger für eine Union eintreten. Die Mehrheit der baltischen Staaten will dies aus begreiflichen Gründen ihrer Sicherheit nicht. 64% der europäischen Russen, aber nur 37% der Befragten außerhalb Rußlands waren für den Erhalt der Union. Nur in der Tschechoslowakei konnte die Unionsidee unter den ehemaligen Satelliten noch eine

Mehrheit von 51% und in Bulgarien eine knappe Mehrheit von 47:30 mobilisieren. Es waren die beiden Länder, in denen die Slawophilie lange den stärksten Einfluß hatte (Serbien wurde in den Survey nicht einbezogen) (*Central* . . . 1992: Annexe figure 46). Auch im Sezessionschaos des Augenblicks ist der Ruf nach neuer föderativer oder konföderativer Ordnung für die Zukunft nicht auszuschließen. Die Zustimmung zum Erhalt der Sowjetunion ist immerhin größer als die Hoffnung auf eine *Erhaltung Jugoslawiens.* Albanien stand mit 85% an der Spitze der Todeswünsche für die südslawische Föderation, Rumänien mit 48% Pro-Stimmen schien das entspannteste Verhältnis zu Jugoslawien zu haben. Selbst die Russen setzten ihre Hoffnung auf eine neue Union nicht in gute Wünsche für Jugoslawien um, nur 38% waren für den Erhalt des Gebildes (*Central* . . . 1992: Annexe 47).

Der Mangel eines gewachsenen Systems politischer Kräfte

Der Zerfall der KPdSU ist von den Reformern nicht früh genug erkannt worden. Die Perestroikaführung setzte auf eine „Erneuerung des Sozialismus“. Sie versäumte es aber, die Partei zügig in eine demokratische sozialistische Partei zu transformieren, wie es von der PDS bis nach Bulgarien durch den plötzlichen Zerfall des Sozialismus vielfach möglich wurde. Die Umfunktionierung des Kommunismus (siehe Schema 1) wurde so versäumt.
Eine wachsende Literatur klassifizierte die neue Parteienlandschaft und beklagte die Vielfalt, als ob das im spanischen Transformationsprozeß 1985–1987 mit seinen über 300 Parteien nicht ähnlich gewesen wäre (*Bapst* 1991, *Schneider/Timmermann* 1991, *Otdel* 1991, *Orlow* 1991). Das *Demokratische Rußland* schien größter Hoffnungsträger für ein Zweiparteiensystem.
Im April 1991 konstatierte *Gorbatschow* (*Moskovskie novosti* 12. 5. 1991), daß er mit Vertretern mehrerer Parteien in seiner Partei konfrontiert sei. Ende 1990 ging aus der *Demokratischen Plattform in der KPdSU* eine *Republikanische Partei der Russischen Föderation* hervor. Im April 1991 sammelten sich im Kongreß der Volksdeputierten der RSFSR um Oberst *Ruckoj* die *Kommunisten für Demokratie* (*Schneider/Timmermann* 52/1991: 6). *Jelcin* gelang es, *Ruckoj* als Viezepräsident zu gewinnen. Im August 1991 wurde die Gruppe zur selbständigen Partei und als sechste Partei in der RSFSR registriert. Sie hatte aber auch den Zerfall der Partei abgewartet. Die Austrittswilligen von *Popov* und *Sobčak* bis *Schewardnadze* und *Afanassev* hatten an einer Fülle von Plattformen mitgewirkt. *Jelcin* löste nach dem Putsch die KPdSU auf, aber an die entschlossene Gründung einer Gegenbewegung hatte er nicht gedacht. Wie *de Gaulle* ließ er eine Bewegung zu seiner Unterstützung nur gewähren. Jener freilich hatte den Vorteil, daß eine gaullistische Anti-4.-Republik-Partei seit langem organisiert war.

Das *Demokratische Rußland* entstand im Januar 1990 als Wählerblock um *Jurij Afanassev, Lev Ponomarev* u. a. *Popov* zog sich nach seiner Wahl zum Moskauer Bürgermeister wieder in die parteipolitische Unverbindlichkeit zurück. Es gelang nicht, wenigstens – wie in vielen ex-sozialistischen Ländern – eine lose Forumspartei neuen Typs zu schaffen, die in der ČSFR und Ungarn nach den ersten freien Wahlen 1990 und in Bulgarien nach den zweiten Wahlen im Oktober 1991 an die Macht kam. Alle diese Parteien unterlagen einem Zerfallsprozeß, und das Parteiensystem *professionalisierte* sich in den Eliten und *sozialstrukturierte* sich in der Herausstellung klarerer Zielgruppen. Aber diese Forumsparteien haben ihre vorübergehende Funktion erfüllt – nicht so in der Sowjetunion. Die Beharrungskräfte der alten Partei waren zu groß. Die Gestaltungskraft der Opposition zu gering.
Wie in anderen ex-sozialistischen Systemen wurde die Arbeiterbewegung noch zu sehr als Einheit stilisiert (*Gordon* 1991), und man konnte sich schwer an ein westliches Parteienmonopol gewöhnen. Überall versuchten *gesellschaftliche Massenorganisationen,* weiter politisch aktiv zu bleiben, auch nachdem die korporativen Repräsentationsanteile der letzten Perestroika-Phase verfallen waren. Alte *hardliner* räsonnierten weiter über die Vereinbarkeit der Mehrparteienidee mit *Lenins* Vorstellungen (*Butenko* 1991). Die kurze Zeit der Koalitionsregierung ließ sich aber kaum für einen pluralistischen *Lenin* ausschlachten. Regionaluntersuchungen in einer autonomen Republik reflektierten die Zersplitterung der früheren Kommunisten. 25% standen weiterhin auf den Positionen des 28. Parteitags der KPdSU, 14,7% unterstützten die *Demokratische Plattform*, 3,2% nannten sich konservative Kommunisten, 2,6% folgten der *Marxistischen Plattform,* die größte Gruppe konnte sich nicht festlegen oder versuchte, Anschauungen unterschiedlicher Plattformen zu kombinieren (*Faruškin/Jurtaev* 1991: 81). Ein generalisierbares Bild läßt sich aus dieser Momentaufnahme nicht gewinnen.
Die *Demokratische Plattform* hat im August 1990 eine Umfrage in Moskau zur Selbstvergewisserung ihrer Stärke durchgeführt. 34% unterstützten die *Demokratische Plattform,* 32% die *Demokratische Partei,* 18% die *Sozialdemokratische Partei,* 13% die *Sozialistische Partei* (*Babst* 1991: 109). Dieses Ergebnis schien schmeichelhaft für die demokratischen Kräfte. Aber die Hauptstadt hat noch nie die Kräfteverteilung im Lande widergespiegelt, am wenigsten in der agitierten Zeit der *Glasnost.* Wie groß die Unterschiede zwischen Hauptstadt und Provinz sein konnten, zeigte eine Frage an die Bürger von Moskau und Vladimir, ob die Formulierung des Referendums, das *Gorbatschow* zur Erhaltung der Union veranstaltete, klar gestellt worden sei. Die Frage wurde in Moskau von 70%, in Vladimir – wo der Obrigkeitsglaube weniger gelitten hatte – nur von 20% verneint (*Komarovskij* 1991: 8).

Entsteht aus Chaos neue Ordnung?

Die bisher sichtbaren politischen Gruppierungen erlauben keine Prognose. Aber die metaphorische Redeweise von *Chaostheorien* bietet nur einen gesicherten Satz an: aus Chaos entsteht neue Ordnung. Wie diese Ordnung in einer GUS und vor allem in Rußland aussehen wird, kann nicht prognostiziert werden. Die jetzige Parteienlandschaft gibt wenig Anhaltspunkte. Entscheidender als bisherige Klassifikationen dürfte die *Entwicklung demokratischer Verhaltensmuster* sein. Eine Pluralität von solchen Mustern von leidlicher Demokratie bis zu populistischem Autoritarismus ist in der GUS nicht auszuschließen und gefährdet in der Zukunft ihren Bestand. Selbst ein bisher noch loses supra-nationales Gebilde wie die EG leistet sich keine großen Differenzen der politischen Regime.
Die Ansätze einer demokratischen Kultur der Zivilgesellschaft, die sich beim Putsch in Moskau zeigten, sind hoffnungsvoll, dürfen aber nicht auf das ganze Land hochgerechnet werden. Die Strukturen in der Provinz sind wesentlich archaischer. Die Wahlen von 1989 haben gezeigt, daß auch in der Sowjetunion ein politisches *Nord-Süd-Gefälle* besteht. Im Süden hatte ein populistisch umfunktionierter Parteiapparat es wesentlich leichter als im Norden, den Wettbewerb freier Wahlen zu überleben.
Im transnationalen Vergleich zeigt sich, daß die Länder *griechisch-orthodoxer Prägung* mit ihrer cäsaro-papistischen Tradition und dem Mangel eingeübter Gewaltenteilung zwischen Kirche und Staat, Partei-Kirche und Staat, Führung und Gesellschaft, es schwerer haben, die Demokratie zu internalisieren als Länder wie Estland und Lettland, wo die protestantische und Länder wie Litauen bis Ungarn, wo die katholische Kirche seit langem ein gewisses Gegengewicht zum Staat gebildet hatten. Vergleicht man die Haltungen zum politischen Wandel einerseits und die politischen Grundstimmungen andererseits, so sind vier Haltungen denkbar, die jeweils eine wichtige politische Kraft in der Sowjetunion verkörpern:

Haltungen zum politischen Wandel (1989–1991)

		Radikalismus	Konservatismus
Politische Ziele	Indigenistischer Nationalismus	Pamjat' und Chauvinisten	alter Parteiapparat
	Westlicher Pluralismus	Jelcin Kurs	Gorbatschow Kurs

Die Euphorie über den Sieg wider die Putschisten hat im Spätsommer 1991 dazu geführt, daß der Sieg westlichen Pluralismus und radikaler Reformwilligkeit, wie sie *Jelcin* und die Gruppe der Demo-

kraten verkörpern, schon als ausgemachte Sache gilt. Auf die Dauer ist die Tendenz zwischen den vier Kräften noch nicht entschieden. *Jelcin* und *Gorbatschow* wurden Zwangsverbündete, aber auch ein Bündnis zwischen Parteiapparat und Beharrungskräften mit einem *Pamjat'*-Chauvinismus ist noch nicht ausgeschlossen.
Als noch ein *Allunions-Umfrage-Institut* bestand, wurde bereits deutlich, wie rasch der Verschleiß der Exponenten einzelner Entwicklungszenarios war. Im Dezember 1989 erweckte Gorbatschow bei 52% der Befragten Vertrauen, Jelcin nur bei 28%. Mitte 1990 lag Jelcin mit 71% vor *Gorbatschow* mit 28%, Ende 1990 war auch Jelcin wieder auf 52% gesunken und *Gorbatschow* auf 17% (*Vsesojuznyi* . . . 1991: 61). Inzwischen hat die Europäische Gemeinschaft den Eurobarometer auf Osteuropa ausgedehnt. Die russischen Momentaufnahmen wurden damit im osteuropäischen Kontext vergleichbar. Unzufrieden mit der Entwicklung der Demokratie war die Mehrheit in allen Ländern. Europäisch-Rußland aber lag mit 67% an der Spitze, gefolgt von dem Land, das die ältesten demokratischen Traditionen hatte, und daher vielleicht auch die höchsten Hoffnungen auf die Demokratie setzte, die rasch enttäuscht wurden (ČSFR 66%) (*Central* 1992: 15). Die Prognose ist nicht schwer, daß die Demokratie in Rußland die am wenigsten gefestigte in ganz Europa ist.

Internationale Solidarität – mit begrenzten Möglichkeiten

Die Sowjetunion auf dem Weg zu einer Demokratisierung erwies sich als einmaliger Fall. Dennoch gibt es ein paar Einsichten der vergleichenden Demokratisierungsforschung: eine schematische Feststellung wirtschaftlicher Schwellen ist nicht mehr möglich, seit sich die internationale Solidarität verbesser hat. Die Demokratisierung Italiens und Deutschlands wurde noch durch Alleingang Amerikas mit dem Marshallplan gefördert. Die Demokratisierung Südeuropas geschah schon unter nennenswerter kollektiver Hilfe der Europäischen Gemeinschaft und Amerikas. Die Demokratisierung Osteuropas hat den Traum der einen Welt verbessert. Die sieben führenden Industrienationen beraten über die notwendigen Hilfen. In allen osteuropäischen Ländern können Stützungsmaßnahmen des Westens den Ausschlag geben. Jugoslawien zeigte sich sehr anfällig für die Androhung des Entzuges der Unterstützung. Ohne sie hätte die großserbische Gruppe längst ihre Politik der gewaltsamen Wiedervereinigung Jugoslawiens realisisert.
In der ehemaligen Sowjetunion hat eine solche Hilfe mehr symbolische und ermunternde Bedeutung. Angesichts der Dimensionen des Landes kann jede Hilfe nur ein Tropfen auf den heißen Stein bleiben. Rechnete man die Investitionen Westdeutschlands in der ehemaligen DDR von über 100 Milliarden DM pro Jahr auf die Bevölkerung in der Sowjetunion um, so würde klar, daß dort Billionen-Beträge erforder-

lich wären, um ein Äquivalent an Hilfe zu schaffen. Auch die größte kollektive Anstrengung des ganzen Westens könnte solche Beträge nicht aufbringen. Bei der westlichen Hilfe für die Sowjetunion kann es nur um gezielte Maßnahmen beim Bau von Infrastruktureinrichtungen, Hilfe bei essentiellen ausgewählten Produktionseinrichtungen und beim Training von Management gehen, und selbst dann ist der Preis, der vom Westen gezahlt wird, noch ein politischer, der auf ein paar heroischen Annahmen über die Aussichten auf Demokratisierung beruht.

Auch in Rußland wächst der Wunsch nach engeren assoziativen *Bindungen an die EG:* 79% wünschen sogar die Mitgliedschaft, das sind erstaunlicherweise mehr als in Polen (69%) (*Central* 1992: 26). Aber die Mehrzahl scheint auch zu ahnen, daß diese Hoffnung erst in ferner Zukunft realisierbar ist. Die dumpfe Ahnung ist weitverbreitet, daß das neue Europa nicht die Formen des Gemeinsamen Hauses von Lissabon bis Vladivostok haben wird, das *Gorbatschow* einst proklamierte, sonder weit bescheidenere Ausmaße haben wird, etwa von „Brest bis Brest".

Literaturhinweise

Babst, Stefanie (1991): Die neuen sowjetischen Parteien und Gruppierungen – ein systematischer Überblick. Zeitschrift für Parlamentsfragen 1991: 89–110

Klaus von Beyme: Parteiensysteme in Osteuropa. Geschichte und Gesellschaft. 1992. Nr. 2

Klaus von Beyme: Wissenschaft und Politik im Sozialismus. Die Rolle der sozialwissenschaftlichen Empirie im Herrschaftsprozeß der Sowjetunion. In: Ralf Rytlewski (Hrsg.): Politik und Gesellschaft in sozialistischen Ländern. Opladen, Westdeutscher Verlag, 1989: 63–76

Klaus von Beyme: Reformpolitik und sozialer Wandel in der Sowjetunion 1970–1988. Baden-Baden, Nomos, 1988

Klaus von Beyme: Ökonomie und Politik im Sozialismus. München, Piper, 1975, 1977

Klaus von Beyme: Der Föderalismus in der Sowjetunion. Heidelberg, Quelle & Meyer, 1964

A. Blankenagel: Rechtstaat UdSSR. Jahrbuch für Ostrecht 1990: 9–31

Georg Brunner: Ideen und Wirklichkeit des „sozialistischen Rechtsstaates". In: Karin Schmidt (Hrsg.): Gesetzgebung als Mittel der Perestroika. Baden-Baden, Nomos, 1991: 285–311

Georg Brunner: Ansätze zu einem sozialistischen Parlamentarismus im sowjetischen Hegemonialbereich. In: Ralf Rytlewski (Hrsg.) Politik und Gesellschaft in sozialistischen Ländern. PVS-Sonderheft 20, 1989: 151–176

A. P. Butenko: Sovetskaja mnogopartijnost': sovremennost' i pervyj posleoktjabr'skij opyt. Sovetskoe gosudarstvo i pravo, 1991, Nr.1: 80–90

Hélène Carrère d'Encausse: L'Empire éclaté. Paris Flammarion, 1978

Central and Eastern Eurobarometer. Brüssel, Kommission der Europäischen Gemeinschaften, Jan. 1991, Nr. 2

Z. M. Černikovskij: Institut prezidentury v svete istoričeskogo opyta. SGiP 1991, Nr. 6: 110–116

Ende des Kommunismus – und was nun? Zeit Symposium. Die Zeit Nr.1, 29. Dez. 1989: 1–14

M. Ch. Faruškin/A. N. Jurtaev: Nekotorye problemy i protivorečija stanovlenija mnogopartijnosti v SSSR. Sociologičeskie Issledovanija 1991. Nr. 10: 79–86 (zit Soc Is)

Dietrich Geyer: Perestroika und „russische Seele". In: Jürgen Heideking u. a. (Hrsg.):

Wege in die Zeitgeschichte. Festschrift zum 65. Geburtstag von Gerhard Schulz. Berlin, De Gruyter, 1989: 305–318
Michael Gorbatschow: Die Rede. Reinbek, Rowohlt, 1987
L. A. Gordon: Rabočee dviženie vo poslesocialističeskoj perspektive. Soc Is 1991, Nr. 11: 3–17
Jens Hacker: Michael Gorbatschow und die engere „sozialistische Gemeinschaft“. APuZG, 1990, B 19/20: 30–39
Philipp Herder-Dorneich: Systemdynamik. Baden-Baden, Nomos, 1988
B. S. Komarovskij: Razmyšlenija sociologa v svjazi referenduma. Sociologičeskie Issledovanija 1991, Nr. 6: 3–9
Kruglyj stol žurnala Sovetskoe gosudarstvo i pravo: Izpolnenie zakonov. Sovetskoe gosudarstvo i pravo, 1991, Nr. 6: 3–28
Kruglyj stol: Gosudarstvenno-pravovye otnošenija v obnovljajuščejsja federacii. Sovetskoe gosudarstvo i pravo, 1991a, Nr. 9: 12–45
Arend Lijphart: The Southern European Examples of Southern Europa. Six Lessons for Latin America. Government and Opposition 1990: 68–84
Montecue J. Lowry: Glasnost'. Deception, Desperation, Dialectics. New York, Lang, 1991
G. N. Manov: Pravovoe gosudarstvo i Sovetskij federalizm. Sovetskoe gosudarstvo i pravo, 1991, Nr. 1: 3–10
Boris Meissner: Gorbatschow am Scheideweg. Osteuropa, Teil 1 Nr. 5, 1991: 468–492, Teil 2, Nr. 7, 1991: 671–694
Boris Meissner: Die zentralen Staatsorgane der UdSSR und ihre Kompetenzen nach der geltenden sowjetischen Unionsverfassung. BioST, 1991a, Nr. 34
Michel Oksenberg/Bruce J. Dickson: The Origins, Processes, and Outcomes of Great Political Reform. A Framework of Analysis. In: Dankwart A. Rustow/Kenneth Paul Erickson (Hrsg.): Comparative Political Dynamics. New York, Harper Collins, 1991: 235–261
Boris S. Orlow: Die Sozialdemokratie in der Sowjetunion. Osteuropa, 1991: 876–886
Otdel CK KPSS po svjazam s obščestvenno-političeskimi organizacijami: Novye političeskie partii, dviženija i koalicii. Moskau, März 1991 (Mimeo)
Problemy konstitucionnogo razvitija RSFSR. Sovetskoe gosudarstvo i pravo, 1991, Nr. 3: 3–25
Tatjana Saslawskaja: Soziale Aspekte der Perestroika in der UdSSR. APuZG, 1990, B 19/20: 16–21
Karl Schlögel: Der renitente Held. Arbeiterprotest in der Sowjetunion 1953–1983. Hamburg, Junius, 1984
Eberhard Schneider: Auf dem Weg zum Parlamentarismus. Die erste Etappe der Reform des sowjetischen politischen Systems. BioST 64, 1989
Eberhard Schneider/Heinz Timmermann: Das Ende der KPdSU und neue politische Kräfte in Rußland, der Ukraine und Weißrußland. BioST, 52 und 53, 1991
Theodor Schweisfurth: Ein weiterer Schritt von der Diktatur einer Partei zum Rechtsstaat. Zur Einführung des Präsidialsystems in der Sowjetunion. FAZ vom 4. 4. 1990: 7
N. V. Sil'venko: Granicy dejatel'nosti zakonodatelja. Sovetskoe gosudarstvo i pravo, 1991, Nr. 1: 14–23
Gerhard Simon: Der Umbruch des politischen Systems in der Sowjetunion. APuZG, 1990, B 19/20: 3–15
Gerhard Simon: Der Zusammenbruch des sowjetischen Zentralstaates. In: Sowjetpolitik unter Gorbatschow. Berlin, Duncker & Humblot, 1991: 67–86
Darrell Slider: The Soviet Union. Electoral Studies, 1990: 295–302
Heinz Timmermann/Eberhard Schneider: Voraussetzungen und Perspektiven für neue Parteien in der Sowjetunion. Osteuropa, 1991: 1045–1065
Vsesojuznyj centr izučenija obščestvennogo mnenija (VCIOM): Obščestvennoe mnenie Rossii v cifrach i kommentarijach. Moskau, 1991
T. I. Zaslavskaja: Socializm, perestrojka i obščestvennoe mnenie. Sociologičeskie issledovanija, 1991, Nr. 8: 3–21
Klaus Ziemer: Die Erosion kommunistischer Vielvölkerstaaten. Defizite und Möglichkeiten des Föderalismus in der Sowjetunion und Jugoslawien. Politische Bildung, 1991, Nr. 3: 58–77
Klaus Ziemer: Die Erosion des Herrschaftsmonopols der KPdSU. Osteuropa, 1990: 535–547

Klaus-Dieter Schmidt

Wirtschaftsmisere ohne Ausweg?

Versuch einer Bestandsaufnahme

Rußland ist erhaben –
ein universelles, geordnetes Chaos
Dostojewski

Gescheitert

In den *Reflexionen über unsere Revolution,* wenige Tage vor seinem Tod niedergeschrieben, bekannte *Lenin* freimütig, daß er mit der Errichtung einer nicht-kapitalistischen Ordnung ein schwer kalkulierbares Risiko eingegangen war. Er zitierte *Napoleon Bonaparte,* der am Vorabend einer Schlacht, deren Ausgang ungewiß schien, seine verzagten Generäle mit den Worten zu ermuntern versuchte: *On s'engage et puis . . . on voit.* (frei übersetzt: *Erst stürzt man sich mal ins Gefecht, das weitere wird sich finden*)[1]). *Lenin* wußte, daß er in einer Weise Geschichte machte, die außerhalb der marxistischen Legitimation war – daß Rußland als rückständiges Agrarland nicht die besten Voraussetzungen für eine proletarische Revolution bot. Aber er hoffte, daß es möglich sein würde, mit einer Politik rigoroser Disziplinierung der Gesellschaft die fortgeschrittenen Industriestaaten des Westens einholen und schließlich gar überholen zu können.
Die Schlacht ging verloren. Die Sowjetunion als Staat gibt es nicht mehr, und was von ihr übriggeblieben ist, treibt politisch und wirtschaftlich ins Chaos – wohlgemerkt nicht in ein produktives Chaos, aus dem sich eine stabile freiheitliche Ordnung entwickeln kann. Es bedarf dazu einer ordnenden Kraft, vielleicht auch einer „eisernen Hand". Rußland besitzt keinerlei demokratische Traditionen. Bisher vermochten nur Despoten das Riesenreich zusammenzuhalten und zu regieren. *Das Chaos, in dem die alte Ordnung versinkt, während eine neue Ordnung noch nicht gefunden ist,* so schreibt der *Kronberger Kreis* in einer Denkschrift zu den Geschehnissen in Osteuropa, *schließt einen letztlich guten Ausgang der Dinge nicht aus. Aber es erhöht die Risiken im ganzen und für den einzelnen*[2]). Auch

wir würden die Folgen zu spüren bekommen, falls der lange und steinige Weg zurück aus dem Sozialismus in der Sackgasse münden sollte.

Der Zusammenbruch kam überraschend, doch war er vorprogrammiert

Es ist noch nicht lange her, da zählte die ehemalige Sowjetunion zu den großen Industrienationen der Welt. Die Wirtschaft produzierte fast ebensoviel Kohle, Roheisen und Traktoren wie die Vereinigten Staaten oder wie die EG-Länder zusammen. Inzwischen ist dieses Wirtschaftsimperium wie ein Kartenhaus zusammengestürzt. Es sieht so aus, als wäre das Land wieder dorthin zurückgeworfen worden, von wo aus es fünfundsiebzig Jahre zuvor in eine vermeintlich strahlende Zukunft aufgebrochen war. *Lenin* müßte heute erkennen, daß die Geschichte keine Sprünge duldet – wie es *Marx* prophezeit hatte. Der Zusammenbruch der sowjetischen Wirtschaft kam überraschend, gleichwohl war er programmiert. Von namhaften Sozialwissenschaftlern wie *Ludwig von Mises* oder *Max Weber*[3]) war er schon frühzeitig vorhergesagt worden. Erklärungsbedürftig ist allenfalls, warum die Sowjetwirtschaft so lange – und zeitweilig nicht einmal so schlecht – funktionierte.

Irreparable Systemmängel

Der Hauptgrund für das Scheitern ist darin zu sehen, daß in der sozialistischen Planwirtschaft *keine Märkte* existierten, auf denen Angebot und Nachfrage durch flexible Preise in Übereinstimmung gebracht werden konnten. So war es gewollt: Das *Walten blinder Marktgesetze* im Wirtschaftsleben sollte durch die *planmäßige staatliche Lenkung* ersetzt werden. Anstelle von Preisen sollten *Anweisungen und Befehle* den Wirtschaftsablauf regeln. Wie eine zentralgelenkte Wirtschaft funktionieren konnte, schien zunächst kaum jemand zu interessieren. Für *Lenin* war die *Kontrolle über die Wirtschaft* – er nannte es die *Machtfrage* – das zentrale Problem. Alles weitere – er nannte es geringschätzig die *Rechnungsführung* – war ihm Nebensache. Die *Rechnungsführung,* so meinte er, *ist schon durch den Kapitalismus in äußerst einfache Operationen verwandelt worden, die zu verrichten jeder des Lesens und Schreibens Kundige imstande ist; er braucht nur zu beaufsichtigen und notieren, es genügt, daß er die vier Grundrechnungsarten beherrscht und entsprechende Quittungen ausstellen kann*[4]).
Tatsächlich ist die sozialistische Planwirtschaft nicht zuletzt daran zerbrochen, daß sie die *Rechnungsführung* ignorierte. Diese erwies

sich zu schwierig und zu wichtig, um als *Nebensache* abgetan zu werden. Folgerichtig scheiterten auch alle früheren Versuche, das System in Teilen zu reformieren, etwa durch die Einführung von *Schattenpreisen* oder anderer *ökonomischer Hebel.* Auch die zögernden Schritte in Richtung auf eine *sozialistische Marktwirtschaft,* die *Michael Gorbatschow* während seiner Amtszeit einleitete, konnten die Hoffnungen nicht erfüllen. Die halben Reformen waren sogar schlechter als ein Verzicht auf Reformen; sie beschleunigten den wirtschaftlichen Zusammenbruch geradezu.

Desolate Wirtschaftslage

Es ist derzeit nicht leicht, sich ein Bild von der wirtschaftlichen Lage in der ehemaligen Sowjetunion zu machen. Aussagefähige statistische *Daten* gibt es nicht. Der Beobachter ist auf den bloßen *Augenschein* angewiesen, und was er dabei wahrnimmt, ist auf den ersten Blick *widersprüchlich:* Da gibt es einerseits leere Regale in den staatlichen Geschäften, vor denen die Menschen, oftmals vergeblich, nach Brot, Milch oder Fleisch anstehen, und andererseits gibt es übervolle private Märkte, auf denen es an nichts fehlt – außer an zahlungskräftigen Kunden. Doch beides beschreibt die Realität – denn es gehört zueinander wie ein rechter und ein linker Schuh: Der Zusammenbruch der sozialistischen Wirtschaftslenkung hat ein *Vakuum* geschaffen, in das die Marktkräfte nun hineinstoßen, das sie aber aus vielerlei Gründen nur unvollständig ausfüllen können.
Wie groß die wirtschaftliche Misere ist, können vielleicht einige Zahlen erhellen (sie beziehen sich auf die ehemalige Sowjetunion bzw. die 15 Nachfolgerepubliken im ganzen):
– Die *Produktion schrumpft* in dramatischer Weise. Im Jahre 1990 betrug der Rückgang des realen Sozialprodukts nach Schätzungen internationaler Organisationen etwa fünf Prozent, im Jahre 1991 schon 15 Prozent und in diesem Jahr könnte er sich sogar auf 20 Prozent oder 25 Prozent belaufen. Binnen dreier Jahre wären die Realeinkommen dann um etwa ein Drittel gesunken.
– Die *Inflation,* lange Zeit nur mühsam zurückgestaut, tritt nun offen in Erscheinung und nimmt immer bedrohlichere Ausmaße an. Die Freigabe vieler Preise zu Beginn dieses Jahres hat nach Schätzungen sachkundiger Beobachter bei vielen Gütern und Dienstleistungen zu Verteuerungen von 500 Prozent bis 1000 Prozent geführt. Erwartungen, daß die Preise wieder sinken würden, wenn ein vergrößertes Angebot auf die Märkte käme, sind bisher enttäuscht worden. Vielmehr steigen die Preise weiter. Die Hoffnungen der Regierung, den Anstieg der Verbraucherpreise im Durchschnitt des Jahres auf durchschnittlich 100 Prozent begrenzen zu können, werden sich daher wohl nicht erfüllen.
– Das *Staatsdefizit* erreicht schwindelerregende Höhen: Im Jahre

1991 belief es sich auf 320 Milliarden Rubel, das entsprach etwa einem Viertel des Sozialproduktes. In diesem Jahr dürfte es noch weit höher ausfallen. Es wird ausschließlich durch den Druck neuer Rubelscheine finanziert, die Notenpressen laufen ohne Halt. Die *hemmungslose Geldvermehrung* durch den Staat ist die eigentliche Ursache für die galoppierende Inflation.

– Die *Auslandsverschuldung* gegenüber dem Westen liegt zwar „nur" bei 70 Mrd. Dollar, sie wäre jedoch weitaus höher, würden sich nicht die westlichen Regierungen und Banken weigern, zusätzliche Kreditlinien einzuräumen. Inzwischen gelingt es nämlich nicht einmal mehr, die Mittel für die Bedienung der Altschulden zusammenzubringen. Auch haben noch nicht alle Nachfolgerepubliken der ehemaligen Sowjetunion ihre Bereitschaft erklärt, für die von der früheren Staatsbank eingegangenen Verpflichtungen geradezustehen.

Es ist derzeit nicht erkennbar, ob und wie die einzelnen Republiken aus eigener Kraft die Misere bewältigen könnten, zumal sie in allen entscheidenden Fragen – Tempo und Abfolge der Reformen, Aufteilung des Vermögens der früheren Union, Formen der wirtschaftlichen Zusammenarbeit – unterschiedlicher Meinung sind. Der Westen wird ihnen also massiv Unterstützung zuteil werden lassen müssen, nicht nur finanzielle, sondern auch und gerade intellektuelle bei der Bewältigung des Transformationsprozesses. Die Frage ist nur, ob es hilft.

Warum ist der Übergang zur Marktwirtschaft so ungemein schwierig?

Die Aufgaben, die sich beim Übergang von der sozialistischen Planwirtschaft zur Marktwirtschaft stellen, hat die ökonomische Wissenschaft klar definiert. Es stimmt nicht, wenn immer wieder behauptet wird, daß es keine Transformationstheorie gebe[5]). Im *Transformationsprozeß* sind im wesentlichen *drei Aufgaben* zu bewältigen:

– Erstens, es muß ein *marktwirtschaftlicher Ordnungsrahmen* geschaffen,

– zweitens, eine *vertrauenswürdige Geldverfassung* etabliert und

– drittens, der *Neuaufbau des Produktionspotentials* begonnen werden[6]).

Die Wissenschaft hat sich auch eingehend mit der Frage auseinandergesetzt, welches das zweckmäßige Tempo *(timing)* und welches die richtige Schrittfolge *(sequencing)* im Transformationsprozeß ist. An theoretischen Konzepten mangelt es nicht. Woran liegt es also, daß der Übergang zur Marktwirtschaft in der Praxis so ungemein schwierig ist, wo doch in der Theorie die Dinge scheinbar so einfach liegen? Der Grund dafür ist, daß nahezu alles, was Ökonomen in ihren Modellen stillschweigend voraussetzen, in der früheren Sowjetunion derzeit noch fehlt: Es fehlen Menschen, die die Funktionswei-

Tabelle 1: Indikatoren zur gesamtwirtschaftlichen Entwicklung in der ehemaligen Sowjetunion 1981–1991 (1)

Indikator	1981–1985	1986	1987	1988	1989	1990 (2)	1991 (3)
Bruttoinlandsprodukt							
offizielle Schätzung	3,7	3,3	2,9	5,5	3,0	–2,0	–14,0
CIA-Schätzung	1,9	4,1	1,3	2,2	1,4	–4,0	–16,0
Verwendung des Bruttoinlandsprodukts (4)	3,1	3,4	1,7	4,5	3,6	–2,6	–
Privater Verbrauch	2,9	1,9	2,7	3,9	5,3	6,2	–
Staatsverbrauch	4,9	4,0	7,7	5,9	4,0	1,0	–
Bruttoinvestitionen	2,8	3,0	–4,2	5,6	–1,6	–32,3	–
Reallöhne							
offizielle Angaben	1,4	0,9	2,4	7,7	7,3	6,6	–20,0
westliche Schätzungen	–1,1	–1,5	–0,5	2,0	1,0	–6,0	–29,0
Wechselkurs (offizielle Rate) Rb/US-$ (5)	–	0,70	0,63	0,61	0,64	0,58	(0,59)

(1) Jährliche Veränderungsraten gegenüber der Vorperiode, berechnet aus Werten in konstanten Preisen, wechselnde Bezugsbasis. (2) Vorläufig. (3) Schätzung. (4) Westliche Neuberechnungen und Schätzungen. (5) Kommerzieller Wechselkurs 18. März 1991: Rb/US-$ 173; freier Wechselkurs Januar 1991: Rb/US-$ 70–130.

Quelle: *Narodnoe Khozyaistvo SSSR, Statistical Yearbook.* Moskau, lfd. Jgg. – *PlanEcon, PlanEcon Report,* lfd. Jgg. – *The Economist Intelligence Unit, USSR, Country Profile,* lfd. Jgg. – *Dieselben, USSR, Country Report,* lfd. Jgg.

sen der Marktwirtschaft verstehen, und es fehlen Institutionen, die eine Marktwirtschaft funktionstüchtig machen. Unter dem kommunistischen Regime ist das alles gründlich zerstört worden. Der Neuaufbau braucht zweifellos Zeit – mehr Zeit, als es Ökonomen in ihren Modellen vorsehen.

Es fehlen Kreativität und die Bereitschaft zu Verantwortung und Risiko

Gravierend sind die Defizite bei den Menschen. Es mangelt weithin an Kreativität sowie an der Bereitschaft, Verantwortung zu übernehmen und Risiken zu tragen. In der Marktwirtschaft fußt wirtschaftliches Handeln wesentlich auf *Freiwilligkeit,* und nicht auf Druck von oben, wie in der Kommandowirtschaft. Die Marktwirtschaft ist in ihrem Kern eine *Tauschgesellschaft,* in der der einzelne das anbietet, was er reichlich besitzt, und das nachfragt, was ihm fehlt. Wer dabei vorteilhaft abschneiden will, muß die Wünsche seiner potentiellen Tauschpartner ausfindig machen.
Wenn auch allmählich immer mehr Menschen in der früheren Sowjetunion die Chancen entdecken, die ihnen die Marktwirtschaft bietet – in vielen Randbereichen der Wirtschaft, im Handel, im Touristikgewerbe und in anderen Dienstleistungsbereichen haben sich marktwirtschaftliche Initiativen schon in beachtlichem Umfang entfaltet – die breite Masse verharrt noch immer in tradierten Denk- und Verhaltensweisen, und das heißt, in *Passivität.* Ohne breite und aktive Unterstützung durch die Bevölkerung oder gar gegen ihren Widerstand, ist der Übergang zur Marktwirtschaft aber nicht erreichbar. Es scheint, als ob bisher nur eine kleine Schicht die Lektion schon richtig gelernt hat: Die neue *Mafia,* die häufig mit der alten identisch ist.

Und es fehlen die notwendigen Institutionen

Ein weiterer Engpaßfaktor sind auch die Institutionen, die allesamt noch aus der Zeit des Sozialismus stammen und die darauf ausgerichtet sind, eigenverantwortliche wirtschaftliche Betätigungen zu unterdrücken. Ökonomen haben in den letzten Jahren viel Scharfsinn aufgewandt, um zu zeigen, daß die Überlegenheit der Marktwirtschaft gegenüber der sozialistischen Planwirtschaft maßgeblich darauf beruht, daß sie die besseren Institutionen besitzt. Damit eine Marktwirtschaft im ökonomischen Sinne als effizient – und das heißt: anderen Wirtschaftsordnungen als überlegen – gelten kann, müssen folgende Bedingungen erfüllt sein:
– Es muß *private Verfügungsrechte über Produktionsmittel* geben;

Tabelle 2: Finanzielle und monetäre Indikatoren für die ehemalige Sowjetunion 1981–1991

Indikator	1981–1985	1986	1987	1988	1989	1990	1991 (1)
Haushaltsdefizit (2)	1,6	5,8	6,3	9,3	8,2	6,2	25,0
Staatsverschuldung (2)	16,3	20,3	22,3	35,6	43,1	58,4	–
Geldmenge (M2) (3)	7,5	8,5	14,7	14,1	14,8	20,2	64,0
Anteil der Ersparnisse und Kassenhaltung							
am Nettomaterialprodukt	0,47	0,50	0,59	0,62	0,68	0,77	0,73
am Einzelhandelsgrundsatz	0,82	0,95	1,01	1,05	1,10	1,10	1,00
Einzelhandelspreise (3)							
offizielle Angaben	1,0	2,0	1,3	0,6	2,0	5,3	100,0
westliche Schätzungen	3,5	4,5	4,5	6,0	8,0	20,0	100,0

(1) Schätzung. (2) In vH des Bruttoinlandsprodukts. (3) Jährliche Veränderungsraten.

Quelle: *PlanEcon,* a. a. O., lfd. Jgg. – Eigene Berechnungen.

Tabelle 3: Salden im interrepublikanischen Handel nach Produktgruppen in der ehemaligen Sowjetunion 1988 (Mill. Rubel)

Republik	Industrie insgesamt	Elektrischer Strom	Mineralöl, Erdgas	Kohle	Eisenmetalle
Rußland	3833	−36	5868	255	−996
Ukraine	1966	2	−3574	−41	3575
Weißrußland	4079	−110	−644	−60	−1131
Estland	−299	101	−256	11	−133
Lettland	−274	−59	−483	−3	−297
Litauen	−837	73	−741	−23	−340
Moldauische SSR	−388	−2	−514	−136	−259
Georgien	246	−51	−375	−12	−148
Armenien	−243	22	−437	−17	−252
Aserbaidschan	1912	7	544	−7	−192
Kasachstan	−6691	−145	−455	159	−148
Turkmenistan	−211	50	650	−7	−104
Usbekistan	−2517	−11	−349	−23	−541
Tadschikistan	−983	7	−279	−7	−124
Kirgisien	−476	48	−303	−10	−179

Republik	NE-Metalle	Chem. Erzeugnisse	Maschb.-Erzeugnisse	Holz, Papier	Steine, Erden
Rußland	1459	2064	6266	3381	401
Ukraine	−983	−895	2632	−1167	385
Weißrußland	−337	275	2958	72	−8
Estland	−80	−139	−462	47	−10
Lettland	−123	4	−300	−6	−15
Litauen	−172	−408	−404	26	−18
Moldauische SSR	−157	−392	−679	−118	−37
Georgien	−60	−194	−623	−164	−99

Armenien	−29	53	−106	−98	−26
Aserbaidschan	2	133	−153	−134	−58
Kasachstan	241	−496	−3870	−747	−142
Turkmenistan	−4	−50	−881	−103	−33
Usbekistan	104	−163	−1949	−483	−105
Tadschikistan	110	−223	−576	−100	−24
Kirgisien	41	−314	−10	−103	−52

Republik	Erzeunisse d. Leichtindustrie	Ernährungsgüter	Übrige Industriegüter	Landwirtschaftliche Erzeugnisse
Rußland	−5168	−10537	877	−3617
Ukraine	−2299	4318	−171	1432
Weißrußland	2351	658	55	52
Estland	292	343	−14	−28
Lettland	296	677	34	−14
Litauen	615	620	−66	29
Moldauische SSR	347	1557	3	219
Georgien	381	1621	−29	63
Armenien	621	−10	36	−95
Aserbaidschan	871	912	−15	182
Kasachstan	−138	−745	−205	1356
Turkmenistan	721	−339	−113	109
Usbekistan	1786	−649	−133	469
Tadschikistan	479	−178	−65	−22
Kirgisien	180	258	−33	43

Quelle: *Vestnik Statistiki, Statistical Bulletin.* Moskau 1990. – *IMF et al.*, a. a. O.

– es muß *Märkte* geben, auf denen *Wettbewerb* herrscht, so daß ein einzelner Anbieter oder Nachfrager keinen signifikanten Einfluß auf Preise und Mengen hat;
– es muß *Vertragsfreiheit* und damit die Möglichkeit zu freiem Marktzugang und Marktaustritt geben.
Das alles ist bisher noch nicht oder erst in sehr rudimentärer Form vorhanden. So gibt es noch kein breitgestreutes Eigentum an Produktionsmitteln: In den meisten Republiken ist noch nicht einmal die *kleine Privatisierung,* also der Verkauf von Einzelhandelsgeschäften, Handwerksbetrieben oder Gaststätten recht in Gang gekommen; die Veräußerung von Grund und Boden verstößt weiterhin gegen die Verfassung und ist untersagt. Auch gibt es noch keine richtigen Märkte, wie sie im Westen üblich sind. Bislang existieren nur sogenannte *Börsen,* an denen die Kombinate ihre Produkte – Lebensmittel, Baustoffe, Industriegüter – zum Tausch gegen die Lieferung anderer Produkte, meistens Rohstoffe und Halbfabrikate, anbieten. (So gibt es in Rußland derzeit etwa 200 Rohstoffbörsen und 300 andere Börsen, an denen überwiegend Fertigwaren getauscht werden.) Die Börsen sind zumeist Auktionshäuser – ohne standardisierte Kontrakte oder Abrechnungsverfahren –, wo meistens nur *Bartergeschäfte* (Naturaltausch) getätigt werden. Moderne Formen des Handelsgeschäftes wie *Terminkontrakte* mit Absicherung der Forderungen (etwa durch *Forfaitierung* oder *Hedging*) sind praktisch unbekannt.

Die zentrale Bedeutung von Eigentumsrechten, Wettbewerb und Vertragsfreiheit

Welch überragende Bedeutung private Eigentumsrechte, Wettbewerbsmärkte und Vertragsfreiheit für eine Marktwirtschaft haben – und was es bedeutet, wenn diese Institutionen nur unvollständig entwickelt sind – sei an folgendem demonstriert:
Eigentumsrechte regeln die Teilnahme am Produktionsprozeß. Wer die Verfügung über Produktionsmittel hat, der bestimmt, was und wieviel produziert, wie die Produktion organisiert, wie der Produktionsertrag verteilt, was davon konsumiert und was investiert wird. Eigentumsrechte regeln auch, wer für Verluste einzustehen hat und wer für schuldhaftes Handeln haftbar zu machen ist. Ohne klare Zuordnung von Eigentumsrechten ist eine marktwirtschaftliche Ordnung nicht funktionsfähig. Eigentum ist zwar prinzipiell auch als Gesellschaftseigentum denkbar, etwa als sogenanntes Volkseigentum oder als genossenschaftliches Eigentum, aber im Sozialismus ist man damit denkbar schlecht gefahren. Was die private Nutzung des Grund und Bodens im Vergleich zur kollektiven Nutzung einbringt, ließ sich schon früher in der sowjetischen Landwirtschaft beobachten: Die Hektarerträge der Flächen, die die Kolchosbauern in eigener

Regie bearbeiteten, betrugen ein vielfaches von dem, was sie auf den Kollektivflächen erwirtschafteten. Man kann daher folgende Prognose wagen: Bei einer zügigen Privatisierung der Ackerflächen wären die Nachfolgestaaten der ehemaligen Sowjetunion binnen kurzem ihre Sorgen um ausreichende Ernten los.

Wettbewerb auf den Märkten regelt die Nutzung der Eigentumsrechte. Wettbewerb stellt sicher, daß die Produzenten solche Güter und Dienste anbieten, die den Wünschen der Konsumenten entsprechen. Produzenten, die im Wettbewerb stehen, müssen ständig über neue Produkte, neue Produktionsverfahren und neue Produktionsstandorte nachdenken. Wettbewerb sorgt weiterhin dafür, daß die Einkommen, die im Produktionsprozeß entstehen, gerecht verteilt werden; er verhindert nämlich, daß einzelne Produzenten eine marktbeherrschende Position erlangen und dadurch die Konsumenten ausbeuten. In der Marktwirtschaft muß deshalb auch nicht an die Manager und Arbeiter der Betriebe appelliert werden, daß sie sich anstrengen sollten. Anders in der sozialistischen Planwirtschaft: Da zahlte es sich für den einzelnen nur wenig aus, wenn er sich krummlegte. Folglich ging vieles nur gemächlich voran, ungeachtet eines *Stachanow* oder der vielen anderen *Helden der Arbeit.*

Vertragsfreiheit regelt den Marktzutritt wie auch den Marktaustritt. Beide sind eine Voraussetzung für Wettbewerb. Vertragsfreiheit heißt, daß jedermann sich seinen Partner im Wirtschaftsleben selbst aussuchen und beliebige Verträge mit ihm schließen kann. Die Marktwirtschaft läßt sich als ein System von Vertragsbeziehungen begreifen, welches Unternehmer und Arbeitnehmer, Lieferanten und Kunden, Vermieter und Mieter, Kreditnehmer und Kreditgeber miteinander verbindet. Zur Vertragsfreiheit gehört deshalb notwendigerweise der Vertrauensschutz – *pacta sunt servanda.* Während das Funktionieren der sozialistischen Planwirtschaft auf Kontrolle beruht – getreu der *Leninschen* Devise: *Vertrauen ist gut, Kontrolle ist besser* – gründet sich die Marktwirtschaft auf kreditäre Beziehungen – auf Vertrauensvorschuß, den sich Marktteilnehmer gegenseitig gewähren. Ohne einen solchen Vertrauensschutz gäbe es keine funktionierenden Märkte. Zur Marktwirtschaft gehört deshalb auch, daß der Staat die Einhaltung von Verträgen sichert und notfalls erzwingt. Vertragsfreiheit ist auch die beste Garantie dafür, daß die Marktwirtschaft nicht als geschlossenes System stagniert, sondern sich als ein offenes, dynamisches System versteht. Geschlossene Systeme, die sich nach außen abschirmen, verschenken einen großen Teil ihres Entwicklungspotentials. Denn sie sind innovationsfeindlich. Die sozialistischen Planwirtschaften sind nicht zuletzt daran gescheitert, daß sie sich wirtschaftlich gegenüber fast allem, was der Westen ihnen hätte bieten können, verschlossen haben, nämlich Risikokapi tal, moderne Technologie und nicht zuletzt (markt)wirtschaftliches Denken.

Der Aufbau funktionsfähiger Märkte wird auch durch die monopoli-

Tabelle 4: Salden der Handelsbilanzen der Republiken der Sowjetunion 1987 (1)

Repubik	In heimischen Preisen			In Weltmarktpreisen		
	Interrepublikanischer Handel	Außenhandel	Insgesamt	Interrepublikanischer Handel	Außenhandel	Insgesamt
Rußland	3,6	−32,4	−28,8	28,5	12,8	41,3
Ukraine	1,6	−7,7	−6,2	−3,9	−1,5	−5,4
Weißrußland	3,1	−2,0	1,2	−2,2	−0,2	−2,5
Estland	−0,2	−0,4	−0,7	−1,1	−0,2	−1,4
Lettland	−0,3	−0,6	−0,9	−1,4	−0,3	−1,7
Litauen	−0,4	−0,7	−1,1	−3,3	−0,2	−3,5
Moldauische SSR	0,6	−0,9	−0,3	−1,5	−0,4	−1,9
Georgien	0,6	−0,9	−0,3	−1,5	−0,2	−1,8
Armenien	0,6	−0,7	−0,1	−0,3	−0,3	−0,5
Aserbaidschan	2,0	−0,8	1,2	0,2	−0,3	−0,1
Kasachstan	−5,4	−2,1	−7,5	−6,6	−1,1	−7,7
Turkmenistan	−0,3	−0,2	−0,5	0,0	−0,1	−0,1
Usbekistan	−3,9	−0,1	−4,0	−4,5	0,1	−4,4
Tadschikistan	−1,1	−0,1	−1,2	−1,4	0,1	−1,3
Kirgisien	−0,5	−0,7	−1,2	−1,0	−0,4	−1,4

(1) Mrd. Rubel

Quelle: *Narkhoz Statistical Yearbook.* Moskau 1989. – *IMF, IBRD, OECD, EBRD,* A Study of the Soviet Economy, Paris 1991.

stischen oder oligopolistischen *Unternehmensstrukturen* erschwert. Die Produktion von Industriegütern konzentriert sich noch immer auf die Kombinate und Großbetriebe: Für einzelne Güter (egal ob Ölförderungsanlagen oder Waschmaschinen) existiert zumeist nur ein einziger Anbieter; und der versucht, die Konditionen zu diktieren. Außenseiterkonkurrenz wird von den Funktionären des ehemaligen Machtapparates und deren Helfern – nicht selten mit Mafiamethoden – bekämpft. Viele Märkte sind fest in der Hand krimineller Banden, die sich „Ordnungsfunktionen" anmaßen und für ihre „Dienste" von den Unternehmen hohe „Schutzgebühren" verlangen.
Die marktbeherrschende Stellung vieler Unternehmen erklärt sich nicht zuletzt mit dem *Fehlen ausländischer Konkurrenz.* Bislang hat keiner der Nachfolgestaaten der Sowjetunion den Handel mit westlichen Staaten vollständig liberalisiert. Untereinander haben die Nachfolgestaaten ihre Handelsbeziehungen sogar stark eingeschränkt. So liefert Aserbaidschan keine Ausrüstungen mehr für die russische Erdölindustrie; diese bezog früher rund 70 Prozent ihrer Förderanlagen von dort. Dafür kaufen die Russen den Aserbaidschanern keinen Wein, kein Obst und kein Gemüse mehr ab. Zu alledem haben die benachbarten Staaten die Pipelines gesperrt, die bisher das Öl aus aserbaidschanischen Quellen nach Georgien oder in die Ukraine transportierten.

Die hochgradige Verflechtung verlangt nach einer Neuordnung der Handelsbeziehungen

Die Neuordnung der Handelsbeziehungen zwischen den einzelnen Republiken gehört zu den drängendsten Problemen. Die einzelnen Republiken waren – und sind es faktisch noch immer – hochgradig wirtschaftlich miteinander verflochten, also in hohem Maße abhängig voneinander. Die Produktion einzelner Güter war aus politischen und militärischen Gründen oft in einzelnen Regionen konzentriert, unabhängig davon, ob es sich wirtschaftlich rechnete. Nach Schätzungen internationaler Organisationen betrug der Anteil des Handels innerhalb der Sowjetunion im Jahre 1988 reichlich ein Fünftel des Sozialprodukts, das war viermal soviel wie der Handel mit dem Ausland. Zum Vergleich: Der Anteil des Handels der EG-Länder untereinander und mit anderen Staaten zusammen belief sich nur auf 14 Prozent[7]). Die Folgen eines *Handelskrieges* zwischen den Republiken wären somit *katastrophal.* Als sich im letzten Jahr Armenien und Aserbaidschan weigerten, zu den alten Konditionen Leim und Filter für die Zigarettenindustrie zu liefern, legten sie damit in der ganzen Sowjetunion fast die gesamte Zigarettenindustrie lahm. Es versteht sich von selbst, daß eine Neuordnung des Handels zwischen den Republiken nur auf der Basis von Weltmarktpreisen möglich ist. Damit wird die Existenz vieler Produktionsstandorte in Frage gestellt.

Im wohlverstandenen Eigeninteresse müssen die Nachfolgestaaten der Sowjetunion den Desintegrationstendenzen entgegenwirken. Auf der politischen Ebene erscheint das vielleicht aussichtslos – die GUS ist eine *Ehe in Scheidung,* die wohl nicht mehr zu kitten ist. Aber auf wirtschaftlichem Gebiet muß dem Autarkiestreben Einhalt geboten werden. Der Zerfall der Sowjetunion ähnelt in mancher Hinsicht dem Zerfall der Österreichisch-Ungarischen Monarchie nach dem Ersten Weltkrieg: Auch damals reagierten die Nachfolgestaaten in ähnlicher Weise wie jetzt die GUS-Staaten, indem sie eigene nationale Währungen einführten und untereinander Zollbarrieren errichteten. Es ist ihnen nicht gut bekommen, denn sie zerstörten damit den einheitlichen Wirtschaftsraum, der ihnen einen für damalige Verhältnisse beachtlichen Wohlstand ermöglichte.

Gutes Geld schaffen

Zu einer funktionierenden Marktwirtschaft gehört auch, daß der Staat für gutes Geld sorgt. Keine der Nachfolgerepubliken hat bisher ernsthafte Anstrengungen gemacht, die Notenpressen anzuhalten. Zwar bereiten die meisten Republiken die Einführung einer eigenen Währung vor, aber mit dem Druck neuer Banknoten ist es nicht getan. Gutes Geld schaffen heißt, Geld knapp machen und halten. Dazu gehört, daß die Politiker den Forderungen der Menschen nach höheren Einkommen widerstehen – solange jedenfalls, wie höhere Einkommen nicht durch höhere Produktion gedeckt sind. Angesichts der hohen Realeinkommensverluste, die die breite Masse der Bevölkerung hinnehmen muß, ist das keine leichte Aufgabe.
Wie weit man noch von einer Geldordnung entfernt ist, die diesen Namen verdient, zeigt *das Schicksal des Rubels.* Er ist in vielen Republiken nur noch eingeschränkt als Zahlungsmittel zu gebrauchen und dort, wo er noch die offizielle Währung ist, spielt er nur die Rolle einer Doppel- oder gar einer Nebenwährung. Die Ukraine, die (zusammen mit Weißrußland) demnächst eine eigene Währung, die *Hrywna,* haben wird, hat als Interimslösung eine *Koupon*-Währung eingeführt, den *Karbowonez,* der zu Käufen in den staatlichen Geschäften berechtigt. Damit soll der Einkaufstourismus von Einwohnern anderer GUS-Staaten, die ihre Rubel loswerden wollen, gestoppt werden. In Wirklichkeit ist der *Dollar die dominierende Währung:* Langfristige Verträge werden fast nur noch auf Dollar-Basis abgeschlossen. Der Rubel erfüllt lediglich die Funktion einer Recheneinheit bei *Barter*-Geschäften.
Welche *Folgen* es hat, wenn eine vertrauenswürdige Währung fehlt, sei an zwei Beispielen demonstriert:
– Trotz der Freigabe der meisten Güterpreise bleibt die *Versorgungslage* vielerorts angespannt. Selbst Brot ist in den staatlichen Geschäften nach wie vor knapp. Dabei lagern Millionen Tonnen von

Getreide in den Scheunen der Kolchosen, weil die Bauern es nicht gegen das in ihren Augen wertlose Geld verkaufen wollen. Ähnliches gilt auch für viele andere Nahrungsmittel und erst recht für die meisten Industriegüter.

– Trotz einer *de-facto*-Freigabe der Wechselkurse hält die *Flucht aus dem Rubel* an. Sie ist die eigentliche Ursache der Devisenknappheit. Die Betriebe horten die Devisen jedoch nicht, sondern legen sie zinsbringend im Ausland an. Sie spekulieren darauf, daß sie eines Tages ihre harten Dollars in eine ebenso harte nationale Währung umtauschen können.

Die Hoffnungen des russischen Präsidenten und seiner Berater, daß Preisliberalisierung und (beschränkte) Wechselkursfreigabe die wirtschaftliche Lage schlagartig verbessern würden, konnten sich unter diesen Bedingungen nicht erfüllen. Präsident *Jelzin* hätte auch den Druck neuer Rubelscheine einstellen lassen müssen, so daß sich die Inflation hätte „totlaufen" können. Wenn er die Geldvermehrung bislang nicht zu stoppen vermochte, so zeigt das, wie schwach seine innenpolitische Position ist.

Strukturellen Erneuerungsprozeß einleiten

Die Reformen müssen scheitern, wenn nicht auch der Neuaufbau der Wirtschaft auf den Weg gebracht wird – die *Entflechtung der riesigen Kombinate* und ihre Umwandlung in *selbständige Unternehmenseinheiten,* die *Umstellung des Produktionsprogramms* und die *Modernisierung der Produktionsanlagen.* Diese Aufgaben sind zweifellos die schwersten. Es gibt Schätzungen, daß maximal die Hälfte der Industrie in der früheren Sowjetunion unter veränderten marktwirtschaftlichen Bedingungen rentabel produzieren könnte. Nach den Erfahrungen beim Aufbau der Marktwirtschaft in Ostdeutschland erscheint das als eine äußerst optimistische Schätzung.

Der Blick nach Ostdeutschland lehrt, was es heißt, eine gewachsene, veraltete Industriestruktur in eine andere, moderne zu überführen. Was beispielsweise soll aus der riesigen *Rüstungsindustrie* der ehemaligen Sowjetunion, dem sogenannten militärischen Komplex, werden? Es sagt sich leicht, daß es darum gehe, die Kriegsproduktion auf Friedensproduktion umzustellen. Eine Fabrik, die bisher Panzerrohre gezogen hat, wird mit ihren Produktionsanlagen künftig schwerlich Strumpfhosen produzieren können.

Viele Kombinate und Betriebe haben noch nicht verstanden, was es heißt, für den Markt zu produzieren. Sie verhalten sich weiterhin so, als ob es noch einen Plan zu erfüllen gäbe. Erst zögernd und mehr der Not gehorchend beginnen sie den Absatz ihrer Produkte selbst zu organisieren. Das ist nicht einfach, denn ein großer Teil der Produzenten weiß überhaupt nicht, wer bisher seine Abnehmer waren; das wußten nur die Agenten der verschiedenen Industrieministerien, die den Absatz dirigierten. Man kann deshalb folgenden Vergleich wagen: Die ehemaligen sozialistischen Kombinate und Betriebe sind durch den Übergang zur Marktwirtschaft in eine ähnliche Situation geraten wie einst die Dinosaurier, als sie ein *kosmischer Schock* überraschte[8]).

Vor allem herrscht Mangel an Zeit

Es fehlt an vielem – an Ideen und Konzepten für die marktwirtschaftliche Erneuerung wie auch an Menschen, die diese umsetzen und durchsetzen können, und an Kapital für Investitionen, mit denen sich die Unternehmen für die Marktwirtschaft fit machen können. Vor allem aber fehlt es an Zeit. Die Erfahrungen in Ostdeutschland, aber auch in Ungarn, Polen und der CSFR, zeigen, daß es erst einmal schlechter werden muß, bevor es besser werden kann. Es wird viele Jahre dauern, bis sich erste Erfolge von Wirtschaftsreformen zeigen.
Die Frage ist, ob die Bevölkerung solange abwarten wird. Die Menschen im Osten haben zwar allezeit ein hohes Maß an Durchhaltewillen und Leidensbereitschaft demonstriert, aber es gibt dafür Grenzen. Das Absinken des – ohnehin nicht sehr hohen – Lebensstandards trifft inzwischen nicht nur Alte und Behinderte, sondern auch Arbeitnehmer. In Rußland ist der monatliche Mindestlohn gegenwärtig bei 342 Rubel fixiert. Zum einfachen Leben wird aber mindestens der vierfache Betrag benötigt – der Durchschnittslohn, der geradeso hinreicht, beträgt 1450 Rubel. Die zum 1. April 1992 vorgesehene Verdoppelung der Mindestlöhne erscheint angesichts rasch steigender Preise nicht mehr als ein Tropfen auf den heißen Stein. Die Regierenden sind in einem Dilemma. Sie wissen, daß nur radikale Reformen die Wirtschaft wieder flottmachen können, daß sie aber nicht durchsetzbar sind, weil die Bevölkerung sie nicht mittragen würde. War schon die Einführung des Sozialismus im rückständigen Rußland ein Wagnis, der Abschied davon ist es erst recht.

Tabellen

Die Tabellen wurden entnommen aus:
Heitger, Bernhard, Wirtschaftliche Ursachen der Separationsbestrebungen in der Sowjetunion. In: *Die Weltwirtschaft,* 1991, Heft 2.
Sie wurden teilweise überarbeitet und – soweit möglich – aktualisiert.

Anmerkungen

[1]) *Lenin, Wladimir Iljitsch,* Staat und Revolution. *Werke,* Bd. 33, Berlin 1972, S. 462.
[2]) *Frankfurter Institut für wirtschaftspolitische Forschung,* Zur Wirtschaftsreform in Osteuropa. *Schriftenreihe* Bd. 24, Januar 1992, S. 7.
[3]) Vgl. *von Mises, Ludwig,* Wirtschaftsrechnung im sozialistischen Gemeinwesen. In: *Archiv für Sozialwissenschaften und Sozialpolitik,* Bd. 47, 1920. *Weber, Max,* Wirtschaft und Gesellschaft, Grundriß der Sozialökonomik, Bd. III, Kap. II, Tübingen 1922.
[4]) *Lenin, Wladimir Iljitsch,* a. a. O., Bd. 25, S. 488.
[5]) Vgl. *Siebert, Horst* (Ed.), The Transformation of Socialist Economies. Symposium 1991, Tübingen 1992.
[6]) Vgl. *Siebert, Horst,* The Transformation of Eastern Europe. Kiel Discussion Papers 163, Kiel, Januar 1991.
[7]) Vgl. *Langhammer, Rolf,* Salient Features of Trade Among Former Soviet Union Republics. *Kiel Working Paper* 46, Kiel, October 1991.
[8]) Vgl. *Siebert* (1991), a a. O.

Sermin Kirelli

Von der Zentralverwaltungswirtschaft zur Marktwirtschaft

Schwierigkeiten und Erfolgsbedingungen

Auch die Wissenschaft traf der Umbruch völlig unvorbereitet

Das östliche Europa befindet sich in einer Phase des Umbruchs. Die kommunistische Einparteienherrschaft wie die Zentralverwaltungswirtschaften sowjetischen Typs sind überall auf dem Rückzug. Angestrebt werden allenthalben die *Errichtung demokratischer Staats- und Regierungsformen* und die *Einführung marktwirtschaftlicher Institutionen.* Dieser Transformationsprozeß ist komplexer Natur. Die *Interdependenz aller sozialen Phänomene* bedeutet einen völligen Bruch mit den alten Systemen von Politik und Wirtschaft, von Gesellschaft und Staat und beinhaltet zugleich einen *totalen Neubeginn auf allen Ebenen* der gesellschaftlichen Wirklichkeit. Auf die tiefgreifenden Restrukturierungen war die Wissenschaft nicht vorbereitet. Die ordnungstheoretische Analyse erschöpfte sich lange Zeit im Versuch einer Erfassung und des Vergleichs von Planwirtschaften einerseits und Marktwirtschaften andererseits. Als nachteilig haben sich das *Erklärungsdefizit der traditionellen ökonomischen Theorie* hinsichtlich dynamischer Prozesse sowie die weitgehende *Vernachlässigung institutionstheoretischer Forschung* erwiesen. Erst seit den 70er Jahren befassen sich Ökonomen wieder und zunehmend mit einzelnen Aspekten von Wirtschaftsordnungen und dem institutionellen Wandel. Versuche, über eine Integration verschiedener theoretischer Ansätze eine Grundlage für eine allgemeine dynamische Theorie von Wirtschaftssystemen zu liefern, befinden sich erst in ihren Anfängen. Entsprechend fehlt es bis zur Stunde an einer systemübergreifenden konsistenten Theorie der Transformation von Wirtschaftsordnungen; auch existieren für die Erklärung dieses umfassenden Umwandlungsprozesses noch keine abschließenden Erfahrungen in der Welt.

Alle drei konstituierenden Elemente von Zentralverwaltungswirtschaften müssen ersetzt werden

In den Ländern des ehemaligen Ostblocks geht es um *fundamentale*

Weichenstellungen. Es handelt sich also nicht wie so oft in den vergangenen Jahrzehnten um Reformen, um Neuformationen einzelner systemprägender Elemente mit dem Ziel, die sozialistische Planwirtschaft in ihrem Kern zu erhalten, sondern um *systemübergreifende Transformationen* der eine staatliche und eine wirtschaftliche Ordnung ausmachenden Teilordnungen. Als „Reflex bewußter systemkonstituierender Setzungen, so Ausdruck eines zielgerichteten politischen Handelns"[1]) beinhaltet die Transformation von Wirtschaftssystemen stets die Substitution der drei konstituierenden Elemente der östlichen Zentralverwaltungswirtschaften:

- des *Führungsanspruchs der Kommunistischen Partei* mit ihrem *Entscheidungsmonopol* in allen Lebensbereichen,
- des *Staatseigentums* an den Produktionsmitteln in Verbindung mit einer *egalitären Einkommensverteilung,* und
- der *zentralen Planung und Lenkung* wirtschaftlicher Prozesse über kommandowirtschaftliche Strukturen

durch zentrale Merkmale demokratischer und marktwirtschaftlicher Ordnungen. Entsprechend wird der Übergang von sozialistischen Planwirtschaften zu vornehmlich marktwirtschaftlich koordinierten und in die *internationale Arbeitsteilung* integrierten Wirtschaftsordnungen von *Demokratisierungsprozessen* im politischen und gesellschaftlichen Umfeld wie von Maßnahmen zur Einführung eines *freiheitlichen Rechtsstaates* begleitet. Mit den ordnungspolitischen Basisentscheidungen ändern sich die Planungs- und Abstimmungsprozesse, das Entscheidungssystem, das Motivations- und das Kontrollsystem. Das begründet Anpassungen im realen wie im monetären Sektor einer Volkswirtschaft, verlangt nach Entsprechungen zwischen mikro- und makroökonomischen Vorgängen und umschließt die *Einübung von Denk- und Verhaltensweisen,* die zu den neuen Gegebenheiten passen.

Voraussetzung ist eine demokratisch legitimierte Regierung in einem pluralistisch organisierten Umfeld

Das Ziel: staatliche Planung durch marktwirtschaftliche Preisbildung und funktionierende Märkte zu ersetzen, bedingt klare Vorstellungen über die *Konstruktions- und Funktionsbedingungen* der neuen Ordnung. Also ist für den Systemwandel *konzeptionelle Vorarbeit* zu leisten. Auch sind schon im Vorfeld die „Strukturen politischer Macht" so zu ändern, daß der „Systemwandel überhaupt generiert"[2]) werden kann. Das setzt in der Regel eine demokratisch legitimierte Regierung in einem pluralistisch organisierten freiheitlichen Umfeld voraus.

Für den Übergang zu marktwirtschaftlichen Strukturen ist sodann ein *adäquater gesamtwirtschaftlicher Datenrahmen* zu konstituieren, was eine Fülle interdependenter rechtlicher und institutioneller Vorkehrungen bedingt. Es geht im einzelnen um:

- die Einführung einer *Privatrechtsordnung* und damit die Gewährung *individueller Handlungs- und Verfügungsrechte,*
- die *Dezentralisation und Entflechtung von Staatsbetrieben,*
- die *Privatisierung von Staatseigentum* – also die Neuorganisation des Unternehmenssektors im Sinne einer Etablierung *unabhängiger Wirtschaftseinheiten* wie die Unterwerfung des verbleibenden staatlichen Sektors unter *hard budget constraints,*
- die *Ordnung des Wettbewerbs,*
- die Neuordnung des *Bankwesens,* d. h. die Etablierung einer unabhängigen und dem Ziel der *Geldwertstabilität* verpflichteten *Notenbank* wie – untereinander konkurrierender – *Geschäftsbanken* und die Errichtung von *Geld- und Kapitalmärkten,* parallel zum *Abbau des überkommenen Geldüberhangs,*
- die umfassende *Restrukturierung der staatlichen Aufgaben,* damit des Einnahmen-, Ausgaben- und Budgetsystems als Vorbedingung für eine Konsolidierung der öffentlichen Finanzen,
- den Abbau von Preissubventionen und damit die *Freigabe der Preise auf Güter- und Faktormärkten,*
- Formen einer *makroökonomischen Steuerung,* die auf Stabilisierung der gesamtwirtschaftlichen Entwicklung, mittelfristige Orientierung und Stärkung marktwirtschaftlicher Prinzipien ausgerichtet ist,
- die *Neuorganisation des Arbeitsmarktes* und des *Unternehmenssektors,*
- die Grundlegung einer *Arbeitslosen-, Alters- und Krankenversicherung,*
- eine adäquate *Öffnung der Märkte* nach außen auf der Basis konformer Wechselkurse, und nicht zuletzt
- eine aktive markt- und systemkonforme *Wirtschaftspolitik* zur Unterstützung der eingeleiteten realwirtschaftlichen Anpassungsprozesse[3]).

Notwendig ist eine in sich schlüssige Transformationsstrategie

Diese die Transformation einer Wirtschaftsordnung ausmachenden Elemente lassen sich nicht schlagartig, quasi über Nacht neu strukturieren, obwohl sie sich vielfach gegenseitig bedingen: Eine Reform des Unternehmenssektors zielte ins Leere, wenn sie nicht gleichzeitig von einer Freigabe der Preise auf breiter Front begleitet würde; eine Neuformation der Preisrelationen unter Annäherung an die realen Knappheitsverhältnisse von Gütern und Faktoren käme nicht zustande, wenn nicht zugleich wettbewerbliche Verhältnisse etabliert und eine inflationäre Entwicklung durch die Gesundung des Geldwesens und die Konsolidierung der öffentlichen Finanzen unterbunden würden. Jeder Versuch, den monetären und finanziellen Sektor zu stabilisieren, bliebe ein Stückwerk, wenn nicht die Voraussetzungen einer adäquaten makroökonomischen Steuerung geschaffen würden u. s. f.[4]). Doch kann *nicht alles auf einmal* bewältigt werden; Veränderungen, Anpassungen und Reaktionen der einzelnen Variablen sind mit ausgeprägtem und auch unterschiedlichem Zeitbedarf verbunden. Bezogen auf einen Zeitpunkt können lediglich *ordnungspolitische Grundentscheidungen* wie die Einführung einer Privatrechtsordnung getroffen, eine Währungsreform oder die Liberalisierung von Preisen, Löhnen und der außenwirtschaftlichen Beziehungen vollzogen werden. Der *Aufbau von Institutionen,* so auch die Einübung neuer *Denk- und Verhaltensweisen* benötigt in jedem Fall eine geraume *Zeit.* Das gilt mehr noch für die unabdingbaren realwirtschaftlichen Anpassungen, die zwangsläufig mit einer Stillegung großer Teile der veralteten Produktionsstätte wie einer Neuorientierung verzerrter Produktionsstrukturen, derart einer Freisetzung von Arbeitskräften in großem Ausmaß, mit einem tiefen Einbruch des Bruttoinlandsprodukts und der Realeinkommen breiter Bevölkerungsschichten einhergehen. Vielfach bricht das Alte schneller zusammen, als das Neue entstehen kann. Bis sich im Zusammenspiel zwischen Wirtschaftsordnung und Wirtschaftsprozeß adäquate Strukturen eingestellt haben, können Jahre vergehen.

Transformation ist ein Prozeß in der Zeit

Die Transformation einer Wirtschaftsordnung ist also ein Prozeß in der Zeit. In jedem Systemwandel ist eine bestimmte Folge von *Phasen* auszumachen[5]). Die Konsequenz sind marktwirtschaftliche Institutionen in einem mehr oder weniger planwirtschaftlich geprägten Umfeld, die bestenfalls keine der erhofften, vielfach aber kontraproduktive Ergebnisse hervorbringen. Durch das Neben- und Gegeneinander der beiden Koordinationsmechanismen entstehen in hybriden Mischsystemen immer wieder erneut *Reibungsverluste*[6]), die nicht selten dirigistische Praktiken, ja zwischenzeitliche Blockierungen und Rückschläge hervorrufen. Das alles mehrt schon für sich die *Risiken,* die jedem Systemwandel immanent sind, und erhöht die *sozialen Kosten,* die vor allem aus realwirtschaftlichen Anpassungsprozessen resultieren. Um so wichtiger ist es, die *Übergangsphasen mit ihren spezifischen Konfliktpotentialen* zeitlich so weit wie erreichbar zu begrenzen. Das bedingt eine in sich konsistente Transformationsstrategie[7]), die sich konsequent an dem ordnungspolitischen Leitbild orientiert und auf theoretisch fundierte Aussagen stützt. Allein so wird sich die adäquate Vorgehensweise, derart auch Inhalte, Schrittfolge und Intensität der einzelnen Phasen und Maßnahmen bestimmen lassen.

Die Alternative: große oder kleine Schritte existiert genausowenig . . .

Eine Illusion ist es zu glauben, *timing* und *sequencing* im Systemwandel seien in das Ermessen der Politik gestellt. Es gilt, gegebene, in ökonomischen Sachverhalten begründete Zusammenhänge zu berücksichtigen, sofern es das Ziel ist, die gesellschaftlichen *Transformationskosten* bei der Neuordnung des Wirtschaftssystems auf ein unvermeidliches Maß zu beschränken. Auch geht es stets darum, *schon früh durch sichtbare Erfolge,* die viele begünstigen, die *Akzeptanz* der neuen marktwirtschaftlichen Ordnung in der Bevölkerung zu sichern, zudem das zu verwirklichen, was eine „kritische Masse“[8]) genannt wird. Gelingen kann das nur, wenn *Glaubwürdigkeit* und *konsequentes Handeln* dem Prozeß des Wandels ein hinreichendes Maß an *Eigendynamik* verleihen und ihn so unumkehrbar machen. Mithin sind die *Reihenfolge* und die *zeitliche Dimension* der Übergangsstadien nicht beliebig wählbar. Die Alternative, sich für große oder kleine Schritte zu entscheiden, existiert nur scheinbar. *Vorkehrungen von grundlegender Bedeutung* für die Funktionsfähigkeit einer Marktwirtschaft – so etwa die Einführung einer Privatrechtsordnung, die Stabilisierung des monetären Sektors oder der Übergang zu einer Preisbildung über die Märkte – erfordern in jedem Fall große Schritte, unterstützt, ergänzt und sozial abgefedert durch kleine Schritte.

. . . wie die Alternative: schrittweises Vorgehen oder Schocktherapie

Gleiches gilt grundsätzlich von der Alternative: schrittweises Vorgehen versus Schocktherapie. Die Generierung der kritischen Masse bedarf gerade zu Beginn eines Systemwandels der Verwirklichung vieler, eng aufeinander bezogener Maßnahmen in einer knappen Zeitspanne, was den Vorstellungen des „big bang“-Ansatzes entspricht. Im weiteren kann sich eher eine bewußte Folge und zeitliche Streckung einzelner fein dosierter Aktionen empfehlen. Vice versa heißt dies, daß je nach den Gegebenheiten in der Ausgangslage wie den politischen und sozialen Erwägungen bezüglich des „Machbaren“ stets nach adäquaten Kombinationen großer und kleiner Schritte wie auch nach Bündelungen solcher Schritte in der Zeit zu suchen ist[9]).

Theoretische Einsichten und praktische Erfahrungen sprechen dafür, *zunächst die rechtlichen und institutionellen Voraussetzungen* für eine arbeitsfähige Marktwirtschaft zu schaffen. In engem Zusammenhang mit den ordnungspolitischen Grundentscheidungen geht es sodann um die *Freigabe der Preise* auf Güter- und Faktormärkten. Der Eintritt in die Phase der Preisliberalisierung bedingt als Grundvoraussetzung die *Stabilisierung des monetären Sektors;* eine effiziente Geldpolitik ihrerseits wird nach *neuen Techniken der Steuerung des monetären Geschehens* verlangen. Zumeist gilt es, schon im Vorfeld einen in der Vergangenheit aufgebauten *Geldüberhang zu beseitigen.* Im Vorfeld der Preisliberalisierung ist auch der *staatliche Sektor umfassend zu reformieren,* vor allem sind mit fortschreitender Autonomie der Unternehmen *neue finanzielle Ressourcen* für den Staat zu erschließen, derart die Finanzierung staatlicher Defizite über die Inanspruchnahme der Notenbank zu unterbinden. Im Gleichschritt mit der Stabilisierung der gesamtwirtschaftlichen Entwicklung empfiehlt es sich, Maßnahmen in Richtung auf *Privatisierung und Entflechtung staatlicher Monopolbetriebe* einzuleiten, auch die nationalen Märkte – auf der Basis konformer Wechselkurse – für den *internationalen Wettbewerb* zu öffnen. Die Liberalisierung des Außenhandels erhöht den Anpassungsdruck, beschleunigt aber die Anpassungsprozesse und erschließt neue Absatzmärkte für die heimischen Produkte. Die Chancen eines Systemwandels mehren sich in dem Maße, in dem er von adäquaten *sozialpolitischen Maßnahmen* zur Abfederung der transformationsbedingten Härten begleitet und von einer *markt- und systemkonformen Wirtschaftspolitik* unterstützt wird. All das belegt, welche entscheidende Rolle der Transformationsstrategie als handlungspolitischem Niederschlag der zugrundeliegenden Konzeption, in der sich wiederum die prinzipiellen Zusammenhänge der eine Transformation ausmachenden Sachverhalte widerspiegeln, zukommt.

Das Beispiel Russische Föderation: die Erblast des realen Sozialismus

Jede Transformation einer Wirtschaftsordnung hat den zugehörigen *historischen Besonderheiten* entsprechend ihre Eigengesetzlichkeit. Gleichwohl lassen Einsichten in die Strukturmerkmale moderner arbeitsteiliger Volkswirtschaften viele gemeinsame Aspekte erkennen. Mithin dürfte das Gesagte einige Schlußfolgerungen hinsichtlich der Erfolgsbedingungen wie der Schwierigkeiten der Systemtransformation in der ehemaligen Sowjetunion erlauben.
Die Gründung der *Gemeinschaft Unabhängiger Staaten* am 21. Dezember 1991 in Alma-Ata hat das Schicksal der alten Sowjetunion endgültig besiegelt. Mit der Erklärung der staatlichen Unabhängigkeit wie dem Bekenntnis zur rechtsstaatlichen Demokratie ebneten die ehemaligen sozialistischen Republiken den Weg für eine Überführung der Zentralverwaltungswirtschaft in eine Marktwirtschaft, nachdem in den Jahren zuvor das Ringen um die Neuverteilung der politischen Macht den wirtschaftlichen Systemwandel trotz vieler

Bemühungen hatte immer wieder in ersten Ansätzen steckenbleiben lassen. Die neue Politik zeichnet sich im ganzen durch eine erstaunliche Konsequenz in der Abwendung von den Grundprinzipien einer sozialistischen Planwirtschaft aus. Die Entscheidungsträger haben erkannt, daß Reformen, die dauerhaften Erfolg versprechen, einer konsistenten Konzeption und einer Verwirklichung auf breiter Front ohne zeitlichen Verzug bedürfen. Also gilt heute, mehrere jeweils für sich schon komplexe und komplizierte Transformationsschritte möglichst simultan einzuleiten. Dem zu entsprechen, ist schwierig genug – das gilt mehr noch, wenn der Systemwandel in einer krisenhaften Situation, gekennzeichnet durch enorme strukturelle, ökonomische und soziale Ungleichgewichte, zu bewerkstelligen ist.
In der ehemaligen Sowjetunion dominiert nach wie vor die Erblast des realen Sozialismus: die sieben Jahrzehnte währende Einübung in staatlicher Planung und bürokratischer Lenkung, die *keinen Raum für eigenständige Initiativen und individuelle Selbstverantwortung* ließ, wirkt noch nach; die verkrustete *Nomenklatura* in Politik und Wirtschaft, die schon immer jegliche Neuorientierung im Keim erstickte, versucht auch heute mit allen Mitteln, den Umgestaltungsprozeß zu *bremsen;* der jahrzehntelange *ideologische Kampf gegen Marktwirtschaft und Privateigentum* erweist sich nunmehr als das größte Hindernis für die Etablierung dieser Institutionen; das neue wettbewerbliche System wird *zu wenig verstanden;* die *Denk- und Verhaltensweisen* der Wirtschaftssubjekte bleiben wohl noch eine Weile dem alten Ordnungsparadigma verhaftet – systemkonformes Agieren und Reagieren wie auch ein ausgeprägtes Rechtsbewußtsein in breiten Schichten der Bevölkerung lassen auf sich warten; die Wirtschaft ist in *weit desolaterer Verfassung,* als dies selbst von Skeptikern erwartet worden war: das enorme *Übergewicht der Schwerindustrie und des Rüstungssektors* bei systematischer *Vernachlässigung der Konsumgüterproduktion,* der extrem hohe *Monopolisierungsgrad* in einzelnen Branchen, die *miserable Infrastruktur,* das *veraltete Anlagevermögen,* die *unproduktive landwirtschaftliche Erzeugung,* die *verzerrten Außenhandelsströme* als Folge einer aufgezwungenen einseitigen Ausrichtung auf die Unionsrepubliken, das *zerrüttete Geld- und Finanzsystem* sind nur einige Beispiele.

Wirtschaftsreformen als Krisenmanagement

Zu den Folgen sozialistischer Mißwirtschaft kamen in den Jahren nach 1985 dramatische Verwerfungen als Ergebnis der im Zeichen von *Glasnost* und *Perestrojka* durchgeführten halbherzigen Reformversuche[10]) hinzu. Die Vorstellung, man könnte durch die Übernahme *einiger* Systemmerkmale marktwirtschaftlicher Ordnungen ein *Tertium* schaffen, das die vermuteten Vorteile beider Systeme in sich vereinigt, hat sich als *Trugschluß* erwiesen. Die heterogenen

Elemente, die sich aus dem Festhalten an einer im Grundsatz sozialistischen Gesellschafts- und Wirtschaftsordnung bei weitgehender Lockerung der Leitlinien und Sanktionen der Planwirtschaft ergaben, ließen wenig Raum für den erhofften Erfolg. Im Gegenteil: Es entstand eine einmalige Situation – eine *Kommandowirtschaft ohne Kommando* einerseits, ein *Markt ohne Marktpreise* und ohne durch Wettbewerb erzwungene Marktdisziplin andererseits. Die Kontrolle über die öffentlichen Finanzen und das monetäre Geschehen geriet völlig aus den Fugen; die Handelsliberalisierung bei rasch anwachsender Inlandsnachfrage im Zuge kräftiger Lohnsteigerungen trieb das Land an den Rand der Zahlungsunfähigkeit; die Industrieproduktion schrumpfte kräftig und die Versorgungskrise spitzte sich zu. Die akuten Probleme führten zu heftigen Auseinandersetzungen: Während die *eine* Reformkommission mit bekannten Wirtschaftswissenschaftlern wie *Schatalin* und *Jawlinsky* als Wortführer für eine schnelle und radikale Umgestaltung der Wirtschaftsordnung plädierte[11]), rief die *andere* – geschart um einige konservative Regierungsmitglieder – nach graduellen Schritten, um das Geschehen im Griff zu behalten[12]). Vom Unionsparlament gebilligt wurde im Oktober 1990 ein *Gorbatschow-Kompromiß*[13]) mit vielen Einzelmaßnahmen; um eine in sich stimmige Transformationsstrategie handelte es sich indes nicht. Das mußte weiteren gesamtwirtschaftlichen Fehlentwicklungen Vorschub leisten: das Haushaltsdefizit überschritt schon im Frühjahr den Planansatz für 1991 und belief sich im vierten Quartal mit gut 200 Mrd. Rubel auf 18% des Bruttosozialproduktes; die Finanzierung der Staatsausgaben durch die Notenbank ließ die Geldmenge in die Höhe schnellen – statt der geplanten 8 Mrd. Rubel betrug die Geldemission über das Jahr 1991 gesehen nicht weniger als 130 Mrd. Rubel; die Verbraucherpreise stiegen beschleunigt an, so daß sich im Jahresdurchschnitt eine Inflationsrate von 96% errechnete; mit dem Zerfall des *Rates für Gegenseitige Wirtschaftshilfe* und dem Anschluß der früheren DDR an die Bundesrepublik brach der Außenhandel zusammen: im Vorjahresvergleich nahmen die Exporte um 33% und die Importe um 44% ab; die Talfahrt der Wirtschaft setzte sich mit einem Rückgang des Bruttoinlandsproduktes um 17%, nach 2,3% im Jahre 1990 verstärkt fort[14]).

Das Regierungsprogramm Boris Jelzins . . .

In dieser Situation legte *Boris Jelzin* am 10. Juli 1991, einen Monat nach seiner Wahl zum ersten Präsidenten der Russischen Föderation, den Amtseid ab, um dann am 28. Oktober vor dem *Kongreß der Volksdeputierten* in groben Umrissen ein Regierungsprogramm vorzutragen. Mit ihm soll in den kommenden Jahren konsequent der Übergang zur Marktwirtschaft vollzogen werden[15]). Als erste *Schritte* sind eine *Freigabe der Preise* für die meisten Nahrungsmittel und

Konsumgüter – begleitet von kompensierenden Lohnerhöhungen und Transferleistungen –, die *Konsolidierung der öffentlichen Finanzen* durch Kürzungen von Subventionen an nicht rentable Staatsbetriebe wie die Rüstungsindustrie bei gleichzeitiger *Reform des Steuersystems,* und die *Gesundung des Geldwesens,* damit die Errichtung eines *zweistufigen Bankensystems* mit einer unabhängigen Notenbank an der Spitze vorgesehen. Parallel hierzu sollen die Voraussetzungen für die *Privatisierung* des Staatseigentums an den Produktionsmitteln geschaffen, Maßnahmen zur Förderung eigenverantwortlicher Bewirtschaftung im *Agrarsektor* ergriffen und *Monopolbetriebe entflochten* werden. Beabsichtigt ist, noch in der ersten Hälfte des laufenden Jahres kleinere Handelsbetriebe, Gaststätten und Dienstleistungsunternehmen wie landwirtschaftliche Genossenschaften im Wege der *Auktion* in private Hände zu legen.
Für das zweite Halbjahr 1992 ist der Einstieg in die *nächste Etappe* geplant; sie umschließt zunächst die *Privatisierung von Betrieben* (bis zu 200 Beschäftigten) der Lebensmittel- und Konsumgüterindustrie, nachdem der Verkauf von staatlichen Wohnungen an Privatpersonen bereits durch eine Unionsverordnung von 1988 und die langfristige Pacht von Einzelhandelsgeschäften mit anschließendem Ankaufsrecht Anfang 1990 zugelassen worden waren. *Ausländische Investoren* sind grundsätzlich erwünscht und erhalten steuerliche Vergünstigungen; Rüstungs-, Verkehrs- und Energiebetriebe, Unternehmen mit mehr als 1000 Beschäftigten sowie Banken dagegen sollen vorerst nicht privatisiert werden. Weitere Schwerpunkte der Reformen sind die weitgehende *Liberalisierung des Außenhandels* und die *schrittweise Freigabe des Rubelkurses.* Das alles wird begleitet von einer Neustrukturierung des Sozialbudgets zur *Abfederung der transformationsbedingten Kosten.*

... und seine schwierige Realisierung

Der Einstieg in das umfassende Reformprogramm, das auch mit dem *Internationalen Währungsfonds* abgestimmt ist, erfolgte über die *Abschaffung des staatlichen Preiskontrollsystems*[16]). Mit einem Schlag wurden zum 1. Januar 1992 die Preise für Nahrungsmittel und Konsumgüter – abgesehen von einigen wenigen Ausnahmen für Produkte des täglichen Bedarfs – freigegeben. Aus der immer noch mehr oder weniger zurückgestauten wurde eine offene *Inflation;* im ersten Quartal 1992 hatten die Konsumenten im Vergleich zum entsprechenden Vorjahreszeitraum um 350% höhere Preise zu zahlen. Nach der Aufhebung der noch bestehenden Preisbindungen im April des Jahres und der Freigabe der Energiepreise in den Sommermonaten dürfte die Inflationsrate im Jahresdurchschnitt 1992 mit 850 bis 1000% einen neuen Höchststand erreichen.
Die Stabilisierung der gesamtwirtschaftlichen Entwicklung erweist

sich schwieriger als gedacht. Die sowjetische *Zentralbank* sieht sich trotz eingeleiteter Maßnahmen – Reduzierung der Kreditkontingente an die Geschäftsbanken wie die Anhebung von Refinanzierungs- und Mindestreservesätzen – außerstande, die *Geldmenge* wirksam zu kontrollieren. Ihr fehlen die Regulative zur Begrenzung des Rückgriffs staatlicher Stellen auf Notenbankkredite; de facto ist sie gehalten, den Fehlbetrag im Staatshaushalt letztlich über die Banknotenemission zu finanzieren. Die Konsolidierung der öffentlichen Finanzen kommt nur schleppend voran; das *Budgetdefizit* belief sich im ersten Quartal 1992 – vor dem Hintergrund kräftig steigender Subventionen an ineffiziente Staatsbetriebe und einer deutlichen Zunahme der Sozialausgaben bei nur spärlich fließenden Einnahmen aus der kürzlich eingeführten 28prozentigen Mehrwertsteuer wie einer Gewinnsteuer – mit 84 Mrd. Rubel auf 25% der Ausgaben, nachdem zunächst von einem ausgeglichenen Haushalt die Rede gewesen war. Der mit der Freigabe der Preise erhoffte Boom in der Erzeugung landwirtschaftlicher Produkte und von Konsumgütern blieb aus (die Produktion nahm im ersten Vierteljahr 1992 um 13% gegenüber dem entsprechenden Vorjahresergebnis ab), und die Einzelhandelsumsätze gingen gut um die Hälfte zurück, weil komplementäre Umstrukturierungen des Unternehmenssektors noch nicht erfolgt sind.
Die *Entflechtung und Privatisierung staatlicher Monopolbetriebe* erweist sich komplexer als vorausgesehen, der Zeitbedarf ist länger als erwartet. Die fortwährende Propagierung egalitärer Ziele ist an der Bevölkerung nicht spurlos vorbeigegangen; bürokratische Hemmnisse sind noch nicht aus dem Weg geräumt; allenthalben fehlt es an Unternehmergeist wie an zahlungskräftigen Käufern. Der Aufbau einer Privatwirtschaft hat zudem auf einem immer noch höchst ungenügenden Fundament zu erfolgen: die verfassungsmäßige Garantie des individuellen Eigentums und die Verabschiedung einer Konkursordnung werden immer wieder hinausgeschoben, es mangelt an rechtsstaatlichen Strukturen wie an einer effizienten Monopolkontrolle, Wertpapiermärkte sind unterentwickelt u. a. m. Als Erfolg dürfte es so gelten, daß in den ersten beiden Monaten des laufenden Jahres rd. 1700 kleinere Staatsbetriebe und Einzelhandelsgeschäfte im Gesamtwert von gut 400 Mill. Rubel privatisiert werden konnten; allerdings hätten allein in Moskau im I. Quartal 1992 rd. 3350 Staatsunternehmen an Private verkauft werden sollen – für das gesamte Jahr war man von einem Privatisierungserlös in Höhe von 92 Mrd. Rubel ausgegangen. Engpässe in der Versorgung mit wichtigen Nahrungsmitteln bleiben so weiterhin bestehen. Daß sich die Regale in den staatlichen Läden dieser Tage voll präsentieren, beinhaltet noch lange nicht einen Durchbruch auf breiter Front, da mit der Freigabe von Preisen lediglich Waren, die zuvor gehortet oder in der Schattenwirtschaft gehandelt wurden, auf den Markt kommen. Abhilfe kann hier allein die grundlegende Restrukturierung des staatlichen Unternehmenssektors und der landwirtschaftlichen Betriebe schaffen. Letztlich geht es darum, die Eigentumsrechte so zu gestalten, daß

das selbstinteressierte Handeln der Individuen als Motor der wirtschaftlichen Entwicklung aktiviert wird. Gewiß, die russische Führung hat schon früh die Notwendigkeit einer zügigen Transformation der Eigentumsrechte als einem der wichtigsten Grundpfeiler des angestrebten neuen Wirtschaftssystems erkannt. Doch scheint die Privatisierung vor allem aus ideologischen Gründen ins Stocken geraten zu sein, noch bevor sie richtig in Gang gekommen ist.
In allem erweist sich, daß die *Bedingungen für eine funktionstüchtige Marktwirtschaft noch nicht erfüllt* sind. Und sie können es auch nicht – vor allem des Zeitbedarfs im Systemwandel wegen. Was sich auswirkt, sind durchaus zwingende ökonomische Zusammenhänge; das, was zu beobachten ist, belegt die Interdependenz ökonomischer Prozesse. Der Übergang von Formen einer direkten Lenkung zu Formen einer indirekten Steuerung, verbunden mit Elementen einer marktmäßigen Koordination, bedingt die Herstellung der Voraussetzungen für private unternehmerische Tätigkeit und die Gewährleistung des Wettbewerbs als Dreh- und Angelpunkt der marktwirtschaftlichen Ordnung. Auf makroökonomischer Ebene gilt es, für die Finanz- und Geldpolitik neue Regeln einer Arbeitsteilung zu definieren und zugleich die Rahmenbedingungen für eine geldpolitische Steuerung zu schaffen. Die eingeleiteten primären Restrukturierungen lösen stets Anpassungsprozesse aus, die nach sekundären Restrukturierungen als notwendigen Entsprechungen verlangen. Wird dem nicht oder nur unzureichend genügt, dann bleibt im Transformationsprozeß das Erreichte weit hinter dem Angestrebten zurück. Das Gewicht der Inkonsistenzen mit negativen Auswirkungen auf den Wirtschaftsprozeß und dessen Ergebnis wird in dem Maße substantiell abgebaut, in dem eine innere Konsistenz aller Elemente der Wirtschaftsordnung erreicht wird. Das zu erwirken, ist die wesentliche Aufgabe der Transformationspolitik.

Der Ruf nach staatlichen Interventionen wird lauter

Zu den Problemen, die aus den einem Transformationsprozeß immanenten Konflikten resultieren, kommen im Falle Rußlands weitere hinzu: Schon drohen Gewerkschaften mit landesweiten *Warnstreiks,* falls die Löhne nicht voll an die Teuerung angepaßt würden – mit den Preisreformen seien 90% der Bevölkerung in die Armut gedrängt worden. *Kommunistische und nationalistische Gruppen* veranstalten *Protestaktionen* und Großdemonstrationen, um ihren Vorstellungen von einer sozial verträglichen und gerechten Gestaltung der Wirtschaftsordnung Nachdruck zu verleihen. Die durch den Reformkurs entmachteten und ihrer Privilegien beraubten *Kader* warten nur darauf, die Überlegenheit zentralistischer Kommandowirtschaft unter Beweis stellen zu können. Ob die russischen Entscheidungsträger noch gewillt und auch fähig sind, am Reformkonzept beharrlich festzuhalten, bleibt abzuwarten. Skepsis ist angebracht. Der *Ruf nach staatlichen Interventionen* wird immer lauter. Die Sorge, soziale Spannungen könnten zunehmend zu politischen Frontstellungen führen, wächst. *Jelzin* hat bereits Korrekturen des eingeschlagenen Kurses in Aussicht gestellt: In den nächsten Monaten sollen für sozialpolitische Maßnahmen zusätzlich 6 Mrd. Rubel zur Verfügung gestellt, Mindestlöhne wie Renten um 200 Rubel erhöht, die Löhne im Dienstleistungssektor generell um 50% angehoben und private Bauern mit 6,5 Mrd. Rubel unterstützt werden. Vorgesehen ist, die Mehrwertsteuer für gewisse Schlüsselbetriebe von 28% auf 15% zu reduzieren, die Kreditzinsen auf dem derzeitigen Niveau (40%) einzufrieren und an marode Staatsunternehmen Kredite in Höhe von 200 Mrd. Rubel auszulegen, nachdem das Volumen der überfälligen Kredite und Zahlungsverpflichtungen von Anfang Januar bis Ende März von 39,2 Mrd. Rubel auf 676 Mrd. Rubel hochgeschnellt ist. Die Ausgaben des Staatshaushalts gehen damit weit über die Budgetansätze hinaus.

Im Vorfeld der sechsten Sitzung des *Kongresses der Volksdeputierten* – des höchsten Verfassungsorgans – hat der russische Präsident eine tiefgreifende *Umbildung der Regierung* vorgenommen. Er berief siebzehn neue Vizeminister in das von ihm geleitete Kabinett. Zuvor hatte er das am meisten der Kritik ausgesetzte Regierungsmitglied, den Architekten des neuen Reformkurses, *Gajdar,* vom Amt des Finanzministers entbunden; der Arbeitsminister *Schochin* trat auf eigenen Wunsch zurück und der Stellvertreter *Jelzins, Burbulis,* soll am 14. April aus der Regierung ausscheiden, wenngleich alle als stellvertretende Ministerpräsidenten bzw. Staatssekretäre weiterhin für die Reformpolitik zuständig bleiben sollen. Auch ist vorgesehen, in das Kabinett vier bis fünf erfahrene „Industrielle" aufzunehmen, um deren Interessen mehr Gehör zu verschaffen. Das taktische Manöver sollte einem vom Volkskongreß erzwungenen sofortigen Entzug der Vollmachten *Jelzins,* so der Entlassung der Regierung, zuvorkommen. Die Opposition war indes mit ein paar neuen Gesichtern nicht zu besänftigen. Die Abgeordneten haben dem Präsidenten zwar noch eine Galgenfrist von drei Monaten eingeräumt, bevor er seinen Posten als Regierungschef abgeben und auch ein *Gesetz über die Regierung der Russischen Föderation* zum Zwecke ihrer Neugestaltung vorlegen muß. Doch die ohnehin von allen Seiten heftig attackierte Mannschaft um *Jelzin* ist durch das Votum der Volksdeputierten praktisch zum *Kabinett auf Abruf* geworden, das kaum noch handlungsfähig sein dürfte. Rußland hat sich zu einer langsameren Gangart in Sachen Marktwirtschaft entschieden.

Die eigentliche Anpassungskrise steht noch bevor

Nach wie vor fehlt es in der russischen Föderation an einer schlagkräftigen politischen Gruppierung, die sich konsequent und mit langem Atem für marktwirtschaftliche Reformen stark macht. Der *Volksdeputiertenkongreß* selbst ist das beste Beispiel dafür: mit viel zu vielen alten kommunistischen Kadern besetzt, auch viel zu groß und in viel zu viele Fraktionen zerfallen, um notwendige Sachentscheidungen für die Etablierung der neuen Ordnung zu treffen. Zudem verfolgen große Teile des *Verwaltungsapparates* noch immer eigene Interessen, die im offenen Widerspruch zur offiziellen Linie stehen. Preisreformen werden in der Provinz vielfach ignoriert, Privatisierungsanträge von örtlichen Komitees für die Verwaltung des Staatseigentums monatelang hin und her geschoben, die Lage durch Hunderte ungeklärter Streitfragen in der GUS verschärft. Ein russischer *Erhard,* der ökonomische Kompetenz und politisches Gewicht in einer Person vereinigt, ist weit und breit nicht in Sicht. Es mangelt in den oppositionellen Gruppierungen an griffigen Gegenkonzepten wie an Persönlichkeiten, die der Regierung ernsthaft Paroli bieten könnten. Der Widerstand hat aber – wie es scheint – ausgereicht, um das Tempo der Reformen entschieden zu drosseln. Die eigentliche Anpassungskrise steht indes Rußland noch bevor. Die Zahl der Arbeitslosen mit schätzungsweise 10 Mill. im laufenden Jahr (11%) hat noch bei weitem nicht den Höhepunkt erreicht; das Haushaltsdefizit wächst weiter, der Preisauftrieb ist nicht unter Kontrolle, die Produktion geht beschleunigt zurück, der Außenhandel schrumpft kräftig und der Rubel verliert gegenüber Hartwährungen immer mehr an Wert.

Ohne überzeugende Perspektiven geht es nicht

Der Systemwandel in der ehemaligen Sowjetunion erfordert einen Austausch aller konstituierenden Elemente – politisch wie wirtschaftlich –, und dazu die Einübung von Denk- und Verhaltensweisen, die den neuen Gegebenheiten gemäß sind. Schon die ordnungspolitischen Grundentscheidungen umschließen eine Vielzahl komplexer Einzelmaßnahmen. Die realwirtschaftlichen Anpassungsprozesse mit einer Fülle persönlicher Härten stellen jede Transformationspolitik auf überaus harte Bewährungsproben. Um so wichtiger sind solidarische Unterstützungsmaßnahmen durch den Westen. Gefragt ist dessen Bereitschaft, den Transformationsprozeß durch Formen eines Beistandes – materiell wie institutionell – zu fördern. Gefragt ist aber auch die Bereitschaft der Russischen Föderation, den Systemwandel konsequent durchzuziehen.
Leicht dürfte es den Entscheidungsträgern nicht fallen; die politischen und ideologischen Widerstände sind allemal groß. Über Generationen hinweg vom zentralistischen Sozialismus geprägt, auch zuvor schon nur in Ansätzen mit liberalem Gedankengut und demokratischen Traditionen vertraut, gestaltet sich in Rußland die Substitution des Alten durch das Neue unvergleichlich mühsamer als dort,

wo an frühere marktwirtschaftliche Verhältnisse und freiheitliche Gesellschaftsordnungen angeknüpft werden kann. Anderes kommt hinzu – so vor allem verkrustete politische und wirtschaftliche Strukturen, untereinander verfilzte Kader wie Seilschaften aus den bisherigen Führungsschichten. Im Systemwandel gibt es stets Gewinner und Verlierer. Die alte Machtelite wie die Betroffenen in der anfänglichen Durststrecke werden, sofern sie sich individuell rational verhalten, einem radikalen Reformprogramm nicht zustimmen wollen. Also kommt es darauf an, in der Bevölkerung eine Aufbruchstimmung derart zu erzeugen, daß es für alle Beteiligten als unabdingbar erscheint, den Systemwandel mitzutragen. Das kann nur gelingen, wenn durch überzeugende Perspektiven schon bald Vertrauen in das bislang noch unbekannte Wirken von Marktkräften vermittelt wird. Es bedarf der Vision, daß der Neuanfang mit Aussicht auf persönlichen Erfolg verbunden ist. Auch das spricht für konzeptionelle Vorarbeit auf hohem Niveau und stringentes transformationspolitisches Handeln in allen Phasen des Systemwandels.

Anmerkungen

[1]) Norbert Kloten: Die Transformation von Wirtschaftsordnungen – theoretische, phänotypische und politische Aspekte, Walter Eucken Institut (Hrsg.), Vorträge und Aufsätze 129, Tübingen 1991, S. 5.

[2]) Norbert Kloten: Die Transformation von . . . a. a. O., S. 20.

[3]) Zu den Elementen des Transformationsprozesses vgl. etwa Horst Siebert: The Transformation of Eastern Europe, Institut für Weltwirtschaft Kiel, Kieler Diskussionsbeiträge 163, Januar 1991; World Bank (Hrsg.), The Transformation of Economies in Central and Eastern Europe: Issues, Progress, and Prospects, April 1991; Hans Blommestein/Michael Marrese (Edts.), Transformation of Planned Economies: Property Rights Reform and Macroeconomic Stability, OECD, Centre for Co-operation with European Economies in Transition, Paris 1991; Paul Marer/Salvatore Zecchini (Edts.), The Transition to a Market Economy, OECD, Centre for Co-operation with European Economies in Transition, Paris 1991; Volume I and II; OECD (Edt.), Reforming the Economies of Central and Eastern Europe, Paris 1992; Frankfurter Institut für wirtschaftspolitische Forschung e.V. (Kronberger Kreis), Zur Wirtschaftsreform in Osteuropa, Schriftenreihe: Bd. 24, Bad Homburg v. d. H., Januar 1992.

[4]) Vgl. Sachverständigenrat zur Begutachtung der gesamtwirtschaftlichen Entwicklung: Zur Unterstützung der Wirtschaftsreform in der DDR: Voraussetzungen und Möglichkeiten, Sondergutachten vom 20. Januar 1990, S. 35 f.

[5]) Vgl. hierzu etwa das von der Weltbank entwickelte „pattern of phasing“, in: World Bank (Edt.), The Transformation of . . . a. a. O., S. 16 ff.; Norbert Kloten: Der Zeitbedarf im Systemwandel, abgedruckt in: Deutsche Bundesbank (Hrsg.), Auszüge aus Presseartikeln, Frankfurt am Main, 25. März 1992, S. 15–19; Karl von Delhaes/Ulrich Fehl: Der Transformationsprozeß in der Zeit: Konsequenzen von Dauer und Reihung systemverändernder Maßnahmen, in: Karl-Hans Hartwig/H. Jörg Thieme (Hrsg.), Transformationsprozesse in sozialistischen Wirtschaftssystemen. Ursachen, Konzepte, Instrumente, Berlin/Heidelberg 1991, S. 435–463.

[6]) Zur Dysfunktionalität von Mischsystemen vgl. u. a. Dieter Lösch/Olaf Steffen: Das Wirtschaftssystem der Perestrojka. Ordnungstheoretische Schlußfolgerungen aus den Erfahrungen der sowjetischen Umgestaltungspolitik, HWWA-Hamburg 1991; Hannelore Hamel/Rudolf Knauff: Dezentralisierung durch „sozialistische Marktwirtschaft“: Die Suche nach dem „Dritten Weg“, in: Karl-Hans Hartwig/H. Jörg Thieme (Hrsg.), Transformationsprozesse in . . . a. a. O., S. 153–180; Norbert Kloten: Monetäre Steuerung in den transi-

torischen Stadien eines Wirtschaftssystems: Der Fall China, in: Hans-Jürgen Wagener (Hrsg.), Monetäre Steuerung und ihre Probleme in unterschiedlichen Wirtschaftssystemen, Schriften des Vereins für Socialpolitik, N. F. Bd. 191, Berlin 1990; S. 157–184.

[7]) Zu möglichen Transformationsstrategien vgl. etwa Thomas Apolte/Dieter Cassel: Dezentralisierung durch „kapitalistische Marktwirtschaft": Radikaler Systembruch, in: Karl-Hans Hartwig/H. Jörg Thieme (Hrsg.), Transformationsprozesse in . . . a. a. O., S. 111–115; Wolfram Schrettl: Towards a Policy of Directional Shock: Against Hypercorruption and other Barriers to Transition from a Planned to a Market Economy, Osteuropa-Institut München, Working papers Nr. 143, March 1991; William D. Nordhaus: Soviet Economic Reform: The Longest Road, in: Brookings Papers on Economic Acitivity, 1/1990, Washington D. C., S. 287–318; Andreas Westphal/Hansjörg Herr: Die Inkohärenzen der Planwirtschaft und der Transformationsprozeß zur Geldwirtschaft, in: Jürgen Backhaus (Hrsg.), Systemwandel und Reform in östlichen Wirtschaften, Marburg 1991, S. 139–168; Norbert Kloten: Die Transformation von . . . a. a. O., S. 32 ff.

[8]) Norbert Kloten: Zur Transformation von Wirtschaftsordnungen, in: ORDO 40 (1989), S 122 und Der Zeitbedarf im . . . a. a. O., S. 18; vgl. auch Alfred Schüller: Probleme des Übergangs von der Staatswirtschaft zur Marktwirtschaft, in: Forschungsstelle zum Vergleich wirtschaftlicher Lenkungssysteme (Hrsg.), Zur Transformation von Wirtschaftssystemen, Arbeitsberichte zum Systemvergleich Nr. 15, Juli 1990, Marburg, S. 4–24.

[9]) Vgl. Norbert Kloten: Der Zeitbedarf im . . . a. a. O., S. 17.

[10]) Vgl. hierzu etwa Reinhard Peterhoff: Wirtschaftsreformen als Krisenmanagement: Systemerhaltung durch „muddling through"? in: Karl-Hans Hartwig/H. Jörg Thieme (Hrsg.), Transformationsprozesse in . . . a. a. O., S. 181–197; Dieter Lösch/Olaf Steffen: Das Wirtschaftssystem . . . a. a. O.; Bundesinstitut für ostwissenschaftliche und internationale Studien (Hrsg.), Sowjetunion 1988/89 – Perestrojka in der Krise? München/Wien 1989; International Monetary Fund/World Bank/Organisation for Economic Co-operation and Development/European Bank for Reconstruction and Development: A Study of the Soviet Economy, Paris, February 1991.

[11]) Vgl. Grigorij Jawlinskij/Stanislaw Schatalin: 500 Tage zur Marktwirtschaft. Die Pläne der Reformökonomen, Düsseldorf 1991.

[12]) Vgl. etwa Harry Maier: Von der Perestrojka zur Systemtransformation, in: Jürgen Backhaus (Hrsg.), Systemwandel . . . a. a. O., S. 81–101; Jouri Joudanow: Die wirtschaftliche Umgestaltung in der Sowjetunion: Probleme und Wege zur Lösung, Institut der deutschen Wirtschaft, Beiträge zur Wirtschafts- und Sozialpolitik, Nr. 190, 4/1991, Köln.

[13]) Vgl. Jouri Joudanow: Die wirtschaftliche Umgestaltung . . . a. a. O., International Monetary Fund/World Bank/Organisation for Economic Co-operation and Development/European Bank for Reconstruction and Development: A Study of . . . a. a. O.; Wladimir N. Kotow: Länderbericht UdSSR, in: Rolf Schlüter (Hrsg.), Probleme der Transformation von Wirtschaftssystemen, Freiburg i. Brsg., 1991, S. 65–79.

[14]) Vgl. hierzu etwa Wladislaw Below: Wirtschaftslage und Wirtschaftsrefom in der ehemaligen UdSSR, in: Aus Politik und Zeitgeschichte, Beilage zur Wochenzeitung Das Parlament, B 52–53/1991, 20. Dezember 1991, S. 16–23; Bernhard Heitger: Wirtschaftliche Ursachen der Separationsbestrebungen in der Sowjetunion, in: Institut für Weltwirtschaft an der Universität Kiel (Hrsg.), Die Weltwirtschaft, 1991, Heft 2, S. 160–174; Hansgeorg Conert: Lage und Perspektiven der sowjetischen Wirtschaft, in: Wirtschafts- und Sozialwissenschaftliches Institut des Deutschen Gewerkschaftsbundes (Hrsg.), WSI-Mitteilungen, Jg. 44, H. 8, August 1991, S. 508–519.

[15]) Vgl. zum Reformprogramm Jelzins und dessen Implikationen etwa Wladislaw Below: Wirtschaftslage . . . a. a. O.; Andrei Schleifer/Robert W. Vishny: Reversing the Soviet Economic Collapse, in: Brookings Papers on Economic Activity, 2/1991, Washington D. C., S. 341–360; Paul Marer/Salvatore Zecchini (Edts.), The Transition . . . a. a. O.; OECD (Edt.), Reforming the Economies . . . a. a. O.

Karl-Eugen Wädekin

Die Ernährungslage

Die Ernährungswirtschaft in den Ländern der ehemaligen Sowjetunion*

Es geht nicht nur um die unzureichenden Leistungen der Landwirtschaft

Die Landwirtschaft ist nur ein Teil, allerdings der zentrale der Ernährungswirtschaft. Je höher der Grad der *Industrialisierung* und *Urbanisierung* eines Landes, desto größeres Gewicht gewinnt in der Landwirtschaft einerseits der Einsatz von Betriebsmitteln aus dem vorgelagert genannten Bereich, hauptsächlich Industrie und Dienstleistungen, und andererseits die Leistung der ihr nachgelagerten Bereiche von Lagerung, Transport, Verarbeitung und Verteilung, welche die Nahrungsgüter an die Verbraucher bringen. Die Länder der ehemaligen Sowjetunion befinden sich auf unterschiedlichen Stufen der Industrialisierung und Urbanisierung, aber im großen und ganzen doch auf solchen, die diese Bereiche sehr wichtig machen. Die kritische Situation ihrer Lebensmittelversorgung ist durch die Mängel der vor- und nachgelagerten Bereiche in mindestens gleichem, wenn nicht höherem Grade hervorgerufen wie durch die unzureichenden Leistungen der Landwirtschaft selber.
Diese unter östlichen wie westlichen Fachleuten unbestrittene Feststellung durch Zahlen zu belegen ist dadurch erschwert, daß die publizierten Statistiken nicht sehr zuverlässig sind, daß sie oft der klaren Definition ermangeln und daß noch große Teile der Bevölkerung – von knapp einem Drittel in den europäischen Landesteilen, zwei Fünfteln in Transkaukasien bis zu fast zwei Dritteln in den mittelasiatischen – auf dem Lande leben und selber den größeren Teil ihrer Lebensmittel auf Parzellen fast ohne technisierte Betriebsmittel erzeugen. Auch von der *Stadtbevölkerung* bewirtschaften heute etwa zwei von fünf Familien Nutzgärten von durchschnittlich 3

* Verwendete Abkürzungen:
EG/EiZ = *Ekonomitscheskaja gazeta/Ekonomika i schizn'*, Wochenzeitung, Moskau.
Nar, choz, SSSR (mit Jahreszahl) = *Narodnoe chozjajstvo SSSR* v (Jahr) g., Amtliches Statistisches Jahrbuch der UdSSR zum entsprechenden Jahr, Moskau.
SNG = *Soobschtschestvo Nezavisimych Gosudarstv* (Gemeinschaft Unabhängiger Staaten, deutsch auch *GUS*, englisch *CIS*.

bis 10 Ar zur Eigenversorgung vor allem mit Gemüse, Obst und Kartoffeln, halten zum Teil auch Kleinvieh. Solche *Selbstversorgung* entzieht sich naturgemäß genauer statistischer Erfassung.
Weiter erschwert wird neuestens die Kenntnis der Situation durch den Zerfall der ökonomischen im Gefolge der politischen Strukturen, vom Entstehen selbständiger Staaten bis zu Eigenmächtigkeiten von Provinz- und Kreisverwaltungen, und durch den Zerfall des Geldwertes sowie der Warenbeziehungen, durch welchen diese auf das Niveau des Naturaltausches zurückgeworfen wurden.
Angesichts dieser Sachlage kann man zwar Fehler und Mängel feststellen, aber ihre konkreten Auswirkungen auf die aktuelle Ernährungsrealität lassen sich nur ungenau beziffern. Prognosen sind erst recht unsicher, weil für die weitere Entwicklung zu viel von nichtökonomischen Faktoren der National- und der Sozialpolitik abhängt.

Die westliche Lebensmittelhilfe ist durchaus fragwürdig

An solcher Lückenhaftigkeit der Information leidet auch die *Hungerhilfe für Rußland.* Nichts ist gegen humanitär motivierte Nahrungs- und Landtechnikhilfe zu sagen, die in einer Vielzahl nicht-staatlicher, wenn auch staatlich unterstützter Projekte, Aktionen und direkter Partnerschaften mit einzelnen örtlichen Institutionen abläuft. Kurzfristig macht die noch darzustellende Lage gewisser Bevölkerungsteile, Städte und Regionen sie wohl unvermeidlich. Selbst wenn sie zu einem Teil, der ungefähr ein Drittel nicht übersteigen sollte, nicht die wirklich Bedürftigen erreicht (über diese s. unten), dürfte das angesichts unzulänglicher Organisation und auch verbreiteter Korruption auf der Empfängerseite ein tolerierbares Ergebnis sein. Unter den faktischen internen Verteilungsbedingungen sind ja die Oberschichten in den bestehenden Institutionen, ganz zu schweigen vom Schwarzmarkt, unvermeidlich auch Nutznießer der Hilfe.
Wo jedoch staatliche und internationale Agrarpolitik des Westens die Hilfslieferungen von Nahrungsmitteln mit der großen Kelle anrührt, werden die humanitären Aspekte von unausgesprochenen anderen Impulsen überlagert. *Vermiedene Krise am Rindfleischmarkt* titelte die *Neue Zürcher Zeitung* (Fernausgabe vom 18. März 1992) treffend, als sie berichtete, daß Rindfleischlieferungen zu Schleuderpreisen vor allem, wenn auch nicht ausschließlich, an die *SNG* es der *Europäischen Gemeinschaft* möglich machten, ihre alarmierend von 259 000 (1989) auf 900 000 t (1991) angeschwollenen Lagerbestände nicht noch weiter zunehmen zu lassen. Das ist nur ein Beispiel von vielen, unter denen auch Washingtons Bereitschaft zu großen Krediten für Getreidelieferungen an *Rußland* und andere *SNG*-Länder zu nennen ist. In den *USA* erlebte es der Verfasser, daß ein Manager einer einschlägigen großen Firma, ehemaliger Kongreßab-

geordneter, bei einer Tagung über sowjetische Agrarprobleme diese als *a boon to the American farmer* bezeichnete.

Je umfangreicher Nahrungshilfe auf staatlicher Ebene erfolgt, desto größer ist die Gefahr, daß die politischen Führungen und Verwaltungsorgane in Rußland und den anderen Empfängerländern von der Dringlichkeit systemändernder Reformen zur Leistungsverbesserung der eigenen Ernährungswirtschaft teilweise entlastet werden. Das gilt insbesondere, wenn sie längerfristig über die augenblickliche Notlage des Agrarjahres 1991/92 hinaus gewährt wird. Die entscheidende Tatsache ist ja, daß die landwirtschaftliche Erzeugung eigentlich heute schon für eine befriedigende Ernährung genügt, wenn man sie im Gesamtdurchschnitt ohne Berücksichtigung regionaler Ungleichheiten nimmt.

Das wird an einem einfachen Vergleich des wichtigsten Agrarprodukts deutlich. Im Fünf-Jahre-Durchschnitt 1987 bis 1991 wurden in der UdSSR an Getreide pro Einwohner 0,7 t (nach Reinigung und Trocknung) erzeugt und weitere 0,115 t importiert, zusammen also reichlich 0,8 t. In der Europäischen Gemeinschaft standen im gleichen Zeitraum pro Einwohner 0,5 t (nach Berücksichtigung von Importen und Exporten) zur Verfügung, und damit konnte ein hohes Ernährungsniveau gewährleistet werden. Im Gebiet der ehemaligen Sowjetunion reichten 0,8 t für eine weit bescheidenere Ernährung gerade aus. Bekannt ist auch, daß nach vorläufigen offiziösen Schätzungen im Rekordjahr 1990 an die 280 Mill. t hätten geerntet werden können, tatsächlich aber nur 218 Mill. t eingebracht wurden. Worum es geht, ist also nicht die Mehrerzeugung bzw. die Notwendigkeit von Importen zu günstigen Bedingungen oder als Hilfe, sondern ein Ende oder zumindest eine Verringerung der Vergeudung des bereits Erzeugten.

Seit die Verbraucherpreise für Lebensmittel Anfang 1992 weitgehend freigegeben wurden und enorm gestiegen sind, besteht allerdings die Gefahr, daß die deswegen schrumpfende Nachfrage im gegebenen System nicht zu Preissenkungen führt, sondern zu einer Reduzierung des Angebots in der Ernährungswirtschaft, also zu Nicht-Ausschöpfung der vorhandenen Möglichkeiten und dadurch Weiterbestehen der Lebensmittelknappheit. Erste Symptome dafür sind aufgetreten. Sollten sie zur verbreiteten Erscheinung werden, so würde das westliche Nahrungslieferungen noch fragwürdiger machen.

Produktverluste auf dem Weg vom Feld oder Stall zum Verbraucher

Global werden in der sowjetischen bzw. russischen Literatur Verluste von 30 bis 40% erwähnt[1]), was einen Durchschnitt von Getreide bis zu Kartoffeln, von Zuckerrüben bis zu Gemüse meint. In der Monatsschrift des *Staatskomitees für Statistik* wurde von *einem beträchtlichen Teil der Ernte (bis zu einem Viertel des Getreides, bis zu*

30–40% des Obstes und Gemüse) gesprochen, die *einfach nicht bis zum Verbraucher gelangen*[2]). Das macht bei Getreide je nach Jahr 45 bis 60 Millionen Tonnen des Ertrags vor Ernte, Trocknung und Reinigung aus und umfaßt anscheinend auch die Verluste schon während der Ernte sowie nach der Verarbeitung zu Brot, Mehl, Teigwaren usw.
Eine offiziöse neue Quelle[3]) machte präzisere und aufgegliederte Angaben. Auch wenn man von den darin genannten Vor-Ernte-Verlusten und einem Abzug für erhöhten Feuchtigkeitsgehalt absieht, bleiben Verluste von jährlich mindestens 20 Mill. t Getreide, ungerechnet die späteren in der Verarbeitung und Verteilung.
Hinzu kommt, in diesen Zahlen noch nicht berücksichtigt, der Überverbrauch von Getreide bei der Viehfütterung wegen zu viel Verwendung und schlechter Aufbereitung von Futtergetreide, welchen die gleiche Quelle auf *mehr als 20 Mill. t* schätzt, nicht gerechnet die indirekten Verluste wegen schlechter Viehbestände und Haltungsbedingungen. Beides zusammen entspricht ungefähr den Getreidemengen, die jährlich importiert werden, d. h. diese Importe sind eigentlich überflüssig.
Auf andere Pflanzenprodukte kann hier nicht eingegangen werden. Nicht bei allen von ihnen sind die Verluste so hoch, doch bei Kartoffeln, Gemüse und Obst sind sie prozentual besonders groß. Auch bei Tierprodukten entstehen Verluste von etwa 10%, ohne Berücksichtigung der Tierverluste in den Ställen und auf den Weiden, wo 1986 bis 1990 im Durchschnitt bis 4% des Großviehs, über 10% der Schweine und fast 13% der Schafe und Ziegen[4]) verendeten und weitere auf dem Weg zum Schlachthof an Gewicht verloren.
Vergleicht man mit „dem Westen“, so ist gewiß zu berücksichtigen, daß auch dort Verluste entstehen, nicht zuletzt im Handel bei leicht verderblichen Produkten, die dem Kunden nicht mehr angeboten werden können. Dagegen sind Verluste im Kochtopf der Hausfrau vermutlich geringer, weil die Qualität der gekauften Lebensmittel besser ist als in der Sowjetunion. Niemand, der sowjetische Läden von innen gesehen hat, kann das im Ernst bestreiten.

Entwicklung der landwirtschaftlichen Produktion

Alles dies im Auge behaltend, ist es doch sinnvoll, die Zahlen der *Bruttoproduktion* zu sehen (Tabellen 1 und 2), weil sie in der Entwicklung abnehmendes Wachstum, in den jüngeren Jahren Stagnation und zuletzt, 1990 und 1991, einen deutlichen Abfall zeigen. Oberhalb eines Hungerniveaus nimmt der Mensch ja in erster Linie Verbesserung oder Verschlechterung seiner Versorgung wahr.
Die *Brutto-Agrarproduktion* der Sowjetunion, in fünfjährigen Durchschnittsraten und zu konstanten Preisen gerechnet, ist nach Stalins Tod bis zu Beginn der 1970er Jahre mit beachtlichen Raten von

Tabelle 1: Pflanzen- und Tierproduktion nach Erzeugerkategorien* in der Sowjetunion 1988–1990 (Mrd. Rubel, „vergleichbare Preise")

	Sozialistische Betriebe*			„Bevölkerung" (= privat)		
	1988	1989	1990	1988	1989	1990
Pflanzenproduktion	78,0	77,9	73,4	16,6	17,6	17,4
Tierproduktion	91,2	91,7	88,7	36,4	37,9	39,2

* Den sozialistischen Betrieben sind hier auch kleine und in den drei Jahren schrumpfende Restzahlen aus den Gesamtsummen zugerechnet, die in der Quelle nicht gesondert ausgewiesen sind. Sie entfallen vermutlich auf sozialisierte Erzeuger, die nicht als eigentlich landwirtschaftliche Betriebe kategorisiert sind, zum Beispiel industrie-eigene oder militärische Versorgungsbetriebe.

Quelle: *Nar. choz. SSSR* 1990, S. 458.

Tabelle 2: Ertragsmengen der wichtigsten Primärprodukte der Landwirtschaft 1988–1991 (in Mill. t)

	In der UdSSR			In der SNG	
	1988	1989	1990	1990	1991
Getreide*	180,2	196,7	218,0	211,5	154,7
Zuckerrüben	88,0	97,4	81,7	80,3	64,9
Sonnenblumensamen	6,16	7,07	6,56	.	–14%
Kartoffeln	62,7	72,2	63,6	60,1	61,3
Gemüse	29,3	28,7	26,6	25,6	25,1
Obst und Beeren	8,91	9,71	9,10	.	–28%
Baumwolle (Aufkäufe, Faser)	2,76	2,66	2,59	2,6	2,4
Fleisch (Schlachtgewicht)	19,7	20,1	20,0	18,8	17,5
Milch	106,8	108,5	108,4	101,5	95,2
Eier, Mrd. Stück	85,2	87,0	86,6	78,3	76,1
Wolle,Tsd t, phys. Masse	478	479	475	.	.

* Gewicht nach Trocknung und Reinigung.

Quellen: *Nar. choz. SSSR* 1990, S. 460, 502; *Zemlja i ljudi,* 5/1992, S. 4, und *EG/EiZ,* 6/1992, S. 15–16.

jährlich mehr als zwei Prozent gewachsen, die deutlich über der Bevölkerungszunahme lagen, hatte 1966 bis 1970 vorübergehend sogar fast sechs Prozent erreicht und damit auch mit der Steigerung der Einkommen einigermaßen Schritt gehalten. Danach kam es aber zu einer deutlichen Verlangsamung auf ein Prozent (1981 bis 1985),

was kaum mehr über dem Bevölkerungswachstum lag; 1986 bis 1990 wurde noch einmal 1,8% gegenüber 0,7% Bevölkerungswachstum erreicht. Doch blieb die Zunahme der Agrarproduktion weit unter der der Geldeinkommen der Bevölkerung (s. unten). Zudem hat am Ende dieses Jahrfünfts und noch mehr 1991 der Bruttoproduktionswert der Landwirtschaft sogar abgenommen, auf dem Gebiet der *SNG* um 7%[5]), im ersten Vierteljahr 1992 noch rascher.
Zu beachten ist dabei, daß 1986 bis 1990 die *Tierproduktion* mehr zunahm als die *Pflanzenproduktion,* daß also die Futterbasis noch schmaler wurde, als sie ohnehin schon war. Schon zuvor hatte ja der Umfang der Tierproduktion nur dank der Getreide- und anderen Futtermittelimporten aufrechterhalten werden können. Die Verlagerung eines wachsenden Teils der Tierhaltung in die privaten Nebenwirtschaften mag Futtereinsparungen bewirkt haben, doch solcher Einfluß auf die Gesamtentwicklung, falls er wirklich stattfand, konnte die negative Gesamttendenz nicht ausgleichen.
Entsprechende Angaben für die *SNG* im Jahr 1991 liegen noch nicht vor, doch wenn auch wertmäßige Aggregatzahlen nicht vorliegen, so tritt doch in der nach Erzeugerkategorien divergierenden Entwicklung der Viehbestandszahlen eine ähnlich sich fortsetzende, divergierende, aber im ganzen abnehmende Tierproduktion hervor.

Lebensmittelkonsum – regionale und soziale Diskrepanzen

Die Verbrauchszahlen von Lebensmitteln pro Kopf und Jahr entsprechen im Gesamtdurchschnitt für 1990 mit mehr als 3000 Kilokalorien dem europäischen Niveau. Auch wenn man den großen Anteil von pflanzlichen Kohlehydraten und den relativ kleinen von Tierprodukten in Rechnung stellt, ist es eines, das den physiologischen Bedürfnissen des Menschen genügt. Nach vorläufigen Statistiken für 1990 – für die *SNG* im Jahr 1991 sind solche Zahlen noch nicht publiziert und wären vermutlich um 6 bis 10% niedriger – waren es in der Sowjetunion 59 kg Fleisch und 16,5 kg Fisch und Fischprodukte, 386 kg Milchprodukte (in Milchäquivalenten und einschließlich Butter), 297 Eier, 44,9 kg Zucker, 10,2 kg Pflanzenöle und -fette, 100 kg Kartoffeln, 133 kg Getreideprodukte (inkl. Teigwaren) einschließlich Grützgetreide sowie Hülsenfrüchte (letztere beide nicht auf Mehl umgerechnet), allerdings nur 92 kg Gemüse (inkl. Melonen und Kürbisse) sowie 36 kg Obst und Beeren. Die Zahl für Fleisch wird, anders als noch vor kurzem, ohne Schlachtfette und *Subprodukte zweiter Kategorie* angegeben, doch enthält sie noch manches, was in westlichen Industriestaaten nicht unter die statistische Kategorie des Fleischkonsums fallen würde; ein Abzug von 10–20% erscheint als angebracht, aber auch 45 bis 50 kg bedeuten nicht unzureichende Ernährung, sind vergleichbar mit dem durchschnittlichen Konsum in Spanien.

Gravierend waren jedoch die regionalen Unterschiede, für welche Zahlen nach Unionsrepubliken vorliegen[6]). Sie zeigen für die baltischen Republiken eine weit bessere als die durchschnittliche Versorgung, für die zentralasiatischen Republiken eine stark benachteiligte Lage. Letzteres gilt in Transkaukasien auch für *Aserbaidschan* und in etwas geringerem Grade für *Armenien* und *Georgien,* wo jedoch die politischen Ereignisse von 1990 und erst von 1991 eine rapide Verschlechterung bewirkt haben. Zur Illustration seien unter Ausklammerung des Baltikums die Extreme angeführt, nämlich einerseits die *Russische Förderation,* andererseits *Usbekistan.* (*Tadschikistan* und *Turkmenistan* haben ganz ähnliche Zahlen, die für *Kirgisstan* und *Aserbaidschan* sind etwas, aber nicht entscheidend, günstiger).
Der Pro-Kopf-Verbrauch von Fleisch in *Usbekistan* betrug 1990 nur 45% des gesamtrussischen, nämlich 30 kg pro Kopf und Jahr, d. h. nach westlichen Konsumkategorien 25 bis 28 kg, dabei auf dem Lande schätzungsweise 12, in den Städten über 30 kg. An Milch und Milchprodukten wurden um 46% weniger als in *Rußland* verzehrt, wobei das minimale Angebot von Fischen und Fischprodukten, anders als in *Rußland,* den Mangel in der Proteinversorgung noch verstärkte. Bei Pflanzenöl lag der Verbrauch in *Usbekistan* und *Tadschikistan* jedoch höher als in *Rußland,* in *Kirgisstan* auf etwa gleicher Höhe, in *Turkmenistan* und *Aserbaidschan* wesentlich niedriger. Dagegen wurde an Getreide und Getreideprodukten um rund zwei Fünftel mehr verzehrt, doch dafür an Kartoffeln um drei Viertel weniger, so daß das Mehr an pflanzlichen Kohlehydraten im ganzen nur etwa ein Viertel ausmachte.
Noch schlimmer ist, daß diese Relationen sich im Laufe der 1980er Jahre zuungunsten der genannten Republiken verschlechterten, indem der Pro-Kopf-Verbrauch dort stagnierte oder langsamer zunahm als in den anderen Landesteilen. Bezeichnenderweise hat der Getreideverbrauch pro Kopf entgegen dem, was man bei solcher Entwicklung erwarten sollte, ebenfalls abgenommen. Das ist ein Zeichen latenten absoluten Mangels. Da es sich um Zahlen pro Kopf handelt, hängt alles dies in erster Linie mit dem in diesen wirtschaftlich schwach entwickelten und islamisch geprägten Republiken starken Bevölkerungswachstum von rund 3% pro Jahr zusammen. Doch das heißt lediglich, daß wegen des dominierenden Baumwollanbaus die Erzeugung von Nahrungsgütern hinter der Zunahme der Bevölkerung zurückblieb und Lieferungen aus anderen Republiken, den Empfängern der Baumwolle, das nicht ausglichen.
Offenbar sind aber von vornherein die Erwartungen in diesen Republiken geringer. Während sich von insgesamt in der *UdSSR* 30 000 im Jahre 1990 Befragten[7]) in *Rußland* 20,3% mit ihrem Fleischverbrauch zufrieden erklärten und 56,9% mit dem von Milch und Milchprodukten, waren es in den Republiken Zentralasiens (ohne *Kasachstan*) und Transkaukasiens merklich, aber nicht entscheidend weniger: beim Fleischverbrauch zwischen 7,5% *(Armenien)* und 16,7%

(*Kirgisstan,* Ausnahme *Turkmenistan* mit 24,0%), beim Milchverbrauch zwischen 37,8% *(Georgien)* und 52,0% *(Turkmenistan).* Wie subjektiv aber solche Wertungen sind, zeigt besonders deutlich, aber nicht allein, das Beispiel *Lettlands,* wo der Fleischverbrauch pro Kopf um mehr als die Hälfte höher lag als in *Turkmenistan,* die Zufriedenen aber nur 22% ausmachten gegenüber 24% in *Turkmenistan.* Zum Teil mag das mit nationalen Ernährungsgewohnheiten zusammenhänge, stärker aber wohl mit dem im ganzen bedeutend niedrigeren Einkommensniveau pro Kopf. Nicht nur waren die Durchschnittslöhne 1989 mit 213,7 Rubel im einen und 270,7 Rubel im anderen Fall verschieden, sondern von der Bevölkerung *Turkmenistans* waren nur 41% erwerbstätig gegenüber 55% in *Lettland*[8]).

Die religiöse und die sozial-ökonomische Benachteiligung fallen hier zusammen. Eine sowjetische Sozialstatistik stellte fest:

Der Verbrauch der meisten Nahrungsprodukte in Familien mit niedrigem Einkommen ist zwei- bis dreimal kleiner als in Familien mit hohem Einkommensniveau. (. . .) In der einkommensschwachen Bevölkerung des Landes bilden die kinderreichen Familien und die Rentner die Mehrheit. Kinderreiche Familien sind charakteristisch für die Republiken Zentralasiens und für Aserbaidschan[9]).

Andererseits ist der Anteil der Rentner in Zentralasien und Aserbaidschan geringer als in den europäischen Landesteilen.

Verschärft werden die regionalen Ungleichheiten durch die Lockerung des zentralgeplanten Erfassungs- und Aufkaufsystems, die 1988 begann und in den Folgejahren in dessen weitgehende Aufhebung mündete, ohne daß ein sie ersetzendes, monetär funktionierendes Marktsystem zustandekam. Zunächst konnten noch gewisse Prioritäten für die Großstädte und industriellen Entwicklungszentren aufrechterhalten werden, doch es gab bereits 1988 Anzeichen, daß die Lieferregionen auch innerhalb einer Republik wie der russischen ihre Eigenversorgung besser zu schützen vermochten[10]).

Die Auswirkungen wurden 1991 besonders stark fühlbar. *L. Vaschtschukow,* Leiter der Verwaltung für Statistik des Agro-Industriellen Komplexes im Staatskomitee für Statistik, zufolge hat der Lebensmittelmangel in den Industriezentren „bedrohliche" Ausmaße angenommen, und zwar wegen Mangel an Devisen. Das muß man wohl auch so verstehen, daß für diese von vornherein Importe vorgesehen gewesen waren. Obwohl 1991 um 4% mehr Brot und Backwaren verkauft worden seien, habe es beim Handel mit ihnen ab September 1991 *bedeutende Schwankungen* gegeben[11]). Solche waren örtlich allerdings schon dem Vorjahr nicht fremd gewesen. Am besten erfaßbar in der veröffentlichten Statistik sind die Unterschiede zwischen den Unionsrepubliken bzw. *SNG*-Staaten. So gelangte laut dem Jahresbericht in *Rußland* und *Aserbaidschan* 20% weniger Fleisch als im Vorjahr in die Läden, doch betrug solcher Rückgang in *Kasachstan* lediglich 9%, dagegen in *Tadschikistan* 41%; bei Milch und Milchprodukten waren es Rückgänge zwischen 44% in *Aserbaidschan,* 12% in *Rußland* und 5% in *Tadschikistan,* in *Turkmeni-*

stan aber kam es zu einer Steigerung um 5%. An Zucker wurden in *Belorußland* 44% weniger verkauft als 1990, um 19% weniger in *Rußland,* dagegen 19% mehr als im Vorjahr in der *Ukraine*[12]). Noch krassere Verringerungen gab es in *Armenien* wegen der Teilblockade durch *Aserbaidschan*.

Die Angaben sind zum Teil widersprüchlich. So behauptete der genannte Vaschtschukow, die Bevölkerung *Belorußlands* und der *Ukraine* sei relativ besser versorgt gewesen. In *Belorußland* seien pro Kopf 73,7% mehr Fleisch als im Durchschnitt der *SNG* verkauft worden, 46,7% mehr Wurstwaren, 32,6% mehr Butter und 12,1% mehr Zucker. Für den Mangel an Zucker machte er die *Ukraine* verantwortlich, die daran selbst genug habe, aber ihren Lieferverpflichtungen nicht nachkomme.

Generalisierend heißt es im statistischen Jahresbericht (a. a. O.): *Im Zusammenhang mit dem Schrumpfen der Produktion, der Zunahme des in den Betrieben verbleibenden Teils der Erzeugnisse, der Entwicklung von Börsen- und (Natural-)Tauschformen des Handels und auch mit den 1991 von Lokalbehörden in verschiedenen Regionen verhängten Ausfuhrverboten für verschiedene Produkte verringerten sich die Aufkäufe sehr wichtiger Arten landwirtschaftlicher Erzeugnisse. Dabei „wuchs die Menge der Produkte, die in den Betrieben blieben, ein beträchtlicher Teil von ihnen wird auf Märkten abgesetzt, im (Natural-)Tausch und über andere Kanäle".*

Neben und zusammen mit den regionalen Aspekten spielt die soziale Differenzierung der Verbrauchsmöglichkeiten eine wesentliche Rolle. 1989 gab es in der Sowjetunion insgesamt 51 Millionen Alters- und Invalidenrentner, davon 14,5 Millionen mit weniger als 60 Rubel monatlich. Ihre Zahl hat seit 1980 stark zugenommen. In Familien, wo 1989 pro Mitglied das Monatseinkommen weniger als 75 Rubel betrug, wurden im Durchschnitt nur 27 kg Fleisch pro Kopf und Jahr verzehrt, in solchen mit 150 bis 200 Rubel waren es 78 kg, und ähnliches gilt für die anderen Tierprodukte und Obst. Nicht unerwartet wurde in den armen Familien etwas mehr Brot und andere Getreideerzeugnisse verzehrt[13]). Die einkommensschwachen Schichten bilden jenes große Bevölkerungssegment in der *UdSSR* und nun *SNG,* die sich qualitativ und großenteils auch quantitativ nicht ausreichend ernähren können und Hilfe brauchen. Sie sind in Zentralasien überdurchschnittlich zahlreich vertreten, doch von entsprechend regional orientierter *Hungerhilfe* hat man noch nicht gehört.

Inflation und Nachfrageüberhang

Die 1989 noch mäßige und durch noch nahezu feste offizielle Preise verdeckte Inflation hat sich 1990 beschleunigt und ist im Spätjahr 1991 in eine galoppierende übergegangen. Sie hat einerseits, obwohl die Einkommen mit ihr nicht Schritt hielten, deren Differenzierung verändert und verstärkt, wobei die mittleren Einkommen stärker nachhinkten als die unteren und die hohen. Andererseits hat sie den Maßstab monetären Einkommens wenig aussagefähig gemacht. Doch dieser hatte schon vorher nur bedingt ein Bild der Realität vermittelt, denn es gab die legalen und halblegalen Naturalzuteilungen am Arbeitsplatz, und nun gewannen diese an Bedeutung und Wert[14]). Sie hingen und hängen auch von der Wichtigkeit der Fabrik oder Institution und von der Position des einzelnen in ihnen ab, und *dem Chef seine Lebensmittel-Sonderzuteilung abholen* gehört zu den Aufgaben einer Sekretärin[15]).

Die legalen Geldeinkommen der Bevölkerung der *UdSSR* waren 1989 um 30% größer als vier Jahre zuvor gewesen und nahmen 1990 um weitere 14%, in der *SNG* um 17,3% zu. In der *SNG* stiegen sie dann 1991 um weitere 89,9%, doch nun kletterten die Kosten eines *Verbraucherkorbs* noch etwas schneller, nämlich um 96%[16]). Natürlich wurde nicht jeder zusätzliche Rubel Geldeinkommen für Lebensmittel ausgegeben, sondern bis 1989 – grob geschätzt – nur 60 Kopeken (*Koeffizient der Einkommenselastizität der Nachfrage* nach Lebensmitteln = ca. 0,6, der in westlichen Ländern weit niedriger ist), jedoch 1990 und danach sicher ein größerer Teil. Ein Vergleich mit den Wachstumsraten der Agrarproduktion (Tabellen 1 und 2) zeigt aber doch eindeutig den großen und zunehmenden Nachfrageüberhang, der bis 1990 weit über das hinausging, was dem Bevölkerungswachstum zuzuschreiben war. Mit anderen Worten: Die Knappheit an Lebensmitteln war bis dahin nur zum kleineren Teile eine absolute, zum größeren war sie durch eine das Angebot weit überschießende monetäre Nachfrage verursacht.

Die Inflation und insbesondere die Freigabe der meisten Verbraucherpreise ab 1. Januar 1992 haben umgekehrt, was jahrzehntelang galt, nämlich daß die monetäre Kaufkraft der Bevölkerung schneller zunahm als das Angebot von Konsumgütern, darunter vor allem von Lebensmitteln. Besonders stiegen nun einerseits die Verbraucherpreise immer schneller und ist andererseits das Angebot zurückgegangen. Dabei fällt auf, daß die Verkäufe im offiziellen Einzelhandel[17]) weit stärker abnahmen als die Produktion von Fleisch, Milch, Kartoffeln und Gemüse, nicht jedoch von Getreide (Importe!). Doch haben auch die staatlichen Aufkäufe dieser Primärprodukte viel stärker, ungefähr ebenso wie die Einzelhandelsverkäufe, abgenommen. Ein wachsender Teil ging also in andere Kanäle oder blieb auf dem Lande. Das bestätigt das oben im Zusammenhand mit innerstaatlichen Handelshemmnissen Zitierte. Nimmt man hinzu, was oben über Naturalbezüge am Arbeitsplatz gesagt wurde, so wird klar, daß noch mehr als früher die leeren Läden des staatlichen Einzelhandels und auch der para-staatlichen Genossenschaften ein übertriebenes Bild der Lebensmittelknappheit geben. Doch klar ist auch, daß jene Bevölkerungsteile, die hauptsächlich auf diesen Einzelhandel angewiesen sind, echten Mangel leiden.

Bleibt die Frage, wie groß dieses benachteiligte Bevölkerungssegment ist. Sehr subjektiv und sehr grob möchte der Verfasser annehmen, daß es sich um 20 bis 25% handelt, allerdings mit Unterschieden nach Regionen. Doch gibt es auch etwa 25%, die, obwohl Städter, durch private Gartennutzung ihre Versorgung vor allem mit Kartoffeln, Gemüse und Obst wesentlich, aber mit Tierprodukten nur wenig verbessern. Viele von ihnen haben zudem bescheidene (nicht die der „Chefs") Naturalbezüge am Arbeitsplatz. Zum Teil in den genannten etwa 25% mit enthalten, erscheinen jene, die noch 1990 ihre Versorgung mit Fleisch und Milch als befriedigend empfanden, sowie die 48,4%, die mit ihrem Verbrauch von Zucker und die 34,1%, die mit dem von Konditoreiwaren zufrieden waren[18]).
Bei Brot und anderen Getreideprodukten waren 97,7% (sogar in *Tadschikistan* 94,7%), bei Kartoffeln 77,2% zufrieden. Auch wenn man die Subjektivität solcher Antworten (s. oben) und eine Verschlechterung im Jahr 1991 sowie erst recht im Frühjahr 1992 annimmt, lassen diese Befragungsergebnisse einen beträchtlichen Bevölkerungsanteil erkennen, der sich zumindest nicht in einer Mangellage fühlt.
Seit der Preisfreigabe von Anfang 1992 dürfte jedoch eine gleiche Umfrage größere Unzufriedenheit offenbaren.

Produktionsleistung und -potential des Privatsektors

Die auf dem Lande lebenden und weit überwiegend in der Landwirtschaft tätigen Menschen bilden eine weitere große Gruppe mit zum Teil ausreichender Versorgung, die sich nicht quantifizieren läßt, aber wohl bis zur Hälfte der Land- und kaum weniger als 15% der Gesamtbevölkerung ausmacht. Sie versorgen sich überwiegend selbst mit Lebensmitteln, die sie in ihren Hofland- und anderen Nebenwirtschaften erzeugen. Nahrungsgüter und vor allem Futter für ihr privat gehaltenes Vieh erhalten sie auch von den sozialistischen Großbetrieben als natural gewährten Teil ihres Lohns und als Recht auf Nutzung von Heuwiesen und Weiden.
Insgesamt erzeugen die Hofland- und Nebenwirtschaften jahresdurchschnittlich rund ein Viertel des Brutto-Produktionswertes der sowjetischen Landwirtschaft und wohl einen ebensolchen Teil in der *SNG*. In der Tierproduktion entfielen 1990 auf sie zwischen 27% (bei Eiern) bis 30% (bei Fleisch). 1991 haben sie die erzeugten Mengen zwar bei Fleisch um 4% und bei Wolle um 1% absinken lassen, aber bei Milch um 1% erhöht, und dieser Rückgang war im ganzen geringer als der im sozialistischen Sektor. Ihre Pflanzenproduktion besteht zum größten Teil aus Kartoffeln, von denen sie 1990 65% der Gesamternte erzeugten, aus Gemüse (33%) und Obst (53% der sowjetischen Gesamtproduktion, ohne Zitrusfrüchte gerechnet).

Industriepflanzen bauen sie fast gar nicht an, Getreide (vor allem Mais im Süden) und Futterkulturen nur in geringem Umfang[19]).
In der *SNG* stand 1991 einem Schrumpfen der Kartoffel- und Gemüseproduktion im sozialistischen Sektor deren Ausweitung im privaten gegenüber[20]); in der russischen Föderation sind die Kartoffelflächen im sozialistischen Sektor um 300 000 ha zurückgegangen, im privaten um 373 000 ha gewachsen, bei Gemüse waren es auf der einen Seite 54 000 ha weniger, auf der anderen um 102 000 ha mehr[21]). Dies war im wesentlichen durch die zunehmenden Flächen der von Städtern betriebenen „Kollektivgärten" bewirkt.
Es ist nicht klar, ob diese faktisch individuell genutzten Gärten und deren Erträge neuerdings in den statistischen Zahlen für die Hofland- und Nebenwirtschaften inbegriffen sind; zumindest bis einschließlich 1989 war dies nicht der Fall. Ihre Gesamtflächen haben 1985 gegenüber 1980 von 622 000 auf 811 000 ha zugenommen und dann bis 1990 sprunghaft um weitere 545 000 auf 1,356 Mill. ha. In dem statistischen Jahrbuch für 1990 taucht erstmals der Sammelbegriff *Ländereien der Staatsbürger (graschdan)* auf, für welche 9,1 Mill. ha Nutzflächen einschließlich Obstanlagen (diese umfaßten 1,259 Mill. ha im Jahr 1987) angegeben werden, davon 6,7 Mill. Ackerland und 600 000 ha Mähwiesen, was um rund 350 000 ha Nutzflächen mehr war, als ein Jahr zuvor die Flächen der als solche bezeichneten Hofland- und Nebenwirtschaften *(litschnye podsobnye chozjajstva)* und um 1,11 Mill. ha mehr als im Jahr 1985[22]).
Diese sehr intensiv genutzten Flächen stellen also einen beachtlichen Faktor dar. Für sie bestehen, anders als früher, keine gesetzlichen Obergrenzen des Viehbestandes und der Flächengröße, außer einer von 0,1 ha für die Gärten. Aber außer für Kartoffeln und Gemüse ist auf solchen Parzellen, die bisher im Durchschnitt weniger als 0,3 ha umfaßten, nicht viel Platz für die Eigenerzeugung von Futter. Für dieses sind sie weitgehend auf die Großbetriebe angewiesen, die daran aber selbst knapp sind, und das setzt faktische, örtlich variierende Obergrenzen für ihre Viehhaltung. Die andere Obergrenze wird vom Arbeitspotential des Familienhaushalts gezogen. Überalterung und Abwanderung haben dieses in weiten Landesteilen stark reduziert, und wo es – vor allem in Zentralasien – noch reichlich vorhanden ist, fehlt es an bewässertem Land, obgleich in den jüngsten Jahren auf Kosten der Baumwollfelder einige hunderttausend Hektar zur Verfügung gestellt worden sind. Dennoch stellen private Parzellen- und Gartennutzung eine Reserve der Produktionssteigerung dar, besonders wenn endlich die seit langem propagierte Fabrikation von Kleinmaschinen in Gang kommt. Von ihr heißt es im statistischen Jahresbericht, daß sie 1991 stark gesteigert worden sei. Doch sie ist noch ein Tropfen auf den heißen Stein, ihre Maßstäbe „entsprechen nicht dem Bedarf der sich entfaltenden Bauern(Farmer)betriebe, Gärtner und anderen Abnehmer"[23]).

Strukturreform der Landwirtschaft

Allmählich setzt sich auch bei sowjetischen Reformern die Erkenntnis durch, daß man von einer tiefgreifenden Reform nicht ein sofortiges Wachstum der Produktion erwarten kann. Aussicht darauf besteht eher im Sektor der *Hofland- und Nebenwirtschaften.* Diese haben 1990 gegenüber 1987 ihre Eigenversorgung mit Tierprodukten, eventuell auch für freie Vermarktung, im wesentlichen unvermindert erhalten. Zugleich haben sie durch Vertragslieferungen an die Kolchose und Sowchose ihren Beitrag zur staatlich geregelten Marktproduktion gesteigert, und zwar von 600 000 auf 900 000 t Fleisch, von 6,5 auf 8,4 Mill. t Milch und von 18 000 auf 45 000 t Wolle (ungereinigt)[24]).

Auch angesichts der oben genannten faktischen Begrenzungen erscheint eine Steigerung der Gesamtproduktion dieses Sektors um etwa ein Zehntel in kurzer Zeit als vorstellbar, womit er statt rund 25% dann 27% des Gesamtvolumens beitragen würde, was nicht sensationell, aber doch merklich wäre. Ob als Teil von Strukturreformen aus diesen Nebenwirtschaften mit der Zeit eine gewisse Zahl zu Vollerwerbsbetrieben heranwachsen kann, wie einige sowjetische Fachleute erwarten[25]), muß offen bleiben, vor allem wenn man ökonomisch lebensfähige moderne Familienbetriebe im Auge hat.

Im Vergleich dazu ist die Produktion der bisher entstandenen *einzelbäuerlichen Betriebe* quantitativ noch unbedeutend. Für das Jahr 1991 wird sie offiziell auf 60 000 t Fleisch und 256 000 t Milch oder 0,3% von deren Gesamterzeugung geschätzt[26]), und in der übrigen Agrarproduktion dürfte der Prozentanteil kaum mehr ausmachen. Diese Angabe bezieht sich allerdings auf die *SNG,* in deren Zahlen der größere Anteil in den baltischen Staaten und Georgien außer Betracht gelassen ist.

In absoluten Zahlen weist dieser Sektor jedoch ein Wachstum auf, das so schnell ist, daß man es überstürzt nennen muß. Von (außer im *Baltikum*) unbedeutenden Anfängen 1989 ist in der Gesamtunion die Zahl solcher Bauernbetriebe bis Ende 1990 auf 40 600 mit 700 000 ha Bodenfläche gestiegen und zum 1. Juli 1991 auf fast 70 000. Anfänglich entwickelten sie sich vor allem im *Baltikum* und in *Georgien,* inzwischen verzeichnete auch *Rußland,* wo es Ende 1990 erst 4432 gab, eine starke Zunahme auf 28 000 oder, nach einer anderen Quelle, sogar 31 488 *registrierte Bauern/Farmerbetriebe* mit 1,28 Mill. ha zum 1. Oktober 1991[27]). Die Angaben schwanken, vermutlich scheiden ständig auch manche dieser Betriebe wieder aus.

Eine tiefgreifende *Strukturreform* kann nur auf lange Sicht zu Produktionssteigerung führen, ihre vordringliche Aufgabe in den sowjetischen Verhältnissen besteht in Rationalisierung (Kostensenkung) und individualisierter und marktorientierter Agrarproduktion. Hierin

könnten die bäuerlichen Privatbetriebe als Impulsgeber wirken, aber ihre heutigen Existenzbedingungen ermöglichen das nur in Einzelfällen. Was ihnen dazu vor allem fehlt und die Wirtschaft der *UdSSR* bzw. *SNG* im erforderlichen Umfang nicht so rasch bereitzustellen vermag, sind Zulieferungen von für sie geeigneten Betriebsmitteln mittleren und kleinen Formats sowie marktorientierte Absatzkanäle. Das macht sie in hohem Grade von den weiter bestehenden Großbetrieben und den staatlichen Organen abhängig, und dies wiederum erschwert eigenständiges unternehmerisches Handeln.
Westliche Beobachter pflegen diesem einzelbäuerlichen Sektor besondere Aufmerksamkeit zu widmen, und aus grundsätzlichen Erwägungen mag das berechtigt sein. Aber für die aktuelle Ernährungssituation hat er minimale Bedeutung. Wichtiger ist eine Verbesserung der Leistung der weiter bestehenden Kolchose und Sowchose. Reformansätze in diesem Sektor bestehen überwiegend in Umwandlungen in *Aktiengesellschaften* und neue Arten genossenschaftlicher Betriebsgestaltung, wobei diese *Privatisierung* bisher mehr die Formen als den sozio-ökonomischen Inhalt zu verändern scheint. Daneben gibt es auch Aufteilung in kleinere, aber nach westlichen Maßstäben immer noch große Betriebseinheiten. Doch diese unübersichtlichen Entwicklungen zu behandeln, ist noch nicht ergiebig.
Vor allem aber ist auch hier die Rationalisierung und unbevormundete Orientierung auf die Marktanforderungen wichtiger als eine quantitative Steigerung der Erzeugung. Denn wie oben ausgeführt, könnte das Volumen der Primärproduktion, falls es nicht weiter schrumpft, vorerst genügen, wenn der nachgelagerte Bereich ihre Ergebnisse mit weniger Verlusten und unter besserer Verteilung zum Verbraucher brächte. Reform in diesem Bereich ist vordringlich, aber auf sie kann an dieser Stelle nur hingewiesen werden. Sie führt in die gesamtwirtschaftliche Reform und damit über den Rahmen einer gedrängten Darstellung der ernährungswirtschaftlichen Situation hinaus.

Anmerkungen

[1]) So jüngst wieder *A. Emel'janov* in *Literaturnaja gazeta,* Nr. 7/1992, S. 10.
[2]) *Ju. Karpuchin, Ju. Torbin, Vestnik statistiki,* 9/1991, S. 73.
[3]) *O poterjach sel 'skochozjajstvennoj produkcii pri uborke, transportirovke, pererabotke, chranenii i realizacii, Statistitscheskij press-bjulleten',* 3/1992, S. 7.
[4]) *Nar. choz. SSSR* 1990, Moskau 1991, S. 501. – Einen eher unter- als übertreibenden Überblick über Produktverluste in der sowjetischen Ernährungswirtschaft gibt *The Soviet agrofood system and agricultural trade,* Paris *(OECD),* 1991, S. 165 f.
[5]) Statistische Jahresberichte in *Zemlja i ljudi,* 5/1992, S. 4, und *EG/EiZ', 6/1992, S. 13–15.*
[6]) *Vestnik statistiki,* 10/1991, S. 54–56.
[7]) Nar. choz. SSSR 1990, S. 141.
[8]) *Nar. choz. SSSR* 1990, S. 494, und *Ekonomika i schizn',* 34/1990, S. 13.
[9]) *Sozial'noe razvitie SSSR 1989,* Moskau 1991, S. 144.

[10]) Zu diesen Anfängen s. *K.-W. Wädekin,* The Soviet food economy: Production and consumption in a regional perspective, *The Soviet economy under Gorbachev, Brüssel (NATO), 1991, S. 141–143.*
[11]) *Zemlja i ljudi,* 5/1992, S. 5.
[12]) *EG/EiZ,* 6/1992, S. 14.
[13]) *Social'noe razvitie SSSR 1989,* Moskau 1991, S. 144.
[14]) S. hierzu *K.-W. Wädekin,* Lebensmittelversorgung in der UdSSR. Krise der Produktion oder des Marktes?, *Osteuropa,* 5/1990, S. 412–414 und A 267–A 270.
[15]) *V. Vladislav Janelis,* Krasnaja feja, Literaturnaja gazeta, 6. 11. 1991, S. 8 (hier zitiert nach der Übersetzung in *Osteuropa,* (Archiv-Teil) 7, 1992.
[16]) *Nar. choz. SSSR* 1990, S. 36, und EG/EiZ, 6/1992, S. 15.
[17]) S. diese in *EG/EiZ,* S. 14, für die einzelnen Staaten der *SNB.*
[18]) *Nar. choz. SSSR* 1990, S. 141.
[19]) *Nar. choz. SSSR* 1990, S. 544, und *Zemlja i ljudi,* 5/1992, S. 4; Saatflächen für 1988 – später wurden solche Zahlen nicht mehr veröffentlicht – nach *Nar. choz. SSSR* 1988, S. 462. Eine allgemeine Übersicht bis einschließlich 1988 bietet *Litschnoe podsobnoe chozjajstvo naselenija v 1988 godu,* Moskau 1989.
[20]) *Zemlja i ljudi,* 5/1992, S. 4.
[21]) *EG/EiZ;* 2/1992.
[22]) *Nar. choz. SSSR* 1985, S. 202, *Nar. choz. SSSR* 1987, S. 197 (für Obstflächen ohne die „Kollektivgärten", keine späteren Angaben); *Nar. choz. SSSR* 1989, S. 432; *Nar. choz. SSSR* 1990, S. 467, dort auch, S. 484, die Zahlen und Flächen der Kollektivgärten.
[23]) *EG/EiZ,* 6/1992, S. 15.
[24]) *Nar. choz. SSSR* 1990, S. 502.
[25]) Zum Beispiel *G. I. Schmelev* in seinem Vortrag in Tutzing Anfang März 1992. S. auch *I. Vasil'ev,* Perechodnyj period, *Sel'skaja schizn',* 24. 2. 1990, auszugsweise auf deutsch in *Osteuropa,* 6/1990, S. A 350–354.
[26]) *EG/EiZ,* 6/1992, S. 16.
[27]) *Krest'janskie (fermerskie) chozjajstva Rossijskoj Federacii na 1 janvarja 1992 goda,* hrsg. *Goskomstat Rossijskoj Federacii,* Moskau 1992 (vervielfältigt); *E. Petrakov, Sel'skaja schizn',* 2. 10. 1991, S. 2.

Klaus Segbers

Die neue Unübersichtlichkeit

Der Zusammenbruch der Sowjetunion und die Folgen für das internationale System

---

Im Gegensatz verhaftet: Der Kommunismus als Faktor der Weltstruktur

---

Seit den Stichdaten 1917 und 1945 waren die Sowjetunion und das internationale System ungeachtet aller Erklärungen sowjetischer und westlicher Politiker und Ideologen *weniger getrennt denn eng verwoben.* Die Verbindung hatte über lange Phasen den Charakter einer offiziösen, wechselseitigen Abgrenzung, war aber dennoch immer so stark, daß die äußere und auch die innere Politik der verschiedenen Kräftezentren des internationalen Systems mehr oder minder stark auf das Phänomen gegenüber bezogen wurden. Man war und blieb einander politisch und systemisch verhaftet. *In der UdSSR* waren die aus dem Ersten Weltkrieg resultierenden Revolutionen von 1917, die Option für eine Entwicklungsstrategie des *Sozialismus in einem Land,* die Durchsetzung einer stark auf Schwer- und Rüstungsindustrie setzenden forcierten Industrialisierung in Form einer *zweiten Revolution* (vor allem) von oben, waren Vorgeschichte und Verlauf des *Großen Vaterländischen Krieges,* die Formierung und Wirkung des (ersten) Kalten Krieges ab 1947/48, die Beziehungen zur jungen Volksrepublik China, das Agieren in der *Dritten Welt,* das Streben nach Aufstieg zur Anerkennung als *Zweite Weltmacht* nicht zu verstehen ohne die Existenz, die Wirkungen, aber auch die Instrumentalisierbarkeit des Westens, und zwar in der Doppelform von starken, machtvollen Nationalstaaten und als Repräsentant einer zumindest technisch und ökonomisch leistungsfähigen ausstrahlungsmächtigen und projektionsfähigen sozialökonomischen Formation.
Aber auch *westliche Politik* war tatsächlich in vielem auf den Osten bezogen – von Rüstungs- bis hin zu Sozialprogrammen, die ohne das aktivierbare Gegenbild wohl bescheidener ausgefallen wären. Auch manche Kampagnen wie die des *House Committee for Unamerican Activities* oder Wahlkämpfe wie im Deutschland der 50er Jahre, wo bekanntlich viele Wege nach Moskau führen sollten, waren ohne die angeblich kommunistische Sowjetunion so nicht vorstellbar.
Beide Seiten, die natürlich in sich keineswegs einheitlich oder gar geschlossen waren, *nutzten die bipolare Struktur* und suchten sie

nach Bedarf zu akzentuieren. Die Wahrnehmung eines Gegensatzes, der oft den Charakter einer fundamentalen Gegnerschaft anzunehmen schien, diente auch zur Legitimation und Durchsetzung von *Machtinteressen,* die mit der Gegenseite nicht unbedingt etwas zu tun hatten. Die *Instrumentalisierung* des als Staat oder Bündnissystem aufscheinenden Gegners war ein in Moskau, aber auch in Washington, D.C. und in Bonn nützliches und durchaus übliches Verfahren, im Innern Punkte (und mehr als das) zu machen.
So muß der Zerfall der Sowjetunion auch mehr als nur das letztliche Scheitern des sowjetischen Entwicklungsmodells markieren. Die Implosion der zweiten Weltmacht bedeutet auch, daß das auf einer bipolaren Struktur beruhende internationale System, wie es sich nach 1945 herausgebildet hatte, ebenfalls seine Grundlage verliert – zumal da auch die USA, der andere Pol, als zunehmend überfordert und überdehnte Rest-Weltmacht erscheinen. Internationale Politik wird künftig *keinen ewigen Frieden* konstituieren, den sich manche vom Zusammenbruch des sogenannten Realsozialismus erhofft hatten. Und sie wird *keine handliche neue Weltordnung* schaffen können, die durch ein einziges Kräftezentrum dominiert würde. Es wird nun auf längere Zeit auch international eine Menge *neuer Unübersichtlichkeit* geben. Die anhaltenden und äußerst schwierigen Transformationsprozesse in Osteuropa sind eine ihrer wesentlichen Determinanten. Die *Süddimension* der Weltstruktur, *Klima-, Ökologie-* und *Wanderungsrisiken* gehören auch in diesen Gesamtzusammenhang, von dem hier nur die äußere Bedeutung des Zerfalls der UdSSR zu behandeln ist.

Außenpolitik als Ausdruck des vorwiegend inneren Wandels

Die Sowjetunion wurde bis zum Ende der achtziger Jahre von außen vor allem als Akteur der internationalen Beziehungen wahrgenommen. Der Westen interessierte sich vor allem für das Verhalten der zweiten Weltmacht gegenüber anderen Staaten und Staatenbünden in den verschiedenen Regionen der Welt und in Krisenlagen. Dabei wurde allenfalls unterschieden zwischen *Einwirkungspotentialen* und (ökonomischen, militärischen, propagandistischen, kulturellen) *Instrumenten* sowjetischer Politik einerseits sowie vermuteten *Interessen* (zumeist der politischen Führung) jenseits der eigenen Grenzen andererseits.
Ein Verstehen nicht nur des sich wandelnden Außenverhaltens der sich *nach 1985 forciert transformierenden UdSSR,* sondern gerade auch der grundlegend veränderten internationalen Strukturen nach dem Scheitern des sowjetischen Entwicklungsmodells und nach dem Vergehen der Sowjetunion wird nicht möglich sein, wenn die Außenbeziehungen, sofern sie gesteuert werden und Interessen folgen, nicht als *Ausdruck des vor allem inneren Systemwandels* begriffen

werden. Ohne ein hinreichendes Verständnis von Ursachen, Dimensionen und Richtungen der *inneren* Veränderungen können zunächst die *neue Gelassenheit und Flexibilität nach außen* und die *Rüstungszähmung im Innern,* später dann die nahezu *autistische Fixierung auf die zerfallenden Binnenverhältnisse,* die teilweise zugleich internationalisiert wurden, nicht recht eingeordnet werden.
Es ist hier nicht genügend Raum, um nachzuzeichnen, warum das sowjetische Entwicklungsmodell in der Form, in der es sich seit den späten zwanziger Jahren herausgebildet hatte, ein halbes Jahrhundert später endgültig erschöpft war[1]). Aus dieser mehrdimensionalen *Krise der alten Sysstemträger,* die nicht mehr zu revitalisieren waren (und damit keinerlei Grundlage für Effektivierungen, Modernisierungen und dergleichen boten), folgte eine neue, zunächst durchaus noch gesamtsowjetische Interessenlage (nicht nur) der sowjetischen Führung nach innen – nämlich *Systemwandel* und später *Systemwechsel.* Der Notwendigkeit des inneren Wandels entsprach schließlich auch objektiv ein Interesse der Reformkräfte in der UdSSR an veränderten Außenbeziehungen. Ein neues *Nationalinteresse* wurde konstituiert, das durch die absolute Priorität einer gesteuerten Umwandlung der Binnenverhältnisse von oben geprägt war – und das zugleich die *Einfügung in die Weltstruktur* (und damit den nicht nur faktischen, sondern auch deklaratorischen Verzicht auf einen alternativen Sonderplatz oder gar einen Pol im Weltsystem) erheischte.
Erst nach der Herstellung dieses Zusammenhangs und der Ermittlung und Definition dieses neuen *Nationalinteresses* können die beiden wesentlichen Elemente der sowjetischen Außen- uind Sicherheitspolitik – die neue Weltsicht *(neues Denken)* und das neue Verhalten gegenüber und in der Welt sinnvoll beschrieben und bewertet werden.
In diesen Rahmen sind die einzelnen Elemente *neuen Denkens und Handelns* der sowjetischen Politik nach 1985[2]) einzuordnen. Zur *neuen Weltsicht* (neues Denken) gehörte ein Kanon von Aussagen, die sich zunehmend von den Formalitäten der traditionell marxistisch-leninistischen Weltinterpretation entfernten. Vor allem die *Ganzheitlichkeit* der Welt wurde betont, der *Systemgegensatz* zurückgestuft, der *Imperialismus*-Begriff überprüft und schließlich verworfen. Das Verständnis von Weltstrukturen und Kapitalismus wurde differenzierter – und oft auch wieder idealistisch, und die *Beziehungen zu anderen Staaten* und Staatengruppen wurde überdacht und durchweg neu definiert. Das betraf vor allem die *Verbündeten in Ostmitteleuropa,* die *Deutschlandpolitik,* das Konzept der nichtkapitalistischen Entwicklung und die Beziehungen zu Klienten in der *Dritten Welt* sowie die Beurteilung internationaler Organisationen und Regime.

Parallel dazu wurde ein *neuer Sicherheitsbegriff* entwickelt. Sicherheitspolitik wurde generell *entmilitarisiert.* Die *politische* Natur von Konflikten wurde hervorgehoben.
Abschreckungspolitik und der Paritätsbegriff wurden problematisiert. Die offensive Ausrichtung (in Denken und Dispositiv) sowjetischer militärischer Optionen wurde zurückgenommen, eine *neue defensive Militärstrategie* (auch operativ) ausgearbeitet. Der in der westlichen (zunächst alternativen) Sicherheitspolitik geprägte Begriff der *strukturellen Nichtangriffsfähigkeit* setzte sich durch.
Diese Neuorientierungen und Lerneffekte gingen zunächst von Querdenkern in Wissenschaft und in den neuen politischen und sozialen Bewegungen aus, erfaßten einzelne jüngere Offiziere und Außenseiter im militärischen Establishment und wurden zusehends zum – wenigstens verbalen – konzeptionellen *mainstream* sowjetischer Außen- und Sicherheitspolitik. Aber auch in der *Praxis* begannen sich die Dinge zu verändern. Eine umfassende *Militärreform* wurde angedacht und vorbereitet. Ihre Hauptrichtungen waren lange umstritten. Nach den Augustereignissen von 1991 ist sie erst recht unabwendbar. Allerdings gibt es auch in der russischen Führung, die sich in der Sicherheits- und Rüstungspolitik besonders um die Rechtsnachfolge der UdSSR bemüht, tiefe Gegensätze über die neue Militärpolitik.
Die *internationale Sicherheitspolitik* der UdSSR veränderte sich. Parallel zum inneren Scheitern wurde der Status der zweiten Weltmacht zunehmend prekär. Eine als *Zivilisierung* ausgegebene Normalisierung des Außenverhaltens und letztlich ein deutliches Zurücknehmen der Mitwirkungs- und Mitbestimmungsmöglichkeiten bei Krisen und Konflikten jenseits der eigenen Grenzen war unabweisbar. Die *Beziehungen zu den USA und den NATO-Staaten* allgemein wurden *kooperativer.* Gemeinsame Aufgabenfelder wurden definiert: von der Regelung lokaler Konflikte (Afghanistan, Südostasien, Nikaragua, Südwestafrika) bis hin zum *Krisenmanagement* (während des zweiten Golfkriegs Anfang 1991) und zur Bekämpfung des weltweiten *Terrorismus.* Die EG und Westeuropa, vor allem Deutschland, rückten zu *Vorzugspartnern* auf. Die Beziehungen zu den ehemaligen Verbündeten wurden weitgehend entspannt, die dort stationierten Truppen werden zurückgezogen. Direkte und indirekte Subventionen für *Klienten in der südlichen Hemisphäre* wurden stark reduziert und in den meisten Fällen schließlich eingestellt. Darüber hinaus wurden zahlreiche internationale Abkommen und Regime akzeptiert. Zum ersten Mal seit 1917 gab es keinen Anlaß mehr, wohlmeinend oder instrumentell individuelle Menschenrechte von außen einzuklagen. Die *Pariser Charta* von 1989 wurde, anders als die KSZE-Schlußakte von 1975, nicht als Formelkompromiß bzw. mit dem

Interesse an konservativer Stabilisierung unterschrieben, sondern als *Wertebekenntnis.* Das neue *Reisegesetz* von 1991 sollte ab 1993 für einen freien Reiseverkehr sorgen – für manche westliche Regierung schon lange vorher ein Alptraum.

Die sowjetische *Militärdoktrin* geriet, wie erwähnt, ab 1987 in Bewegung. *Verteidigung* wurde zur Hauptkampfart. Im Bereich der *Rüstungskontrolle* und *Abrüstung* war die sowjetische Führung zu dramatischen Schritten bereit. Die Mittelstreckenraketen mittlerer Reichweite wurden generell eliminiert, der START-Vertrag unterzeichnet, ebenso die Wiener Vereinbarung über die Reduzierung konventioneller Streikräfte in Europa. Jetzt geht es darum, die Geltung dieser Verträge in den Nachfolgestaaten der früheren Sowjetunion (FSU) zu sichern. Wichtiger als diese Verträge selbst war aber noch, daß die sowjetische Seite sich zu bedeutenden *einseitigen Schritten* verstand und daß Überprüfungen und Inspektionsregelungen vor Ort akzeptiert wurden, die vor nicht allzu langer Zeit als Landesverrat galten.

Der sowjetische *Rüstungssektor,* einst streng abgeschirmt und vorrangig versorgt, verlor zunehmend seine privilegierte Stellung und konnte von der allgemeinen Wirtschaftskrise nicht mehr länger isoliert werden. Eine umfassende und sinnvolle *Konversion* gelang bisher nicht; aber sie ist nicht mehr zu vermeiden, wenn nicht die Rüstungswirtschaft insgesamt untergehen soll. Spätestens seit 1991 fallen die Militärausgaben (in realen Preisen) erheblich, insbesondere die Ausgaben für Beschaffung neuer Waffen. Die Zivilisierung des Rüstungssektors wurde von einer *Rückstufung der Militärs* im politischen Gefüge begleitet. Sie war so dramatisch, daß daraus ein soziales Problem erwuchs. Größere Teile der Streitkräfte sind tief erschüttert, sozial unterversorgt und gesellschaftlich ausgegrenzt.

Die vielleicht wichtigste Veränderung des Militärsektors besteht darin, daß er *vergesellschaftet* wurde – im positiven wie negativen Sinn. Vergangenheit, Gegenwart und Zukunft der Streitkräfte werden nicht mehr tabuisiert oder von einem engen Kreis und insgeheim verhandelt; sie sind der *Öffentlichkeit* ausgesetzt. Diese Öffentlichkeit sorgt dafür, daß die Streitkräfte von den gesellschaftlichen Debatten und Trennlinien nicht länger abgeschirmt werden können. Dies ist vielleicht die wichtigste Garantie für eine Zivilisierung des Militärs – und auch eine der Lehren der August-Ereignisse 1991.

Der Zerfall der Union seit 1991 und die Vervielfältigung nationaler Interessen

Die klassische *sowjetische Außenpolitik,* die zumeist auch Groß- und Weltmachtpolitik war, ist aus drei Gründen *vergangen:*

– mit dem *Verschwinden der UdSSR* ist definitorisch auch die Außenpolitik dieses Staates entfallen;

– jede materielle *Grundlage* und die militärischen Fähigkeiten *für ein weltweites Engagement* der GUS, Rußlands, der Ukraine oder Kazachstans als Groß- oder gar Weltmacht ist dem nachsowjetischen Raum auf absehbare Zeit *abhanden* gekommen; und

– schließlich ist ein wesentlicher Teil der ehemals sowjetischen Binnenverhältnisse, nämlich die *Regional- und Nationalitätenpolitik, internationalisiert* worden und hat die klassische Außenpolitik der UdSSR nach Westen und Süden in ihrer unmittelbaren Bedeutung zunächst überholt.

Eine Rekonstitution weltweiten Engagements oder breiter Projektionspotentiale ist auf absehbare Zeit für keine der FSU-Nachfolgeeinheiten möglich. Dies wird inzwischen auch in den USA so gesehen[3]).

Dabei ist es eine Fußnote wert festzuhalten, daß der *Zusammenbruch* der UdSSR *nicht von außen erzwungen* wurde – jedenfalls nicht durch direkte Einwirkung wie im Bürgerkrieg nach 1917, im Zweiten Weltkrieg 1941 bis 1945 und, indirekt, durch Hochrüstung während des Kalten Krieges ab 1948 und noch einmal ab 1979. All diese Versuche sind gescheitert. Die *pure Existenz der westlichen Staaten* dagegen zwang den sowjetischen Eliten, aber auch der Gesellschaft, Maßstäbe auf, die im gegebenen Systemrahmen nicht zu erfüllen waren. Vor diesem Hintergrund, d. h. dem von außen gesetzten und dann selbst akzeptierten Zivilisations- und Konsummodell als einzigem Horizont und als Schranke, mußte das sowjetische Modell früher oder später kollabieren. Die alten Systemträger wurden insuffizient. Sie konnten und können keinem wie immer gewendetem Patriotismus mehr als Grundlage dienen.

Dreißig bis vierzig neue Räume und nationale Interessen haben sich inzwischen etabliert

Nachdem sich zunächst das sowjetische Nationalinteresse gewandelt hatte, haben sich spätestens 1991 mit der politischen Souveränisierung und der weitgehenden völkerrechtlichen Anerkennung beinahe aller 15 früheren Unionsrepubliken nicht nur diese, sondern inzwischen 30 bis 40 neue Räume und nationale Interessen etabliert. Diese *administrativ-territorialen* Einheiten, die überwiegend *ethnisch aufgeladen* sind, setzen sich zusammen aus den

– *15 ehemaligen Unionsrepubliken,*

– ca. *zehn ehemaligen Autonomien* (von Tatarstan bis Nord- und Süd-Ossetien) und

– mindestens *fünf ethnisch aufgeladenen claims* (Gagausische und Transdnestr-Republiken in Moldova, Kosakentümer) im Stadium von *nation building* sowie

– einer Anzahl von sich zumindest wirtschaftlich verselbständigen-

den *Wehrkreisen* und einigen *Regional- und Wirtschaftsräumen* (wie Ural, Sibirien und Fernost).
Diese erleb- und beschreibbare Entwicklung wird im Westen noch immer nicht überall registriert und als *unausweichlich* akzeptiert. Die Sowjetunion ist als Erfahrung und als Wunsch noch in vielen Köpfen.
Die neuen sich etablierenden Einheiten sind zwar noch über eine Anzahl alter Verbindungen *miteinander vermittelt:* Währung, Lieferbeziehungen, Steuer- und Transferreglungen, internationale Verpflichtungen, Rüstungsindustrie, Infrastruktur (Transport, Kommunikation), Militär, Verbindungen der alten Nomenklatura. Diese Bindungen *reduzieren sich jedoch ständig,* wenn auch mit unterschiedlicher Geschwindigkeit.
In allen der bezeichneten Einheiten bilden sich *national oder regional definierte Interessen* heraus, die in der Regel von Eliten vorgegeben und gefördert und von größeren gesellschaftlichen Teilgruppen akzeptiert werden. Die anhaltende und sich verschärfende sozialökonomische Krise wird diese Trends weiter verstärken. Diese Interessen sind nicht nur *lokalegoistisch* (was übrigens auch nicht illegitim ist), sondern sie sind i. d. R. *immer weniger miteinander kompatibel.* Ein Zwangsregime zur zentralen Regulierung disparater sozialer und regionaler Interessen mit gesicherten Transferleistungen ist nicht mehr herstellbar, jedenfalls nicht mehr für den gesamten Raum der FSU.
Die Definition eigener oder nationaler Interessen in weiten Politikbereichen (vor allem Wirtschaft, Minderheiten und Sicherheit) schreitet also rasch voran. Von besonderer Bedeutung ist dabei die Position *Rußlands,* das seit Ende Oktober 1991 eine Strategie des Vorrangs russischer Interessen, wie sie von der Führung gesehen werden, verfolgt (vgl. u.). Ähnliches gilt für die *Ukraine.* Die *baltischen Staaten* sehen sich zunehmend den Kosten einer relativ autozentrierten (weil nicht mehr sowjetischen und noch nicht westlichen) Entwicklung ausgesetzt. Der Raum des ehemaligen *Turkestan* muß sich, von Rußland zunehmend abgewiesen, wohl oder übel stärker auf südliche Kräftezentren (vor allem die Türkei und Saudi-Arabien) orientieren. *Moldova* wird in der Perspektive wohl rumänisch. *Belarus'* und *Kasachstan* sind die bislang einzigen nennenswerten Einheiten, die für eine Strategie gemäßigter und gezielter Neuvernetzung noch zur Verfügung stünden. Das reicht jedoch nicht aus.
Das bedeutet, daß inzwischen in allen Räumen der FSU fast jede Art von Gesamttrationalität verloren gegangen – oder überwunden worden – ist. Es gibt statt dessen eine *Vielzahl von Interessen und partikularen Rationalitäten,* mit denen zu rechnen und von denen zunächst auszugehen ist. Und mehr noch die *zentrifugalen Tendenzen* werden voraussichtlich *zunehmen,* je deutlicher die sozialökonomischen Verwerfungen als Folge der ökonomischen Transformationen werden.
Wenn die Überlegungen bis hierher zutreffen, geht es bei der Frage

nach dem Zusammenhängen von nachsowjetischen Raum und internationalen Beziehungen um zwei Aspekte:

- Welche *Wirkungen* haben die Vorgänge in der bisherigen UdSSR *auf andere Akteure und Strukturen* inter- und transnationaler Beziehungen; und
- Welche international relevanten *Vernetzungs- und Dissoziationstendenzen* gibt es im Rahmen der FSU?

Zur ersten Frage ist die im *Westen* bei den meisten Politikern und Publizisten wohl vorherrschende Auffassung, daß die mit dem Ende der UdSSR und den schwierigen Transformationsprozessen verbundenen Übergangsprobleme ein starkes Moment *latenter Unsicherheit* sind. Die anfängliche Begeisterung über den Zusammenbruch der osteuropäischen Systeme sowjetischen Typs, über den Sieg in der System- und Machtkonkurrenz; Erwartungen eines Endes der Geschichte und Hoffnungen auf eine Friedensdividende sind inzwischen abgekühlt, ernüchtert oder in neuen Alarmismus umgeschlagen. Insbesondere die Sorge um unzureichende Kontrollen von Massenvernichtungswaffen sowie der Proliferation von nuklearen Materialien, Technologien und Expertise, die Möglichkeiten unorganisierter Grenzveränderungen, sozialökonomischer Destabilisierung mit daraus resultierenden Eruptionen und möglichen Wanderungsbewegungen sorgen für Beunruhigung nach und Stabilisierungswünsche von außen.

Die Eliten in den *südlichen Nachbarstaaten* der FSU sehen dagegen *neue Möglichkeiten* politischer Allianzbildung, wirtschaftlicher Kooperation und religiös-kultureller Gemeinschaften. Vor allem die Türkei, Iran, Pakistan und Saudi-Arabien entfalten erhebliche Aktivitäten in den asiatischen Nachfolgestaaten der FSU.

Die früheren Klienten der UdSSR in der *Dritten Welt* und in *Ostmitteleuropa* müssen auf je eigene Weise erfahren, daß der Wegfall der politischen Hegemonie, aber auch der wirtschaftlichen und militärischen Assistenz der ehemals zweiten Weltmacht sie auf einen schwierigen Weg zwischen neuerlicher Souveränitätsfindung und -behauptung, Anpassung an internationale Regime und ökonomischem (in Einzelfällen wie Cuba und Nordkorea auch politischem) Überleben gezwungen hat.

Keiner der Versuche gelang letztlich, einen Teil der sowjetischen Konkursmasse neu zu organisieren

---

Zur zweiten Frage, der nach neuen Kooperationen und Vernetzungen ehemals sowjetischer politisch-territorialer Einheiten, ist wenig wirklich Verläßliches zu sagen. Doch ist die Vermutung, daß auf absehbare Zeit alle neuen Organisationsversuche auf wirtschaftlichem, politischem und sicherheitspolitischem Gebiet *kaum stabil* bleiben und scheitern werden und damit allenfalls Übergangscharakter tragen, sehr gut begründbar. Seit der *Neun plus Eins*-Vereinbarung von Novo-Ogarevo im April 1991 hat es bis zum versuchten Staatsstreich im August mehrere *Entwürfe für einen neuen Unionsvertrag* gegeben, mit jeweils abnehmender allgemeiner Verbindlichkeit. Danach bis zum Jahresende gab es zunächst weitere, noch lockere Vertragsentwürfe (der letzte am 25. 11. 1991 publiziert), die alle scheiterten – vor allem an den in vielen unvereinbaren oder unvereinbar scheinenden Positionen der Ukraine und Rußlands. Statt dessen wurde eine *Wirtschaftsrahmenvereinbarung* abgeschlossen (18. 10.), die jedoch einen Monat später von einer Serie russischer Wirtschaftsverordnungen faktisch entwertet wurde. Es folgte die Gründung einer *Gemeinschaft Unabhängiger Staaten* zwischen den drei slawischen Republiken (Brest, 8. 12.), die Wiederbelebung einer *mittelasiatischen Allianz* zwischen fünf Ex-Republiken (13. 12.) und die Ausrufung einer *Elfer-Gemeinschaft Unabhängiger Staaten* 21. 12.). Bei mehreren weiteren Treffen in Minsk wurden einige Rahmenabkommen und *Vereinbarungen über (sicherheits)politische Fragen* unterzeichnet[4]). Keiner dieser unterschiedlichen Versuche zur Neuorganisation eines mehr oder minder großen Teils der sowjetischen Konkursmasse gelang oder hat Aussicht auf Dauer. Die GUS selbst funktioniert in keinem einzigen Bereich ihrer Zuständigkeit.

Die *zwischennationalen Beziehungen* der ehemaligen Unionsrepubliken, die rechtlich, aber noch nicht faktisch nun den Charakter internationaler Beziehungen haben, werden nicht mehr von einer zentral vorgegebenen oder dezentral verabredeten Gesamtrationalität bestimmt, sondern von den jeweils wahrgenommenen *Nationalinteressen.* Die dadurch und durch die alten, teils noch bestehenden Bindungen bestimmten Konfliktfelder sind im wesentlichen die *Wirtschaftsbeziehungen* (Preise und Geldsystem, Lieferverpflichtungen und Bedingungen des Warenaustauschs) und die *Sicherheitspolitik* (Verfügung über *strategische,* vor allem nukleare Waffen, Aufteilung der sowjetischen Streitkräfte unter nationale Oberkommandos, Finanzierung der Rüstungsindustrie). Beide Themenkreise sind zwischen den Hauptblöcken Rußland, Ukraine, Mittelasien und in gewisser Weise Baltikum nicht mehr konsensfähig. Die gegengezeichneten Rahmenvereinbarungen sind entweder vage oder Formelkompromisse, sie enthalten explizite Vorbehalte einzelner Seiten oder sie werden mißachtet.

Neue Außenbeziehungen formieren sich erst allmählich

Vor diesem Hintergrund ist die außen- und sicherheitspolitische Neuorientierung der früheren Unionsrepubliken über die FSU hinaus von besonderem Interesse. Jetzt suchen sich mindestens 15 Staaten und darüber hinaus weitere Gebilde wie Nagorno-Karabach, Tatarstan,

der russische Ferne Osten, Ossetien, Nachičevan, aber auch die neu errichteten Kosakentümer und einige der Militärkreise als politisch-territorial-administrative Einheiten mit oder ohne ethnische Aufladung zu behaupten, international wahrgenommen zu werden und sich möglichst in internationale Strukturen einzufügen.
Welche Interessen herrschen hier vor? Welche Prioritäten werden gesetzt? Und wie sind die Reaktionen der denkbaren Partner?
Die *Hauptinteressen* sind, in unterschiedlicher Gewichtung: Eingliederung in *internationale Wirtschaftsgemeinschaften* zur Stabilisierung des Übergangs zur *Marktregulierung;* Eingliederung in oder Schaffung von *internationalen Sicherheitsgemeinschaften;* und Einbettung in bzw. Beeinflussung von *kulturellen bzw. religiösen und zivilisatorischen Großräumen.*
Die neuen Außenbeziehungen lassen sich in der Regel nach sinnvollen Bezügen ordnen. Dann ergeben sich folgende Kreise:
- Beziehungen *zum ehemaligen Zentrum,* seinen Resten oder Nachfolgern, d. h. zu Rußland;
- Beziehungen *zu verwandten Kulturräumen innerhalb* der FSU, d. h. der baltischen Staaten untereinander, ebenso der mittelasiatischen;
- Beziehungen generell *zu anderen ehemaligen Unionsrepubliken* oder Autonomien;
- Beziehungen *zu Nachbarregionen,* d. h. im Westen zu den Staaten Ostmitteleuropas, im Süden zur Türkei, zum Iran und zu Afghanistan, im Osten zu Japan und China, im Nordwesten zu Skandinavien;
- Beziehungen *zu den OECD-Staaten* und der von ihnen dominierten Strukturen und Organisationen;
- Beziehungen *zum Rest der Welt.*

Diese Ordnungsvorgabe von außen entspricht nicht oder nur zum geringen Teil einer reflektierten und abgestimmten Prioritätensetzung in den neuen Staaten selbst. Hier gilt im wesentlichen, daß es bisher *keine selbständigen, durchdachten und ausformulierten außen- und sicherheitspolitischen Konzeptionen und Strategien* gibt. Die erratischen Neuordnungsversuche im Rahmen der FSU und die insgesamt beinahe hektischen Integrationsbemühungen in internationale Institutionen und Beziehungen erfolgen weitgehend aus *tagespolitischen Überlegungen* und situativen Zufälligkeiten heraus oder weil der *common sense* etwas nahezulegen scheint. Eine schlüssige Definition außenpolitischer nationaler Interessen ist insbesondere in Rußland lange nicht erfolgt. Dies hat zum einen gewiß mit der überragenden Belastung durch innere Wandlungsprobleme zu tun, zum anderen aber auch damit, daß die intensivierte Suche nach einer patriotischen und/oder demokratischen *russischen Idee* einerseits und der Drang in internationale, von westlichen Interessen bestimmte Regime schwer miteinander vermittelbar sind.

Erst Anfang 1992 wurde der Entwurf einer Konzeption *Über die wesentlichen Grundzüge der Außenpolitik der Russischen Föderation* bekannt[5]). Als *wichtigstes Prinzip* des außenpolitischen Kurses Rußlands wird darin die *Einheit der äußeren und inneren Politik* hervorgehoben, ein Grundsatz, der zwangsläufig auch schon für die sowjetische Außenpolitik (mindestens) seit 1985 galt. Darüber hinaus werden im einzelnen folgende internationale Zielsetzungen des russischen Systemwechsels genannt:

– Die Entwicklung einer konstruktiven, kostengünstigen und rentablen Außenpolitik zum Nutzen der nationalen Interessen Rußlands.

– Als wichtigstes dieser nationalen Interessen werden die Wiederherstellung der *Staatlichkeit* Rußlands auf den Grundlagen der *Demokratie* und der vorbehaltslosen Priorität der *Menschenrechte* genannt.

– Die *Sicherheit* Rußlands soll durch eine weltweite Verringerung der Militärpotentiale, durch die Beendigung der Stationierung von Militär außerhalb der eigenen Landesgrenzen und durch die Stärkung eines *Gürtels guter Nachbarschaft* längs der russischen Grenzen gewährleistet werden.

– *Partnerschaftliche Beziehungen* zu den USA und anderen westlichen Staaten, zur NATO und zur WEU sollen entwickelt werden, mehrseitige Abkommen über allseitige und regionale Sicherheitssysteme sollen abgeschlossen werden. Dabei geht Rußland davon aus, daß ihm kein einziger Staat feindselig gegenübersteht.

– Die Satzung der *Vereinten Nationen* und die Dokumente der der KSZE sollen für Rußland *heilige Bücher* sein.

– Rußland will seine Interessen künftig stärker durch die *Beteiligung an internationalen Organisationen* vertreten.

– Das Land soll mit Strukturen der *politischen Integration* (EG, Europarat, Schwarzmeerkooperation) zusammenarbeiten und will die gleichberechtigte Mitgliedschaft in internationalen Finanz- und Handelsinstituten (IWF, GATT, Weltbank) erlangen.

– Bilaterale Beziehungen sollen durch ein Minimum an Ideologie und ein Maximum an *wirtschaftlichem Nutzen* gekennzeichnet sein.

Zur Realisierung dieser Vorhaben müssen auch die entsprechenden *Instrumente* bereitgestellt werden. Das russische Außenministerium, inzwischen im Gebäude der alten sowjetischen Diplomatie am Smolensker Platz eingezogen, soll dabei mit dem Parlament und seinen Komitees zusammenarbeiten – ein sinnvolles Vorhaben, da es an dieser Schnittstelle wie auch wegen der informellen Beteiligung einzelner Berater des Präsidenten an außenpolitischen Initiativen immer wieder knirschte. Ob es angesichts ansonsten weitgehend unübersichtlicher oder unwirksamer Zuständigkeiten, Einwirkungsmöglich-

keiten und Steuerungshebel gerade im Bereich der russischen Außenpolitik gelingen wird, Apparatekonkurrenzen, persönliche Unverträglichkeiten und politische Gegensätze zu zähmen und eine schlüssige und effektive Definition, Strategie und Durchsetzung nationaler Interessen zu verwirklichen, muß nach den ersten Monaten selbständiger russischer Außenpolitik bezweifelt werden.
Außer den genannten Prinzipien wird auch eine Abstimmung mit den außenpolitischen Gremien der anderen GUS-Staaten angestrebt – eine Zielsetzung, die absehbar scheitern wird. Die jeweiligen Interessen sind zu gegensätzlich, und das wechselseitige Mißtrauen ist für längere Zeit zu groß.

Eine Orientierung an benachbarten Großräumen und Kraftzentren ist wahrscheinlicher als eine Neuvernetzung untereinander

Vor diesem Hintergrund ist eine *Neuvernetzung* der FSU-Nachfolgeeinheiten, jetzt als mehr oder weniger souveräne Staaten, *nur noch theoretisch vorstellbar.* Die erste Variante setzte die Fähigkeit zur relativ leidenschaftslosen Analyse und zur rationalen Steuerung von Politik voraus. Dann wäre im Prinzip die Entwicklung einer Art von postsowjetischer EG und/oder NATO denkbar, die sich früher oder später in eine grundlegend umgestaltete und modernisierte Nach-Union transformieren könnte. Dies ist auf absehbare Zeit auszuschließen.
Tatsächlich ist eine starke Außenorientierung an benachbarten Großräumen und Kräftezentren zu beobachten. Alte wie neue Eliten und Gesellschaften agieren eng entlang eigener unmittelbarer, genauer: perzipierter Interessen. Zahlreiche partikulare Rationalitäten setzen sich durch. In der Perspektive wird die FSU so buchstäblich zerrissen. Ein Teil der ehemaligen Republiken und Regionen würde sich *nach Nord- und Westeuropa* orientieren (die baltischen Staaten Ukraine, Belarus', Rußland westlich des Ural), ein anderer Teil *nach Ostasien* (Sibirien, der Ferne Osten, vielleicht Kasachstan), ein weiterer (die Mehrzahl des Raumes der mittelasiatischen Republiken) in den *Mittelostraum.* Diese Variante ist derzeit ungleich wahrscheinlicher als die erste. Das Interesse am eigenen Rock, an Selbstdefinition durch Abgrenzung zu den FSU-Nachbarn und an Kontakten mit Akteuren und Regionen *außerhalb* der FSU ist bei beinahe allen Eliten viel ausgeprägter als die Energien, die auf Neuvernetzungen oder auch nur auf Stabilisierung im Rahmen der FSU verwendet werden.
Argumente, die darauf hinauslaufen, eine Neuvernetzung sei aus *sachlichen Zwängen* unvermeidlich (oder die alten Abhängigkeiten seien so stark, daß eine Trennung keine realistische und mögliche Option sei), verkennen, daß Politik derzeit im Rahmen der FSU nicht in erster Linie solch rationalen Kalkülen folgt – wenn sie denn stimm-

ten. Dagegen wird es später zweifellos zu neuen Vernetzungen und Kooperationen kommen, aber dann wahrscheinlich in Formen, die mit den früheren sowjetischen Strukturen inhaltlich und räumlich wenig gemein haben werden. Es werden sich neue (zum Teil auch recht alte) Räume herausbilden, Nationalstaaten werden weiter zurücktreten, und Arbeitsteilungen werden sich neu entwickeln.

Wie soll von außen mit den Wandlungsprozessen umgegangen werden?

Einstweilen stellt sich die Frage, wie von außen mit der Dissoziierung der Räume und der Ungleichzeitigkeit der Transformationsprozesse in der FSU umzugehen ist. Internationale Organisationen, nationale Regierungen, NGOs *(Non Governmental Organizations)* und gesellschaftliche Gruppen müssen sich Standpunkte erarbeiten, die den Wandel in ganz Osteuropa begleiten und fördern können. Dabei muß es darum gehen, einen *unorganisierten Zerfall* aller bisherigen Strukturen zu *verhindern* oder zumindest zu *kanalisieren. Bürgerkriege* und *wilde Grenzveränderungen* in Ost(mittel)Europa sind möglich und sollten durch gemeinsame Arrangements und Regime verhindert werden. Dieses vielleicht schon überholte, aber legitime Interesse an einem relativ *behutsamen, organisierten Wandel* muß sich darüber hinaus gegen eine naheliegende *Instrumentalisierung* durch repressiv-autoritäre Strömungen und Kräfte in den einzelnen Regionen verwahren. Innere Entwicklungen hin zu mehr Partizipation und Öffentlichkeit und die Verhinderung unerträglicher sozialer Disparitäten als Folge des Übergangs zur Marktregulierung dürfen einer kollektiven europäischen Sicherheit nicht geopfert werden. Wenn man es recht bedenkt, geht es nolens volens um eine *behutsame Abwicklung des postsowjetischen Imperiums* – mit Problemen, die wegen unterschiedlicher Ausgangsbedingungen und Voraussetzungen die Folgen des Beitritts der DDR zur Bundesrepublik bei weitem übersteigen.
Ein wichtiges Ziel westlicher und östlicher, staatlicher und gesellschaftlicher Politik sollte dabei sein, die Verfestigung eines neuen Allianzsystems zahlreicher, immer mehr werdender und auf vielen Gebieten konkurrierender Nationalstaaten ähnlich wie im 19. Jahrhundert zu verhindern und statt dessen *integrative Mechanismen* anzubieten und möglichst durchzusetzen.

Westliche Einwirkungsmöglichkeiten

Die Frage westlicher Einwirkung ist zweifellos heikel. Zwischen den Extremen einer Sieger-Mentalität, die einen Großraum außen- und ordnungspolitisch auf Linie zu bringen sucht, und einer Attitüde

kühlen Zuwartens (nach dem Muster Japans) gibt es ein weites Feld möglichen Agierens.
Dabei ist es zweckmäßig, *zwei Ebenen* zu unterscheiden:
– *Aktuelle Interventionen.* Dazu gehört der gesamte Bereich der wirtschaftlichen *Notfallhilfe,* die fraglos zu gewähren und effektiv zu organisieren ist. Ebenfalls hierher gehört das Verhalten bei aktuellen politischen und militärischen *Konflikten* in der FSU. Der gesamte Raum gehört jetzt zur KSZE und – seit Anfang März 1992 – zum NATO-Kooperationsrat. Damit sind auch die zahlreichen Transformationsfriktionen in Osteuropa bis hin zu Pazifik und Transkaukasus für Westeuropa von fremden zu eigenen geworden.
– *Längerfristige Kontakte und Vernetzungen.* Zur zweiten Gruppe gehören das Problem der Integration der FSU-Einheiten in *internationale Organisationen und Regime.* Dabei ging und geht es primär um Institutionen wie Vereinte Nationen, KSZE, EG, NATO, Hexagonale, Baltikum-Schwarzmeer-Assoziation bis hin zum IOC. Die Frage der Mitgliedschaft in den Vereinten Nationen und der KSZE ist positiv gelöst – und zu Recht so. Angesichts der Zerfallsprozesse, die vorerst noch den konstruktiven Entwicklungen vorauseilen, scheint zunächst jede Art zusätzlicher Einbindung und Vernetzung sinnvoll zu sein. Das Stichwort von den *interlocking institutions* muß allerdings mit Text und Gehalt gefüllt werden, damit es nicht statt dessen zu *institutional overcrowding* kommt.
Dort, wo eine Mitgliedschaft unmittelbar nicht möglich oder sinnvoll ist (EG), sollte eine *Beitrittsperspektive* dennoch nicht ganz ausgeschlossen werden, da es eine institutionelle Alternative nicht mehr gibt und da das Zuschlagen europäischer Türen Rückzugsstimmungen in russische Ideen oder islamische Entfremdungen fördern würde.

Eine Herausforderung für die Ostwissenschaften

Die dramatischen Veränderungen in Osteuropa seit 1989 und der Zerfall der UdSSR 1991 müßten auch ein Anlaß sein, die Hauptrichtungen der Theorienentwicklung für die auf Osteuropa bezogenen Wissenschaften und für internationale Beziehungen zu überprüfen. Angesichts des Umfangs und der Tiefe der wahrnehmbaren Veränderungen scheinen theoretische Verortungsversuche bislang eher spärlich auszufallen.
Auf osteuropäische Systeme bezogene Wissenschaften haben sich, jedenfalls in Deutschland nach 1945, zumeist weniger als Ausschnitte ihrer Spezialdisziplinen verstanden denn als Teil von *Ostwissenschaften.* Osteuropahistoriker waren Ostrechtlern und Slawisten näher als anders profilierten Historikern. Entsprechend wurden methodische und theoretische Entwicklungen in den jeweiligen Disziplinen zumeist mit größerer Verspätung oder auch gar nicht wahrgenommen, nachvollzogen und mitgestaltet. Die oft eher politisch begrün-

dete als wissenschaftlich gewonnene Klammer, die das alles zusammenhielt, war über längere Zeit ein Derivat der *Totalitarismustheorie.* Objekt des Interesses waren eher abstrakt die in kommunistischen Verhältnissen lebenden Menschen, tatsächlich jedoch die Machtträger, deren Wirken durch kremlologische, detektivisch-spekulative Anstrengungen beobachtet und interpretiert wurde. Parallel dazu wurde eine geistesgeschichtliche Debatte über den Kommunismus geführt, die sozialen und empirischen Gehalt weitgehend entbehrte. Erst in den siebziger Jahren gelang eine stärkere Öffnung zu den jeweiligen Heimatwissenschaften und zu internationalen Diskussionen, eine Öffnung, die einherging mit der weitgehenden Diskreditierung des überpolitisierten Totalitarismus-Ansatzes (der allerdings in den achtziger Jahren nochmals eine von Frankreich ausgehende Renaissance erfuhr und heute in den osteuropäischen Staaten selbst bei der westlich orientierten Intelligenz durchaus gängig ist). Seit jener Zeit fächert sich auch in der Bundesrepublik das methodisch-theoretische Spektrum auf: die Rezeption und Anwendung von Modernisierungstheorien, Eliten- und Bürokratieebenen, Generations- und Lerntheorien, die Entdeckung von Interessen und Mikrokosmen modernisierte (nicht nur) die deutsche Ostwissenschaft[6]).

Geirrt haben sich alle – aber nicht alle im gleichen Maße

Die Vorgänge in Osteuropa seit 1982 müßten, wenn irgend etwas, für die gesamten auf Osteuropa bezogenen Wissenschaften ein zwingender Anlaß sein, ihre Annahmen und Methoden zu überdenken. Geirrt in ihren Prognosen haben sich alle – aber nicht alle in gleichem Maße. Insbesondere diejenigen, die einen Wandel dieser Gesellschaften und Systeme aus sich selbst heraus ausschlossen, müßten einen größeren Drang zur Selbstüberprüfung verspüren. Davon ist bisher in Deutschland wenig zu merken. Allerdings ist ein Generationswechsel an den Hochschulen im Gange, der mit einem Zurückdrängen alter Paradigma einhergehen wird.

Die *Theoriebildung im Bereich internationaler Beziehungen* ist im wesentlichen geschieden in

– eine auf die *Ebene staatlicher Akteure* zielende, einen *anarchischen Grundzustand* annehmende und *Macht als zentrale Kategorie* verstehende Richtung *(realistische oder neorealistische Schule);*

– eine *Funktionszusammenhänge* und *Integrations- und Vernetzungstendenzen* betonende Schule *(Funktionalisten)*

– und weitere (darunter marxistische und strukturalistische) Ansätze geteilt. Alle, vor allem aber die bisher prägenden Ansätze haben heute *Anlaß zur Selbstprüfung.* Die *Funktionalisten* müssen bedenken, daß Staaten als Kategorien und Akteure und Räume in manchen Teilen der Welt, darunter in Osteuropa, sich keineswegs zurück-, sondern eher neubilden. Außerdem hat sich nicht erst im zweiten

Golfkrieg und in den Bürgerkriegen der FSU gezeigt, daß, noch immer, Macht zählt. Die *Realisten* können sich nicht davor verschließen, daß Integrationstendenzen dennoch stark bleiben und wahrscheinlich weiter zunehmen werden, daß sie aus West nach Ost eine Sogwirkung ausüben und daß Staaten längst nicht mehr die einzig relevanten Akteure in internationalen Beziehungen sind. Internationale Organisationen, Regime und Kapitalgruppen können mit klassischen realistischen Annahmen nicht verstanden werden.
Hinzu kommt, daß *weitere theoretische Ansätze* auch für internationale Beziehungen *fruchtbar gemacht* werden können. Dazu zählen vor allem *Diskurs- und Kulturtheorien.* Erstere können etwas aussagen über Beziehungen und Hierarchien, die auf Perzeptionen und Erwartungen eher denn auf (Ohn)Machterfahrungen beruhen. In gewissen Grenzen können Ergebnisse der *Sozialpsychologie* wahrscheinlich auf internationale Beziehungen übertragen werden. Letztere können vor allem etwas zur Frage des jetzt an verschiedenen Stellen der Welt, vor allem aber auch in Osteuropa aufkommenden *Nationalismus* beitragen. Sind Ethnien eine *natürliche* oder eine *künstliche* Kategorie? Handelt es sich bei den aktuellen Auseinandersetzungen um uralte, vorübergehend stillgestellte Gegensätze oder um *moderne* Interessenkonflikte? Bauen sich ethnische Gegensätze *von unten* auf oder werden sie *von oben* konstruiert? Die Überlegungen und Vorgaben von *Ernest Gellner* und *Eric Hobsbawm* müßten stärker auf die derzeitigen Konfliktkonfigurationen in Osteuropa und der FSU bezogen werden, um der Verlockung scheinbar plausibler, aber unzureichender Erklärungen zu entgehen[7]).
Hier hat sich ein breites Feld theoretischer Möglichkeiten – und Erfordernisse – eröffnet, die es zu nutzen gilt. Dies kann und sollte gerade auch in Zusammenarbeit mit Kollegen und Kolleginnen aus Osteuropa geschehen, mit denen auf diese Weise wirklich sinnvoll Krisenanalyse und Perspektivschau betrieben werden könnte.
Ein Zukunftsaspekt der FSU ist, bei allen Ungewißheiten, dennoch sicher: die Entsowjetisierung der postsowjetischen FSU. Wie immer künftige Ordnungsversuche im einzelnen aussehen werden – sie werden sich eher in neue große Strukturen und Regime einfügen als den Linien der vergangenen UdSSR verhaftet sein. Und in diese Richtung, so scheint mir, müßte jetzt schon (vor)gedacht werden, anstatt den Denkweisen von gestern zu folgen.
Das gilt umso mehr, wenn die Einschätzung zutrifft, daß die Veränderungen in ganz Osteuropa zwar viele Chancen mit sich bringen, die auf absehbare Zeit aber von zahlreichen Risiken überschattet werden. Hier gilt es, hinzusehen und verstehend zu antizipieren. Diese Lehre von 1989 hat sich noch längst nicht durchgesetzt.

Anmerkungen

[1]) Vgl. dazu Klaus Segbers: Der sowjetische Systemwandel. Frankfurt 1989, vor allem Kapitel IV und IX.

[2]) Ausführlicher dazu und mit Literaturangaben Klaus Segbers: Sowjetische Sicherheitspolitik im Wandel, in: Rudolf Hamann, Volker Matthies (hg.): Sowjetische Außenpolitik im Wandel. Baden-Baden 1991, S. 99–127.

[3]) S. die Stellungnahme des CIA-Direktors Robert Gates vor dem House Armed Service Committee am 10. Dezember 1991, abgedruckt in USPIT, 1991, Nr. 164 (December 11), S. 39–47; und die neue Draft Defense Planning Guidance nach IHT, 9. 3. 1992.

[4]) S. Ann Sheehy: Commonwealth of Independent States: An Uneasy Compromise, in: RFE/RL Research Report, 1.2 (10. 1. 1992), S. 1–5; und Stephen Foye: Armed Forces Confront Legacy of Soviet Past, in: RFE/RL Research Report, 1.8 (21. 2. 1992), S. 9–13.

[5]) Jurij Leonov: Chorosa koncepcija, no vrjad li osuscestvima, in: Nezavisimaja gazeta, 20. 2. 1992. Zitate im folgenden nach dieser Quelle.

[6]) Für einen guten Überblick über die unterschiedlichen theoretischen Ansätze s. Gerd Meyer: Sozialistische Systeme, Opladen 1979; Gert-Joachim Gläßner: Sozialistische Systeme. Einführung in die Kommunismus- und DDR-Forschung. Opladen 1982; Astrid von Brocke, Gerhard Simon: Neue Wege in der Sowjetunion-Forschung. Baden-Baden 1980; zum Vergleich für amerikanische Debatten Jerry F. Hough: The Soviet Union and Social Science Theory. Cambridge, London 1977.

[7]) S. dazu Ernest Gellner: Nationalismus und Moderne. Berlin 1991; und Eric Hobsbawm: Nationen und Nationalismus. Berlin 1991. Vgl. ferner Rainer Bauböck: Zur Zukunft des Nationalismus in Europa. In: Dialog (Stadtschlaining/Österreich), Frühjahr 1992.

Karl-Heinz Meier-Braun

Eine neue Völkerwanderung aus dem Osten?

Die Wanderungsbewegungen aus dem früheren Ostblock lassen sich nicht voraussagen

Dominierend zunächst die Aus- und Übersiedler

Das Schreckgespenst der „neuen Völkerwanderung“[1]) geht seit einiger Zeit um in Europa. Politiker warnten bereits unmittelbar nach der Öffnung des Eisernen Vorhangs vor einem „echten Notstand“ bei vielleicht zweistelligen Millionenzahlen von Flüchtlingen aus dem Osten[2]). „Osteuropa befürchtet eine Invasion aus der Sowjetunion“[3]) oder „Millionen auf gepackten Koffern“[4]) – so lauteten die Zeitungsschlagzeilen.

Der Massenansturm aus dem Osten ist jedoch vorerst ausgeblieben, auch wenn die Ost-West-Wanderung in den letzten Jahren in Europa die Statistik dominiert hat. Über eine Million Zuwanderer sind 1989 in die Bundesrepublik gekommen – fast Dreiviertel davon (720 000) waren deutschstämmige Aus- und Übersiedler, zählten also zur neuen Ost-West-Wanderung. Auch 1990 bestimmten keineswegs die Flüchtlinge aus der Dritten Welt die Zuwanderungsstatistik: rund 400 000 Aus- und Übersiedler, aber nur halb so viele Flüchtlinge/Asylbewerber reisten nach Deutschland ein, von denen wiederum bis zu 80% aus Ost- und Südosteuropa stammten (Abbildung 1 und 2). 1991 standen die Asylbewerber/Flüchtlinge mit 256 000 an der Spitze der Statistik. Rund 222 000 Aussiedler machten sich auf den Weg in die Bundesrepublik. Da das Aufnahmeverfahren geändert wurde – der Antrag muß jetzt aus der heutigen Heimat heraus gestellt werden –, liegen jedoch noch über 500 000 unbearbeitete Anträge von Aussiedlern bei den Behörden. Für das Jahr 1992 rechnet die Bundesregierung mit einer Viertelmillion Aussiedler[5]).

Eigentlich haben wir ja die Freizügigkeit immer wieder eingefordert

Seit dem Ende des Zweiten Weltkriegs haben niemals zuvor so viele Menschen Osteuropa in Richtung Westen verlassen wie in den

Abbildung 1: Herkunftsgebiete der Aussiedler

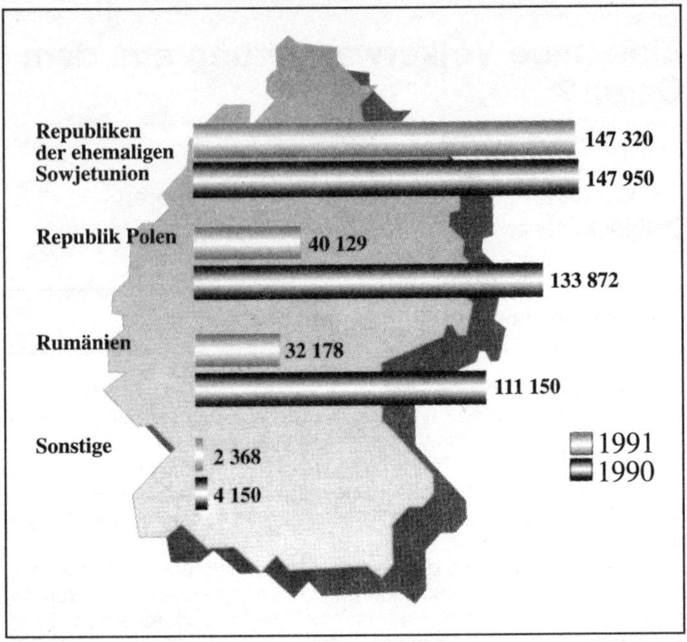

Quelle: Innenpolitik, Informationen des Bundesministers des Innern, 7. Februar 1992.

letzten drei Jahren. Aus der damaligen Sowjetunion machten sich rund 56% der Auswanderer nach Israel auf, etwa 43% reisten nach Deutschland aus (Tabelle 1). Die Öffnung der Grenzen durch *Glasnost* und *Perestroika,* die damit verbundene Demokratisierung, der Ausbruch von sozialen Spannungen und Nationalitätenkonflikten, das erschreckende Ausmaß der wirtschaftlichen Probleme – all diese Faktoren führten zum Massenexodus von einer Million Menschen aus der früheren Sowjetunion. Fast schon eine Ironie des Schicksals oder der Geschichte ist es, daß der Westen, der sich über die Wanderungsbewegung (Migration) aus dem Osten aufregt, „vier Jahrzehnte lang das Menschenrecht auf Freizügigkeit als politische Waffe gegen die kommunistischen Regime" eingesetzt hat[6]). Noch im Jahr 1990 machte US-Präsident *Bush* bei seinem Zusammentreffen mit dem damaligen sowjetischen Präsidenten *Gorbatschow* wirtschaftliche Hilfe von der Verabschiedung eines neuen Reisegesetzes abhängig. In der Tat steht der Westen jetzt „vor schweren Prüfungen für die Glaubwürdigkeit seiner menschenrechtlichen Belehrungen"[7]). Die europäischen Länder haben sich mehrfach Gedanken darüber gemacht, wie die neue Ost-West-Wanderung eingedämmt werden

Abbildung 2: Hauptherkunftsländer der Asylbewerber

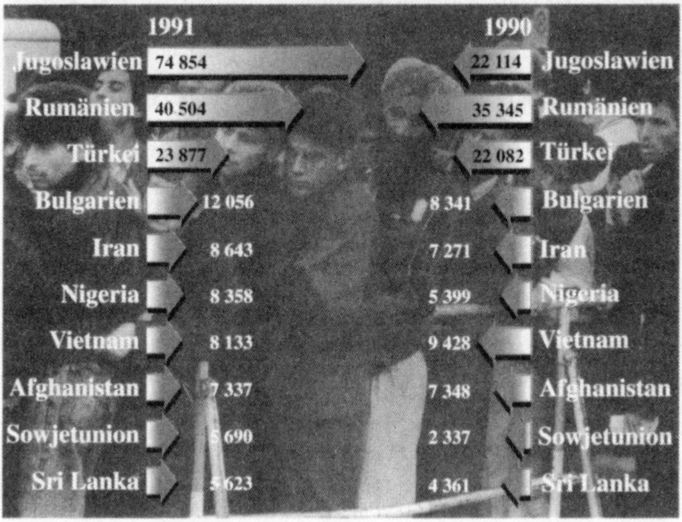

Quelle: Innenpolitik, Informationen des Bundesministers des Innern, 7. Februar 1992.

Tabelle 1: Wanderung von Ost nach West (Gesamtschätzung)

	1987	1988	1989	1990
Asylbewerber	50 000	90 000	80 000	130 000
Deutschstämmige	100 000	250 000	720 000	700 000*
Juden	6 000	30 000	80 000	200 000
Bulgarische Türken	–	–	200 000	70 000
Andere	50 000	100 000	140 000	200 000
Gesamt	206 000	470 000	1 220 000	1 300 000
Wanderung aus UdSSR				
Juden	6 000	30 000	70 000	190 000
Deutschstämmige	17 000	50 000	110 000	150 000
Andere	7 000	30 000	60 000	60 000
Gesamt	30 000	110 000	240 000	400 000

* Von dieser Zahl sind 250 000 Deutsche, die aus der früheren DDR nach Westdeutschland zogen.

Quelle: Refugee Policy Group, Washington, D. C., 1991.

kann. Eine Ministerkonferenz über Wanderungsbewegungen aus Mittel- und Osteuropa, die im Januar 1991 in Wien stattfand, kam zu dem Ergebnis, „daß die derzeitige Lage in den meisten betroffenen Ländern eine Zunahme der Einwanderung auf Dauer nicht zuläßt“[8]). Im Herbst 1991 bekräftigen die für Einwanderungsfragen zuständigen Minister auf einer Tagung des Europarates in Luxemburg, daß sie sich auf eine drohende Massenflucht aus Osteuropa einstellen. Sie sprachen sich außerdem für die Einrichtung eines gemeinsamen Frühwarnsystems aus, um rechtzeitig auf Flüchtlings- und Migrationsbewegungen reagieren zu können[9]).

Nicht übersehen werden sollte die beträchtliche Binnenwanderung innerhalb der ehemaligen Sowjetunion

Die Wanderungsbewegungen aus dem früheren Ostblock werden in ihrer Komplexität im Westen bislang noch unzureichend wahrgenommen. Dies gilt beispielsweise für das Problem der internen Migration, der Binnenwanderung auf dem Territorium der früheren Sowjetunion. Schätzungsweise ein bis zwei Millionen Menschen mußten bereits, vor allem aufgrund der verschiedenen Nationalitätenkonflikte, aus ihrer Heimat fliehen. Das Potential für weitere Wanderungsbewegungen bei den verschiedenen Minderheiten betrifft vor allem deutschstämmige Auswanderer und Juden, aber auch 1,1 Millionen Polen, 370 000 Bulgaren, 440 000 Koreaner, 330 000 Griechen, 170 000 Ungarn und 50 000 Finnen[10]). Alles in allem leben in der einstigen Sowjetunion rund 65 Millionen Menschen außerhalb ihres eigenen ethnischen Territoriums. In dieser Zahl sind 25 Millionen Russen enthalten, die in „nicht-russischen“ Republiken leben.
Der Niedergang des Kommunismus hat die „Welt der internationalen Arbeitskräftewanderung“ verändert und zu einer Ost-Ost-Wanderung geführt. Schon heute ist Polen, wo sich eine Viertelmillion auswanderungswilliger Rumänen aufhält, zum „Tor zum Westen“ geworden. Das gleiche trifft für Ungarn zu, eine „kleine Wohlstandsinsel“ für ausländische Arbeitskräfte, deren Zahl bereits 1990 auf 100 000 geschätzt wurde. Diese neuen Arbeitsmigranten, die sich meist illegal in Ungarn bewegen, kommen nicht nur aus Osteuropa, sondern auch schon aus arabischen Ländern. Nachdem Ungarn die Einreisebestimmungen verschärfte, wurde innerhalb weniger Tage 50 000 Ausländern die Einreise verweigert. Weitere Migrations- und Flüchtlingsströme innerhalb Osteuropas sind zu erwarten. Polen und Ungarn befürchten massive Wanderungsbewegungen durch ihre eigenen Minderheiten in der früheren Sowjetunion[11]). Polens Präsident *Walesa* rechnet sogar mit zehn Millionen Ostflüchtlingen; er will ein „Ehrenspalier“ bilden und sie in den Westen weiterschicken[12]). *Walesa* wörtlich: „Die Leute kommen herdenweise, und sie werden uns alles wegnehmen.“

Polen hat auf der anderen Seite durch die Ost-West-Wanderung in den achtziger Jahren über eine Million Landsleute verloren.

Eine Abwanderung gerade qualifizierter Arbeitskräfte

Etwa ein Sechstel der Polen, die in den Jahren 1983 bis 1987 ausgewandert sind, hatten eine höhere Schulbildung, wobei die Bereiche Medizin und Ingenieurwesen besonders betroffen waren[13]). Im genannten Zeitraum sind etwa genauso viele qualifizierte Polen ausgewandert, wie in einem Jahr eine Universitätsausbildung abgeschlossen hatten.

Insgesamt hat die neue Völkerwanderung vielen osteuropäischen Ländern bereits zahlreiche qualifizierte Arbeitskräfte, Techniker, Ingenieure und Ärzte gekostet. Dieser *brain drain,* der als negative Folgen der Migration im Westen wenig Beachtung findet, hat die frühere Sowjetunion in den Jahren 1987 bis 1990 schätzungsweise eine Milliarde Rubel durch die Abwanderung hochqualifizierter deutschstämmiger Sowjetbürger gekostet. Die Auswanderung aus diesem Land hat insgesamt zu einem Verlust von einigen Milliarden Rubel geführt[14]). Von den Auswanderern waren fast 70% erwerbstätig, ein großer Teil zählte zu den Hochqualifizierten oder Facharbeitern. Ein Drittel war jünger als 18 Jahre[15]).

Schätzungen über das künftige Wanderungspotential aus dem ehemaligen Ostblock reichen von einer bis fünfzig Millionen Auswanderungswilligen und machen deutlich, wie unrealistisch solche Zahlen sind. Meinungsumfragen sagen in diesem Zusammenhang nur wenig aus[16]). Ein kleiner Rückblick auf die Geschichte der neuen Völkerwanderung ist in diesem Zusammenhang hilfreich. Unmittelbar nach dem Zweiten Weltkrieg sagten über 25% der Bevölkerung in Großbritannien bei Meinungsumfragen, daß sie auswandern wollten, falls sich ihnen eine Chance bieten würde[17]). Inzwischen ist das Land, wie Europa insgesamt, längst zur Einwanderungsregion geworden.

Sicher ist mit einem hohen Auswanderungspotential vor allem aus der ehemaligen Sowjetunion zu rechnen[18]). Dies hat jedoch nichts mit einer tatsächlichen Auswanderung zu tun. Wer auswandern will, setzt diesen Wunsch nicht unbedingt in die Tat um, selbst wenn sich eine Chance bietet. Vor allem müssen die Aus- und Einwanderungsbestimmungen eine Zuwanderung erlauben, es muß Arbeit für die entsprechende Qualifikation der Ausreisewilligen und insbesondere Wohnungen geben. Ansonsten bleibt es bei der „Auswanderungsillusion". Die künftigen Rahmenbedingungen für die politische und wirtschaftliche Entwicklung in den osteuropäischen Ländern, von denen Migrationsbewegungen abhängen, lassen sich nicht einfach voraussagen.

Jegliche wissenschaftliche Grundlage für die künftige Völkerwanderung aus dem Osten fehlt[19]). Bisher haben deshalb auch diejenigen Recht behalten, die vor dem *Schreckgespenst* des Massenansturms aus dem Osten gewarnt haben[20]). Realistische Schätzungen (!) gehen von einer jährlichen Zuwanderung von 500 000 Osteuropäern in den Westen in den nächsten zwei Jahrzehnten voraus[21]).

Auf lange Sicht wird die ehemalige Sowjetunion ein Potential für Wanderungsbewegungen bleiben

Das Gebiet der früheren Sowjetunion wird auf lange Sicht ein Unruheherd und damit ein Potential für Wanderungsbewegungen bleiben[22]). Die russische Regierung rechnet noch in diesem Jahr mit einem Anstieg der Zahl der Arbeitslosen auf bis zu 6 Millionen[23]). Ob solche Horrorvisionen und Schreckenszahlen von manchen Politikern in Osteuropa bewußt verbreitet werden, um den Westen zu verstärkten Hilfsmaßnahmen zu bewegen, sei dahingestellt. Dieser Vorwurf wird zumindest erhoben[24]).

Für eine künftige Wanderungsbewegung ist ein Punkt besonders wichtig: die Bevölkerung Osteuropas ist zwar im Durchschnitt jünger als im Westen. Im großen und ganzen unterscheidet sich die Bevölkerungsstruktur und die demographische Entwicklung aber nicht radikal von der in den westeuropäischen Ländern. Im Gegensatz zur Süd-Nord-Wanderung – der Auswanderungsdruck durch die „Bevölkerungsexplosion" in Afrika beginnt gerade erst – wird dieser wichtige Druckfaktor also nicht zu einer massiven Auswanderung führen[25]). Auf der anderen Seite könnten ökologische Probleme den Auswanderungsdruck in Osteuropa weiter erhöhen. Die Ableitung großer Wassermengen hat beispielsweise schon im Bereich des Aral-Sees in Kasachstan zu riesigen Verwüstungen und Versalzungen geführt, die Lebensgrundlage von mehreren Millionen Menschen zerstört und Binnenwanderungen ausgelöst[26]).

Die Ost-West-Wanderung wird eine Herausforderung für Europa, vor allem für die Bundesrepublik Deutschland bleiben. Zum einen besteht für Deutschland eine besondere Verpflichtung, Juden aus der früheren Sowjetunion aufzunehmen, vor allem leben aber noch schätzungsweise 2,1 Millionen Deutschstämmige in Rußland und den anderen Republiken der GUS, der Gemeinschaft Unabhängiger Staaten. Mit einem Aktionsprogramm in Höhe von 200 Millionen Mark will die Bundesregierung in diesem Jahr vor Ort helfen[27]). Dazu gehört eine Soforthilfeaktion mit Medikamenten und Lebensmitteln sowie Kleidung. Außerdem sollen mittelständische Betriebe gefördert werden. 100 Millionen Mark stehen für Initiativen im Wolgagebiet zur Wiedereinrichtung der deutschen Wolgarepublik zur Verfügung. Die Initiativen haben das Ziel, „daß ein großer Teil der Rußlanddeutschen in ihrer heutigen Heimat bleibt und beim Aufbau einer freiheitlichen Demokratie und sozialen Marktwirtschaft mithilft"[28]). Auch mit ande-

ren Programmen will die Bundesregierung die Fluchtursachen in Ost- und Südosteuropa bekämpfen. So werden unter anderem Ausbildungszentren in Polen und in Rumänien unterstützt[29]).
Ob die Einrichtung einer Wolgarepublik sich verwirklichen läßt, erscheint jedoch fraglich. Sprecher der Rußlanddeutschen haben sich sehr skeptisch geäußert und darauf hingewiesen, daß rund 90% der Rußlanddeutschen sich auf eine Aussiedlung nach Deutschland vorbereiten[30]). Selbst die Verwirklichung einer solchen Republik kann vermutlich nicht eine große Anzahl von Deutschen in der ehemaligen Sowjetunion von der Auswanderung abhalten[31]). Betreuungsorganisationen haben der Bundesregierung in diesem Zusammenhang eine unrealistische Aussiedlerpolitik und eine Fehleinschätzung des zu erwartenden Aussiedlerstroms vorgeworfen[32]). Sie kritisieren, daß das geänderte Aufnahmeverfahren als „verdeckte Quotierung" geradezu kontraproduktiv wirke, weil Auswanderungswillige, die noch gewartet hätten, jetzt aus Angst einen Antrag stellten. Die politische Kontroverse über eine Verringerung bzw. Quotierung der Zuwanderung von deutschstämmigen und eine mögliche Änderung des Artikels 116 Grundgesetz, der ihnen eine Aufnahme in Deutschland garantiert, ist auf jeden Fall noch nicht vom Tisch[33]).

Die Fluchtursachen vor Ort beseitigen helfen

Die Beseitigung der Fluchtursachen vor Ort – das ist der entscheidende Ansatzpunkt bei der Diskussion um eine neue Völkerwanderung aus dem Osten. Dazu wären aber weit größere Anstrengungen des Westens, ein Marshallplan für Osteuropa, notwendig. Nach dem Ende des Ost-West-Konflikts und den dadurch freiwerdenden Geldern sollten eigentlich günstige Voraussetzungen für solche Maßnahmen bestehen. Die Ost-West-Wanderung war bisher nur ein kleiner Teil der weltweiten Migrations- und Flüchtlingsbewegung. 100 Millionen Menschen haben bereits ihre Heimat verlassen und verdienen in anderen Ländern ihren Lebensunterhalt. Hinzu kommen nochmals 100 Millionen illegal Beschäftigter. Das *Internationale Komitee vom Roten Kreuz* spricht darüber hinaus bereits von 500 Millionen Umweltflüchtlingen und befürchtet eine Verdopplung dieser Zahl auf eine Milliarde Menschen bis zum Jahr 2000. Gemessen an diesen Zahlen erscheint die Diskussion und politische Auseinandersetzung um die Ost-West-Wanderung unangebracht, zumal insgesamt höchstens zwei bis drei Prozent aller Flüchtlinge auf der Welt von Europa kommen.
Die weltweiten Wanderungsbewegungen belegen auch, daß die Zuwanderungsbestimmungen der Industrienationen größtenteils funktionieren und unkontrollierte Migrations- und Flüchtlingsströme verhindert werden. Auch künftig wird der Westen alles daran setzen, um durch administrative und andere Maßnahmen eine ungelenkte Ein-

wanderung zu unterbinden, wie die Abwehrschlacht der italienischen Polizei gegen albanische Flüchtlinge in Bari deutlich gemacht hat. Dies gilt insbesondere auch für die Ostwanderung, für die Zuwanderung aus der früheren Sowjetunion. Selbst wenn das Ausreisegesetz zum Januar 1993 als russisches Gesetz in Kraft treten und jeder Bürger Rußlands das Recht auf freie Ein- und Ausreise haben wird, bedeutet dies noch lange nicht, daß eine Massenauswanderung einsetzt[34]). Schon jetzt wird das Gesetz im Vorgriff auf sein Inkrafttreten angewendet. Nach Informationen des Auswärtigen Amtes werden die Bestimmungen jedoch von den Behörden weiterhin restritiv gehandhabt. Die Bundesregierung rechnet auf jeden Fall nicht mit einer Migration größeren Stils in absehbarer Zeit. Mangelnde Mobilität, Transportprobleme, Devisenmangel und sprachliche Barrieren werden als Gründe genannt. Insgesamt haben im Jahr 1991 bereits fast eine halbe Million Bürger aus der ehemaligen Sowjetunion die Bundesrepublik vor allem im Rahmen von Geschäfts- und Dienstreisen besucht und sind nicht hiergeblieben. Von den vier Millionen Sowjetbürgern, die allein 1990 nach Polen kamen, sind ebenfalls fast alle zurückgekehrt[35]).
Die Veränderungen in der neuen „Migrationswelt" vollziehen sich mit einem atemberaubenden Tempo – beispielsweise durch die Auswanderung aus der Sowjetunion nach Israel[36]). Rund 400 000 Einwanderer sind in nur zwei Jahren nach Israel gekommen, was einem Anteil an der Bevölkerung im Aufnahmeland von fast 10% entspricht. Die Entwicklung in der Welt der Arbeitskräftewanderungen könnte mittelfristig sogar dazu führen, daß ehemalige Ostblockstaaten – auch Gebiete der GUS – selbst zu Einwanderungsländern werden, falls sich die wirtschaftliche und politische Lage nicht weiter verschlechtert.

Arbeitskräfte aus dem Osten sind uns längst willkommen – und werden es immer mehr werden

Schon jetzt sind die Verdienstmöglichkeiten in Osteuropa trotz aller Probleme immer noch besser als in den Ländern der Dritten Welt. Polen und Ungarn vermelden bereits Einwanderungsprobleme. Bezeichnenderweise war es auch Ungarn, das für eine Tagung des Europarates im Januar 1992 ein Konzept für ein Informationssystem über Migration in Europa vorlegte. Trotz aller Ängste über die neue Völkerwanderung sind bei uns Einwanderer aus dem Osten längst willkommen. Die Arbeitsämter schreiben: „Saisonkräfte aus Osteuropa gefragt – Frühzeitig nachfragen!"[37]). Russische Arbeiter werden jetzt sogar schon auf die Baustellen im Lande geholt, um den Arbeitskräftemangel zu beseitigen[38]). Auch andere Länder halten Ausschau nach osteuropäischen Arbeitskräften. So will Argentinien in den kommenden Jahren bis zu 300 000 Osteuropäer aufnehmen[39]).

Anwerbeabkommen zwischen Rußland und weiteren Ländern sind in Vorbereitung. Bis zu 150 000 russische „Gastarbeiter" sollen jährlich an den Golf geschickt werden[40]).

Westeuropa wird in Zukunft verstärkt auf Einwanderer aus Osteuropa und aus anderen Regionen angewiesen sein. Untersuchungen der Internationalen Arbeitsorganisation in Genf sagen voraus, daß die EG-Länder noch vor der Jahrhundertwende unter Arbeitskräftemangel leiden werden[41]). Die meisten europäischen Länder müßten deshalb ihre Türen für Einwanderer öffnen, um dieses Problem zu beseitigen. Die klassischen Einwanderungsländer sind besorgt über den Bevölkerungsrückgang und ergreifen bereits entsprechende Maßnahmen in der Einwanderungspolitik. Auch Europa kann die Entwicklung zum „Altersheim" durch eine gezielte Einwanderungspolitik abfedern, was jedoch nur einen begrenzten Einfluß auf die Altersverteilung haben wird. Falls der Altersaufbau entscheidend verbessert werden soll, müßte man mindestens zehnmal so viele Einwanderer pro Jahr zulassen, was kaum vorstellbar wäre. In Deutschland, aber auch in Frankreich liegen klare Berechnungen vor, wonach das Rentensystem ohne zusätzliche Einwanderer weiter gefährdet ist.

Eine vorausschauende Ausländer- und Einwanderungspolitik, ein geschlossenes Konzept für alle Zuwanderer, müßte diese Aspekte stärker berücksichtigen und gerade die Ost-West-Wanderung als feste Größe in die weiteren Überlegungen miteinbeziehen. Eine gezielte Zuwanderungspolitik mit klaren und berechenbaren Zielsetzungen könnte für beide Seiten von Nutzen sein. Eine totale Abschottung Westeuropas, eine Festung mit einem neuen Eisernen Vorhang aus restriktiven Einwanderungsbestimmungen würde sich überhaupt nicht verwirklichen lassen und eher die illegale und unkontrollierte Zuwanderung weiter herausfordern.

Anmerkungen

[1]) Karl-Heinz Meier-Braun/Heiner Geißler/Michael Zick: Die neue Völkerwanderung, in: bild der wissenschaft, Heft 2, Februar 1992, S. 40 ff.

[2]) So Bayerns Ministerpräsident Max Streibel (CSU), AFP vom 29. 12. 1990.

[3]) Süddeutsche Zeitung vom 8. 1. 1991.

[4]) Süddeutsche Zeitung vom 20. 3. 1991.

[5]) Der Spiegel Nr. 14/1992 vom 30. 3. 1992.

[6]) Franz Nuscheler: Neue Völkerwanderungen. Man. 1991. S. 2.

[7]) Ebda, S. 3.

[8]) Council of Europe: Ministerkonferenz über Wanderungsbewegungen von Personen aus Ländern Mittel- und Osteuropas. Wien, 24.–25. 1. 1991. Schlußcommuniqué, S. 3.

[9]) Ders.: Pressecommuniqué/Press release vom 18. 9. 1991.

[10]) Rogers Brubaker: International Migration: A challenge for humanity, in: International Migration Review, Vol. 25, Nr. 4, Winter 1991, S. 946 ff.

[11]) Süddeutsche Zeitung vom 8. 1. und 23. 5. 1991. NZZ vom 1./2. 8. 1991.

[12]) Der Spiegel Nr. 4/1992.

[13]) John Salt: Current and future international migration trends affecting Europe, Strasbourg 1991, S. 17.

[14]) Nina Tarasowa: Emigration from the Soviet Union: Current situation, causes and consequences, Berlin 1991, S. 3.
[15]) Elmar Hönekopp: Ost-West-Wanderungen – Ursachen und Perspektiven. Man., Nürnberg 1992, S. 6.
[16]) Erhard Stölting: Wer will weg aus Osteuropa?, in: die tageszeitung, Sonderausgabe Nr. 2 vom 8. 6. 1991, S. 22 ff.
[17]) Reginald T. Appleyard: International migration: Challenge for the nineties, Génève 1991, S. 12.
[18]) Klaus Segbers: „Eine rasche Massenflucht nach Westen ist eher unwahrscheinlich“, Frankfurter Rundschau vom 28. 3. 1991.
[19]) Elmar Hönekopp, a. a. O.
[20]) OECD (Hrsg.): Continous reporting system on migration. SOPEMI 1990. Paris 1991.
[21]) So Prof. Sture Öberg vom „International Institute for Applied Systems Analysis“ auf einer Expertentagung in Wien im März 1992.
[22]) Gerhard Simon: Die Desintegration der Sowjetunion durch die Nationen und Republiken. Berichte des Bundesinstitutes für ostwissenschaftliche und internationale Studien, Nr. 25-1/1991.
[23]) dpa vom 19. 2. 1991.
[24]) Süddeutsche Zeitung vom 25. 3. 1992.
[25]) OECD (Hrsg.), a. a. O. Vladimir Grecic: Mass Migration from former Eastern Europe and the USSR – A new challenge for the „west“. Man. 1992.
[26]) Peter J. Opitz: Die Komplexität der Motive, in: Stiftung Entwicklung und Frieden (Hrsg.): Menschen auf der Flucht. Fluchtbewegungen und ihre Ursachen als Herausforderung für die Politik, Interdependenz Nr. 8, Bonn 1991, S. 7 ff.
[27]) Der Bundesminister des Innern: Pressemitteilung vom 12. 1. 1992.
[28]) Ebda., S. 3.
[29]) Ders.: Pressemitteilung vom 3. 1. 1992.
[30]) Stuttgarter Nachrichten vom 14. 2. 1992.
[31]) DAMID (Das Ausländer- und Auslandsmagazin im Deutschsprachigen Raum), 2. Jhg., März 1992, S. 9 ff. Süddeutsche Zeitung vom 20. 2. 1992.
[32]) Stuttgarter Zeitung und Stuttgarter Nachrichten vom 11. 3. 1992.
[33]) Badische Neueste Nachrichten vom 11. 9. 1991.
[34]) Auskunft des Auswärtigen Amtes vom 20. 3. 1992.
[35]) Erhard Stölting: Ist Nagony-Karabach bald überall?, in: die tageszeitung, a. a. O., S. 26 ff.
[36]) GEO Nr. 4/1992 vom 30. 3. 1992, S. 88 ff.
[37]) Pressemitteilung des Arbeitsamtes Konstanz Nr. 20/92 vom 30. 3. 1992.
[38]) Pforzheimer Zeitung vom 8. 1. 1992.
[39]) Stuttgarter Zeitung vom 21. 2. 1992.
[40]) Evgenii Grigorevich Adriushchenko/Hand-Georg Heinrich: Project Outline – Westbound Migration from the Former Soviet Union, Man., Wien 1992.
[41]) Internationales Arbeitsamt (Hrsg.): IAO-Nachrichtendienst vom 18. 4. 1991.

Roland Götz und Uwe Halbach
Überarbeitet von Dietmar Gohl

Die Republiken der ehemaligen SU

Daten zur Geographie, Bevölkerung, Politik und Wirtschaft (Stand Februar 1992)

Diese Dokumentation geht zurück auf eine Sonderveröffentlichung des Bundesinstituts für ostwissenschaftliche und internationale Studien: Daten zur Geographie, Bevölkerung, Politik und Wirtschaft der nichtrussischen Republiken der ehemaligen UdSSR, Köln, Oktober 1991. Dort auch Angaben zu den Quellen und methodischen Fragen.

Armenien

Offizielle Bezeichnung: Republik Armenien

1. Geographie und Bevölkerung

Geographie

Fläche: 29 800 qkm (0,1% der UdSSR)
Hauptstadt: Jerewan [deutsch: Eriwan] (1,2 Mio. Einwohner)
Grenzen zu Aserbaidschan, Georgien, Iran und zur Türkei,
Bodengestalt und Klima: sehr gebirgig; heiße Sommer, mäßig kalte Winter.

Bevölkerung

Einwohner am 1. 1. 1990: 3,3 Mio. (1,1% der UdSSR)
Bevölkerungsdichte: 110,5 Einwohner/qkm (UdSSR: 12,9)
Titularnation: Armenier (Eigenbezeichnung: Haik); Sprachgruppe: Indoeuropäisch; Religion: Armenisch-orthodox.
Anteile der Nationalitäten 1989: Titularnation 93%, Russen 2%, Aserbaidschaner (Aseri) 3%, Kurden 2%.
Wachstum 1979 bis 1989: Gesamtbevölkerung 8,8%, Titularnation 13,2%.

Von den etwa 8 Mio. Armeniern leben nur 4,6 Mio. in der Sowjetunion, die anderen im Nahen Osten, in den USA, in Australien und Frankreich.

2. Politik

Neuere Geschichte

1639 Das heutige Armenien fällt an Persien, der erheblich größere Rest an das türkische Reich (der historische Schwerpunkt Armeniens lag in Anatolien)

1828 Eroberung des nördlichen Armeniens durch Rußland. Durch Flucht von Armeniern aus türkischen und iranischen Herrschaftsgebieten wird der armenische Bevölkerungsteil im russisch regierten Kaukasus vergrößert, wodurch soziale Konflikte mit der Bevölkerungsmehrheit aus muslimisch-türkischen Aseri entstehen.

1915 Genozid an Armeniern in der Türkei

1918 Unabhängiger armenischer Staat

1920 Besetzung durch Rote Armee, Sozialistische Republik; Gebietsabtretung an Aserbaidschan, Georgien und die Türkei. Die armenische Sowjetrepublik macht nur einen Bruchteil des historischen Armenien aus

1922 Zwangsvereinigung mit Georgien und Aserbaidschan zur Transkaukasischen Föderation (bis 1936)

1923 Angliederung von Nachitschewan und Berg-Karabach (Nagornyi Karabach) an Aserbaidschan

1936 Unionsrepublik der UdSSR

1988 Armenier demonstrieren in Jerewan für Rückgabe Berg-Karabachs an Armenien; Erdbeben, 25 000 Tote

1989 Entsendung von sowjetischen Truppen nach Berg-Karabach

Unabhängigkeitsstatus

Unabhängigkeitserklärung am 23. 8. 1990; vor dem Putsch (19. 8. 1991) keine Unterstützung des Unionsvertrages im Rahmen des 9+1-Prozesses; nach dem Putsch Inkraftsetzung der Unabhängigkeitserklärung durch Referendum am 21. 9. 1991. Armenien verfolgte eine behutsame und legalistische Politik der Loslösung von Moskau. Regierung unterzeichnete Vertrag über die Wirtschaftsgemeinschaft. Beitritt zur GUS.

Politische Führung und Kräfteverhältnisse

Parlamentspräsident: L. Ter-Petrosjan
Regierungschef: G. Arutjunjan
Außenminister: R. Owanissjan
Nichtkommunistische Mehrheit in Parlament und Regierung weitgehend aus der Volksfront und dem Karabach-Komitee hervorgegangen. KP beschloß nach dem Moskauer Putschversuch die Selbstauflösung. Präsident Ter-Petrosjan, der 1988 das Karabach-Komitee

gegründet hatte, gehörte nie der PK an (als einziger der Präsidenten der jetzigen GUS-Staaten).

Grenzprobleme und Konfliktpotentiale

Dramatischer ethnischer Bevölkerungsaustausch zwischen Armenien und Aserbaidschan: Bis 1990 flohen 250 000 Armenier aus Aserbaidschan nach Armenien sowie 150 000 Aserbaidschaner aus Armenien nach Aserbaidschan, dadurch erhebliche Eingliederungsprobleme. Offene Grenzfragen gegenüber Aserbaidschan und historisch gespanntes Verhältnis zur Türkei.

Außenpolitische Orientierung

Neuerdings Versuch eines Dialogs mit der Türkei; insgesamt schwierige geopolitische Lage. Bitte um Aufnahme in den Europarat.

3. Wirtschaft

Wirtschaftsbereiche

Beschäftigte 1991: 1,5 Mio.
Beschäftigtenstruktur 1988: Industrie und Bau 39%, Land- und Forstwirtschaft 19%, Handel und Verkehr 19%, Dienstleistungen 23%.
Bergbau und Rohstoffgewinnung: Kupfer, Bauxit, Zink, Molybdän, Marmor, Bimsstein, Gold (Förderung: 1,5 t/Jahr).
Schwerpunkte der verarbeitenden Industrie: Maschinenbau, chemische Industrie, Textilindustrie, Nahrungsmittelverarbeitung.
Landwirtschaft (1987/1988): Ackerland 0,5 Mio. ha, Weideland 0,7 Mio. ha, landwirtschaftliche Nutzfläche je Einwohner 0,4 ha. Index der landwirtschaftlichen Produktion je Einwohner (UdSSR = 100): 55. Getreide: Erzeugung 0,2 Mio. t; Import 1,2 Mio. t. Anbau von Wein, Obst und Gemüse, Tabak. Viehwirtschaft: Schafe, Ziegen.

Außenwirtschaft

Gesamter Außenhandel mit „materiellen" Gütern: Außenhandelsquote 1988: 70%, Außenhandelssaldo 1988: -1,4 Mrd. Valutarubel. Hoher Einfuhrüberschuß bei Öl und Gas, Produkten der Schwarzmetallurgie, Nahrungsmitteln, Vorprodukten der Landwirtschaft. Hoher Ausfuhrüberschuß bei Erzeugnissen der Textilindustrie. Die Einfuhr von Öl und Gas aus Aserbaidschan ist gegenwärtig gesperrt, als Ersatz wurde eine Erdgasleitung von Rußland über georgisches Territorium verlegt.

Ökologie

Schwund des Sewan-Sees; Kernkraftwerk Mezamor in erdbebengefährdeter Zone 1989 stillgelegt; Chemieindustrie sowie Kupferverhüttung mit enormer Schadstoffemission.

Privatisierung

Über drei Viertel der landwirtschaftlichen Flächen sowie ein Teil der

Dienstleistungsbetriebe sind seit Januar 1991 privatisiert worden. Geplante Privatisierung der industriellen Staatsunternehmen durch Aktienausgabe.

Aserbaidschan

Offizielle Bezeichnung: Republik Aserbaidschan

1. Geographie und Bevölkerung

Geographie

Fläche: 86 600 qkm (0,4% der UdSSR)
Hauptstadt: Baku (1,8 Mio. Einwohner)
Nationale Gebietskörperschaften: Autonome Republik Nachitschewan (über 291 000, davon 280 000 Aseri); von Aserbaidschan durch armenisches Gebiet getrennt. Autonomes Gebiet Nagornyi Karabach (186 000, davon 145 000 Armenier, 40 000 Aseri); Autonomie wurde 1990 von Aserbaidschan aufgehoben.
Grenzen zu Rußland, Iran, zur Türkei, zu Armenien, Georgien.
Bodengestalt und Klima: überwiegend Gebirgsland; subtropisch, im Norden gemäßigt.

Bevölkerung

Einwohner am 1. 1. 1990: 7,1 Mio. (2,5% der UdSSR)
Bevölkerungsdichte: 82,3 Einwohner/qkm (UdSSR: 12,9)
Titularnation: Aseri; Sprachgruppe: Türkisch; Religion: Islam (75% Schiiten, 25% Sunniten).
Anteile der Nationalitäten 1989: Titularnation 83%, Russen 6%, Armenier 6%.
Wachstum 1979 bis 1989: Gesamtbevölkerung 16,5%, Titularnation 23,3%.

2. Politik

Neuere Geschichte

1828 Aserbaidschan wird zwischen Rußland und Persien geteilt, der Norden fällt an Rußland
1918 Unabhängige Aserbaidschanische Republik, Okkupation durch ausländische Truppen
1920 Besetzung durch Rote Armee, Sozialistische Republik
1922 Zwangsvereinigung mit Georgien und Armenien zur Transkaukasischen Föderation (bis 1936)
1923 Berg-Karabach und Nachitschewan werden an Aserbaidschan angegliedert

1936 Unionsrepublik der UdSSR
1988 Gebietssowjet von Karabach fordert Anschluß Berg-Karabachs an Armenien; daraufhin Pogrom an Armeniern in Sumgait; Konflikt um Berg-Karabach eskaliert
1990 Sowjetische Militärintervention in Aserbaidschan und Verhängung des Ausnahmezustandes; Aserbaidschaner reißen Grenzsperren zu Iran nieder. Sezessionsbestrebungen in Nachitschewan.

Unabhängigkeitsstatus

Unabhängigkeitserklärung am 30. 8. 1991; Unterstützung des Unionsvertrages vor dem Putsch und neuer sowjetischer Integrationsstrukturen nach dem Putsch. Lehnte Vertrag über die Wirtschaftsgemeinschaft und politische Union der Republiken ab. Beitritt zur GUS.

Politische Führung und Kräfteverhältnisse

Präsident: A. Elcibej
Regierungschef: G. Gassanow
Außenminister: G. Sadychow
Nach Parlamentswahlen 1990 zunächst konservative kommunistische Mehrheit. Nach dem Putsch im August 1991 löste sich die KP selber auf. Die Wahl A. Mutalibows zum Präsidenten per Referendum am 8. 9. 1991 war heftig umstritten. Die ersten freien Präsidentenwahlen vom 7. 6. 1992 brachten den Führer der oppositionellen Nationalen Front, A. Elcibej, an die Macht.

Grenzprobleme und Konfliktpotentiale

Sehr hohes Konfliktpotential in Folge des Karabach-Problems, das durch aserbaidschanische Flüchtlinge aus Armenien verschärft wird (70 000 Flüchtlinge im Slumgürtel Bakus). Grenzfragen: Die sowjetisch-iranische Grenze teilt den aserbaidschanischen Siedlungsraum; in Nordwest-Iran etwa 5 Millionen Aseri; Wiedervereinigungsbestrebungen existieren; offene Grenzfragen gegenüber Armenien und Georgien. Seit November 1991 Eskalation des Karabach-Konflikts.

Außenpolitische Orientierung

Starke Orientierung zur Türkei, daneben auch zum Iran und zu der dortigen aserbaidschanischen Bevölkerung. Internationale Beziehungen mit verschiedenen europäischen und asiatischen Ländern. Im November 1991 Anerkennung der staatlichen Unabhängigkeit durch die Türkei. Verweigerung der Anerkennung durch den Iran.

3. Wirtschaft

Wirtschaftsbereiche

Beschäftigte 1991: 2,8 Mio.
Beschäftigungsstruktur 1988: Industrie und Bau 26%, Land- und

Forstwirtschaft 34%, Handel und Verkehr 20%, Dienstleistungen 20%.
Bergbau und Rohstoffgewinnung: 2% der Ölförderung der UdSSR (1970: 20 Mio. t, 1989: 13 Mio. t); Vorräte nahezu erschöpft. 1% der Gasförderung der UdSSR (1970: 6 Mrd. m^3, 1989: 11 Mrd. m^3).
Schwerpunkte der verarbeitenden Industrie: Eisen- und Stahlerzeugung, Petrochemie, spezialisierter Maschinenbau (Erdölausrüstungen), Radio- und Fernmeldetechnik, Gerätebau, Textilindustrie, Nahrungsmittelindustrie.
Landwirtschaft (1987/1988): Ackerland 1,6 Mio. ha, Weideland 2,1 Mio. ha, landwirtschaftliche Nutzfläche je Einwohner 0,6 ha. Index der landwirtschaftlichen Produktion je Einwohner (UdSSR = 100): 76. Getreide: Erzeugung 1 Mio. t; Import 2 Mio. t. Bedeutende Anteile an der Gesamtproduktion der UdSSR bei Weintrauben (25%) und bei Obst. Hauptzweig des Pflanzenanbaus ist Baumwolle (9% der sowjetischen Baumwollernte), daneben Getreide. Schafhaltung. Fischfang im Kaspischen Meer (Stör).

Außenwirtschaft

Gesamter Außenhandel mit „materiellen" Gütern: Außenhandelsquote 1988: 60%, Außenhandelssaldo 1988: -0,5 Mrd. Valutarubel. Hoher Einfuhrüberschuß bei metallurgischen Produkten und Maschinenbauerzeugnissen. Hoher Ausfuhrüberschuß bei Öl und Gas sowie Erzeugnissen der Leicht- und Nahrungsmittelindustrie.

Ökologie

Verschmutzung des Kaspischen Meeres durch Ölförderung, was den Fischfang beeinträchtigt. Außerordentlich hohe Verwendung von Pestiziden in der Landwirtschaft.

Privatisierung

Trotz Ankündigungen keine konkreten Schritte.

Estland

Offizielle Bezeichnung: Republik Estland

1. Geographie und Bevölkerung

Geographie

Fläche: 45 100 qkm (0,2% der UdSSR)
Hauptstadt: Tallinn [deutsch: Reval] (0,5 Mio. Einwohner)
Grenzen zu Rußland und Lettland.

Bodengestalt und Klima: 10% des Territoriums sind Inseln, 20% mit Sümpfen bedeckt. Klima maritim bis mäßig kontinental, kühle Sommer.

Bevölkerung

Einwohner am 1. 1. 1990: 1,6 Mio. (0,5% der UdSSR)
Bevölkerungsdichte: 35,1 Einwohner/qkm (UdSSR: 12,9)
Titularnation: Esten; Sprachgruppe: Finno-ugrisch; Religion: Lutheranisch-protestantisch.
Anteile der Nationalitäten 1989: Titularnation 61,5%, Russen 30%, Ukrainer 3%.
Wachstum 1979 bis 1989: Gesamtbevölkerung 6,9%, Titularnation 1,6%.

2. Politik

Neuere Geschichte

1721 Rußland erhält im Frieden von Nystad Estland von Schweden; die Verwaltung Estlands verbleibt beim deutschen Landadel
1920 Anerkennung eines unabhängigen Staates Estland durch die Sowjetunion (Dorpater Frieden)
1924 Kommunistischer Aufstand, Verbot der KP
1940 Annexion durch Sowjetunion auf Grundlage des Hitler-Stalin-Paktes
1988 Gründung der estnischen Volksfront

Unabhängigkeitsstatus

Unabhängigkeitserklärung am 30. 3. 1990. Am 6. 9. 1991 wurde die Unabhängigkeit vom neugebildeten Staatsrat in Moskau anerkannt. Botschaften ausländischer Staaten werden eingerichtet. Am 17. 9. 1991 Aufnahme in die UNO.

Politische Führung und Kräfteverhältnisse

Parlamentspräsident: A. Rüütel
Regierungschef: T. Vähi
Außenminister: L. Meri
Nach den Parlamentswahlen 1990 klare nichtkommunistische Mehrheit; mehrere politische Parteien; Volksfrontregierung. 1990 Bildung eines Alternativparlaments „Estnischer Kongreß" aus registrierten Altbürgern. Nach dem Putsch Verbot der KP, die seit 1990 in einen stärkeren reformistischen und souveränitätsorientierten und einen schwächeren moskauhörigen Flügel gespalten war.

Grenzprobleme und Konfliktpotentiale

Ethnische und soziale Polarisierung zwischen einheimischer estnischer und „zugezogener" russischsprachiger Bevölkerung. Zunehmende Differenzierung in der russischsprachigen Bevölkerung in

Gegner und Befürworter der Unabhängigkeit, Problemfall: Industriegebiet von Kohtla-Järve mit überwiegend russischer Bevölkerung.

Außenpolitische Orientierung

Anlehnung an Finnland, Skandinavien und Westeuropa. Aufnahme in KSZE, Streben nach Vollmitgliedschaft in der EG. Am 18. 9. 1991 erhielt Estland Gaststatus im Europarat. Regionale Kooperation im Baltischen Rat.

3. Wirtschaft

Wirtschaftsbereiche

Beschäftigungsstruktur 1988: Industrie und Bau 42%, Land- und Forstwirtschaft 13%, Handel und Verkehr 24%, Dienstleistungen 21%.
Bergbau und Rohstoffgewinnung: Ölschiefer, Phosphorit, Torfgewinnung; Wärmeenergie durch Ölschieferverbrennung.
Schwerpunkte der verarbeitenden Industrie: Elektro- und Elektronikindustrie, Holz- und Papierherstellung, Düngemittelerzeugung aus Phosphorit.
Landwirtschaft (1987/88): Ackerland 0,9 Mio. ha, Weideland 0,2 Mio. ha, landwirtschaftliche Nutzfläche je Einwohner 0,9 ha. Index der landwirtschaftlichen Produktion je Einwohner (UdSSR = 100): 156. Getreide: Erzeugung 0,9 Mio. t; Import 0,7 Mio. t. Schweinemast und Rinderzucht sind gut entwickelt.

Außenwirtschaft

Gesamter Außenhandel mit „materiellen" Gütern: Außenhandelsquote 1988: 80%, Außenhandelssaldo 1988: -1,3 Mrd. Valutarubel. Hoher Einfuhrüberschuß bei Öl und Gas, Ereugnissen der Metallurgie, des Maschinenbaus sowie landwirtschaftlichen Vorprodukten. Hoher Ausfuhrüberschuß bei Produkten der Leicht- und Nahrungsmittelindustrie. Stromexport nach Lettland und Rußland.

Ökologie

Hohe Umweltbelastung durch Ölschieferverbrennung und Phosphoritabbau. Starke Verschmutzung der Ostsee.

Privatisierung

Die „große" Privatisierung beginnt im wesentlichen 1992 und soll etwa zwei Drittel der 200 großen Industriebetriebe sowie etwa 20% des Transportbereichs umfassen. Der Handel soll noch 1992 gänzlich privatisiert werden.

Georgien

Offizielle Bezeichnung: Republik Georgien

1. Geographie und Bevölkerung

Geographie

Fläche: 69 700 qkm (0,3% der UdSSR)
Hauptstadt: Tiflis (Tbilissi) (1,3 Mio. Einwohner)
Nationale Gebietskörperschaften: Abchasische Autonome Republik (über 500 000, davon 90 000 Abchasen, 236 000 Georgier); Adsharische Autonome Republik (380 000, davon 324 000 Georgier, keine gesonderte Erfassung der Adsharen = muslimische Georgier, schätzungsweise 54% der Bevölkerung); Südossetisches Autonomes Gebiet (96 000, davon 64 000 Osseten, 28 000 Georgier): sein Autonomiestatus wurde vom georgischen Parlament im Dezember 1990 annulliert, daraufhin bürgerkriegsähnliche Zustände. Insgesamt ist die georgische Regierung bestrebt, die nationalen Autonomien aufzuheben.
Grenzen zu Rußland, Aserbaidschan, Armenien, Türkei.
Bodengestalt und Klima: zu 87% Gebirgsland; im Westen subtropisches, ansonsten gemäßigtes Klima.

Bevölkerung

Einwohner am 1. 1. 1990: 5,5 Mil. (1,9% der UdSSR)
Bevölkerungsdichte: 78,3 Einwohner/qkm (UdSSR: 12,9)
Titularnation: Georgier (Eigenbezeichnung: Kartveli); Sprachgruppe: Kaukasisch; Religion: Georgisch-orthodox.
Anteile der Nationalitäten 1989: Titularnation 70%, Russen 6%, Armenier 8%, Aseri 6%, Osseten 3%.
Wachstum 1979 bis 1989: Gesamtbevölkerung 8,2%, Titularnation 10,3%.

2. Politik

Neuere Geschichte

1801 Anschluß an Rußland
1917 Unabhängigkeit von Rußland mit deutscher Unterstützung
1920 Anerkennung der Unabhängigkeit durch Sowjetrußland
1921 Einmarsch der Roten Armee, Sowjetrepublik
1922 Zwangsvereinigung mit Armenien und Aserbaidschan zur Transkaukanischen Föderation (bis 1936)
1924 Aufstand gegen Sowjetisierung niedergeschlagen
1936 Eigenständige Sowjetrepublik mit Sondergebieten für Osseten, Abchasen und Adscharen

1989 Einsatz sowjetischen Militärs gegen Demonstranten in Tiflis am 19. April fordert 19 Todesopfer.

Unabhängigkeitsstatus

Unabhängigkeitserklärung am 9. 4. 1991. Keine Unterstützung eines Unionsvertrages. Lehnt Vertrag über Wirtschaftsgemeinschaft ebenfalls ab. Bislang kein Beitritt zur GUS.

Politische Führung und Kräfteverhältnisse

Amtierender Regierungschef: T. Sigua
An den Parlamentswahlen im Oktober 1990 nahmen 34 Parteien in 6 Blöcken teil. Gamsachurdias Block gewinnt 54% der Stimmen. Im Mai 1991 wird Gamsachurdia mit 86% der Wählerstimmen zum Präsidenten gewählt. Sein autoritärer Regierungsstil verschärft die Opposition gegen ihn und spaltet das Regierungslager. Sein unklares Verhalten gegenüber dem August-Putsch 1991 läßt Ministerpräsident T. Sigua zur Opposition übertreten. Nationalgarde unter T. Kitovani geht ebenfalls zur Opposition über. Im Dezember 1991 kommt es zum bewaffneten Kampf zwischen dem Präsidenten und den abtrünnigen Teilen der Regierung bzw. der Opposition. Die Partei der Nationalen Unabhängigkeit (I. Tsereteli) distanziert sich von den kämpfenden Parteien. Gamsachurdia flieht am 6. 1. 1992 nach heftigen Kämpfen um das Regierungsgebäude (84 Tote) aus Tiflis. Die Macht wird von einem Militärrat übernommen, der von T. Kitovani und D. Ioseliani geleitet wird. Der ehemalige sowjetische Außenminister Schewardsnadse bietet sich als Vermittler für nationale Versöhnung an.

Grenzprobleme und Konfliktpotentiale

Starkes Konfliktpotential zwischen Georgien und den nationalen Gebietskörperschaften. Unabhängigkeit Georgiens aktualisiert bei Abchasen und Osseten das Verlangen nach Austritt aus der georgischen Jurisdiktion, bei den Osseten nach Vereinigung mit der Nordossetischen Autonomen Republik in Rußland. Blutige Zusammenstöße im Südossetischen Autonomen Gebiet. Offene Grenzfragen mit Armenien (zwei armenisch besiedelte Regionen in Georgien); Problem der Mescheten (1944 aus Georgien deportiert).

Außenpolitische Orientierung

Traditionell starke Orientierung nach Westeuropa.

3. Wirtschaft

Wirtschaftsbereiche

Beschäftigte 1988: 2,5 Mio.
Beschäftigungsstruktur 1988: Industrie und Bau 29%, Land- und Forstwirtschaft 27%, Handel und Verkehr 22%, Dienstleistungen 22%.

Bergbau und Rohstoffgewinnung; Kohlebergbau, Gewinnung von Manganerz, Baryt, Zink, Gold in geringen Mengen.
Schwerpunkte der verarbeitenden Industrie: Metallurgie, Maschinen- und Fahrzeugbau, Schiffbau, Flugzeugbau, Nahrungsmittelverarbeitung, Textilindustrie.
Dienstleistungen: Tourismus, Kurbetrieb; Häfen.
Landwirtschaft (1987/1988): Ackerland 0,8 Mio. ha, Weideland 19,9 Mio. ha, landwirtschaftliche Nutzfläche je Einwohner 0,6 ha. Index der landwirtschaftlichen Produktion je Einwohner (UdSSR = 100) 82. Getreide: Erzeugung 0,6 Mio. t; Import 2,3 Mio. t. Bedeutende Anteile an der Gesamtproduktion der UdSSR bei Tee (über 90%), Zitrusfrüchten (97%), subtropischen Obstarten, Wein.

Außenwirtschaft

Gesamter Außenhandel mit „materiellen" Gütern: Außenhandelsquote 1988: 60%, Außenhandelssaldo 1988: -1,9 Mrd. Valutarubel. Hoher Einfuhrüberschuß bei Öl und Gas, Holz und Papier sowie Vorprodukten des Maschinenbaus. Hoher Ausfuhrüberschuß der Nahrungsmittelindustrie, obwohl Getreide zu 80% importiert werden muß.

Privatisierung

Halbherzige Privatisierung in der Landwirtschaft: private Bauernbetriebe können maximal 1 ha erhalten; langsame Privatisierung im Dienstleistungsbereich; Privatisierung der Industrieunternehmen durch Aktienausgabe bei Vorzugsbedingungen für die Beschäftigten.

Kasachstan

Offizielle Bezeichnung: Republik Kasachstan

1. Geographie und Bevölkerung

Geographie

Fläche: 2 717 300 qkm (12,1% der UdSSR)
Hauptstadt: Alma Ata (1,1 Mio. Einwohner)
Grenzen zu Rußland, Turkmenistan, Usbekistan, Kirgisien, China.
Bodengestalt und Klima: Flachland, Hochebenen und Gebirge; trockenes Kontinentalklima mit extremen Temperaturen.

Bevölkerung

Einwohner am 1. 1. 1990: 16,7 Mio. (5,8% der UdSSR)
Bevölkerungsdichte: 6,1 Einwohner/qkm (UdSSR: 12,9)

Titularnation: Kasachen; Sprachgruppe: Türkisch; Religion: Sunnitisch-muslimisch.
Anteile der Nationalitäten 1989: Titularnation 40%, Russen 38%, Deutsche 6%, Ukrainer 5%, Usbeken 2%, Tataren 2%.
Wachstum 1979 bis 1989: Gesamtbevölkerung 12,1%, Titularnation 23,5%.

2. Politik

Neuere Geschichte

1822–73 Annexion durch Rußland, Russifizierung
1920 Teil der Kirgisischen Autonomen Sowjetrepublik
1925 Kasachische Autonome Sozialistische Sowjetrepublik
1929–38 Kollektivierung der Landwirtschaft und Seßhaftmachung der Nomaden, gewaltige Bevölkerungsverluste
1936 Sozialistische Sowjetrepublik
1941 Zwangsansiedlung von Wolgadeutschen
1954 Beginn der „Neulandgewinnung" sowie weitere Russifizierung
1986 Beginn der antizentralistischen Protestbewegung

Unabhängigkeitsstatus

Unabhängigkeitserklärung am 16. 12. 1991. Kasachstan war maßgeblich am 9+1-Prozeß zur Bildung einer erneuerten Union beteiligt und unterstützte nach dem Putsch das Bemühen um zwischenstaatliche Strukturen und eine Union souveräner Republiken. Regierung unterzeichnete Vertrag über die Wirtschaftsgemeinschaft. Beitritt zur GUS.

Politische Führung und Kräfteverhältnisse

Präsident: N. Nasarbajew
Regierungschef: S. Tereschtschenko
Außenminister: T. Sulejmenow
Reformkommunistische Mehrheit in Parlament und Regierung. Verschiedene nationale demokratische und ökologische informelle Gruppen. Nach dem Putsch vom August 1991 dekretierte Nasarbajew die Auflösung der KP. Im Oktober 1991 Gründung der Partei „Volkskongreß Kasachstans".

Strategische Nuklearwaffen 1991

2 Interkontinentalraketen-Silokomplexe mit 1040 Sprengköpfen. Die Souveränitätserklärung untersagt Atomtests auf dem Territorium der Republik. Oberster Sowjet beschließt Mitte September 1991, die Republik zur nuklearwaffenfreien Zone zu erklären, doch Präsident Nasarbajew ist noch nicht dazu bereit.

Grenzprobleme und Konfliktpotentiale

Einzelne interethnische Zusammenstöße in letzter Zeit; wachsende Selbstbehauptung der Titularnation gegenüber der nichtkasachischen Bevölkerungsmehrheit; potentieller Konflikt mit Rußland wegen Gebietsansprüchen auf russisch besiedelte Teile Nordkasachstans. Wachsende Spannungen durch Neubildung von Kosakenformationen. Abwehr der Bestrebung deutscher Bevölkerungsteile nach territorialer Autonomie. Insgesamt friedliches Zusammenleben der zahlreichen Völker.

Außenpolitische Orientierung

Suche nach wirtschaftlichen Referenzmodellen in verschiedenen Richtungen, besonders stark Richtung Ostasien (Südkorea) und Türkei. Kooperation mit den übrigen vier mittelasiatischen Republiken vereinbart.

3. Wirtschaft

Wirtschaftsbereiche

Beschäftigte 1991: 7,5 Mio.
Beschäftigtenstruktur 1988: Industrie und Bau 31%, Land- und Forstwirtschaft 23%, Handel und Verkehr 24%, Dienstleistungen 22%.
Bergbau und Rohstoffgewinnung: 4% der UdSSR-Ölförderung bei vermuteten hohen Reserven (Förderung 1970: 13 Mio. t, 1989: 25 Mio. t). Tengis-Feld am Kaspischen Meer soll mit ausländischer Unterstützung erschlossen werden. 1% der UdSSR-Erdgasförderung (1970: 2 Mrd. m^3, 1989: 7 Mrd. m^3). 19% der UdSSR-Kohleförderung (1970: 72 Mio. t, 1989: 138 Mio. t), teilweise im kostengünstigen Tagebau; 5% der UdSSR-Eisenerzförderung. Gewinnung von Nickel, Chrom, Titan, Wismut, Blei, 30% der Kupferproduktion der UdSSR bei hohen Reserven, Wolfram, Zink (50% der UdSSR-Reserven), Uran, Gold.
Kernkraftwerk: Schewtschenko (135 MW, Schneller Brüter, seit 1973) am Kaspischen Meer.
Schwerpunkte der verarbeitenden Industrie: Grundstoffindustrie (Eisen und Stahl, Petrochemie), Schwermaschinenbau, Rüstungsindustrie, Landmaschinenfabrikation, Nahrungsmittelverarbeitung.
Landwirtschaft (1987/1988): Ackerland 35,7 Mio. ha, Weideland 157,2 Mio. ha, landwirtschaftliche Nutzfläche je Einwohner 11,9 ha. Index der landwirtschaftlichen Produktion je Einwohner (UdSSR = 100) 123. Getreide: Erzeugung 24 Mio. t; Export 7 Mio. t.
Bedeutende Anteile an der Gesamtproduktion der UdSSR bei Getreide (13%), Fleisch (7%), Wolle (23%); Getreideanbau leidet unter Klimaschwankungen. Hohe Verluste bei Transport und Lagerung.

Außenwirtschaft

Gesamter Außenhandel mit „materiellen" Gütern: Außenhandelsquote 1988: 50%, Außenhandelssaldo 1988: -6,6 Mrd. Valutarubel. Hoher Einfuhrüberschuß bei Maschinenbauerzeugnissen, Erzeugnissen der Leicht- und Nahrungsmittelindustrie, Holz und Papier.

Auch bei Erdöl und Erdgas Einfuhrüberschuß. Ausfuhrüberschuß bei landwirtschaftlichen Erzeugnissen, Buntmetallen und Kohle.

Ökologie

Radioaktive Verseuchung des Atomtestgeländes Seminpalatinsk. Schwund des Aralsees. Krisenregion am Ostufer des Kaspischen Meeres (atomares und chemisches Testgelände).

Privatisierung

Gesetz über Entstaatlichung und Privatisierung seit 1. 8. 1991 in Kraft. Gesetz über freie Wirtschaftszonen am 23. 1. 1991 veröffentlicht.

Kirgisien

Offizielle Bezeichnung: Republik Kyrgyzstan

1. Geographie und Bevölkerung

Geographie

Fläche: 198 500 qkm (0,9% der UdSSR)
Hauptstadt: Bischkek [bisher Frunse] (0,6 Mio. Einwohner)
Grenzen zu Tadschikistan, Usbekistan, Kasachstan, China.
Bodengestalt und Klima: überwiegend Hochgebirgsland, kontinental und trocken.

Bevölkerung

Einwohner am 1. 1. 1990: 4,4 Mio. (1,5% der UdSSR)
Bevölkerungsdichte: 22 Einwohner/qkm (UdSSR: 12,9)
Titularnation: Kirgisen; Sprachgruppe: Türkisch; Religion: Sunnitisch-muslimisch.
Anteile der Nationalitäten 1989: Titularnation 52%, Russen 21,5%, Usbeken 13%, Ukrainer 3%, Deutsche 2%, Tataren 2%.
Wachstum 1979 bis 1989: Gesamtbevölkerung 20,9%, Titularnation 32,1%.

2. Politik

Neuere Geschichte

1876 Eroberung durch Rußland
1916 Aufstand gegen Russifizierung
1918 Teil der Autonomen Sowjetrepublik Turkestan
1926 Autonome Sowjetrepublik
1936 Sowjetrepublik

Unabhängigkeitsstatus

Unabhängigkeitserklärung am 31. 8. 1991; unterstützt politischen Unionsvertrag. Regierung unterzeichnete Vertrag über die Wirtschaftsgemeinschaft. Beitritt zur GUS.

Politische Führung und Kräfteverhältnisse

Präsident: A. Akajew
Regierungschef: N. N.
Außenminister: M. Imanalijew
Präsident Akajew vertritt einen nichtkommunistischen, liberalen Kurs und löste die KP nach dem Moskauer Putsch vom August 1991 auf; demokratische und nationale neue Parteien sind stärker vertreten als in den übrigen mittelasiatischen Republiken.

Grenzprobleme und Konfliktpotentiale

Starke interethnische Konflikte innerhalb der Republik; gespanntes Verhältnis zu Usbekistan wegen gegenseitiger Gebietsansprüche im Fergana-Tal. Ethnisch unklare Grenzziehung. In Zukunft Konflikte mit Nachbarrepubliken um Wasserresourcen denkbar.

Außenpolitische Orientierung

Kontaktaufnahme zu verschiedenen Partnern in der asiatischen Staatenwelt, besonders Indien, Südkorea, China. Kooperation mit den weiteren vier mittelasiatischen Republiken, Orientierung auf die Türkei.

3. Wirtschaft

Wirtschaftsbereiche

Beschäftigte 1991: 1,7 Mio.
Beschäftigtenstruktur 1988: Industrie und Bau 27%, Land- und Forstwirtschaft 34%, Handel und Verkehr 18%, Dienstleistungen 21%.
Bergbau und Rohstoffgewinnung: wenig Erdöl, Erdgas, Kohle (4 Mio. t), Antimon, Quecksilber, Gold, Uran, Marmor.
Schwerpunkte der verarbeitenden Industrie: Metallurgie, Maschinenbau, Textilindustrie, Nahrungsmittelindustrie.
Landwirtschaft (1987/1988): Ackerland 1,4 Mio. ha, Weideland 8,5 Mio. ha, landwirtschaftliche Nutzfläche je Einwohner 2,3 ha. Index der landwirtschaftlichen Produktion je Einwohner (UdSSR = 100) 86. Getreide: Erzeugung 1,7 Mio. t; Import 1,1 Mio. t. Anbau von Kartoffeln, Gemüse, Baumwolle; Viehhaltung (Schafe und Ziegen).

Außenwirtschaft

Gesamter Außenhandel mit „materiellen" Gütern: Außenhandelsquote 1988: 60%, Außenhandelssaldo 1988: -1,1 Mrd. Valutarubel. Hoher Einfuhrüberschuß bei Öl und Gas, chemischen Produkten und Erzeugnissen der Eisenmetallurgie. Ausfuhrüberschuß bei Elektroenergie und Buntmetallen.

Ökologie

Schädliche Folgen unsinniger Bewässerungsprojekte in Verbindung mit Baumwollmonokultur.

Privatisierung

Präsident Akajew befürwortet einen auf soziale Belange Rücksicht nehmenden, aber entschiedenen Übergang zur Marktwirtschaft.

Lettland

Offizielle Bezeichnung: Republik Lettland

1. Geographie und Bevölkerung

Geographie

Fläche: 64 500 qkm (0,3% der UdSSR)
Hauptstadt: Riga (0,9 Mio. Einwohner)
Grenzen zu Estland, Rußland, Weißrußland, Litauen.
Bodengestalt und Klima: Flachland; Übergang vom maritimen zum kontinentalen Klima; kühle Sommer.

Bevölkerung

Einwohner am 1. 1. 1990: 2,7 Mio. (0,9% der UdSSR)
Bevölkerungsdichte: 41,7 Einwohner/qkm (UdSSR: 12,9)
Titularnation: Letten; Sprachgruppe: Baltisch; Religion: zwei Drittel lutheranisch, ein Viertel katholisch.
Anteile der Nationalitäten 1989: Titularnation 52%, Russen 34%, Weißrussen 4,5%, Ukrainer 3,5%.
Wachstum 1979 bis 1989: Gesamtbevölkerung 6,5%, Titularnation 3,2%.

2. Politik

Neuere Geschichte

1721 Rußland erhält im Frieden von Nystad Livland (Südlettland) von Schweden
1795 Rußland erhält Kurland (Westlettland) von Polen
1905 Revolte gegen Gutsbesitzer und russische Verwaltung
1918 Proklamation der Republik Lettland
1920 Anerkennung eines unabhängigen Staates Lettland durch Sowjetunion
1934 Ausnahmezustand, autoritäres Regime
1940 Annexion durch Sowjetunion auf Grundlage des Hitler-Stalin-Paktes

1959–89 Zuwanderung von 800 000 Arbeitskräften, vor allem Russen
1988 Gründung der Lettischen Volksfront

Unabhängigkeitsstatus

Unabhängigkeitserklärung am 4. 5. 1990; keine Unterstützung eines Unionsvertrages und des 9+1-Prozesses; nach dem Putsch Inkraftsetzung der Unabhängigkeit am 21. 8. 1991. Am 6. 9. 1991 wurde die Unabhängigkeit vom neugebildeten Staatsrat in Moskau anerkannt. Botschaften ausländischer Staaten werden eingerichtet; Aufnahme in die UNO am 17. 9. 1991.

Politische Führung und Kräfteverhältnisse

Parlamentspräsident: A. Gorbunovs
Regierungschef: I. Godmanis
Außenminister: J. Jurkans
Nach den Parlamentwahlen 1990 klare nichtkommunistische Mehrheit, weitgehend an nationale Volksfront angelehnt. KP wurde nach dem Putsch verboten.

Grenzprobleme und Konfliktpotentiale

Weitgehend wie Estland, Unterschied: keine räumlich geschlossene Ansiedlung russischer Bevölkerungsteile. Russen politisch benachteiligt.

Außenpolitische Orientierung

Anlehnung an Westeuropa. Aufnahme in KSZE, Streben nach Integration in die EG. Regionale Kooperation im Baltischen Rat.

3. Wirtschaft

Wirtschaftsbereiche

Beschäftigte 1988: 1,3 Mio.
Beschäftigtenstruktur 1988: Industrie und Bau 40%, Land- und Forstwirtschaft 15%, Handel und Verkehr 25%, Dienstleistungen 20%.
Bergbau und Rohstoffgewinnung: Torf, Bernstein, Wasserkraft.
Schwerpunkte der verarbeitenden Industrie: Elektro-, Elektronik-, chemische Industrie, Fahrzeugbau, Nahrungsmittelverarbeitung, Textilien.
Landwirtschaft (1987/88): Ackerland 1,7 Mio. ha, Weideland 0,5 Mio. ha, landwirtschaftliche Nutzfläche je Einwohner 0,9 ha. Index der landwirtschaftlichen Produktion je Einwohner (UdSSR = 100) 147. Getreide: Erzeugung 1,5 Mio. t; Import 1,0 Mio. t. Zu 70% Viehwirtschaft (Milch- und Mastrindhaltung, Schweinezucht, Geflügelwirtschaft). 80% der pflanzlichen Erzeugung dienen der Viehwirtschaft.

Außenwirtschaft

Gesamter Außenhandel mit „materiellen" Gütern: Außenhandelsquote 1988: 70%, Außenhandelssaldo 1988: -1,3 Mrd. Valutarubel.

Hoher Einfuhrüberschuß bei Öl und Gas, Produkten der Metallurgie und des Maschinenbaus sowie Vorprodukten der Landwirtschaft. Hoher Ausfuhrüberschuß bei Nahrungsmitteln und Verkehrsdienstleistungen. Russische Ölausfuhr über Ventspils.

Ökologie

Umweltschäden durch Torfgewinnung, Luft- und Gewässerverschmutzung.

Privatisierung/Auslandsinvestitionen

Privatisierungsgesetz noch nicht beschlossen, dennoch entstehen bereits Privatunternehmen. Gesetz über Auslandsinvestitionen vom November 1991 ermöglicht unbegrenzten ausländischen Kapitalanteil, beschränkt Investitionen in bestimmten Wirtschaftsbereichen. Grund und Boden kann nicht erworben, sondern nur für 99 Jahre in Erbpacht vergeben werden.

Litauen

Offizielle Bezeichnung: Republik Litauen

1. Geographie und Bevölkerung

Geographie

Fläche: 65 200 qkm (0,3% der UdSSR)
Hauptstadt: Vilnius [deutsch: Wilna] (0,6 Mio. Einwohner)
Grenzen zu Lettland, Weißrußland, Rußland, Polen.
Bodengestalt und Klima: Flachland; Übergang vom maritimen zum kontinentalen Klima, mäßig warme Sommer.

Bevölkerung

Einwohner am 1. 1. 1990: 3,7 Mio. (1,3% der UdSSR)
Bevölkerungsdichte: 57,1 Einwohner/qkm (UdSSR: 12,9)
Titularnation: Litauer; Sprachgruppe: Baltisch; Religion: Römisch-katholisch.
Anteile der Nationalitäten 1989: Titularnation 80%, Russen 9%, Polen 7%, Weißrussen 2%.
Wachstum 1979 bis 1989: Gesamtbevölkerung 8,4%, Titularnation 7,8%.

2. Politik

Neuere Geschichte

1795 Rußland erhält Litauen im Zuge der dritten polnischen Teilung

1918 Proklamation eines unabhängigen Staates Litauen
1940 Annexion durch Sowjetunion auf Grundlage des Hitler-Stalin-Paktes
1988 Gründung der Litauischen Volksfront

Unabhängigkeitsstatus

Unabhängigkeitserklärung am 11. 3. 1990. Keine Unterstützung eines Unionsvertrages. Am 6. 9. 1991 wurde die Unabhängigkeit vom neugebildeten Staatsrat in Moskau anerkannt. Botschaften ausländischer Staaten werden eingerichtet.

Politische Führung und Kräfteverhältnisse

Parlamentspräsident: W. Landsbergis
Regierungschef: G. Vagnorius
Außenminister: A. Saudargas
Nach den Parlamentswahlen 1990 klare nichtkommunistische, an die nationale Volksfront angelehnte Mehrheit. Verbot der KP nach dem Moskauer Putschversuch.

Grenzprobleme und Konfliktpotentiale

Territoriale Autonomieansprüche der polnischen Minderheit bei Vilnius; ungeklärte Grenzfragen gegenüber Weißrußland. Meinungsverschiedenheiten mit Warschau über die Garantie der Minderheitenrechte für die etwa 220 000 Polen in Litauen; umstrittener Parlamentsbeschluß, die Regionalräte in den von Polen bewohnten Bezirken aufzulösen.

Außenpolitische Orientierung

Anlehnung an Westeuropa. Aufnahme in KSZE, Streben nach Integration in die EG. Regionale Kooperation im Baltischen Rat.

3. Wirtschaft

Wirtschaftsbereiche

Beschäftigte 1988: 1,8 Mio.
Beschäftigtenstruktur 1988: Industrie und Bau 41%, Handel und Verkehr 22%, Land- und Forstwirtschaft 18%, Dienstleistungen 19%.
Bergbau und Rohstoffgewinnung: Torf, Bernstein.
Kernkraftwerk: Ignalina (2×1380 MW, Reaktortyp: graphitmoderiert; seit 1985, 1987).
Schwerpunkte der verarbeitenden Industrie: spezialisierter Gerätebau, Nahrungsmittelverarbeitung, Herstellung von Leinenstoffen.
Landwirtschaft (1987/1988): Ackerland 2,3 Mio. ha, Weideland 0,8 Mio. ha, landwirtschaftliche Nutzfläche je Einwohner 0,9 ha. Index der landwirtschaftlichen Produktion je Einwohner (UdSSR = 100) 168. Getreide: Erzeugung 2,9 Mio. t; Import 0,9 Mio. t.

Außenwirtschaft

Gesamter Außenhandel mit „materiellen" Gütern: Außenhandelsquote 1988: 75%, Außenhandelssaldo 1988: -3,7 Mrd. Valutarubel. Hoher Einfuhrüberschuß bei Öl, Gas und Kohle, metallurgischen und chemischen Vorprodukten, Maschinenbauerzeugnissen sowie Vorprodukten der Landwirtschaft. Hoher Ausfuhrüberschuß bei Erzeugnissen der Leicht- und Nahrungsmittelindustrie. Stromexport.

Ökologie

Luft- und Gewässerverschmutzung; Folgelasten einer etwaigen Stillegung des Atomkraftwerks Ignalina.

Privatisierung/Auslandsinvestitionen

Gesetz 1991 über Privatisierung des Staatsvermögens und von Wohnungen. Dafür wurden 1991 kostenlose Privatisierungsschecks in nach Alter gestaffeltem Wert (5000 Rubel für über 35jährige) ausgegeben, mit denen Staatseigentum und Wohnungseigentum erworben werden kann. Günstige Bedingungen für ausländische Investitionen: Joint ventures sind in den ersten drei Jahren von der Steuer befreit; Ausländer können gegen Devisen auch ganze Unternehmen erwerben, wofür Listen veröffentlicht werden.

Moldowa

Offizielle Bezeichnung: Republik Moldowa

1. Geographie und Bevölkerung

Geographie

Fläche: 33 700 qkm (0,2% der UdSSR)
Hauptstadt: Chisinau [russ. Kischinjow] (0,8 Mio. Einwohner)
Nationale Gebietskörperschaften: Dnjestr-Republik von russischer Bevölkerungsmehrheit ausgerufen.
Grenzen zu Rumänien, Ukraine
Bodengestalt und Klima: von Flußtälern und Schluchten zerschnittene Ebenen; warm und gemäßigt kontinental.

Bevölkerung

Einwohner am 1. 1. 1990: 4,4 Mio. (1,5% der UdSSR)
Bevölkerungsdichte: 129,4 Einwohner/qkm (UdSSR: 12,9)
Titularnation: Moldauer [Moldawier]; Sprachgruppe: Romanisch; Religion: Russisch-Orthodox.
Anteile der Nationalitäten 1989: Titularnation 65%, Russen 13%, Ukrainer 14%.

Wachstum 1979 bis 1989: Gesamtbevölkerung 9,8%, Titularnation 10,7%.

2. Politik

Neuere Geschichte

1812 Bessarabien (Landstreifen zwischen Prut und Dnjestr, Name kommt vom Fürstenhaus der Basarab) von Rußland annektiert
1918 Autonome Moldauische Republik, Vereinigung mit Rumänien
1924 Gründung einer Moldauischen Autonomen Sowjetrepublik östlich des Dnjestsr innerhalb der Ukraine
1940 Sowjetunion verlangt gemäß geheimem Zusatzprotokoll zum Deutsch-Sowjetischen Nichtangriffspakt Abtretung Bessarabiens, das zusammen mit Transnistrien zur Moldauischen Sozialistischen Sowjetrepublik wird
1989 Moldawisch (= Rumänisch) wird Staatssprache, Wiedereinführung der lateinischen Schrift

Unabhängigkeitsstatus

Unabhängigkeitserklärung am 27. 8. 1991. Keine Unterstützung eines Unionsvertrages im Rahmen des 9+1-Prozesses vor dem Putsch und keine Beteiligung an der Schaffung neuer Unionsstrukturen nach dem Putsch. Regierung unterzeichnete allerdings Vertrag über die Wirtschaftsgemeinschaft. Beitritt zur GUS.

Politische Führung und Kräfteverhältnisse

Präsident: M. Snegur
Regierungschef: W. T. Murawski
Außenminister: N. Zyu
Seit den Parlamentswahlen 1990 nichtkommunistische Mehrheit in Parlament und Regierung (Volksfront 40%, ihr nahestehende Gruppen 30%). Nach dem Putsch Verbot der KP.

Grenzprobleme und Konfliktpotentiale

Konflikt zwischen der moldauisch-rumänischen Nationalbewegung und Minderheiten mit geschlossenem Siedlungsraum: Gagausen (christliches Turkvolk mit 152 000 Angehörigen) um Komrat und russische Bevölkerung um Tiraspol (Transnistrien). Potentieller Konflikt mit der Ukraine um Küstengebiete Bessarabiens und der Nordbukowina, die 1940 von Rumänien abgetrennt und der Ukraine zugeschlagen wurden. Bestrebung nach Vereinigung mit Rumänien (zu dem Moldowa vor dem Zwangsanschluß an die Sowjetunion im Jahre 1940 gehört hat), die aber in der Titularnation (derzeit) nicht mehrheitlich vertreten wird.

Außenpolitische Orientierung

Historisch und ethnisch bedingte Anlehnung an Rumänien. Vereinigung mit Rumänien als Fernziel.

3. Wirtschaft

Wirtschaftsbereiche

Beschäftigte 1991: 2,0 Mio.
Beschäftigtenstruktur 1988: Industrie- und Bau 28%, Land- und Forstwirtschaft 35%, Handel und Verkehr 18%, Dienstleistungen 19%.
Bergbau und Rohstoffgewinnung: Unbedeutende Vorkommen von Erdgas und Erdöl.
Schwerpunkte der verarbeitenden Industrie: Nahrungsmittelindustrie, Landmaschinenbau.
Landwirtschaft (1987/1988): Ackerland 1,7 Mio. ha, Weideland 0,3 Mio. ha, landwirtschaftliche Nutzfläche je Einwohner 0,6 ha. Index der landwirtschaftlichen Produktion je Einwohner (UdSSR = 100) 153. Getreide: Erzeugung 1,8 Mio. t; Import 1,1 Mio. t. Bedeutende Anteile an der Gesamtproduktion der UdSSR bei Weintrauben (20%), Obst (15%), Körnermais (5%), Gemüse (4%).

Außenwirtschaft

Gesamter Außenhandel mit „materiellen" Gütern: Außenhandelsquote 1988: 70%, Außenhandelssaldo 1988: -2,6 Mrd. Valutarubel. Hoher Einfuhrüberschuß bei Energierohstoffen (Öl, Gas, Kohle), Maschinenbauerzeugnissen, metallurgischen und chemischen Produkten sowie Holz und Papier. Hoher Ausfuhrüberschuß bei Nahrungsmitteln und landwirtschaftlichen Produkten.

Ökologie

Vergiftung der Böden durch Pestizide, Nitrate, Nuklide u. a.; weitgehende Humuszerstörung; extremer Rückgang der Bewaldung; Verschmutzung und Versiegung des Dnjestr.

Privatisierung/Auslandsinvestitonen

Gesetz über die Privatisierung des Staatseigentums vom 4. Juli 1991 bestimmt kostenlose Ausgabe von „Schatzwechseln" an die Bevölkerung, mit denen Staatsvermögen erworben werden kann. Privatisierung beginnt im Januar 1991 im Handel und Dienstleistungsbereich. Gesetz über Joint-Venture-Unternehmen vom 27. 12. 1991.

Rußland

Offizielle Bezeichnung: Russische Föderation (Rußland)

1. Geographie und Bevölkerung

Geographie

Fläche: 17 075 000 qkm (76% der UdSSR)
Hauptstadt: Moskau (9 Mio. Einwohner)
Grenzen zu Norwegen, Finnland, Polen, Mongolei, China, Nordkorea; Estland, Lettland, Litauen, Weißrußland, Ukraine, Georgien, Aserbaidschan, Kasachstan.
Bodengestalt und Klima: im Westen und in Westsibirien Ebenen; Ostsibirien und Ferner Osten gebirgig; von Nord nach Süd Übergang vom arktischen über gemäßigtes bis zu subtropischem Klima.
Administrative Gliederung: 6 Regionen, 49 Gebiete, darunter als Exklave das Verwaltungsgebiet Kaliningrad [deutsch: Königsberg]; Nationale Gebietskörperschaften: 16 Autonome Republiken (AR), 5 Autonome Gebiete, 10 Autonome Kreise.
Autonome Republiken (diese haben sich seit 1990 als souverän erklärt):
Baschkirische AR (3,9 Mio.; 0,8 Mio. Baschkiren, 1,5 Mio. Russen)
Burjatische AR (1 Mio.; 250 000 Burjaten, 0,7 Mio. Russen)
Dagestanische AR (1,8 Mio.; mehrere kleine Titularnationen: etwa 0,5 Mio. Awaren, 280 000 Darginer)
Kabardino-Balkarische AR (0,8 Mio.; 360 000 Kabardiner, 70 000 Balkaren, 240 000 Russen)
Kalmückische AR (320 000; 146 000 Kalmücken, 120 000 Russen)
Karelische AR (0,8 Mio.; 80 000 Karelier; 580 000 Russen)
AR der Komi (1,3 Mio.; 290 000 Komi, 720 000 Russen)
AR der Mari (0,75 Mio.; 324 000 Mari, 355 000 Russen)
Mordwinische AR (964 000; 313 000 Mordwinen, 586 000 Russen)
Nord-Ossetische AR (683 000; 334 000 Osseten, 190 000 Russen)
Tatarische AR (3,6 Mio.; 1,7 Mio. Tataren, 1,5 Mio. Russen)
Tuwinische AR (314 000; 200 000 Tuwiner, 98 000 Russen)
Udmurtische AR (1,6 Mio.; 500 000 Udmurten, 945 000 Russen)
AR der Tschetschenen und Inguschen (1,3 Mio.; 730 000 Tschetschenen, 163 000 Inguschen, 290 000 Russen)
Tschuwaschische AR (1,3 Mio.; 900 000 Tschuwaschen, 357 000 Russen)
Jakutische AR (1,1 Mio.; 365 000 Jakuten, 550 000 Russen)

Bevölkerung

Einwohner am 1. 1. 1990: 148 Mio. (51% der UdSSR)
Bevölkerungsdichte: 8,7 Einwohner/qkm (UdSSR: 12,9)
Titularnation: Russen; Sprachgruppe: Ostslawisch; Religion: Rus-

sisch-Orthodox. Anteile der Nationalitäten 1989: Russen 81,5%, Tataren 3,8%, Ukrainer 3,0%.
Wachstum 1979 bis 1989: Gesamtbevölkerung 7,0%, Titularnation 5,6%.

2. Politik

Neuere Geschichte

1639 Eroberung Sibiriens abgeschlossen
18. Jh. Eroberung der baltischen Gebiete, der Krim, der Ukraine, Weißrußlands, der Kasachensteppe
19. Jh. Herrschaft über Finnland, „Kongreßpolen", Bessarabien, Eroberung des Kaukasus und Zentralasiens und von Gebieten im Fernen Osten
1918 Proklamation der RSFSR (Russsische Sozialistische Föderative Sowjetrepublik)
1922 Zusammenschluß mit den anderen Sowjetrepubliken zur UdSSR
1945 Gründungsmitglied der UNO
1954 Abtretung der Krim an die Ukraine
1956 Eingliederung der Karelischen ASSR

Unabhängigkeitsstatus

Souveränitätserklärung am 12. 4. 1990. Keine Unabhängigkeitserklärung. Unterstützte vor dem Putsch den 9+1-Prozeß zur Bildung einer erneuerten Union. Nach dem Putsch wesentlicher Akteur bei der Bildung neuer zwischenstaatlicher Strukturen. Starke Betonung der eigenen Souveränität, gleichzeitig zur Bildung einer Union Souveräner Staaten bereit, Regierung unterzeichnete Vertrag über die Wirtschaftsgemeinschaft. Am 8. 12. 1991 in Minsk Gründung der GUS und Auflösung der UdSSR.

Politische Führung und Kräfteverhältnisse

Präsident und Regierungschef: B. Jelzin
Vizepräsident: A. Ruzkoj
Außenminister: A. Kosyrew
Im Juli 1991 wird Boris Jelzin zum Präsidenten der RSFSR gewählt. Der ursprünglich mehrheitlich von kommunistischen Abgeordneten dominierte Volkskongreß und Oberste Sowjet folgte, wenn auch zögernd, den weitgehenden Reformvorstellungen Jelzins. Die KP wurde am 6. 11. 1991 verboten. Zur Durchsetzung der Wirtschaftsreform hat Jelzin im November 1991 für zwei Jahre außerordentliche Vollmachten erhalten: Er kann auf dem Gebiet der Wirtschaft Verordnungen erlassen, die Gesetzeskraft erhalten, wenn ihnen der Oberste Sowjet nicht innerhalb einer Woche widerspricht, sowie die Chefs der Lokal- und Regionalverwaltung ernennen. Alle Wahlen sind bis Ende November 1992 ausgesetzt.
Neue Parteien (bzw. parteiähnliche Gruppierungen): Bewegung De-

mokratisches Rußland (ca. 1,5 Mio. Mitglieder); Demokratische Partei Rußlands (ca. 50 000 Mitglieder); Republikanische Partei Rußlands (ca. 7000 Mitglieder); Sozialdemokratische Partei (ca. 5000 Mitglieder); aus der KP gingen hervor die Volkspartei des Freien Rußlands (100 000 Mitglieder) und die Sozialistische Partei der Werktätigen; Bauernpartei Rußlands.

Strategische Nuklearwaffen 1991

22 Komplexe für stationäre bzw. mobile Interkontinentalraketen (über 1000 Trägersysteme), 122 schwere Bomber, 940 Trägersysteme auf U-Booten.

Grenzprobleme und Konfliktpotentiale

Grundprobleme: russische Bevölkerung in den anderen ehemaligen Unionsrepubliken (25 Mio.) und ihre Interessenvertretung durch die Republik Rußland; separatistische Bestrebungen in den nationalen Gebietskörperschaften, besondersn in Tatarstan und im Nordkaukasus, und interethnische Konflikte in den Gebietskörperschaften; Grenzforderungen gegenüber anderen Unionsrepubliken; Grenzfragen gegenüber ausländischen Staaten wie Japan (Kurilen); Spannungen zwischen Moskau und anderen GUS-Staaten (Militär, Preisreform).

Außenpolitische Orientierung

Annäherung an Westeuropa und an die USA; außenpolitische Interessen gegenüber Ostasien und Indien. Nichteinmischung in 3. Welt.

3. Wirtschaft

Wirtschaftsbereiche

Beschäftigte 1991: 73,1 Mio.
Beschäftigtenstruktur 1988: Industrie und Bau 42%, Land- und Forstwirtschaft 14%, Handel und Verkehr 23%, Dienstleistungen 21%.
Bergbau und Rohstoffgewinnung: Energierohstoffe sowie Erze werden in großen, aber abnehmenden Mengen gewonnen (Erdöl 90%, Erdgas 77%, Kohle 55%, Eisenerz 51% der Förderung der UdSSR). Stromerzeugung in Wärme- und Kernkraftwerken sowie durch Wasserkraft kann Inlandsbedarf nur knapp decken. Goldförderung um 200 t/Jahr (etwa zwei Drittel der UdSSR-Förderung); Diamantenförderung um 7 Mio. Karat (100% der UdSSR-Förderung). Uranvorkommen (30% der UdSSR-Reserven).

Kernkraftwerke:

Bjelojarski (600 MW, Schneller Brüter, seit 1981); Kursk (4×1000 MW, graphitm., seit 1977–1986); Bilibino (4×12 MW, Schneller Brüter, seit 1974–1976); Troitsk (4×100 MW, Schneller Brüter, seit 1958–1962); Smolensk 3×1000 MW, graphitm., seit 1983–1990); St. Petersburg (4×1000 MW, graphitm., 1974); Balakowo

(3×1000 MW, Druckwasser, seit 1986–1989); Twer ([Kalinin], 2×1000 MW, Druckw., 1985); Kola (4×440 MW, Druckw., 1973–1984); Nowoworonesch (2×400, 1×1000 MW, Druckw., 1972–1981).
Schwerpunkte der verarbeitenden Industrie: Maschinen- und Fahrzeugbau, chemische Industrie, militärische Produktion im westlichen Rußland (Städte Moskau und St. Petersburg, Dnjepropetrowsk, Donezk), im Uralgebiet und im südlichen Westsibirien (Kusnezker Becken) konzentiert.
Landwirtschaft (1987/1988): Ackerland 132 Mio. ha, Weideland 61 Mio. ha, landwirtschaftliche Nutzfläche je Einwohner 1,5 ha. Index der landwirtschaftlichen Produktion je Einwohner (UdSSR = 100) 89. Getreide: Erzeugung 92 Mio. t; Import 20 Mio. t. Erträge bei Getreide, Kartoffeln und Gemüse reichen zur Selbstversorgung nicht aus; Fleischimporte ebenfalls notwendig.

Außenwirtschaft

Gesamter Außenhandel mit „materiellen" Gütern: Außenhandelsquote 1988: 30%, Außenhandelssaldo 1988: 30,8 Mrd. Valutarubel. Hoher Einfuhrüberschuß bei Erzeugnissen des Maschinenbaus, der Leicht- und Nahrungsmittelindustrie sowie bei landwirtschaftlichen Erzeugnissen. Sehr hoher Ausfuhrüberschuß bei Erdöl bzw. Erdölprodukten sowie bei Erdgas, daher insgesamt Ausfuhrüberschuß.

Ökologie

Große radioaktiv verseuchte Flächen im Uralgebiet und im südlichen Westsibirien (Tomsk).
In den Industrie- und Bergbaugebieten hohe Umweltschäden, verursacht durch überalterte Produktionsanlagen, fehlende Klär- und Filteranlagen. Hohe Luftverschmutzung. Landwirtschaftliche Flächen durch Versalzung und Überdüngung geschädigt. Gefahren durch Kernkraftwerke, die westlichen Sicherheitsanforderungen nicht genügen.

Privatisierung/Auslandsinvestitionen

Gesetze von 1991: „Kleine" Privatisierung im Einzelhandel, Gaststättenwesen, Dienstleistungsbereich, Leicht- und Lebensmittelindustrie, Straßentransport: bis Ende 1992 sollen 70% auf dem Wege von Auktionen und Ausschreibungen privatisiert werden. „Große" Privatisierung der Energiewirtschaft, der Großunternehmen über 10 000 Beschäftigte durch Umwandlung in Aktiengesellschaften bei bevorzugtem Erwerb durch Belegschaftsangehörige. Insgesamt sollen 1992 bis zu 25% des staatlichen Vermögens privatisiert werden. Ausländische Mehrheitsbeteiligungen bedürfen der Genehmigung (außer bei Verlustbetrieben, Investitionsruinen). Durch Dekret wurde die beschleunigte, unentgeltliche Privatisierung der landwirtschaftlichen Flächen angeordnet. Danach sollen die lokalen Behörden über die Aufteilung der landwirtschaftlichen Flächen der Kolchosen und Sowchosen entscheiden. Der Weiterverkauf des Bodens ist nur in bestimmten, eng begrenzten Fällen möglich. Alle bisherigen landwirtschaftlichen Betriebe müssen sich bis Ende Februar 1992 in Unternehmen gemäß russischem Unternehmensrecht umwandeln. Rohstoff- und Rüstungsbereich, Verlage, Fernsehstationen, Rohrleitungs- und Eisenbahnnetze u. a. sind von der Privatisierung ausgeschlossen.

Tadschikistan

Offizielle Bezeichnung: Republik Tadschikistan

1. Geographie und Bevölkerung

Geographie

Fläche: 143 100 qkm (0,6% der UdSSR)
Hauptstadt: Duschanbe (0,6 Mio. Einwohner)
Nationale Gebietskörperschaften: Autonomes Gebiet Berg- Badachschan (160 000, davon 143 000 Tadschiken und Bergvölker)
Grenzen zu Usbekistan, Kirgisien, China, Afghanistan.
Bodengestalt und Klima: zu 70% Hochgebirge; kontinental mit sehr heißen Sommern.

Bevölkerung

Einwohner am 1. 1. 1990: 5,2 Mio. (1,8% der UdSSR)
Bevölkerungsdichte: 36,7 Einwohner/qkm (UdSSR: 12,9)
Titularnation: Tadschiken; Sprachgruppe: Iranisch; Religion: Sunnitisch-muslimisch
Anteile der Nationalitäten 1989: Titularnation 62%, Russen 8%, Usbeken 23,5%, Tataren 1%.
Wachstum 1979 bis 1989: Gesamtbevölkerung 33,8%, Titularnation 41,8% (höchstes Bevölkerungswachstum in der GUS).

2. Politik

Neuere Geschichte

um 1870 Norden Tadschikistans kommt unter russische Oberhoheit
1918 Norden wir Teil der Autonomen Sowjetrepublik Turkestan
1924 Autonome Sowjetrepublik innerhalb der usbekischen Sowjetrepublik

1929 Unionsrepublik; Alphabetisierung schafft tadschikisches Nationalbewußtsein.

Unabhängigkeitsstatus

Unabhängigkeitserklärung am 9. 9. 1991; unterstützte den Unionsvertrag (9+1-Prozeß) vor dem Putsch und die Bildung neuer Unionsstrukturen nach dem Putsch. Regierung unterzeichnete Vertrag über die Wirtschaftsgemeinschaft. Beitritt zur GUS.

Politische Führung und Kräfteverhältnisse

Präsident: R. Nabijew
Regierungschef: A. Mirsojew
Außenminister: L. Kajumow
Nach den Parlamentswahlen 1990 konservative kommunistische Mehrheit. Präsident K. Machkamow nach dem Putsch vom 19. 8. 1991 zurückgetreten. Übergangspräsident K. Aslonow wurde wegen des von ihm verhängten Verbots der KP der Republik am 23. 9. 1991 vom konservativen Parlament abgesetzt. Neuer Übergangspräsident Nabijew war bereits 1985 als KP-Chef und Vertreter der „alten Garde" abgesetzt worden, wurde jedoch in einer umstrittenen Präsidentenwahl im November 1991 bestätigt. Weiterhin demokratische und islamische Opposition gegen Nabijew und die Konservativen.

Grenzprobleme und Konfliktpotentiale

Interethnische Konflite. Auswanderung der russischen Minderheit. Grenzkonflikte mit Usbekistan. Stärkste Aktivität radikaler islamischer Gruppen der gesamten GUS.

Außenpolitische Orientierung

Historisch und ethnisch bedingte Anlehnung an den Iran und an Afghanistan. Verstärkte Beziehungen zu islamischen Staaten (Saudi-Arabien). Kooperation mit Kasachstan und den mittelasiatischen Nachbarrepubliken vereinbart.

3. Wirtschaft

Wirtschaftsbereiche

Beschäftigte 1991: 2,1 Mio.
Beschäftigtenstruktur 1988: Industrie und Bau 21%, Land- und Forstwirtschaft 42%, Handel und Verkehr 17%, Dienstleistungen 20%.
Bergbau und Rohstoffgewinnung: Blei, Zink, Wolfram, Zinn, Gold (1% der UdSSR-Förderung), Uran; Wasserkraftwerke zur Stromerzeugung.
Schwerpunkte der verarbeitenden Industrie: Nahrungsmittel- und Textilindustrie.
Landwirtschaft (1987/1988): Ackerland 0,8 Mio. ha, Weideland 3,3

Mio. ha, landwirtschaftliche Nutzfläche je Einwohner 0,8 ha. Index der landwirtschaftlichen Produktion je Einwohner (UdSSR = 100) 68. Getreide: Erzeugung 0,3 Mio. t; Import 1,6 Mio. t. Bedeutender Anteil an der Gesamtproduktion der UdSSR von Baumwolle (11%). Daneben Anbau von Reis, Mais, Gemüse, Melonen, Gewürzpflanzen und Getreide; Schafhaltung und Seidenraupenzucht.
Hohe Arbeitslosigkeit auf dem Lande.

Außenwirtschaft

Gesamter Außenhandel mit „materiellen“ Gütern: Außenhandelsquote 1988: 60%, Außenhandelssaldo 1988: -1,0 Mrd. Valutarubel. Hoher Einfuhrüberschuß bei Öl, Gas, Erzeugnissen der chemischen Industrie, des Maschinenbaus und bei Nahrungsmitteln. Hoher Ausfuhrüberschuß bei Buntmetallen und Produkten der Leichtindustrie. Zunehmend Handel mit dem Iran.

Turkmenistan

Offizielle Bezeichnung: Republik Turkmenistan

1. Geographie und Bevölkerung

Geographie

Fläche: 488 100 qkm (2,2% der UdSSR)
Hauptstadt: Aschchabad (0,4 Mio. Einwohner)
Grenzen zu Kasachstan, Usbekistan, Afghanistan, Iran
Bodengestalt und Klima: zu 80% Tiefebene (Wüste Karakum); extrem kontinental.

Bevölkerung

Einwohner am 1. 1. 1990: 3,6 Mio. (1,3% der UdSSR)
Bevölkerungsdichte: 7,4 Einwohner/qkm (UdSSR: 12,9)
Titularnation: Turkmenen; Sprachgruppe: Türkisch; Religion: Sunnitisch-muslimisch. Starke Stammesstrukturen.
Anteile der Nationalitäten 1989: Titularnation 72%, Russen 9,5%, Usbeken 9%, Kasachen 2,5%.
Wachstum 1979 bis 1989: Gesamtbevölkerung 27,4%, Titularnation 34,1%.

2. Politik

Neuere Geschichte

1877 Beginn der Unterwerfung einzelner Nomadenstämme durch Rußland

1918 Teil der Autonomen Sowjetrepublik Turkestan nach erheblichen Kämpfen
1925 Turkmenische Sowjetrepublik; Landreform
1926 Beginn der Kollektivierung

Unabhängigkeitsstatus

Unabhängigkeitserklärung am 27. 10. 1991. Unterstützte Unionsvertrag. Regierung unterzeichnete Vertrag über die Wirtschaftsgemeinschaft. Beitritt zur GUS.

Politische Führung und Kräfteverhältnisse

Präsident: S. Nijasow
Regierungschef: Ch. Achmedow
Außenminister: A. Kulijew
Konservative kommunistische Mehrheit in Parlament und Regierung. So gut wie keine Oppositionsbildung. Ende 1991 Umbildung der KP zur Demokratischen Partei Turkmenistans.

Grenzprobleme und Konfliktpotentiale

Bislang keine stärkeren interethnischen Konflikte bekannt. Ethnisch unklare Grenzziehung. In Zukunft Konflikte mit Nachbarrepubliken um Wasserressourcen denkbar.

Außenpolitische Orientierung

Kooperation mit Kasachstan und den mittelasiatischen Nachbarrepubliken vereinbart. Beziehungen mit Iran und Türkei verstärkt.

3. Wirtschaft

Wirtschaftsbereiche

Beschäftigte 1991: 1,6 Mio.
Beschäftigtenstruktur 1988: Industrie und Bau 21%, Land- und Forstwirtschaft 41%, Handel und Verkehr 18%, Dienstleistungen 20%.
Bergbau und Rohstoffgewinnung: 11% der UdSSR-Erdgasförderung (1970: 13 Mrd. m^3; 1989: 90 Mrd. m^3); 1% der UdSSR-Erdölförderung (1970: 15 Mio. t, 1989: 6 Mio. t); Gewinnung von Schwefel und Salzen. Schwerpunkte der verarbeitenden Industrie: Metallurgie, Maschinenbau, Textilindustrie.
Landwirtschaft (1987/1988): Ackerland 1,2 Mio. ha, Weideland 32,5 Mio. ha, landwirtschaftliche Nutzfläche je Einwohner 9,3 ha. Index der landwirtschaftlichen Produktion je Einwohner (UdSSR = 100) 89. Getreideerzeugung 0,3 Mio. t; Import 1,2 Mio. t. Bedeutender Anteil an der Gesamtproduktion der UdSSR bei Baumwolle (15%), Erzeugung von Getreide, Gemüse, Obst; Seidenraupenzucht, Weidewirtschaft (Karakulschafe).

Außenwirtschaft

Gesamter Außenhandel mit „materiellen" Gütern: Außenhandelsquote 1988: 60%, Außenhandelssaldo 1988: ausgeglichen.

Hoher Einfuhrüberschuß bei Erzeugnissen des Maschinenbaus und bei Nahrungsmitteln. Hoher Ausfuhrüberschuß bei Öl und Gas sowie Erzeugnissen der Leichtindustrie.
Seit 1991 Kooperation mit iranischen Firmen bei Erdöl-Bohrungen im Kaspischen Meer.

Ökologie

Krisenregion am Kaspischen Meer (durch Dammbau Austrocknung der Kara-Bogas-Gol-Bucht). Bodenversalzung durch künstliche Bewässerung für Baumwollanbau. Einfluß von Wassermangel und -verschmutzung auf Krankheits- und Sterblichkeitsraten.

Privatisierung/Auslandsinvestitionen

Programm für den Übergang zur Marktwirtschaft vom 12. 10. 1990 sieht Einführung privaten und genossenschaftlichen Eigentums sowie die Gründung von Kleinbetrieben zur Weiterverarbeitung einheimischer Rohstoffe vor.

Ukraine

Offizielle Bezeichnung: Ukraine

1. Geographie und Bevölkerung

Geographie

Fläche: 603 700 qkm (2,7% der UdSSR)
Hauptstadt: Kiiw [Kiew] (2,6 Mio. Einwohner)
Nationale Gebietskörperschaften: Wiedererrichtung einer autonomen Krimrepublik (2,4 Mio., davon 1,6 Mio. Russen, 0,6 Mio. Ukrainer)
Grenzen zu Rumänien, Ungarn, ČSFR, Polen, Weißrußland, Rußland, Moldowa.
Bodengestalt und Klima: Ebenen, kleinere Gebirgsregionen (Karpaten, Krim); gemäßigt kontinental, an der Südküste der Krim subtropisch.

Bevölkerung

Einwohner am 1. 1. 1990: 51,8 Mio. (18% der UdSSR)
Bevölkerungsdichte: 85,9 Einwohner/qkm (UdSSR: 12,9)
Titularnation: Ukrainer; Sprachgruppe: Ostslawisch; Religion: Russisch-Orthodox.
Anteile der Nationalitäten 1989: Titularnation 73%, Russen 22%.
Wachstum 1979 bis 1989: Gesamtbevölkerung 3,7%, Titularnation 2,5%.

2. Politik

Neuere Geschichte

1654 Anschluß der Ukraine östlich des Dnjepr (Kosakenhetmanat) an Rußland

1793/95 Durch 2. und 3. Teilung Polens fällt die Ukraine westlich des Dnjepr an Rußland

1919 Unabhängigkeitserklärung

1921 Sowjetrepublik

1932–33 Kollektivierung und Getreiderequirierung führen zu Hungerkatastrophe

1939 Anschluß des seit 1919 polnischen Gebiets um Lemberg (Lwow, Lwów, Lwiw) an die ukrainische Sowjetrepublik als Ergebnis des Hitler-Stalin-Paktes

1945 Nordbukowina von Rumänien sowie Karpato-Ukraine von der Tschechoslowakei angegliedert; Gründungsmitglied der Vereinten Nationen

1954 Durch Beschluß des Obersten Sowjet der UdSSR kommt die Krim zur Ukraine

1989 Volksfront „Ruch" (Bewegung)

Unabhängigkeitsstatus

Unabhängigkeitserklärung am 24. 8. 1991; nach dem Putsch wesentlicher Akteur bei der Bildung neuer zwischenstaatlicher Strukturen der UdSSR, aber strikt antizentralistische Haltung. Regierung unterzeichnete Vertrag über die Wirtschaftsgemeinschaft. Lehnt politischen Unionsvertrag ab. Gründungsmitglied der GUS.

Politische Führung und Kräfteverhältnisse

Parlamentspräsident: L. Krawtschuk
Regierungschef: W. Fokin
Außenminister: A. Slenko
Nach den Parlamentswahlen 1990 konservative kommunistische Mehrheit in Parlament und Regierung, die sich zunehmend die Unabhängigkeitsparolen der nationalen Opposition zu eigen machte. Nach dem Putsch ließ Parlamentspräsident Krawtschuk die KP verbieten. Aus der nationalen Volksfront „Ruch" entstand ein Mehrparteienspektrum in Opposition zur kommunistischen Parlamentsmehrheit, z. B. Ukrainische Republikanische Partei (10 000 Anhänger in der Westukraine), Ukrainische Nationale Partei, Sozialdemokratische Partei. Starke regionale Unterschiede im Politisierungsprozeß zwischen der West- und Ostukraine. In der Westukraine sind nationale Unabhängigskeitsbestrebungen besonders stark ausgeprägt.

Strategische Nuklearwaffen 1991

176 Trägersysteme mit 1240 Sprengköpfen, 101 schwere Bomber.

Grenzprobleme und Konfliktpotentiale

Bislang keine nennenswerten interethnischen Konflikte im Innern, aber ethnisch ungenaue Grenzziehung zu Rußland. Gebiete mit starker oder mehrheitlich russischer Bevölkerung (Donbass). Auf der Halbinsel Krim besteht eine russische Bevölkerungsmehrheit, von der Teile zum Anschluß an die Republik Rußland tendieren. Umstrittene Grenzziehung auch gegenüber Moldowa, Rumänien, ČFSR und Ungarn.

Außenpolitische Orientierung

Volle Integration in die Europäische Gemeinschaft angestrebt. Priorität bei bilateralen Beziehungen gegenüber Ungarn, Polen der ČFSR, Bulgarien, Rumänien und der Türkei. „Beträchtliche Interessen" gegenüber Staaten mit ukrainischer Bevölkerung: USA (1,5 Mio.), Kanada (1 Mio.), Brasilien (0,4 Mio.).

3. Wirtschaft

Wirtschaftsbereiche

Beschäftigte 1991: 24,8 Mio.
Beschäftigtenstruktur 1988: Industrie und Bau 40%, Land- und Forstwirtschaft 20%, Handel und Verkehr 21%, Dienstleistungen 19%.
Bergbau und Rohstoffgewinnung: 50% der Uranförderung, 46% der Eisenerzförderung, 24% der Kohleförderung (1970: 207 Mio. t, 1990: 165 Mio. t), 4% der Erdgasförderung (1970: 61 Mrd. m^3, 1990: 27 Mrd. m^3), 1% der Erdölförderung der UdSSR. Die Kohleförderung ist weithin unrentabel geworden, da die Flöze erschöpft sind. Gewinnung von Blei, Mangan, Zink. 25% des Stroms stammen aus Kernkraftwerken.

Kernkraftwerke:

Chmelnizki (1000 MW, Typ Druckwasser, seit 1988); Rowno (2×400, 1×1000 MW, Typ Druckw., seit 1981–1987); Saparoshje (5×1000 MW, Typ Druckw., seit 1985–1989); Nikolajew (3×1000 MW, Typ Druckw., seit 1983–1989); Tschernobyl (3×1000 MW, graphitmod., seit 1978–1982).
Schwerpunkte der verarbeitenden Industrie: Besonders entwickelt sind Metallurgie, chemische Industrie, Maschinenbau, Fahrzeug- und Schiffbau sowie Leichtindustrie (Textilien, Bekleidung, Schuhe). In der Ukraine werden etwa die Hälfte der Panzer und Raketen der sowjetischen Armee produziert, 36% der Eisenerzeugnisse der UdSSR, 34% der Stahlrohre, 36% der Wechselstrommotoren und 36% der Fernsehgeräte. Die Industrie ist stark von Rohstoffimporten abhängig.
Landwirtschaft (1987/1988): Ackerland 33,8 Mio. ha, Weideland 4,7 Mio. ha, landwirtschaftliche Nutzfläche je Einwohner 0,8 ha. Index der landwirtschaftlichen Produktion je Einwohner (UdSSR = 100) 120. Getreide: Erzeugung 45 Mio. t; Export 4 Mio. t. Bedeutende Anteile an der Gesamtproduktion der UdSSR bei Getreide (26%),

Zuckerrüben (53%), Kartoffeln (27%), Gemüse (26%), Fleisch (22%); größter Tabakproduzent der UdSSR.
Verkehrswesen: Fernleitungen für Gas und Öl aus Rußland in den Westen. Schwarzmeerhäfen.

Außenwirtschaft

Gesamter Außenhandel mit „materiellen" Gütern: Außenhandelsquote 1988: 50%, Außenhandelssaldo 1988: -2,9 Mrd. Valutarubel. Hoher Einfuhrüberschuß bei Erzeugnissen der Leichtindustrie sowie bei Öl und Gas, hoher Ausfuhrüberschuß bei Erzeugnissen der Eisenmetallurgie und der Nahrungsmittelindustrie. Leichter Ausfuhrüberschuß bei Kohle und Strom. Stromexport auch in ehemalige RGW-Länder. Absicht der Einfuhr von Erdöl und -gas aus Iran.

Ökologie

Land- und forstwirtschaftliche Flächen durch Erosion und Versalzung schwer geschädigt. Hoher Bestand an technologisch veralteten Chemiefabriken mit hoher Schadstoffemission, besondere Zuspitzung im Donezk-Becken. 12% der landwirtschaftlichen Nutzflächen sind radioaktiv verseucht.

Privatisierung/Auslandsinvestitionen

Privateigentum an Produktionsmitteln, aber nicht an Grund und Boden (Eigentumsgesetz vom Februar 1991). Etwa die Hälfte der Staatsunternehmen soll nach Aussage von Privatisierungsminister Lanovoi (Januar 1992) durch unentgeltliche Ausgabe von Zertifikaten an die Bevölkerung privatisiert werden. Die Frage des ausländischen Eigentums ist noch nicht abschließend geklärt. Kollektives Eigentum (der Belegschaft) soll eine starke Stellung erhalten. Gesetz vom 10. 9. 1991 über den Schutz ausländischer Investitionen.

Usbekistan

Offizielle Bezeichnung: Republik Usbekistan

1. Geographie und Bevölkerung

Geographie

Fläche: 447 400 qkm (2% der UdSSR)
Hauptstadt: Taschkent (2,1 Mio. Einwohner)
Nationale Gebietskörperschaften: Autonome Republik der Karakal-

paken (1,2 Mio., davon 390 000 Karakalpaken, 397 000 Usbeken, 318 000 Kasachen)
Grenzen zu Afghanistan, Turkmenistan, Kasachstan, Kirgisien, Tadschikistan.
Bodengestalt und Klima: 70% des Landes sind Halbwüsten und Wüsten; Gebirgszonen; extrem kontinental und trocken.

Bevölkerung

Einwohner am 1. 1. 1990: 20,3 Mio. (7% der UdSSR)
Bevölkerungsdichte: 45,4 Einwohner/qkm (UdSSR: 12,9)
Titularnation: Usbeken; Sprachgruppe: Türkisch; Religion: Sunnitisch-muslimisch.
Anteile der Nationalitäten 1989: Titularnation 71%, Russen 8%, Tadschiken 5%, Kasachen 4%, Tataren 2%, Karakalpaken 2%.
Wachstum 1979 bis 1989: Gesamtbevölkerung 28,7%, Titularnation 33,8%.

2. Politik

Neuere Geschichte

1876 Russische Oberherrschaft über die Khanate Buchara, Chiwa und Kokand
1920 Khanate Chiwa und Buchara werden Sowjetische Volksrepubliken
1924 Unionsrepublik
1929 Ausgliederung der Tadschikischen ASSR
1936 Eingliederung der Karakalpakischen ASSR (zuvor bei der RSFSR)
1988 Gründung der Volksfront Birlik (Einheit)

Unabhängigkeitsstatus

Unabhängigkeitserklärung am 31. 8. 1991; unterstützte Unionsvertrag und tritt nach dem Putsch für die Bildung neuer Unionsstrukturen ein. Regierung unterzeichnete Vertrag über die Wirtschaftsgemeinschaft. Beitritt zur GUS.

Politische Führung und Kräfteverhältnisse

Präsident: I. Karimow
Regierungschef: A. Mutalow
Außenminister: U. Abdurassakow
Konservative kommunistische Mehrheit in Parlament und Regierung; nach dem Putsch Lostrennung von der KPdSU und Umbenennung der KP. Opposition: Nationale Volksfront Birlik („Einheit"), deren Abspaltung Erk („Freiheit") als Partei registriert ist und für einen kompromißbereiten Kurs gegenüber dem „gewendeten" alten Regime eintritt.

Grenzprobleme und Konfliktpotentiale

Interethnische Konflikte mit besonderer Gewalteskalation 1989 (Pogrom an den Turk-Mesketen). Verstärkte Auswanderung von Russen. Interrepublikanischer Konflikt mit Tadschikistan wegen Minderheiten der eigenen Volksgruppe in der jeweils anderen Republik. Gebietsansprüche gegenüber Kirgisien (Teile des Fergana-Tals in der Provinz Osch). Islamisch-fundamentalistische Gruppierungen in einzelnen ländlichen Regionen. Ethnisch unklare Grenzziehung. In Zukunft Konflikte mit Nachbarrepubliken um Wasserressourcen denkbar.

Außenpolitische Orientierung

Kontaktaufnahme zu außenwirtschaftlichen Partnern in der asiatischen Staatenwelt, besondere Orientierung auf Südkorea; kulturelle Anlehnung an islamische Staatenwelt. Kooperation mit Kasachstan und den mittelasiatischen Nachbarrepubliken vereinbart.

3. Wirtschaft

Wirtschaftsbereiche

Beschäftigte 1991: 8,1 Mio.
Beschäftigtenstruktur 1988: Industrie und Bau 24%, Land- und Forstwirtschaft 38%, Handel und Verkehr 17%, Dienstleistungen 21%.
Bergbau und Rohstoffgewinnung: 5% der UdSSR-Erdgasförderung (1970: 32 Mrd. m^3, 1989: 41 Mrd. m^3); geringe Erdöl- (3 Mio. t) und Kohleförderung (6 Mio. t). Gewinnung von Buntmetallen. Gold 75 t/Jahr, d. h. 25% der UdSSR-Förderung.
Schwerpunkte der verarbeitenden Industrie: Chemische Industrie (Düngemittelproduktion), Maschinenbau (Landmaschinen).
Landwirtschaft (1987/1988): Ackerland 4,5 Mio. ha, Weidland 21,5 Mio. ha, landwirtschaftliche Nutzfläche je Einwohner 1,3 ha. Index der landwirtschaftlichen Produktion je Einwohner (UdSSR = 100) 68. Getreide: Erzeugung 1,6 Mio. t; Import 6,1 Mio. t. Monokultur Baumwolle (über 60% der Erzeugung der UdSSR) hat Gemüse- und Getreideerzeugung zurückgedrängt; 90% der Anbauflächen müssen künstlich bewässert werden. Wichtigster Zweig der Viehwirtschaft ist die Schafzucht (Karakulschafe).

Außenwirtschaft

Gesamter Außenhandel mit „materiellen" Gütern: Außenhandelsquote 1988: 55%, Außenhandelssaldo 1988: -2,5 Mrd. Valutarubel. Hoher Einfuhrüberschuß bei Erzeugnissen des Maschinenbaus, der Eisenmetallurgie, Holz, Papier sowie Öl und Gas. Hoher Ausfuhrüberschuß bei Erzeugnissen der Leichtindustrie und der Landwirtschaft.

Ökologie

Bodenzerstörung durch Folgen der künstlichen Bewässerung.

Austrocknung des Aralsees durch Entzug des Wasserzulaufs (Folgen in der Autonomen Republik der Karakalpaken: hohe Krankheitsrate in der Bevölkerung, höchste Säuglingssterblichkeit in der UdSSR).

Privatisierung/Auslandsinvestitionen

Gesetz 1991 über Betriebe, Unternehmertum und ausländische Investitionen. Mit der Türkei ist Kooperation geplant (Bau von Verkehrsverbindungen, Ausbau der Verarbeitungseinrichtungen für landwirtschaftliche Rohstoffe, z. B. Baumwolle, Förderung von Bodenschätzen).

Weißrußland

Offizielle Bezeichnung: Republik Bjelarus

1. Geographie und Bevölkerung

Geographie

Fläche: 207 600 qkm (0,9% der UdSSR)
Hauptstadt: Mensk [Minsk] (1,6 Mio. Einwohner)
Grenzen zu Polen, Litauen, Lettland, Rußland, Ukraine.
Bodengestalt und Klima: Flachland mit großen Mooren und Sümpfen; milde Winter, mäßig warme Sommer.

Bevölkerung

Einwohner am 1. 1. 1990: 10,3 Mio. (3,6% der UdSSR)
Bevölkerungsdichte: 49,4 Einwohner/qkm (UdSSR: 12,9)
Titularnation: Weißrussen; Sprachgruppe: Ostslawisch; Religion: Russisch-Orthodox.
Anteile der Nationalitäten 1989: Titularnation 78%, Russen 13%, Polen 4%, Ukrainer 3%.
Wachstum 1979 bis 1989: Gesamtbevölkerung 6,5%, Titularnation 4,4%.

2. Politik

Neuere Geschichte

1793/95 Weißrußland fällt im Zuge der 2. und 3. polnischen Teilung an Rußland
1919 Proklamation einer sozialistischen Sowjetrepublik
1922 Gründungsmitglied der Sowjetunion

1937–39 Viele Opfer durch stalinistischen Terror
1939 Anschluß des seit 1919 polnischen West-Weißrußland als Ergebnis des Hitler-Stalin-Paktes
1945 Gründungsmitglied der UNO
1989 Gründung der Volksfront „Wiedergeburt"

Unabhängigkeitsstatus

Unabhängigkeitserklärung am 26. 8. 1991; unterstützte Unionsvertrag vor dem Putsch und nach dem Putsch die Bildung neuer Unionsstrukturen. Regierung unterzeichnete Vertrag über die Wirtschaftsgemeinschaft. Gründungsmitglied der GUS.

Politische Führung und Kräfteverhältnisse

Parlamentspräsident: St. Schuschkjewitsch
Regierungschef. W. Kebitsch
Außenminister: P. Krawtschenko
Nach den Parlamentswahlen 1990 war Weißrußland im Westen der Sowjetunion die am konservativsten regierte Republik: Mehrheit kommunistischer Funktionäre in Parlament und Regierung. Allerdings kam es zur Spaltung der KP mit der Bildung eines Demokratischen Blocks und erheblichem Verlust an Mitgliedern. Schuschkjewitsch, seit September 1991 führender Mann, war vorher Nuklearphysiker.

Strategische Nuklearwaffen 1991

2 Basen mobiler Interkontinentalraketen vom Typ SS 25 mit 54 Trägersystemen und 54 Sprengköpfen.

Grenzprobleme und Konfliktpotentiale

Latente Gebietsansprüche zwischen Weißrußland und Litauen; keine nennenswerten interethnischen Konflikte. Ethnisch ungenaue Grenzziehung zu Rußland, zur Ukraine und zu Litauen. Parlament hat allerdings den Verzicht auf Grenzrevisionen erklärt.

Außenpolitische Orientierung

Bilaterale Beziehungen mit Staaten Ostmitteleuropas (Polen, Ungarn) vereinbart und mit westlichen Staaten angestrebt.

3. Wirtschaft

Wirtschaftsbereiche

Beschäftigte 1991: 5,1 Mio.
Beschäftigtenstruktur 1988: Industrie und Bau 40%, Land- und Forstwirtschaft 22%, Handel und Verkehr 20%, Dienstleistungen 18%.
Bergbau und Rohstoffgewinnung: Torf, Salze, Phosphorit; Ölförderung nur 2 Mio. t/Jahr.

Schwerpunkte der verarbeitenden Industrie: Spezialisierung auf Chemikalien, Maschinenbau, Leichtindustrie. Die entwickelte Industrie ist stark von Rohstoffimporten abhängig.
Landwirtschaft (1987/1988): Ackerland 6,1 Mio. ha, Weideland 1,8 Mio. ha, landwirtschaftliche Nutzfläche je Einwohner 0,9 ha. Index der landwirtschaftlichen Produktion je Einwohner (UdSSR = 100) 163. Getreide: Erzeugung 7,3 Mio. t; Import 2,1 Mio. t. Bedeutende Anteile an der Gesamtproduktion der UdSSR bei Leinfasern (24%), Kartoffeln (16%), Rindfleisch (6%), Milch (7%); bei Getreide durchschnittlicher Anteil (4%).

Außenwirtschaft

Gesamter Außenhandel mit „materiellen" Gütern: Außenhandelsquote 1988: 70%, Außenhandelssaldo 1988: -2,1 Mrd. Valutarubel. Hoher Einfuhrüberschuß bei metallurgischen Erzeugnissen, Öl und Gas sowie landwirtschaftlichen Vorprodukten (Düngemittel usw.). Ausfuhrüberschuß bei Maschinenbauerzeugnissen und Produkten der Leicht- und Nahrungsmittelindustrie.

Ökologie

Langzeitschäden durch Tschernobyl-Katastrophe: 20% der landwirtschaftlichen Nutzflächen sind radioaktiv verseucht.

Privatisierung/Auslandsinvestitionen

Innerhalb eines Zwei-Jahres-Programms sollen ab 1991 60% der Industrie und 80% der Bauwirtschaft privatisiert, in der Landwirtschaft kooperative und private Wirtschaftsformen gefördert werden. Gesetze über die Neuregelung der Außenwirtschaft, des Bankensystems wurden verabschiedet; ein Gesetz über Auslandsinvestitionen steht vor der Verabschiedung. Bei Brest und Minsk sollen Freihandelszonen eingerichtet werden.

Die Autoren

Prof. Dr. Hans-Georg Wehling lehrt Politikwissenschaft an der Universität Tübingen und ist Leiter des Referats Publikation der Landeszentrale für politische Bildung Baden-Württemberg.

Prof. Dr. Horst Förster ist Inhaber des Lehrstuhls für Geographie Ostseuropas an der Universität Tübingen

Prof. Dr. Dietrich Geyer ist Direktor des Instituts für osteuropäische Geschichte und Landeskunde.

Prof. Dr. Karl Schlögel ist Ordinarius für Geschichte an der Universität Konstanz.

Prof. Dr. Rolf-Dieter Kluge lehrt Slavistik an der Universität Tübingen.

Prof. Dr. Gerhard Simon ist wissenschaftlicher Direktor im Bundesinstitut für ostwissenschaftliche und internationale Studien in Köln.

Dr. Ernst Lüdemann ist Leiter der Außenstelle Heidelberg der Landeszentrale für politische Bildung Baden-Württemberg. Als Osteuropa-Historiker hat er sich vor allem mit der nationalen Frage der Sowjetunion und mit der ukrainischen Geschichte befaßt.

Dr. Rainer Freitag-Wirminghaus ist Wissenschaftlicher Mitarbeiter am Deutschen Orient-Institut Hamburg.

Prof. Dr. Klaus von Beyme ist Direktor des Instituts für Politische Wissenschaft der Universität Heidelberg.

Dipl.-Volkswirt Klaus-Dieter Schmidt ist Abteilungsleiter am Institut für Weltwirtschaft der Universität Kiel.

Dipl.-Volkswirtin Sermin Kirelli ist wissenschaftliche Mitarbeiterin in der Volkswirtschaftlichen Abteilung der Landeszentralbank in Baden-Württemberg.

Prof. Dr. Karl-Eugen Wädekin hatte bis zu seiner Emeritierung 1986 den Lehrstuhl für internationale und osteuropäische Agrarpolitik an der Universität Gießen inne. Er ist Mitredakteur der Monatszeitschrift „Osteuropa".

Dr. Klaus Segbers ist Wissenschaftlicher Referent bei der Stiftung Wissenschaft und Politik (SWP), Ebenhausen.

Prof. Dr. Karl-Heinz Meier-Braun ist Leiter der Ausländerredaktion des Süddeutschen Rundfunks (SDR) Stuttgart und Lehrbeauftrager an der Universität Tübingen und Stuttgart.

Dr. Roland Götz und Dr. Uwe Halbach sind wissenschaftliche Referenten am Bundesinstitut für ostwissenschaftliche und internationale Studien, Köln
Dr. Dietmar Gohl ist wissenschaftlicher Mitarbeiter in der Landeszentrale für politische Bildung Baden-Württemberg, Stuttgart.